国家自然科学基金资助项目
文化名家暨“四个一批”人才资助项目
教育部高等学校博士学科点专项科研基金资助项目
四川省软科学研究计划资助项目

风险投资合约与创业绩效研究

曾 勇 李 平 郭文新 李 强 王声凑 著

科学出版社
北 京

内容简介

本书研究风险投资合约的资本结构、证券设计、权利配置及其对创业企业绩效的影响，主要内容包括风险投资简介、风险投资合约的研究现状、风险投资的资本结构理论、风险投资中的证券设计与权利配置、阶段融资架构下风险投资企业的权利配置、风险投资进入与退出决策的实物期权分析、风险投资对创业绩效的影响、风险投资减持退出影响因素的实证研究、海外风险投资机构的合约设计、国有风险投资机构的运营模式等。本书不仅为风险投资合约中的证券设计和权利配置等的治理机制提供了理论上的解释，还对中国的风险投资实践情况进行了实证研究和案例研究。相关研究成果不仅丰富和发展了风险投资特别是不完全合约理论领域的研究，还为创业企业融资设计提供了直接和重要的参考依据。

本书适合从事风险投资与创业融资领域研究的学者、研究生及业界人士使用。

图书在版编目(CIP)数据

风险投资合约与创业绩效研究 / 曾勇等著. — 北京：科学出版社，2021.6

ISBN 978-7-03-067130-1

Ⅰ. ①风…　Ⅱ. ①曾…　Ⅲ. ①风险投资-关系-企业绩效-研究　Ⅳ. ①F830.59②F272.5

中国版本图书馆 CIP 数据核字 (2020) 第 243182 号

责任编辑：张　展　莫永国 / 责任校对：彭　映

责任印制：罗　科 / 封面设计：义和文创

科学出版社 出版

北京东黄城根北街16号

邮政编码：100717

http://www.sciencep.com

四川煤田地质制图印刷厂印刷

科学出版社发行　各地新华书店经销

*

2021年6月第　一　版　　开本：787×1092 1/16

2021年6月第一次印刷　　印张：19 1/2

字数：446 000

定价：140.00 元

（如有印装质量问题，我社负责调换）

前　言

创业活动对于推动社会进步和经济发展具有极其重要的作用。然而，由于缺乏必要的经营与财务信息、创业者信用记录和足够可供担保或抵押的有形资产等，创业企业很难通过银行等传统金融中介获得融资资金。作为一种特殊的金融中介，风险投资不仅可以为创业企业提供资金支持，还可以提供包括战略制定、组织构建和市场推广等一系列专业化增值服务，进而有效促进企业的快速成长与发展。Apple、Amazon、e-Bay、Intel、Microsoft 和 Google、阿里巴巴、腾讯等诸多世界知名企业在其发展的早期阶段都不同程度地受到过风险投资的支持。

当风险投资家和创业者签订投资合约时，由于面对技术与市场环境的高度不确定性以及来自创业者的逆向选择风险和道德风险，风险投资合约注定是一项复杂的协议，它是风险投资人与创业者之间投资的依据，是责任权利配置的凭证，是指导合约双方行动的纲领性文件。虽然双方通过谈判拟定的合约条款详尽规定了投资过程中双方各自的权利和义务，但通常情况下，双方签订的风险投资合约是一份不完全合约。

本书主要从不完全合约理论的角度研究风险投资合约的资本结构、证券设计、权利配置及其对创业企业绩效的影响，主要内容是本人主持的国家自然科学基金面上项目“风险投资合约治理的理论研究”(70540022)和“生命周期视角下增长期权对企业估值和资产风险收益特征影响的研究”(71472025)、中宣部文化名家暨“四个一批”人才资助项目(中宣办发〔2015〕49 号)、教育部高等学校博士学科点专项科研基金项目“阶段融资架构下的不完全风险投资合约权利配置研究”(教技函〔2008〕220 号)以及课题组成员参与的四川省软科学研究计划项目“四川省科技金融现状及系列政策研究”(2019JDR0347)等项目相关成果的总结与提炼，也包括了本书作者李平和郭文新主讲的课程“创新投融资管理”的部分讲义内容。

本书共 10 章，作者分工如下：曾勇全面负责全书的统稿工作；李平与郭文新负责第 1 章、第 2 章和第 3 章的写作；李平与王声凑负责第 4 章和第 5 章的写作；李平与李强负责第 6 章、第 7 章、第 8 章、第 9 章的写作，李平负责第 10 章的写作。另外，曾勇和李强、郭文新共同指导的硕士研究生苏云、凌骁、靳楠、谢媛、汪逸潇以及博士研究生侯建仁、杨建东分别参与了第 3 章、第 6 章、第 7 章、第 9 章、第 8 章、第 10 章的理论和实证研究工作，博士研究生饶泽炜参与了书稿校对工作。

作者向多年来支持和关心我们工作的家人、领导、同事、学生和朋友，以及电子科技大学经济与管理学院和资助我们研究工作的基金项目表示衷心的感谢。

尽管书稿经过多次修改和校对，但由于水平所限，书中的错误、不足在所难免，敬请广大读者批评指正。

2020 年 11 月于电子科技大学

目　　录

第 1 章　风险投资简介

“成功是成千上万的精英共同追求的目标。”

1995 年 7 月，美国随处可见的“硅谷”式创业和互联网经济极为惊人的商业与社会价值激起了麻省理工学院(Massachusetts Institute of Technology，MIT)毕业的张朝阳博士的创业热情和激情。同年，张朝阳以美国互联网络商务信息公司(Infrared Solution Inc.，ISI)驻中国首席代表的身份开始涉足互联网，利用互联网在中国收集和发布经济信息，为华尔街服务。在 ISI 的经历让张朝阳体会并了解了中国互联网市场的巨大潜力，坚定了其在国内创业的决心。

一年以后，在美国著名风险投资人爱德华·罗伯特的指导和引荐下，张朝阳向催生英特尔公司的风险投资人——MIT 媒体实验室主任、《数字化生存》的作者尼葛洛庞帝教授提交了一份简单的商业计划书，并在 22.5 万美元天使资金的支持下创建了中国第一家以风险投资资金建立的互联网公司——爱特信公司(Internet Technologies China，ITC)。

经过一年半谨小慎微的摸索和运作，爱特信公司的运营模式逐渐由做内容整体转向超链接和导航模式，并在英特尔公司的技术支持下于 1998 年 2 月推出了第一家全中文网上搜索引擎“搜狐”这样一个战略性产品，并正式更名为搜狐公司。同年 4 月，张朝阳带领搜狐公司获得第二笔风险投资资金(投资者包括英特尔公司、道琼斯、晨兴公司、IDG 等)，共计 215 万美元，此时公司的盈利模式也由网页制作渐渐扩展至网络广告，搜狐广州分公司和上海分公司也相继成立。

2000 年 7 月 12 日，搜狐在美国纳斯达克成功挂牌上市。同年 9 月，搜狐以 2 亿元人民币收购了中国最大的年轻人社区网站 Chinaren，并跃居国内综合门户网络第一，拥有中国最大的用户群。2004 年 11 月，搜狐再次成功并购网络游戏网站 17173.COM 及房地产网站焦点房产网，从单一门户走向门户矩阵……

搜狐网站及其开发的各种运营模式开始成为后来者的样板，张朝阳本人的创业历程和搜狐公司的成长历程也成为今天无数创业者和众多创业企业效仿的对象和借鉴的典范。而今，李想(泡泡网 CEO)、高燃(MYSEE 直播网总裁)、戴志康(北京康盛创想公司 CEO)、茅侃侃(北京爱航工业公司首席架构师)等“80 后财富新贵”已成为新一代青年人追逐的偶像，他们的成功再次向我们展示了创业的无穷魅力，也让无数的年轻人仿佛看到成功是如此之近，梦想是可以成真的。然而，当我们为这些成功人士传奇的创业历程惊叹不已，为其数以亿计的个人财富羡慕不已的时候，一个自然的问题是，如此多的有志之士在创业，为何只有少数能够神话般地崛起，大部分则黯然收场？到底是什么决定了创业能否成功？

就高新技术产业而言，包括搜狐公司在内的历史经验表明，风险投资的资金和管理支持一直是创业能否成功的关键因素之一。著名的半导体公司英特尔(Intel)是在风险资本家阿瑟·罗克的支持下才发展成世界电子工业的巨人的。此外，康柏(Compaq)计算机公司、戴尔(Dell)公司、Sun计算机技术公司、苹果(Apple)电脑公司和世界闻名的软件厂商微软(Microsoft)公司、莲花(Lotus)发展公司等高科技企业同样是在风险资本的支持下成长起来的。针对20世纪90年代以来美国高科技产业的迅猛发展，英国首相撒切尔夫人曾说过："欧洲在高新技术方面落后于美国并非由于科技水平，而是由于在风险投资方面落后美国十年"。

本章首先介绍风险投资的概念，然后介绍风险投资基金"募、投、管、退"的典型运作过程。其中，有限合伙协议给予了风险投资人高强度的激励与自主的管理和项目决策权。考虑到创业企业的高度不确定性，以及与创业者之间的信息非对称性，风险投资人通常会严格挑选和评估所投的项目，并且通过一系列合约设计来管控风险。风险投资通常会选择公开发行股票上市或兼并收购的方式退出所投资的企业，然后进入新一轮的投资活动。

1.1 风险投资的概念

假想有一位科技工作者发明了一项新技术，他相信该技术最终能为个人和社会创造财富。为了转化该技术并实现商业化价值，科技工作者虽然拿出了一部分积蓄创立了一家企业，但企业所需要的资金远远超过了创业者个人财力能够支持的范围。创业者原本希望能够通过申请银行贷款来解决融资问题，但他的申请绝大多数情况下会被商业银行拒绝。

大多数初创企业具有"三高"特征：①初创企业通常拥有大量的增长机会或实物期权，具有高成长性；②初创企业具有高度的不确定性，包括企业的产品/技术/商业模式是否能迅速商业化，企业是否面对有增长潜力的市场，客户是否接受企业的产品，市场竞争是否过于激烈；③对投资者而言，初创企业还具有高度的信息非对称性。投资者可能并不清楚创业者是否能胜任企业的管理工作，创业团队是否会滥用投资者的资金。此外，以无形资产和人力资本为主的资产特征，以及长期负盈利的财务特征很难向投资者传达企业的盈利前景等信息。

考虑到初创企业具有的"三高"特征，以及企业几乎没有可用于抵押的固定资产或可寻求的贷款担保，商业银行出于风险管控的需要，通常会拒绝初创企业的融资请求。事实上，为初创企业提供资金支持的主要是天使投资人(angel investor)或风险投资(venture capital，VC)。

天使投资人主要用自己的钱对初创企业进行小规模投资。风险投资是一种金融中介行为，是由风险投资家或投资机构通过向富裕的个人、养老基金、大学捐赠基金和企业等募集资本，并将这些资金投入增长潜力巨大的初创企业或处于成长期的企业，监控并帮助企业快速成长和全面发展，最后通过顺利退出获取高额回报的投资模式。

具有现代组织形式的风险投资产生于1946年。哈佛大学商学院教授乔治·多里奥特(George Doriot)和波士顿联邦储备银行行长拉尔夫·弗兰德斯(Ralph Flanders)等创立了第一家现代意义上的风险投资公司——美国研究与发展(American Research and Development，ARD)公司。ARD公司最成功的投资当属其对DEC(Digital Equipment Company)的投资。DEC是由几位MIT教授创立的研发用X光技术治疗癌症的公司，1957年ARD公司用7

万美元获得其 77%的股权，而这项投资 14 年后为 ARD 公司带来 3.55 亿美元的回报，增加了 5000 多倍，成为风险投资发展史上的经典案例。

1985 年，中国第一家风险投资机构——中国新技术创业投资公司正式成立，随后 IDG、软银、红杉等海外风险机构纷纷进入中国市场，很多地方政府、民营企业也成立了以孵化科技为目的的风险投资机构。今天，风险资本也成为科技型中小企业最主要的融资来源。在美国硅谷的门洛帕克，有一条街道——沙丘路，里面汇集了全世界最大、最多的风险投资机构，这些风险投资机构为初创企业的发展做出了不可忽视的贡献，沙丘路也因此被称为“创业者的圣地”。Apple、Microsoft、Google、阿里巴巴、京东、腾讯等著名高科技企业在初创或高速成长期都曾得到过风险资本的支持。以 Google 为例，其背后的两家风险投资机构——红杉资本和凯鹏华盈，为 Google 带来了公司治理经验、资源和声誉，在一定程度上促进了 Google 的创新与发展。

1.2　风险资本的募集

风险投资的运作模式可以用“募、投、管、退”四个字概括。首先，风险投资家通过向富裕的个人或机构募集资本，组建有限合伙基金。然后，风险投资家将资本以股权的形式投资到高成长和高风险的初创企业中，并与企业订立投资合约。其次，风险投资家监控和扶持所投企业的发展，确保其投资安全和增值。最后，风险投资家通过引导企业上市，或通过兼并、收购和转让股权等形式退出企业，并将获得的投资回报返还给投资者。经济生活中常见的三种企业组织形式如下。

(1) 个体企业。企业以自然人的身份注册成立。因自然人的个人财产和企业的资产无法分离，企业家对外债务须承担无限连带责任，并缴纳个人所得税。大部分小微企业以这种形式设立。

(2) 公司制企业。公司是企业法人，有独立的法人财产，享有法人财产权。公司以其全部财产对公司的债务承担责任，股东只承担有限责任，即公司的债务如果不能清偿，不能要求股东用其他财产予以赔偿。公司须缴纳企业所得税。公司的另外一个特征是所有权和经营权的分离，即股东可以将经营企业的活动委托给职业经理人，由股东选举组成的董事会负责公司的日常经营。

(3) 合伙企业。自然人、法人和其他组织可设立普通合伙企业和有限合伙企业。普通合伙企业由普通合伙人(general partner，GP)组成。而有限合伙企业由普通合伙人和有限合伙人(limited partner，LP)组成，GP 对合伙企业债务承担无限连带责任，LP 以其认缴的出资额为限对合伙企业债务承担责任。合伙企业的合伙人是自然人的，缴纳个人所得税；合伙人是法人和其他组织的，缴纳企业所得税。

风险投资公司的组织形式通常为有限合伙基金，职业风险投资家担任基金的普通合伙人，投入少量资金，并负责整个基金的全面管理，且在对外的债务关系中承担无限责任。其他投资者提供大部分资金，担任有限合伙人，在基金中承担有限责任，类似于公司的股东。

在风险投资基金第一次募集资金时，有限合伙人会承诺按照一定计划分期提供资金。

这种定期的资本提供行为称为入资或注资。有限合伙人在基金存续期内承诺的资金总量称为承诺资本。一旦普通合伙人获得了全部的承诺资本，基金就完成了资金募集。有限合伙基金大多有 10 年左右的存续期限，可以视情况适当展期，结束时要清算基金与分配利润。图 1-1 展示了有限合伙制度的基本结构。

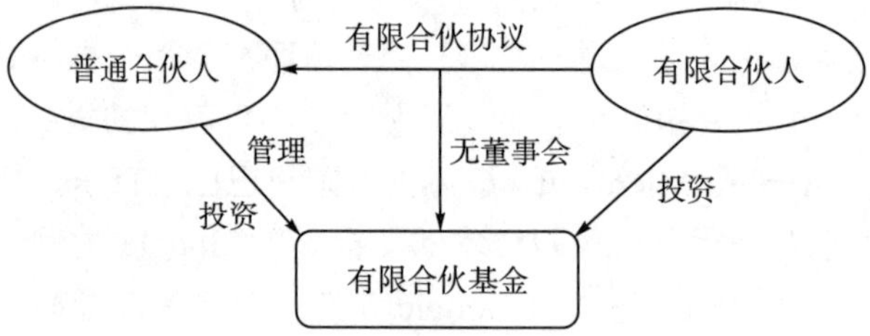

图 1-1　有限合伙制度的基本结构

有限合伙基金的显著特点是没有权力极大的董事会。有限合伙人对投资项目可以有咨询和建议权，但不能介入基金的日常管理。有限合伙人只能通过事前订立的有限合伙协议规范和约束普通合伙人的权利与义务。

有限合伙协议有两类重要的条款：一是承诺与报酬条款，二是限制性条款。承诺与报酬条款对普通合伙人的报酬做出了规定，分为固定的年管理费用(management fee)与附带权益(carried interest)两部分。风险投资是一个周期较长的商业活动，投资者需要经过多年的等待才能获得投资回报。然而，相关的日常支出(管理人员工资、尽职调查费用等)却从基金成立之日起就开始产生。因此，基本的管理费是必须的。管理费根据基金规模大小设定，通常收取基金总额一定百分比(1.5%～3%)的年管理费(图 1-2)。

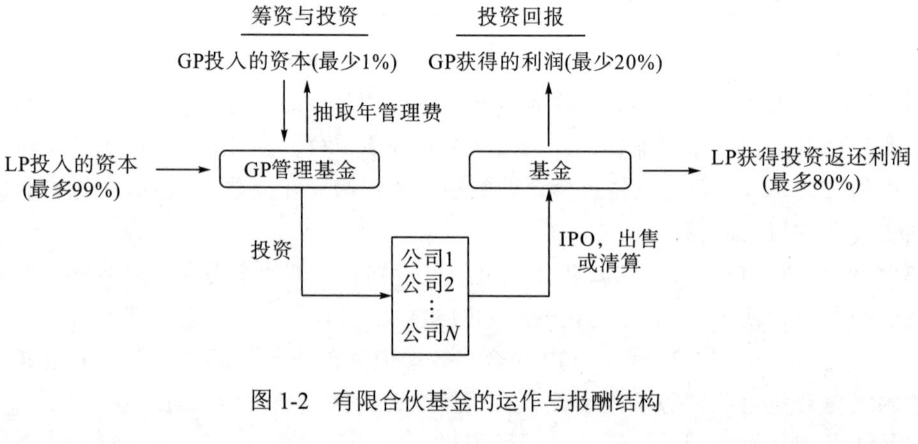

图 1-2　有限合伙基金的运作与报酬结构

风险投资家薪酬结构中的另一个重要组成部分是附带权益。基金到期时首先返还投资者的初始投资额，剩余部分作为利润按约定进行分配，这是普通合伙人的可变报酬部分。比如，若某个基金初始投入是 1 亿元，退出时的总收益为 2 亿元，那么整个基金的投资利润就是 1 亿元。一个有 20%附带权益的普通合伙人就会获得 2000 万元作为激励。然而，在设定附带权益时，有些细节还需要谈判，包括附带权益的比例、附带权益基础、支付时间等。其中，大多数风险投资将附带权益比例设定为20%，也有部分普通合伙人要求更高的回报，具体比例取决于普通合伙人在基金中的资本投入以及其讨价还价能力。通常情况下，基金的业绩越好，附带权益比例越高。这种高强度的激励使得普通合伙人愿意努力地选择和投资优秀项目。

限制性条款通常包括对基金管理的限制、对普通合伙人活动的限制、对投资种类的限制等。比如，基金对单一企业的投资不得超过某个额度，基金的负债必须有特定的限额和用途；普通合伙人大部分时间必须用于有限合伙的投资事业，对普通合伙人的跟投进行限制以确保投资组合中的每家公司都能得到普通合伙人的同等对待；基金的投资领域可能会受到限制，比如有些专业从事通信技术的基金限制VC不得投资于房地产、电影等。普通合伙人一旦违背了这些条款，可能会引起法律诉讼。

风险资本市场除以有限合伙基金的形式存在的独立风险投资(independent venture capital，IVC)之外，还存在企业风险投资(corporate venture capital，CVC)。很多大公司(软银、微软、联想、阿里和腾讯等)都有自己的风险投资部门或子公司，它们大都以CVC的形态存在。根据哈佛大学Chesbrough教授的定义，CVC指直接投资于外部创业企业的企业基金，不包括企业内部投资或通过第三方的投资。典型CVC组织结构如图1-3所示。

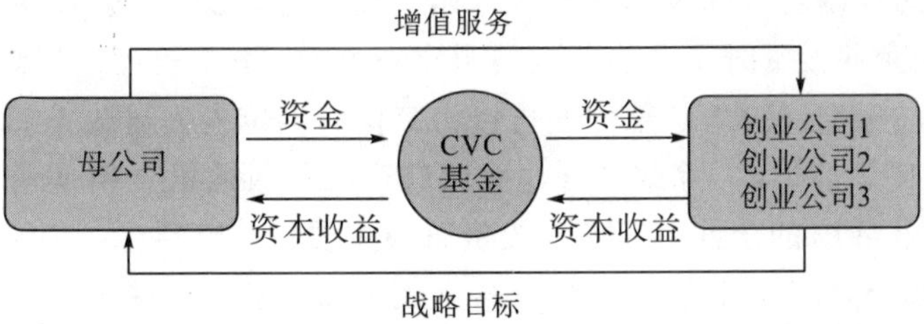

图1-3　典型CVC组织结构

CVC和IVC在投资领域及投资模式等方面有着许多共同点，但两者又有诸多不同点。

(1)CVC与IVC的组织架构不同。IVC采用有限合伙基金形式，有限合伙人与普通合伙人之间通常会签订合伙协议，约定基金的规模、存续期、投资方向及收益分成等。CVC一般都是非金融企业设立的独立投资子公司或者投资部，这些子公司或投资部代表母公司去对创业公司进行投资，其投资资金一般仅由母公司提供，不需要第三方提供资金，投资资金不会受到资金合同期的限制。

(2)CVC和IVC通常会使用不同的薪酬及激励方案。据2000年Frederic W. Cook & Co.做的调查，68%的CVC表示并未采用与投资绩效高度挂钩的奖金激励方案，而是给CVC的管理者一个固定的工资，在此基础之上的奖金则与母公司业绩挂钩。相反，IVC则普遍会采取基于投资绩效的激励薪酬制度。除此之外，IVC一般会要求其管理者共同参与创业公司的投资，而CVC不仅无此要求，部分CVC甚至不允许其员工自愿跟投。

(3)CVC与IVC所追求的目标也有所不同。IVC的投资目的比较单一，投资仅是为追求财务上的回报。与IVC不同，CVC做投资决策时会兼顾母公司的战略目标和财务目标：通过投资配合母公司的发展需要，同时通过投资获取回报、增加母公司的营业利润(图1-4)。

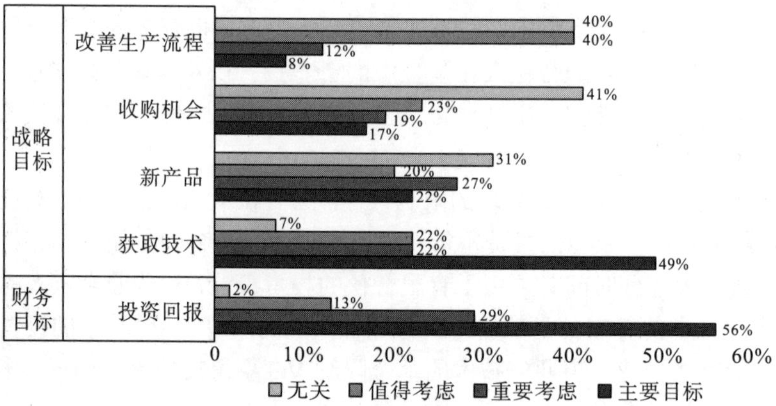

图 1-4　公司设立 CVC 的动机

数据来源：Alter, Murray and Larry Buchsbaum. Corporate Venturing: Goals, Compensation and Taxes, The Corporate Venturing Directory & Yearbook, Wellesley, MA: Asset Altematives Inc., 2000。

学术界对公司设立 CVC 的动机做出过相关调查。对大部分 CVC 来说，战略目标是公司风险投资的重要考虑因素，具体需求各异。战略层面，获取新技术是企业投资最重要的目标。49%的被调查企业表示获取技术是主要目标，22%的公司认为获取技术是重要目标，仅 7%的企业投资时不会将获取技术作为考虑因素。美国通用汽车公司(General Motors Company，GM)的 CVC 部门便直接将其使命定位为“对成长期公司进行投资，增强通用汽车的创新能力。”除此之外，获取新产品及收购机会也是战略层面的重要目标。分别有 22%和 17%的企业将其作为投资时最主要的战略目标。财务目标是 CVC 的另一个主要目标。59%的企业认为获取财务上的投资回报是主要目标，29%的企业认为获取投资回报是投资的重要目标，仅有 2%的企业在投资时不会考虑财务回报问题。

1.3　风险投资的项目评估

项目评估是风险投资家投资前收集信息与事前控制风险的活动。VC 每年都会接到相当多的商业计划书，绝大多数很快被摒弃。VC 只会对自己感兴趣的项目展开尽职调查并进行项目评估。前文提及，创业企业的主要经济特征是其经营活动高度的不确定性，以及与投资者之间高度的信息非对称性。因此，VC 主要针对这两个方面设计相应的评估指标(表 1-1)。

表 1-1　VC 评估项目的指标和示例

示例		投资理由/强因素	投资风险/弱因素
市场机遇与风险示例	市场规模与增长	• 可控制的快速增长的大市场 • 非常大的市场，在位者赚取高额利润 • 公司可能会显著影响行业的发展	• 市场监管存在不确定性 • 国家风险，货币风险 • 新的与基本上未经验证的市场 • 行业处于下行周期
	竞争和进入壁垒	• 强有力的专有和专利地位 • 公司瞄准了一个重要的细分市场，而现有在位者服务不足	• 一旦客户了解了公司的商业模式，就会成为竞争对手 • 仅靠专利保护可能无法给进入者设置足够的障碍

续表

示例		投资理由/强因素	投资风险/弱因素
市场机遇与风险示例	竞争和进入壁垒	• 早行动者将因为是概念的先驱者而获益，且成为大玩家 • 高度细分的产业，使得整合的时机已经成熟 • 没有竞争对手 • 有充足的市场空间供多个竞争对手并存	• 新进入者众多，价格竞争可能会降低利润率 • 劳动力用工短缺，与较大的老牌公司竞争员工 • 新技术可能是长期威胁 • 低门槛进入，转换成本低 • 产品可以被大的在位企业复制
	客户采用的可能性	• 概念已经被专业人士社群接受 • 和大客户有了较正式的合约安排 • 坚实的客户群 • 客户对产品和管理团队持积极态度	• 不确定能否说服客户押注于未经证实的技术 • 客户可能不想为产品支付足够的溢价 • 目标客户在历史上并不是快速采用新产品者 • 客户的财务状况脆弱，存在有问题的合约 • 挑战在于能否将产品扩展到初始客户群之外
	金融市场和退出条件	• 如果成功，则可能会提前退出或收购 • 预期能以有吸引力的条款获得债权和股权融资 • 具有快速翻转当期局面的潜能，且获得投资 • 存在较多的战略并购者 • 近期公众对电子商务公司的热情可能加速 IPO • 鉴于市场机会和公司的战略，若其完成商业计划书，则资本市场将接受公司	• 如果 IPO 被推迟，则负债率将会如何变化 • 出售该公司可能更好 • 金融市场和政治波动 • 公开市场将如何对待公司
信息非对称性示例	管理团队的质量	• 管理团队拥有丰富的管理经验 • 可以相信管理团队擅长科学问题，善于筹集资金和节约资金 • 出自成功企业的经验丰富的经理 • 备受追捧的企业家/创始人，与人共同创立过上市公司 • 经验丰富的知名的 CEO • 现有投资者对创始人有很高的评价 • 团队在短时间内获得了显著的市场渗透，建立了商业关系 • CEO/创始人能够吸引必要的员工。在消耗少量资本的同时，开发了优秀的产品 • CEO 非常节俭，不会不明智地花钱 • 创始人承诺：辞去竞争对手的工作，抵押他的住房 • 团队非常均衡、年轻且积极进取	• CEO 是"相当难缠的人"，VC 充当董事长是至关重要的 • CEO/创始人对被收购有着强烈的愿望，VC 须投入大量时间进行评估 • 管理层过往经营没有表明他们能有效地预测财务进展 • 公司从事许多看似不同的业务，反映管理层缺乏重点 • 管理层能否整合到兼并中 • CEO 过去选择了有问题的公司 • 年轻，相对欠缺经验 • 管理团队不完整，公司高度依赖一个人(即 CEO) • 公司需要 CEO、CFO 和 COO，控制、运营和会计系统等 • 业绩拐点后的融资需招募销售和市场经理 • 必须强化管理，VC 将不得不充当董事长，或雇佣新 CEO
	迄今为止的业绩	• 展示了商业模式的盈利能力 • 公司有可管理的现金使用率，预计一年内现金流盈亏平衡 • 显著的销售增长和势头 • 已开发出产品，处于达到销售收入目标的有利地位	• 公司处于亏损状态，业绩低于计划 • 坏账问题和公司过去的商业程序极大地改变了公司的盈利能力
	别的投资者的影响	• VC 的投资伙伴包括那些曾投资过一些非常成功的公司的参与者 • 共同投资者作为基金的董事长或临时兼任 CEO	• 必须与其他 VC 协商如何安排控制权 • 以前的投资者(向 VC 出售所有股票)急于折价脱手 • 先前的其他 VC 决定不为该交易融资
	投资下行风险	• 如果出现平庸的业绩，则可转换优先股也可保护 VC 的权益 • 设备可以由债务融资 • 投资者有能力控制增长 • 在业绩拐点到来之前，提供少量的资本就可避免企业下行	• 什么是适当的业绩拐点存在不确定性 • 为初创企业提供大量资金，需强有力的管理监督 • 需大量的银行贷款，可能需要更多的股权投资 • 形成有价值资产的方式很少，需提供一定的下行保护

续表

示例		投资理由/强因素	投资风险/弱因素
信息非对称性示例	投资下行风险	• VC 承诺将持续投资 • 得益于未来公司可被兼并，早期阶段投资的现金利用效率高 • 以较少的资本就可以使得公司处于行业领先地位 • 保守估计的 IRR 超过 40%	• 公司预计明年需要额外融资。除员工外，没有有价值的资产 • 在资金提取和使用方面需要充分的制衡 • 因为投资者之间竞争而形成了高估值
	与 VC 投资组合的匹配度和监控成本	• 为该细分市场的 VC 投资组合中增加了更多广度 • VC 在这个地理区域非常强 • 企业的战略与 VC 契合度高 • VC 在业务互补的公司中拥有董事会席位，可形成营销伙伴关系 • VC 的新细分市场，应激发一些额外的投资机会	• 需要复杂的法律和财务尽职调查 • 可能需要耗费 VC 太多的时间 • 地理风险：外国公司和海外研发 • VC 必须投入大量时间来评估收购 • 投资者需作为临时 CEO 积极参与，(更换创始人)对成功至关重要

资料来源：Kaplan 和 Strömberg (2004)。

首先，需要通过尽职调查确定目标公司的市场规模、客户采用度、市场的竞争性和退出条件等指标。对于每一个指标，VC 需要在项目中找到投资理由，同时也需要识别投资风险。比如，因为创业企业的不确定性和成长性相对于成熟企业更高，在评估企业的价值时，不仅需要采用基于现金流的 NPV 技术，还要评估这些初创企业蕴含的实物期权价值。具体而言，针对某个项目，虽然现在投资的 NPV 可能为负，但只要该项目增长机会的价值足够大，就是可行的投资。又如，市场规模衡量了项目的市场前景，如果市场规模足够大，则可以为 VC 带来持续的投资机会。如果不对市场机会进行测试，则无法观察到更多有价值的信号，所以客户的采用度往往比初期的财务绩效更重要。当然，VC 总是希望投资 NPV 大于零的项目，但市场竞争终将使得 NPV 趋近于 0，除非该项目有持续的竞争优势(譬如有效的专利和市场地位构筑了竞争和进入壁垒)。而金融市场和退出条件则描述了 VC 不仅希望企业可以获得金融市场更多的资金支持，也希望自己将来能够顺利退出项目。

其次，考虑到创业企业和 VC 之间存在较大的信息不对称性，VC 的项目评估还包括管理团队的质量、迄今为止的业绩、别的投资者的影响、资金是否有下行风险、与 VC 投资组合的匹配度和监控成本等指标。具体而言，管理团队的质量表明 VC 尤其看重关键性人才的作用，可以通过了解其知名度、是否创立过成功的企业、是否诚实和节俭等进行基本的筛查和判断。VC 不会轻信创业者单方面的陈述，但可以通过观察企业迄今为止的业绩，或者观察别的投资者的行为来进一步考察创业团队的质量。考虑到初创企业的大部分资产都是无形资产或人力资本，一旦经营失败后 VC 几乎无法收回有价值的资产，因此对投资下行风险指标的评估无疑是十分重要的。

最后，与 VC 投资组合的匹配度和监控成本反映了 VC 一方面希望拟投资的企业和已投资企业的业务互补，另一方面 VC 又不希望花费大量的人力成本来监控企业。

1.4 风险投资对企业的管控

当企业的经营处于正常状态时，VC 不会代替创业者做出经营管理决策，否则为何要精挑细选创业人才呢？所以，VC 对创业企业的管理主要包括收集信息、监控企业进程、纠正企业的决策与危机管理、为企业提供增值服务等。

VC 对信息的收集是非常仔细的，不仅要对企业的战略决策和具体实施进行全方位的论证和监督，还要到企业进行深入调研。当企业存在较大的不确定性，或者信息非对称比较严重时，VC 在企业调研花费的时间最多。企业在进行一些重大的决策，比如融资和投资、重要人员招聘、经营计划制定和实施时，董事会召开也非常频繁。

如果创业者本身并不称职，那么当 VC 掌握了控制权时，会通过行使控制权更换创业者。当然，当创业者与 VC 或其他管理团队成员就公司的发展方向和战略存在严重分歧时，也可能被更换。1985 年，苹果公司的 CEO 乔布斯由于无法忍受权力被剥夺而离开了苹果。乔布斯当年离开苹果的真实原因现已无从考究，但 2005 年在斯坦福大学演讲时，乔布斯本人是这么说的：

“我们刚刚发布了最好的产品，那就是 Macintosh。我也快到三十岁了。然而在那一年，我被炒了鱿鱼。但是，你怎么可能被你自己创立的公司炒了鱿鱼呢？嗯，在苹果不断成长的时期，我们雇用了一个我们认为很有天分的人和我一起管理公司，在最初一段时间公司运转得很好，但后来我们对未来的观点发生了分歧，最终我们吵了起来。最后董事会站在了他那一边。所以在三十岁时，我被炒了。”

如果创业企业有好的 CEO，VC 更愿意扮演企业的咨询者和顾问的角色。风险投资也可能积极参与企业的经营管理，培育企业的创新能力，并为企业提供价值增值的服务。正如乔希·勒纳等(2015)在《风险投资、私募股权与创业融资》一书中所说：“风险投资支持的企业其治理水平可能是最强的，这类企业拥有专业且积极的投资者，投资者会选择最优策略、组织资源并联合管理层以实现企业的成功。股东、董事会和管理层之间几乎没有断层。”

Hellmann 和 Puri(2000)研究发现，风险投资不仅能够为企业提供资金，还可以为企业的经营管理带来珍贵的“知识资本”。在投资后，风险投资会对初创公司进行监督管理，帮助企业建立管理团队、确定市场定位。风险投资还可以获得董事会席位，通过行使投票权来加强对企业的约束。同时，风险投资能够帮助企业完善创新激励机制，通过利益一致激励、奖金支付和股权激励等方式提高企业员工的主人翁精神，进而促进企业创新。此外，风险投资还可以利用广泛的关系网络为被投资企业提供增值服务，提高企业创新绩效。风险投资广泛的关系网也能为企业牵线搭桥，帮助公司找到合适的投资者、上下游厂商、管理人才甚至买家，能够帮助企业缩短向市场首次投放产品的时间等。

需要指出的是，由于 VC 与创业者之间存在严重的信息不对称，所以风险投资的注资方式并非一次性提供所有资金，而是采用分阶段投资的方式或通过一系列风险投资合约来对所投企业实行监督管理。初创企业要想获得风险投资持续的资金支持，必须提高自身的研发能力和经营能力，以达到风险投资每一阶段预设的要求。

1.5 风险资本的退出

风险资本看重的不是从项目能够获得多少分红，而是所投资企业整体价值的增值。当达到预定的资本收益率，或认为企业没有发展前途后，VC 需要退出以寻求新的项目，进入下一轮的"高风险高回报"的投资活动。风险投资企业的主要退出方式包括以下几个方面。

(1)企业首次向社会公开发行股份(initial public offer，IPO)。VC 在企业 IPO 后分批出售股份，这是获得最高收益的退出方式。比如，2000 年 4 月，软银向阿里巴巴投资 2000 万美元，2004 年 2 月又追加投资 6000 万美元，共获得了阿里巴巴 32.4%的股份。2014 年 9 月 19 日，阿里巴巴在纽约证券交易所上市，以当日收盘价计算，软银的总投资上涨了 433 倍。

(2)兼并收购和股权转让。VC 将持有的股份整体出售给第三方投资者，这是交易数量最多和总体金额最大的退出方式。

(3)股权回购。VC 将持有的股份回售给所投企业的创业者(管理层回购)，这种退出方式发生的数量不多。

(4)破产或清算。企业因经营管理不善等原因解散或破产，VC 对其财产、债权和债务进行清理与处置。

1.5.1　IPO

IPO 是公司在一级资本市场向投资者初次公开发售股票，然后在二级市场(股票交易所)挂牌交易的行为。公司发行股票类似于向公众公开拍卖股票，相对于被兼并和收购而言，能获得公允和较高的价格。不仅如此，上市获得的流动性也赋予了股票更高的溢价。

从全球范围来看，证券发行制度主要有三种模式：审批制、核准制和注册制。审批制是采取实质审查的形式，证券发行须经过正式批准才能够进行，主要包括发行资格和发行额度的审批。核准制是指证券主管机构对发行人申报材料的完整性、真实性和准确性进行形式审查，同时对于拟发行证券的公司的财务状况和投资价值是否符合法律或证券监管机构的规定进行实质性审核。而注册制只对证券发行人的申报信息和材料做形式审查，主要关注申报材料是否完整、真实、准确，并不对该证券的投资价值进行判断，发行人只要充分及时地披露了相关信息，即可发行股票。

从 20 世纪 90 年代开始，我国资本市场就建立了全国统一的证券发行制度，并在 1993 年开始实行审批制，在 2001 年推行核准制。美国、英国等金融较发达的国家都对公司 IPO 实行注册制。2019 年科创板推出时，我国开始探索实行注册制。2020 年 3 月 1 日起实施的新《证券法》删除了证券发行需要经过"核准"的字眼，转而使用"注册"来表述，即公开发行证券只需报国家证券主管部门或相关机构注册，不再经过证监会发行审核委员会审核。这意味着我国的证券发行真正进入注册制时代，证券发行朝市场化的发展又迈出了关键的一步。

需要说明的是，注册制并不意味着不会对发行材料进行审核，而是改由证券交易所审核，证监会以交易所审核意见为基础，决定是否予以注册。可见，在注册制下证券发行是审核权下放，不是取消审核。注册制下审核的关注点发生了变化，从对发行人是否具有持续盈利能力和投资价值的审核，转变为对发行人是否符合发行基本条件以及信息披露是否完整、准确、真实和及时进行审核。

此外，在采用核准制时，公司 IPO 的核心条件之一就是企业具有持续盈利能力，财务状况良好，不允许利润为负的公司上市。而新《证券法》在公司 IPO 条件上删除了关于盈利和财务状况的表述，只是要求企业“具有持续经营能力”。从“持续盈利能力”到“持续经营能力”的变化，说明企业能否上市不再以盈利和业绩为主要门槛，体现了监管思路的转变，与注册制度的变化相适应。

事实上，把企业持续盈利能力的高低作为企业能否上市融资的重要标准，说明市场的包容性不够，不利于市场的多样化发展。相反，经营能力比盈利能力更具包容性和多样性，有助于避免监管机构过分看重发行人的盈利数字而忽略对发行人生命周期、行业特点、经营周期性等因素的综合把握，从而有助于增强对各类发行人的包容性。例如，一些创新型企业在早期经营阶段，因为投入大量资金用于研发而暂无盈利能力，难以满足上市融资的条件。这也是国内众多高科技企业不得不远离国内资本市场转而赴美上市的原因之一。

在实施注册制的美国，很多利润为负的公司能够成功上市，因它们或在研发上取得了重大突破，掌握了某种核心技术，或处于高速成长期而得到市场的认可。另外，美国允许公司实施同股不同权的治理结构，因此吸引了很多科技公司到美国上市。例如，科技公司在美国 IPO 时常使用 AB 股，向外部投资者发行的 A 系列普通股有 1 票投票权，而管理层持有的 B 系列普通股每股通常有 10 票的投票权，Google 上市时就采用了 AB 股。需要说明的是，我国于 2019 年启动的科创板，已经允许同股不同权的公司上市。

下面以美国的注册制为例，简单介绍一下公司上市的流程。第一步，公司要聘请某个投资银行作为上市的承销商。承销商在详细研究公司的基础上，向公众发布一个该公司的研究报告，之后承销商将针对企业的各个方面提供咨询服务，辅导企业完成各种文件，走完上市的各个程序与环节。第二步，公司和承销商签订一个承销合约，承销商购买公司预备上市的所有股票，并将这些股票再转售给股票一级市场的投资者。第三步，公司在证券交易委员会(Securities and Exchange Commission，SEC)注册登记，同时提交招股说明书。招股说明书是在承销商的辅导下完成的一份重要文件，它包含了公司信息和被第三方中介机构(如会计和律师事务所等)验证的信息。SEC 仅会审查拟上市公司的注册和招股说明书等文件是否合乎信息披露要求。第四步，当提交给 SEC 的注册文件被批复后，公司和承销商为股票确定一个初步的发行价格，且开始路演。初步发行价格一般按照同行业的市盈率倍数(P/E)或市账比(M/B)来确定，当然也会根据企业的具体情况来修正和调整价格。路演是在承销商的安排下与很多机构投资者见面，向他们宣传公司的情况。承销商在这个过程中准备了一个潜在的指令簿，详细记载了机构投资者愿意以多少价格购买多少股的信息。根据这些信息，承销商和公司将会确定最终的发行价格。参照指令簿记录的信息，按照路演后公司确定的最终发行价格，股票将会配售给机构投资者和部分个人投资者。第五步，公司的股票将正式在证券交易所挂牌交易。

1.5.2　兼并与收购

从风险资本退出企业的数目和金额来看，兼并与收购都是最主要的退出方式。IPO 潜在的“高门槛”使得企业须经过较长时间的孵化，由此增添了创业团队和 VC 等不起的财务压力，这凸显了兼并和收购的优越性。

事实上，很多兼并和收购案例是 VC 和企业主动选择的。如前文所提到的 CVC，其设立的目的主要是为母公司寻找创新的技术型企业，母公司兼并 CVC 所投资的企业是很常见的。某些企业可能在技术研发方面有专长，但因缺乏财务和人力资源以及供应链和销售渠道的支持，难以实现技术的商业化。还有一些情形，企业的产品或服务可能是小众产品，或需求集中在几个大客户身上，即使这些企业上市了，完全依靠自身发展的能力仍然有限，他们最终希望被同行兼并。

另一突出的例子是生物技术联盟。很多生物技术企业专注于药品的研发，但从化学分子物的提取，到药品的各期临床测试，往往要持续数年甚至数十年的时间，需要投入巨大的人力和物力。因此，生物技术企业常常和大型的制药公司组成生物技术联盟，由制药公司提供财务资源支持研发，或者生产生物技术研发的药品。生物技术联盟可以是制药公司持股生物技术公司，也可以由两者组成松散的联盟。当这些生物技术企业成长到一定阶段时(包括上市后)，也可能主动选择被制药公司兼并。

大企业一般是 CVC 投资组合或技术联盟的资本供给者。当大的科技企业有充足的现金时，常常会使用现金收购企业。比如，微软于 1987 年上市，2000 年前后积累了大量的现金，1997～2011 年进行了大规模高效的兼并活动，金额达数百亿美元，很多被兼并的业务都整合到微软的业务中，如图形软件 Viso、财务软件 Great Plains、ERP 软件 Great Pleans、即时通信软件 Skype 等。

研究表明，技术企业之间发生兼并较为普遍的情形是，收购者和目标企业之间存在技术重合。收购方自身也是研发投入高的企业，具有在该技术重合领域内的必要专利，而被收购的目标企业的专利少，在该领域内投入巨资，正处于艰难的“爬坡”阶段。双方兼并产生了共同研发的平台，促使了更多新专利技术的产生。如果技术企业之间在产品市场上重合，而非技术领域，则兼并发生的可能性很小。

第 2 章　风险投资合约的研究现状

现实世界中的大部分合约几乎不可能列明影响合约执行的或有事件，也几乎不可能提供每一可能状态下合约双方权利和义务的完备描述，即大部分合约都是不完全的。风险投资与创业者签订的风险投资合约通常是不完全合约，关键在于如何设计依据或有事件动态有效地配置一系列权利，包括现金流权、控制权、清算权，以及优先股的转换权和反稀释权等其他权利。这些权利以阶段融资作为实现各项权利动态配置的基础构架，并以控制权为各项权利配置的核心。

本章首先介绍经典的金融合约理论，包括非对称信息下的逆向选择和道德风险问题，以及不完全合约的控制权理论。其次，介绍风险投资合约的实证文献。其中，Sahlman(1990)描述了风险投资合约的基本内容及其经济理论基础。Gompers 和 Lerncr(1999a)的著作总结了他们 1994～1997 年对该产业大规模的实证分析成果，刻画了风险投资基金的筹资、投资以及资本退出的周期过程。Kaplan 和 Strömberg(2003，2004)则是以金融合约理论为基础，依据从 VC 那里收集的合约样本，实证检验了合约的条款和合约的治理机制，更深入地研究了合约正式条款以及控制权安排等综合治理工具。最近十几年的实证研究除继续在风险投资合约的权利配置方面取得进展外，还包括 VC 对企业的监控、VC 的投资网络支持创业企业等方面的研究。

实证研究不仅印证了经典的金融合约理论，也揭示了风险投资实践的独特之处。例如，VC 在大部分初创企业中拥有超过其现金流权对应的控制权。为此，现有文献针对这些独特的现象展开了理论研究，包括风险投资的现金流权配置、控制权配置和阶段融资的理论等。最后，本章还回顾了我国学者在风险投资领域的相关研究。

2.1　金融合约理论

金融合约理论始于著名的 MM 定理(Modigliani and Miller，1958)，也称经典的资本结构理论。在一个理想的无税收、无激励和无信息非对称问题的世界里，项目或企业的融资方式没有差别。企业使用股权和债权，或其他任何形式的金融工具融资都不会影响到企业的价值。企业价值仅取决于其投资活动，由于现金流的不确定性，可通过估算项目的资本成本，应用折现现金流方法计算其价值。

Jensen 和 Meckling(1976)指出，经理的代理问题将会减少企业的价值。所谓代理问题，是指经理将会享受经营企业的额外待遇，如装修豪华的办公室、坐豪车、奢侈的度假和偷懒等行为。假设企业由某企业家经营，如果他持有企业 100%的股权，则他将不会从事代理活动。当企业向外进行股权融资，持有的权益少于 100%时，企业家将追求和享受额外待遇，而成本将由全体股东承担。Jensen 和 Meckling (1976)认为，应针对代理问题设计激励合约，以使得企业家(或经理)与股东的利益一致，尽可能地降低享受额外待遇的行为对股东造成的损害。

如果企业进行债务融资，且融资额度在安全范围内，则企业家在支付债权人无风险利息后获得全部的经营剩余，也不会有代理问题。负债还有助于挤出企业的自由现金流，防止企业的过度投资活动(Jensen，1986)。但是，当负债超过一定的限度成为风险债务时，就会出现负债下的代理问题，即一旦经营出现困难，企业可能会从事风险性高的投资和经营活动，以损害债权人的利益为代价(Jensen and Meckling，1976)。因此，企业存在最优的股权和债权比，即最优的资本结构是在减少企业代理活动的边际价值，与诱导其风险性投资行为的边际成本之间的权衡(Harris and Raviv，1991)。

自20世纪70年代以来，因经济学家对信息非对称问题的突破性研究进展，也将代理和激励合约的研究推向深入。经济学家认识到融资者和投资者之间的金融合约不仅是激励合约的设计，也是不完全的合约。Hart 和 Moore(1990)、Aghion 和 Bolton(1992)等的研究指出，控制权的配置是金融合约的关键组成部分。其中，Hart(2001)对金融合约理论进行了提纲挈领的综述，阐述了基本的思想脉络。本节将在该文的基础上，综述针对非对称信息引发的逆向选择和道德风险问题，以及不完全合约理论基础上的控制权理论。这些理论是风险投资合约实证与理论研究的基础。

2.1.1 逆向选择问题

在订立合约之前，拥有私人信息的委托人可能利用信息优势损害代理人的利益，这被称为逆向选择问题(adverse selection)。Akerlof(1970)的“二手车市场”说明，事前的信息非对称问题将使得交易价格扭曲，导致劣币驱逐良币的“逆向选择”问题。非对称信息一般指关于代理人的素质或效率等变量，如VC在投资企业前，可能不清楚创业者的能力、资产的质量或企业发展前景等，但创业者知道。

缓解逆向选择问题的方法之一是甄别(screening)合约，即委托人向代理人提供一组针对其类型的满足激励相容约束的合约，而让代理人自我选择合约。甄别合约在金融合约领域有着广泛的应用。其中。银行贷款就是一种甄别合约(Stiglitz and Weiss，1981)。商业银行在考察企业的资产负债、现金流、股东信息、历史信用记录和资产担保等的基础上，根据企业的风险综合地给予企业信用评级。银行根据不同的信用评级设定企业贷款的准入门槛，向满足贷款条件的企业提供不同利率和期限组合的贷款，供企业自选择。设定贷款准入门槛是为了防止“逆向选择”问题，也被称为信贷配给，即使风险高的企业愿意向银行支付更高的利率，也得不到贷款。

股票是一种高信息密度资产，其价值不仅取决于现有资产的盈利能力，也取决于企业未来的发展前景，即增长机会。Myers 和 Majluf(1984)指出，假设企业向外股权融资，企业家比外部股东更了解企业的发展前景。企业家如果为现有股东的利益着想，则不会发行股票，因为逆向选择问题使得新发行股权面对较大的折价——信息非对称成本。仅当前景好的企业获得融资后的收益大于折价损失时，前景好的企业和前景差的企业才会处于混同的均衡市场。否则，好企业将会退出资本市场，而存在仅有差企业融资的分离均衡市场。然而，在 Myers 和 Majluf(1984)的甄别模型中，逆向选择导致的分离均衡是无效率的。

自 Spence(1973)的开创性工作以来，人们认识到，代理人可以向委托人传递自身是高质量的信号，形成新的信号均衡，从而帕累托改进了自选择合约下消极的分离均衡。Myers 和 Majluf(1984)、DeMarzo 和 Duffie(1999)从不同的路径证明，企业如果发行高级别的债权，则可以向投资者传递自己是高质量企业的信号。Myers 和 Majluf(1984)由此发展了优序融资(pecking order)理论，即考虑到折价成本，企业应该先内部融资，其次是债权融资，最后才是股权融资。而在股权融资的信号均衡理论方面，Leland 和 Pyle(1977)、DeMarzo 和 Duffie(1999)均证明，原始股东持有更多比例的股权，也能向资本市场传递自己是高质量企业的信号。

无论怎样的信号分离均衡，信号本身都是有成本的，这成为判断信号均衡是否可信的依据。例如，企业负债融资需保持较高的流动性，而在股权融资中，持有更高比例的股权则意味着原始股东承担了企业更多的风险。代理人要么无法选择混同均衡的策略，要么无法承受选择付出的代价。

2.1.2　道德风险问题

在签订合约之后，由于代理人的行动难以被观察，代理人可能会选择损害委托人利益的行动，这被称为道德风险问题。其中的非对称信息主要是关于代理人的行动或决策变量，如经理是否努力经营企业、是否明智地花钱、是否瞒报收入等。

标准的道德风险问题可以被描述为如下的情形。委托人和代理人签订一个合约，雇佣代理人执行一项任务。代理人选择他的努力水平，由于努力水平不可被观察到，因此给予代理人努力的补偿依赖于代理人的业绩。这被称为“胡萝卜加大棒”的哲学。有奖必有惩，补偿计划中“奖励”和“惩罚”拉开的幅度越大，则激励强度越高。Holmström(1979)指出，道德风险问题越严重，那么给予代理人的报酬越依赖于业绩信号。

经济学家发展了处理激励问题的方法论，被称为一阶条件(first-order condition，FOC)方法。其核心是，把代理人选择效用最大化行动的激励兼容约束(全局约束)用其一阶条件(局部约束)代替，即要求代理人选择的行动使得其预期效用值是一个驻点。这个方法最初由 Mirrlees(1971，1974，1999)提出，但一阶条件方法并没有从理论上得到证明。Rogerson(1985)完成了证明，指出业绩分布的单调似然率性质和分布函数的凸性化条件是应用这一方法的充分必要条件，并给出了求解程序。该方法被广泛地应用于经济和管理问题的研究中。

如果风险中性的企业家对外融资，则在道德风险模型的框架下，可得到最优的融资合约是债务合约(Innes，1990)。债务合约能够激励有限责任约束下的企业家付出最优的努力水平。当企业的收益(或企业价值)较低时，企业家的所得为零，而投资者获得了企业全部资产。而当企业的收益较高时，企业家在支付债务后获得企业的全部剩余，投资者获得固定回报。债券在高低利润下的这两个支付特性可诱使企业家做出最优的努力。但 Innes(1990)尝试用一阶条件方法分析企业的融资问题时，却得到了一个跳跃性的“生死证券”，自此经济学家认为一阶条件在分析融资问题时是失效的(Dewatripont et al.，2003)。

不预先设定债券等合约形式，而是用一阶方法从原始的假设和最优化问题出发，内在地推导出最优的资本结构是基础性的理论工作。郭文新和曾勇(2007)重新考察了企业家道德风险问题下的融资模型，应用一阶条件方法，在纳入合约收入的单调性假设的基础上，应用逐点优化方法得到的最优融资合约正是债权，并拓展分析了投资者风险规避的情形。

企业还可能出现对投资者隐藏收益的道德风险问题。Townsend(1979)、Gale 和 Hellwig(1985)发展的模型被称为费力的状态审核模型(costly state verification，CSV)，他们假设企业的道德风险表现为隐瞒真实的收入水平。在 CSV 模型中，如果企业不能按时支付投资收益，则投资者必须花费较大的成本审核企业的真实利润，一旦察知企业的真实状况(经营失败)，投资者将接管企业，由此给了企业特定的威胁。CSV 模型指出债权是企业对外融资时隐藏收益的最优合约，因为强制性的债务偿还有助于节约审计企业真实收益的成本。

对于股权融资而言，Holmström 和 Milgrom(1987)指出，如果企业的业绩满足正态分布假设，在一个多期重复的道德风险框架下，给予风险规避的代理人的最优合约是关于总业绩的线性函数。Hellwig 和 Schmidt(2002)拓展了 Hölmstrom 和 Milgrom(1987)的结论，在几近相同的假设下，得到代理人的最优合约是企业利润的线性函数。多期重复的合约使得创始人(或经理)和外部股东可以共享企业的发展机会，且形成长期的风险共担机制。

依据业绩给予经理报酬，有的时候并不能产生良好的激励效果。Holmström 和 Milgrom(1991)建立的多任务委托代理模型指出，如果代理人执行多项任务，则对某一特定的任务设定业绩指标容易导致在该方面花费过多的精力，使得代理人产生短期行为，且忽视其他必要工作的努力。Manso (2011)进一步发展了关于创新活动的激励合约。对于一般性的创新(exploitation)活动，即应用已经熟知的方式和行动进行的开发活动，应使用基于业绩的激励方案，以防止经理偷懒。而对于那些突破性创新活动，即应用新的未曾验证的方式或行动的开发活动，则既要注重最终的成果，又要注重开发者付出的努力和成果实现的路径。因为突破性创新容易失败，但早期的成功或失败将会揭示潜在的超级行动的信息。突破性创新的激励关键是，使得开发者有意愿承担风险而选择此类行动，同时也要阻止开发者偷懒。这意味着应该授予开发者更长期限的工作合约或者更长授予期(vesting)的股票期权，且早期失败后，股票期权可以重新设计；给予开发者不断的业绩反馈以使得其了解开发进程等。

2.1.3　不完全合约理论

投资者和企业家(或经理)之间不仅存在合约关系，而且存在组织结构中的权利配置问题。自 Grossman 和 Hart(1986)提出不完全合约理论以来，人们对金融合约理论有了更深入的认识。

“自然状态”是指对合约所面对的不确定性经济环境的一个完备描述，即对企业所面对的宏观经济环境、市场和技术条件等不确定性事件的一个全面描述。完全合约假设状态事前可以描述，合约方都知道这些状态所代表的实际含义，且是合约方的共同知识。完全合约还假定事后实现的状态能被第三方(如法院)所证实，合约可以由一个公正的司法当局来执行。例如，道德风险模型是完全合约，因为状态事后可被证实，委托人(或法院)能够从业绩中推断出代理人贡献的信息，状态依赖性质的激励合约可以实施。

不完全合约中的缔约方对影响合约关系未来的不确定性事件很难准确描述，即使能够描述，某些状态事后也难以被第三方所证实。合约方不可描述状态的形成主要有两个方面的原因：第一，合约方面对的外部不确定性非常复杂且是一个逐步揭示的过程，如高科技初创企业的技术和市场均不成熟，具有很大的不确定性，只能随时间的推移逐步为人所知；第二，个人的预测能力有限，人们很难预期所有的不确定性事件，且很难达成一致的看法。如果状态事前不能被描述，则事后肯定无法证实。即使合约方事前能够描述状态，事后也能观察到实现的状态，但第三方验证却需花费较大的成本或根本难以验证其确切性和真实性。鉴于此，合约双方可以初步建立一个相对简单的、有效率的初始不完全合约。在建立初始合约的同时，合约方还需要建立应对不确定性事件的决策机制来保证合约的实施，如在公司章程中规定董事会代表股东负责公司的重大事项的决策。

如果状态事后不可证实，则缔约方可能会存在事后的机会主义行为，进而引发套牢(hold-up)问题(Williamson，1985；Hart and Moore，1995)。经济学家广泛分析的买者和卖者(seller-buyer)合约中，假设某一个汽车底盘生产商向汽车整车厂供货，而整车生产商为此底盘设计了专门的车型，双方事前确定了一个相对固定的交易价格。当定约后的车市非常好时，可能会诱发底盘生产商蓄意抬高价格。事后交易要么破裂，要么双方事后再谈判(renegotiate)交易条件，底盘厂商可以利用相对有利的讨价还价能力在谈判中提高自己的利益，致使整车厂商减少利益，这被称为套牢问题。预计到可能出现套牢问题，整车厂商可能事前不愿意设计和开发专门的模具、不愿意设计专门的销售渠道等。一种解决方法是，整车厂商干脆兼并对方，掌握底盘厂的控制权，或者反向控制，这样至少能够保护一方的特异性投资，这就是著名的GHM(以Grossman、Hart和Moore三位贡献者命名)模型。GHM模型把控制权称为剩余权力(residual rights)，即法律和合约未曾规定的情形出现时，拥有控制权的一方可以以自己的意愿使用企业的资产。控制权既是产权的意志体现，也是应对不确定性事件的决策机制。状态越是难以描述和证实，控制权的配置越重要。

经典文献Aghion 和 Bolton(1992)探讨了公司控制权应如何进行有效的配置，以吸引投资者投资。经营企业既会产生货币收益，也会有企业家的私人利益。当企业家向外融资时，企业的状态事前不可描述，事后也难以证实，但合约双方可以在定约后观察到关于状态的某个信号，并将合约建立在此信号上。最优的控制权配置是状态依赖的。如果状态好，则企业的收益高，投资者和企业之间没有利益冲突，企业的控制权应该配置给企业家。企业家在获得私人利益的同时，也能更好地继续经营企业，因为企业家经营企业是有效率的。如果状态不好，且由企业家控制企业，则可能在差的状态下采取维护其私人利益的决策，比如采取更具风险性的决策，但却以减少企业的整体收益为代价。所以，当状态不好时，控制权应该配置给投资者，以利于投资者保护自己的利益。Aghion 和 Bolton(1992)进一步指出，最优的合约是企业家应该持有股权，外部投资者持有债权。Dewatripont 和 Tirole(1994)进一步发展了公司控制权依赖于业绩的理论，当企业业绩较差时控制权应该配置给持有凹现金流权利(如债券)的一方，而当业绩提升时，则控制权应更多地配置给拥有凸现金流权利(如股权)的一方。

上述研究中，如果企业家的私人利益越大，则企业家追求私人利益而牺牲投资者利益的动机越大。如果企业与投资者之间的非对称信息越严重，则企业家越有机会从事这类活动。Kirilenko(2001)和 Dessein(2005)发展了企业与投资者之间的信息非对称越严重，则控制权应更多地配置给投资者的理论，针对的就是风险投资中 VC 持有相对于其现金流权更多的控制权的现实。

2.2 风险投资合约的实证研究

2.2.1 风险投资的项目评估

VC 会在投资前深入地调查研究创业企业，项目评估本质上是风险投资家在投资前收集信息与事前控制风险的过程。Ueda(2004)从理论上比较了风险投资与银行项目评估的异同。银行获取的企业信息要少于企业家和 VC，只能向满足贷款准入门槛的企业提供自选择合约，针对不同风险类型的企业要求支付不同的利息，以达到预期的盈亏平衡。资产担保对企业的贷款准入和风险分类等都发挥了重要作用，一旦企业没有选择激励相容的合约，如伪装成为低风险的企业而事后违约，则银行可以用担保资产获得补偿。

VC 会深入地评估有投资意向的企业。为防止 VC 可能偷走(expropriate)企业的创业理念，企业有必要与 VC 分享企业的增长机会，这意味着 VC 将持有股权性质的合约。Ueda(2004)的理论指出了一个基本的事实，VC 和创业者的合约不是 Stiglitz 和 Weiss(1981)、Myers 和 Majluf(1984)所探讨的自选择性质的甄别合约。首先，因为创业企业不能提供足够的资产担保(债务融资)，或者无法提供足够的流动性资产等(而公开发行股票)，自选择合约不满足揭示私人信息的激励兼容约束条件。其次，创业企业的技术和市场存在高度的不确定性，风险投资合约是不完全合约，VC 在评估项目时，将会针对企业的各个风险层面建立以配置控制权为核心的综合治理体系。

20 世纪 80 年代，学者们进行了大量风险投资项目评估指标的实证研究，主要通过面谈和问卷调查的方式获取分析样本并进行事后推断，揭示了具有代表性的风险投资项目评估指标。Tyebjee 和 Bruno(1984)在前人研究的基础上给出了一个风险投资的决策模型。典型的风险投资交易过程包括获得潜在的项目、筛选项目、评估项目、构筑交易及事后的投资活动等。他们通过电话访谈了 46 位 VC，得到了定性阐述的 VC 评估准则和决策机制，再运用问卷调查询问 41 位 VC 如何评估风险投资交易的合约样本，并使用了因子分析法在 23 个评估准则中综合得到 5 个评估因子：市场吸引力、产品差异性、管理能力、抵御环境威胁的能力、项目的清算和变现潜力。最后，请 VC 用这 5 类因子评估 90 份样本项目，再把所得到的分数与 VC 主观评定的项目期望收益和风险进行回归。实证结果表明，项目的风险与创业者的管理能力、项目抵御环境威胁的能力显著负相关；项目的预期收益和市场吸引力、产品差异性显著正相关。

此后，产生了一系列通过调查问卷方式研究 VC 如何进行项目评估的文献，如 Macmillan 等(1985，1987)、Zacharakis 和 Meyer(1998)等。虽然这些研究在调查和分析问卷的方法上有所不同，但研究结论与 Tyebjee 和 Bruno 的相关研究成果没有大的差异。直至近期的研究也是如此，Gompers 等(2020)访谈了 681 家风险投资机构的 885 个风险投资家，在问及风险投资家认为创业企业的什么特质重要时，风险投资家把更多的权重赋予了创业者或创业团队的质量。其中，认为管理团队重要的风险投资家占 95%，认为其最重要的占

47%，而认为技术和市场最重要的占 37%。

各个国家的风险投资实践相比较来看，Ray 和 Turpin(1993)、Pandey(1995，1996)、Rah 等(1994)、Zutshi 等(1999)、Streletzki 和 Schulte(2013)分别对日本、印度、新加坡和德国等国家和地区的风险投资家的决策模式和项目评估方法进行了分析。首先，这些国家和地区的风险投资发展都借鉴了美国的经验。其次，因为产业集中于几个门类，供应链体系单一，市场狭小，创新企业缺乏持久发展的驱动力。或因为金融体系不以资本市场为主导等特点，VC 并不一定看重创业企业有长远的市场前景，VC 的风险规避态度较为明显。

以色列的风险投资产业是一个很有启发性的例子。得益于 1993～1997 年以色列支持风险投资发展的 Yozma 计划，以色列的军工技术和某些特定的 ICT(information and communications technology)技术的发展，以及以美国纳斯达克市场为风险投资退出的重要窗口，直到 2000 年前，以色列的风险资本投入额都持续增加。但当以色列形成了某些特定产业的聚集效应，产业处于成熟阶段时，风险投资额从 2000 年后开始逐年下降。VC 的投资目标定位于创业企业被某些大企业收购，不再挑选或很少追求具有广阔的市场前景的项目(Avnimelech and Teubal，2008；Avnimelech and Schwartz，2009)。

Kaplan 和 Strömberg(2004)提供了风险投资项目评估中最重要的文献。该文收集了 11 家风险投资企业的 67 家投资组合的投资分析备忘录(VC 的项目评估文本)，从中提取信息并总结了高科技初创企业的三类风险特征：一是内部风险，即投资者与创业者关于初创企业拥有的无形资产、创业者是否高质量等方面存在较大的信息不对称，包括管理团队的质量、迄今为止的业绩、企业下行的风险、其他投资者的影响、与 VC 投资组合的匹配度和监控成本等更细致的分类；二是外部风险，即关于企业的技术和市场、企业的盈利信息何时到来等状态变量难以在签订合约之初被双方所证实，包括市场规模与增长、竞争和进入壁垒、客户采用的可能性、金融市场和退出条件等；三是企业执行任务的难度风险，面对多项任务，需要创业者平衡分配精力，创业任务的复杂程度在产品、技术和商业战略的模式中得到体现，依赖于创业者人力资本，这类风险要素无法归类于内部或外部风险。

对 VC 而言，每一类风险要素都有有利的一面。以内部风险的管理团队质量为例，管理团队拥有丰富的管理经验、擅长科学问题及擅于筹集和节约资金等特征可能被 VC 视为投资理由。也有不利的一面，CEO 是相当难缠的人、对企业被收购有强烈愿望等则被视为投资风险。在全部的投资分析备忘录中，60%的 VC 认为管理团队的质量是投资的机会，61%的 VC 又认为团队的某些方面存在风险。

Kaplan 和 Strömberg(2004)实证研究发现，这些风险要素与合约设计紧密相关，且符合相关金融合约理论的预示。首先，内部风险越大，则管理团队的股权分配越依赖于业绩，投融资计划也依赖于业绩。其次，外部风险越大，则 VC 要求更多的控制权，且通过加强清算权保护自己的利益不受损害。当然，内部风险越大，为了更好地应对代理问题，VC 要求更多的控制权。最后，执行任务的风险越大，意味着创业者的人力资本越重要，与 VC 发生套牢问题的可能性越大，由此，创业者的股权分配更多地依赖于分期授予。

2.2.2　风险投资合约的实证研究

Sahlman（1990）首先对风险投资合同的条款进行定性研究，描述了风险投资的基本交易结构及其经济理论基础。Kaplan 和 Strömberg（2003）深入研究和分析了风险投资合约的条款和治理机制，证实了金融合约理论的相关预测。自 Kaplan 和 Strömberg 的开创性研究以来，陆续出现了一些研究风险投资合约条款的实证文献。

Kaplan 和 Strömberg（2003）获取了 14 只风险投资基金的 119 家风险投资企业的 213 轮次投资的详尽资料，包括合约样本、每轮融资的文件等丰富信息。其主要结论可以总结为，风险投资的关键特征是其高度的不确定性和高度的信息不对称性，伴随风险投资不确定性的大量或有事件注定了风险投资家与创业者签订的风险投资合约是不完全合约，VC 治理企业的关键就是设计并依据或有事件动态有效地配置一系列权利，包括现金流权、控制权、清算权、优先股的转换权、反稀释权等。而这些权利以阶段融资作为动态配置的基础构架，以控制权作为权利配置的核心。

1. 现金流权配置

Kaplan 和 Strömberg（2003）将现金流权定义为创业者（包括管理团队）和 VC 对于企业权益的要求权。创业者获取股权主要基于业绩信号和服务于企业的时间两种形式。基于业绩获得是指创业者依据各项财务和非财务指标的完成情况而获得股权补偿。道德风险模型（Holmström，1979）指出，信息不对称程度越大，代理人越少进行风险规避，代理人的报酬越依赖于业绩信号。创业者的股份还视其服务企业的年限分期获得。一方面，多任务的委托代理模型（Holmström and Milgrom，1991）指出，对某一特定的任务设定业绩指标容易导致创业者在该方面花费过多精力，产生短期行为。股权分期授予可以诱使其注重企业的长期业绩，均衡全面地管理企业。另一方面，分期授予可以解决潜在的人力资本投资不足的套牢问题（Hart and Moore，1995），而使得创业者中途离开企业的代价高昂。

Kaplan 和 Strömberg（2003）用一些间接变量测度创业者与 VC 之间的信息非对称性，以及项目的不确定性①，考察这些变量如何影响创业者的补偿函数。因创业者所得股份是企业价值的函数，创业者所得股份份额和份额的变化率可分别表示补偿函数的斜率和凸性。实证结果证实了代理理论的预测，即当关于企业和管理团队的非对称信息较多时，VC 增加了补偿函数的凸性。例如，基于业绩（基于时间）补偿的凸性和相对凸性，即达到业绩（服务企业时间达标）门槛后应获得的股份增加与股份变化率，与企业“投资前销售收入”变量的回归系数为正。也就是说，对于投资前没有销售收入的企业，创业者获得股份更多地依赖于业绩，以及更长时间的分期授予。基于时间补偿的凸性和相对凸性与产业波动率的回归系数为正，在风险越大的产业中越难以识别创业者的能力，所以创业者的补偿更依赖于分期授予。

前文提及，Manso（2011）在 Holmström 和 Milgrom（1991）的多任务委托代理的基础上

---

① Kaplan 和 Strömberg（2003）用以下四个变量代表信息非对称程度：a. 投资前销售收入（0，1 取值），在初次融资时企业是否有收入，事前无收入的企业信息不对称性和企业的不确定性较大；b. 重做创业者（0，1 取值），创业者先前是否创立过企业且该企业是否成功地上市和被收购，该变量衡量了 VC 对创业者素质的先验信息；c. 自首轮融资以来的时间（月份），该变量也是企业与 VC 信息非对称程度的测度；d. 其他一些（如产业波动率、产业研发强度等）表征企业不确定性的变量。

发展了关于创新激励的理论，指出对于突破性创新的激励更应该注重创业者付出努力的过程，早期的失败不应导致对创业企业的放弃，尤其是创新性强的企业。Tian 和 Wang(2014)构造了一个表征 VC 对失败容忍度的指标，如果企业早期业绩差(未达到业绩点)而 VC 依然继续支持该企业，则 VC 是容忍失败的。结果发现，VC 对企业的容忍度越高，则企业 IPO 时的专利数量越多，且专利越有影响力。

Kaplan 和 Strömberg(2003)的研究结论证实了基于业绩的回报理论，而 Hall 和 Woodward(2010)则研究了一些更基础的变量，如个人的风险规避度、创业企业的创业生命周期等对创业者股权回报价值的影响。他们实证研究了 1987～2008 年 22 004 家企业的创业者回报。创业者提供了创业创意，愿意长时间辛苦地工作但拿着次级的经理市场薪水，主要是指望股权的市场退出价值回报。而退出方式无外乎为 IPO、被兼并和收购，以及被清算三种。该文的关键结论是，如果把创业者承担企业特异性风险的成本计算在内，则 75%的创业者股权的退出价值为 0。虽然其余 25%的创业者的回报为正，但仅有相当小的一部分企业(0.02%)给创业者创造了超过 1 亿美元的财富。该文发现，零退出价值的企业拥有更长的创业生命周期(从创业到资本退出的时间)，而高退出价值的创业生命周期短。该文用创业活动的确定性等价代表创业者的创业意愿，即用股权的预期价值减去承担特异性风险的预期成本。即使创业活动可能带来数百万美元的回报，但成为创业者与成为某个大公司的雇员相比较优势可能并不明显，因创业的确定性等价可能很低。该文的实证结果符合道德风险模型(Holmström and Milgrom，1987)的结论：①创业者外部机会的收入越高，则创业者的创业意愿越低；②创业者越是风险规避的，创业意愿越低；③个人越富裕，越有意从事创业活动。

2. 控制权配置

Kaplan 和 Strömberg(2003)用董事会权和投票权(VC 在董事会中的席位占比或投票权占比)表示控制权的配置。该文发现，VC 拥有超过其现金流权份额优势的控制权，即 VC 拥有企业 40%的股份，但却可能拥有超过 50%的董事会席位或投票权，这被 Kaplan 和 Strömberg 称为“现金流权和控制权的分离”。

控制权配置状态依赖于外生的不确定性，以及企业和 VC 之间的信息非对称性。VC 控制(是否控制董事会或投票)与表示不确定性程度的产业波动率、产业中固定资产占比和自首轮融资以来的时间等变量的回归系数均显著为正，表明外生的不确定程度越高，控制权越会向 VC 转移。这个结论符合 Aghion 和 Bolton(1992)、Dewatripont 和 Tirole(1994)的理论预示。VC 控制又与信息非对称变量的系数显著相关，如投资前收入、重做创业者等变量，即企业与 VC 信息非对称程度越大，控制权越会向 VC 转移，这与 Kirilenko(2001)和 Dessein(2005)的理论预示一致。

需要指出的是，VC 控制与自首轮融资以来的时间的回归系数为正。自首轮融资以来的时间既可表示 VC 和企业之间的信息非对称程度，也可表示创业企业随时间变化的不确定性。VC 投资企业后将深度地介入企业的管理，显然，把自首轮融资以来的时间的回归系数为正解释为“信息非对称程度越小，控制权越会向 VC 转移”是不对的。从风险的角度看，随着时间的推移，虽然特异性风险会减少，但随着企业与市场的联系越来越紧密，企业的系统性风险不一定减少，即企业总的风险不一定减少。VC 参与企业的时间越长，或长时间不退出，意味着企业可能是差的企业，面临更高的系统性风险。

Cochrane(2005)、Korteweg 和 Sorensen(2010)、Hall 和 Woodward(2010)等发现，风险资本从进入创业企业到最后退出时的平均收益率随退出的年限先增加后减小，最高收益率出现在资本退出发生时的 3～4 年。换言之，对于风险资本进入 3～4 年后的企业，一部分企业将继续走向成功，而另一些企业走向失败，继续投资将前景黯淡。综合下来，风险投资的平均收益率将会在 3～4 年后出现拐点。这也说明，VC 投资时间越长的企业越可能是系统性风险较高的企业，VC 越需要掌握企业的控制权。

Bengtsson(2011)对风险投资的控制权配置方式给出了与 Kaplan 和 Strömberg(2003)略有不同的实证结论。Bengtsson(2011)发现，VC 通过合约条款获得控制权，而且这些条款非常类似于债务合约或债券的负面清单条款，旨在缓解 VC(债券人)与创业者(企业)之间的代理问题和套牢问题。在 Bengtsson 的所有样本中，VC 均持有企业的可转换优先股。如果 VC 的权益更像债权性质的合约，即当 VC 的权益中包括更多的固定权益，以及 VC 没有掌控剩余控制权(拥有优势的董事会和投票权)，则合约中更多地包括了控制权条款，也显著地多于 VC 有剩余控制权的合约。而且，更近似于债权性质的合约的控制权条款明显多于近似于股权的合约。此外，Jensen 和 Meckling(1976)、Hart 和 Moore(1994，1998)等指出，当负债还未到期时，企业可能过度投资，从事风险性的投资活动或运营策略；或采取再谈判策略以稀释债权人的利益。

3. 清算权配置

当企业价值较低而被清算时，企业的权益首先返还给高级别权益持有者，VC 持有创业企业的可转换优先股，将比创业者优先得到企业清偿。Kaplan 和 Strömberg(2003)发现，VC 的清算权益至少和其初始的投资额一样大，且 VC 有两种方式加强清算权：①未曾支付给 VC 的优先股息累积进入清算权益；②VC 使用参与型可转换优先股(participating convertible preferred stock)以及类似的权益结构加强清算权，即不仅企业要支付累积的优先股息，而且若企业还有剩余，则 VC 按事前约定的转股比例与创业者一道参与剩余分配。这两种加强清算权的方式约各占总样本的一半。VC 可能会提早退出那些增长潜力不大，但未到关门状态的企业，此时的赎回权(redemption rights)就发挥了作用。赎回权指 VC 要求企业按照清算价值购买 VC 的权益，它实际上是实施清算的保障。

Kaplan 和 Strömberg(2003)用负债理论分析清算权配置是否与非对称信息等变量相关。首先，当 VC 关于风险企业的质量和创业者的能力存在信息非对称时，企业持有高的流动性和发行高级别的负债传递了企业高质量的信号(Myers and Majluf，1984；DeMarzo and Duffie，1999)，所以非对称程度越高，VC 的清算权权益将会越大。其次，基于行动不可观察(Innes，1990)与费力的状态审核(Townsend，1979；Gale and Hellwig，1985)的债务融资模型预示，关于创业者的努力和企业的收入越难以观察，则越应该加强清算权。然而，Kaplan 和 Strömberg(2003)用累计的清算权益和赎回权益大于初始投资额表示 VC 强化了清算权，与一系列非对称信息变量回归后不显著，意味着风险投资的清算权并未按照债务理论的逻辑设计。

该文用另外两个变量表示 VC 是否加强清算权。一是阶段注资之间的时间长度，即每一轮融资中 VC 前后资本投放的时间间隔。时间间隔越短，不仅表示 VC 在每个时间段内注入的资本越少，而且表示 VC 对企业实施了更频繁的监控，这主要针对信息非对称比较严峻的企业。所以该时间间隔与创业者是否曾经创业显著正相关。另一变量“相邻融资阶段的时间”也与创业者是否曾经创业正相关，即 VC 通过阶段融资的方式加强了清算权配置。

Hart 和 Moore(1994，1998)指出，套牢问题将会引发债权的再谈判。在债权人的投资沉淀后，而企业的(阶段性的)经营任务还未完成前，企业家可能会要求与投资者再谈判以引进新的投资者。Kaplan 和 Strömberg(2003)的结果也恰好论证了上述观点，对于创业企业，通过“多轮次，(每轮)少资金”的方式可以降低企业的再谈判威胁。

Broughman 和 Fried(2010)指出，套牢问题同样存在于创业企业的非公开(非 IPO)退出过程中。清算一词的含义是结清债务，事实上，在企业未曾上市前，VC 的权益基本上是优先股，所以创业企业在私有状态下被兼并和出售都可归为 VC 执行清算权。如果企业价值不高，则 VC 将会要求按照清算权清算企业，如果企业价值高，则 VC 将会把优先股按照事先约定的价格先行转化为普通股。然而，创业者和其他普通股股东可能会利用他们在董事会的地位和其他控制权来套牢(阻止)公司的出售，尤其是当 VC 清算权益给普通股股东所留不多时。

Broughman 和 Fried(2010)收集了 2003～2004 年硅谷被 VC 出售的 50 家企业的合约样本，发现 VC 的现金流权的确受到套牢问题的不利影响，但 VC 掌握的剩余控制权有助于削弱其影响。首先，这些企业出售的价格从几十万美元到 1 亿美元不等，平均为 5500 万美元。其次，有 11 个企业出现再谈判，VC 的权益平均被分割出 370 万美元给其他普通股股东，约占 VC 权益的 11%，均是在 VC 持有优先股的情形下发生的。最后，如果 VC 是董事会的少数股东，则预期的分割出去的权益比 VC 掌握控制权的情形多了 160 万美元。

2.2.3　VC 对企业的监控

监控是指 VC 严密地收集企业信息，以便决定投资与否，或调整各项权利配置，或决定是否行使控制权(更换不合格的创业者)的行动。在一些重要的时间节点上，VC 的监控活动更频繁。Gompers(1995)指出，VC 在阶段性地向企业投入资本时，针对信息非对称性程度严重的企业将实施严密监控。研究表明，分阶段注入资本使得 VC 能够收集信息，监控企业进程，并保持退出低值投资项目的选择权。代理理论和监控理论可用于解释分阶段投资的问题。Gompers(1995)的研究检验了代理理论的预测，同时也揭示了 VC 如何通过阶段融资来获取企业的内部和外部信息，并做出投资决策的过程。Gompers 对存续期(本段融资至下段所经历的时间)的影响因素进行了研究，发现是否投资于早期阶段的企业显著地影响存续期的长短，合理的解释是早期阶段的企业代理成本较高，对此应该更频繁地进行监控。此外，存续期与产业有形资产与总资产的比率正相关，表明随有形资产价值的增加，VC 对企业的监控减少。这是因为该比率与企业的清算价值相关联。存续期与市盈率负相关，市盈率越高，则企业的成长期权越高，但是潜在的代理成本也增加。存续期与 R&D 密集度负相关，R&D 投入越大，企业的专有和无形资产越多，VC 对该企业的不对称信息越多，由此需要更多的监控。

Lerner(1995)分析了 1978～1989 年生物技术企业的 653 轮融资，发现当企业的 CEO 发生更替时，VC 倾向于增加董事会的席位，以及密集地召开董事会会议，他把这种现象解释为 VC 监控的证据，事实上也是 VC 加强控制权的证据。然而，VC 监控企业的方式和上市公司的董事会监控并不相同。Hermalin 和 Weisbach(1998)指出上市公司的董事会更注重企业的财务业绩。Cornelli 等(2013)则发现，VC 会深入企业详细了解 CEO 经营的各方面的信息，并且 CEO 的更迭只部分依赖于企业的经营业绩，更多地依赖于软信息。

需要指出的是，Cornelli 等(2013)的研究背景比较特殊。欧洲重建和开发银行(European Bank for Reconstruction and Development, EBRD)在东欧和苏联建立了风险投资的母基金，吸引西方的风险资本作为一般合伙人参与。1992～2004 年，EBRD 在 19 个转型国家中共孵化了 43 只子基金，投资了 473 家企业。这些基金平均持有企业 33.7%的股权，VC 在大部分企业没有控制权，在 372 家企业中更是仅持有少数股权。VC 需要花费更大的努力监控企业，收集更严密的信息，以说服董事会采取更换不合格创业者的决策。这也意味着这些国家必须有董事会可以解除 CEO 职务的机制，19 个样本国家里有 13 个国家进行了司法改革，先后授予了董事会解除 CEO 职务的正式权力，涵盖了 473 家样本企业中的 351 家企业。在这之后，企业的 CEO 被更换的概率显著增加。

EBRD 收集了 VC 对企业的监控报告，Cornelli 等(2013)将报告记录的信息分为硬信息和软信息。硬信息是指董事会审批的企业年初正式预算和经营指标，与年末财务决算和经营指标的执行情况。软信息则包括三组：一是 VC(包括别的董事)对 CEO 能力的定性评估；二是 VC 对 CEO 的行为可能导致企业业绩变差的观点意见等，可进一步归类为诚实的错误和道德风险行为；三是 VC 认为业绩差可能是运气因素。VC 根据监控所获得的信息说服董事会是否更换 CEO。

以下归纳了该文的研究结论：①CEO 被炒的关键的原因是被认为没有能力，即第一组软信息；②硬信息也是决定 CEO 去留的另一个显著指标，但没有软信息敏感和重要，如在业绩(硬信息)达到或超过预期的企业样本中，仍有相当数量的企业领导人被更换，且被更换的概率与第一组软信息显著正相关；③如果企业的业绩差是因为诚实的错误，则 CEO 不会被炒，归类为道德风险的软信息条数较少，且对 CEO 是否被更换基本无影响，可能是因为创业者都持有相当数量的股权；④如果将企业的业绩差归因于企业的运气差，则 CEO 不会被炒；⑤公司法改革导致 CEO 被炒的概率相对于改革前增加了 110%；⑥更换 CEO 活动提升了企业的业绩。

一些文献探讨了 VC 在节约监控成本方面做出的努力，而节约监控成本的努力本身对 VC 的投资模式也有重要的影响。例如，投资活动具有地理接近性(geographical proximity)，VC 更倾向于投资其办公室所在地周围的企业。VC 所在地和企业的距离越近，VC 可以越方便地监控企业，实际逗留的时间较多，掌握的情况也更详尽。VC 对近距离的企业将花费较少的监控成本，因此融资轮次与距离负相关，而且近距离的企业其业绩也应该越高。Tian(2011)将 VC 所在地与企业之间的距离(后文称距离 1)与阶段融资轮次联系在一起，发现两者之间存在替代关系。首先，距离 1 和融资轮次数之间的回归系数显著为正，表示如果距离比较远，则 VC 会通过增加融资轮次，以增加考察企业的次数而获得更多的信息。

其次，距离也可能是内生的，是创业者和 VC 相互选择的结果。Tian(2011)用领头 VC 到项目所在的产业中最大的企业之间的距离(称距离 2)作为工具变量，且做了两阶段回归，距离 2 也与融资轮次数显著正相关。最后，创业企业的业绩与距离 1 和融资轮次之间的交叉项的回归系数为正，意味着融资轮次与距离之间相互替代，VC 通过频密的监控而克服远距离产生的高成本，从而最大化企业的价值。

Bernstein 等(2016)指出，倘若航空公司在 VC 所在地和企业所在地之间引入新的航线，新航线缩短了两地之间的距离，因而可能会对 VC 的监控活动产生影响，因此新航线可以作为完全独立于企业经济特征的外生变量。首先，作者访谈了 306 位 VC，其中有 90%的 VC 认同由于直飞航班的引入，他们将会更频繁地光顾企业。VC 也赞同引入直飞航班可以建立与企业管理团队更好的关系、提升对企业状态的理解、增加企业的价值等。其次，企业的专利数量和专利引用量比直飞航班引入前增加了 3.1%和 5.8%，企业的上市率提高了 1%，成功退出率(上市加上被兼并)提高了 1.4%。

2.2.4　VC 的价值增值活动

传统金融中介最重要的功能在于帮助合约的订立、交换资产和风险，并不会如 VC 一样介入企业的实际运作中，对企业的价值增值有实质贡献。Hellmann 和 Puri(2002)分析了 170 家位于硅谷的高科技创业企业中 VC 在促进创业企业人力资本开发方面的重要作用，具体体现如下：①VC 在协助管理团队职业化方面发挥了作用，当企业招募不同的职位时，VC 协助提供商业化和专业化的招募合约；②VC 在形成企业的人力资源政策时发挥了重要的影响力，当特定的业绩增长点到达时，VC 缩短了企业招募市场和销售副总并给予副总股票期权计划的时间；③VC 获取控制权后可能采取更换企业 CEO 的策略，且这些企业更换 CEO 的时间比没有 VC 支持的企业缩短了一半；④VC 是状态依赖地介入企业的运作中去，工作内容深入企业的中下层，不仅是梳理高层管理团队。

此外，Hellmann 和 Puri(2000)发现 VC 能够缩短企业向市场首次投放产品的时间。Kortum 和 Lerner(2000)发现 VC 的参与显著提高了企业申请专利的数量。但是，Kaplan 和 Strömberg(2001)指出，虽然 VC 愿意帮助企业发展，但却不愿意当企业的 CEO，因为这样可能会花费过多的精力和时间。Barry 等(1990)、Lerner(1994a)、Megginson 和 Weiss(1991)、Brav 和 Gompers(1997)提供了 VC 对企业价值增加有实质性贡献的另一类证据，他们考察了创业企业的 IPO 过程，实证检验显示被 VC 支持的企业具有更少的发行上市费用，并且上市抑价的程度也较低；VC 拥有选择企业最有利的上市时机的能力；风险投资支持的企业在超过 5 年的时期内其 IPO 业绩要好于非风险投资支持的企业。

近年来的研究则指出，除监控增加了企业价值外，VC 还可通过与各个创业企业的投资合约而创建的内部网络来提升企业的价值。VC 创建的网络共有两个，战略联盟和联合投资网络。战略联盟指同一个 VC 的投资组合企业组成的联盟，这是一类特别的组织结构。战略联盟与集团公司有区别，它没有集团公司复杂的资本预算代理问题。Ahion 和 Tirole(1994)证明，战略联盟尤其有利于企业创新，该文在不完全合约的框架下探讨了非一体化组织(nonintegrated organization)和科层组织(hierarchical organization)在技术创新方面的优劣。非一体化组织既可以是普通的合约交易，也可以是一些松散的研发联盟(如生物技术联盟），它的特征是技术开发者事前拥有创新能力，一旦创新成功，再与技术采用客户就许可费进行讨价还价。就技术研发交易而言，由于开发某项技术未来的不确定程度大，开发者努力的信息非对称程度大，因此非一体化组织是无效的。由于合约的不完全性质，松散的组织不仅难以促使技术开发者付出努力，也难以促进技术采用客户事前对组织的投资。Ahion 和 Tirole(1994)并不认为集权化的科层组织是利于创新的最优组织结构，而是 VC 组建的战略联盟最优。

Lindsey(2008)称 VC 的战略联盟具有模糊(blurring)企业边界的性质，即企业有共同的融资者，但各个企业的经营决策并非合为一体。该文定义了“模糊边界效应”，指当企业有一位共同的投资者时，联盟内的企业两两配对(合作)的概率将会递增。模糊边界效应在那些能够帮助企业价值增值的战略联盟中最有可能发生。在同一个产业中竞争，或建立深度的研发和市场营销合作的联盟中，模糊边界效应也最强。模糊边界应该就是 Ahion 和 Tirole(1994)所论证的最优组织，而模糊边界效应则是该组织的效益。

González-Uribe(2020)的研究也证实了 Ahion 和 Tirole(1994)的理论。该文探讨了联盟内企业的创新交换活动。当企业首次进入某 VC 的投资组合内时，与组合内企业的创新资源交换量平均增加了 60%，这是与组合外企业对比交换活动而得到的结果。创新活动交换无论是由新进入企业发起的，还是由组合内已存在的企业发起的，交换量的相对增加都是显著的。即使 VC 退出某个企业，该企业与联盟内企业的创新交换仍然是相对增加的。当作者排除了 VC 事前的甄别效应后，投资后的创新活动仍然是相对增加的。

Hochberg 等(2015)研究了 VC 之间的联合投资网络。他们发现信息非对称、合约不完全(比如套牢问题)等因素对该网络的形成并不重要，而各个 VC 拥有的资源才重要，即联合投资网络并不取决于代理关系，而是一个利益互惠互利的网络。维系联合投资网络的关键是合作博弈，成员间长期的合作收益大于短期的利益背叛。

2.3　风险投资合约的理论研究

2.3.1　现金流权的配置

所谓现金流权，是指 VC 和创业团队对企业的最终收益持有何种权益，以及这些权益是怎样配置的，讨论的是企业的资本结构问题。Kaplan 和 Strömberg(2003)发现 VC 持有可转换优先股是风险投资企业的常态，在 170 轮融资中，有 79.68%的 VC 持有可转换优先股，其余部分也基本上是 VC 持有次级债权加转换期权的权益。

一些理论文献(Casamatta，2003；Schmidt，2003；Inderst and Müller，2004；Repullo and Suarez，2004)尝试从双边道德风险的角度研究风险投资的资本结构。这些理论文献假设企业家和 VC 的努力水平都不可观察，因此存在双边道德风险问题。但这些文献并未从基本的假设出发，内在地导出可转换优先股的结论。Casamatta 假设利润有高低两个不为零的实现值，其关于资本结构的结论如下：当 VC 的投资低于(高于)某个临界值时，最优的合约应该给予 VC 普通股(优先股)而给予创业者优先股(普通股)，但现实中没有创业者持有优先股或债券的现象。Schmidt 也未导出风险投资的资本结构，而仅论证了可转换债券的激励效能，这是一种预先设定合约形式再考察其最优性的思路。

从可转换证券的结构特性来看，在低利润状态下，VC 获得全部利润，VC 和创业者表现为债权人和股东的利益冲突；而在高利润状态下，VC 持有企业的股份而成为股东，双方的利益出现了融合。资本结构文献在单边道德风险的框架下，已能很好地解释债权的产生机理，并对债权的激励效能进行了很好的阐述（如 Innes，1990；郭文新和曾勇，2007），但对由债权人转化为股东的内在因素的研究还很欠缺。

在构造模型时必须关注两个核心问题。第一，如何从事后的业绩信号中分离出双方各自的贡献，如果无法区分谁的贡献大，因一方的努力会使得另一方或多方受益，这就存在搭便车的问题。Holmström（1982）提出了解决多边道德风险问题的方案，可在代理人团队中引入一个对产出没有影响的委托人，委托人为每个代理人分别设计一个充分统计量度量各自的业绩，从而扮演监督者的角色。第二，VC 和创业者之间的努力是相互替代，还是相互互补？Casamatta（2003）得出了在现实中观察不到创业者可持有优先股或债券的结论，这实际上意味着创业者以债权人的身份借钱给 VC，问题在于，他假设 VC 和创业者的努力相互替代而不是互补。事实上，Legros 和 Matthews（1993）指出，在一个确定性的环境中，相互替代的努力关系无法得到最优激励效果的合约。

郭文新和曾勇（2009）导出了风险投资的资本结构正是可转换优先股。该文有两个关键性假设：一是 VC 和创业者的努力互补；二是遵从极大似然法则，创业者在企业发展中发挥了关键性的作用。最优的风险投资合约是可转换优先股，即存在某个利润水平，当低于这个利润水平时，VC 获得企业的全部利润，当高于这个利润水平时，企业家才能获得相应的股份，VC 将优先股自动转换为普通股。可转换优先股对双方的激励效果如下：首先，创业者虽然提供了人力资本和技术，但能否带来经济效益，却需要业绩来验证，而业绩必须达到某个水平之上，创业者才能获得相应的股份，促使创业者提供最优的努力；其次，在高收益状态下，VC 将获得企业的剩余收益，这将诱使 VC 事前提供给企业最优的管理辅助活动。对比单边道德风险的情形（Innes，1990；郭文新和曾勇，2007），投资者仅向企业提供资金支持，最优的合约是投资者持有债券。

郭文新和曾勇（2010）重点研究了风险投资的可转换证券设计问题。该文考察了两种定约方式：第一种是创业者提供合约，双方存在一个再谈判博弈；第二种是 VC 提供合约，双方是前后相继的动态博弈。这两种博弈都能够诱导创业者和 VC 提供最优的努力。进一步，郭文新等（2010）借鉴 Robe（1999）的思想，构建了存在创业者和 VC 双边道德风险时的融资模型，并用三段线性结构的方式模拟最优的合约解，结果发现在创业者风险规避的情形下，可转换证券具有良好的激励效能。

2.3.2　控制权的配置

风险投资合约控制权配置的独特性是现金流权和控制权分离（Kaplan and Strömberg，2003），理论研究旨在揭示这一现象的成因。Kirilenko（2001）指出，在风险投资交易中，创业者向 VC 出售股权，但企业每售出一份股票就失去了一份控制权（比如投票权）。假设企业家知道控制权的价值而 VC 不知道，企业每售出一股份也就失去该股份所包含的私人利益。VC 可以通过创业者愿意出售的股票数量和价格，推断控制权的私人价值。该文研究发现，如果事前关于企业控制权价值的不对称信息越多，不确定性越大，则 VC 将获得更大的控制权，VC 占据较小的股份也可以要求更大的控制权。

Dessein(2005)的理论对现金流权和控制权分离配置的解释很有意义。该文认为，合约双方达成的这种安排是双方偏好的融合(congruence)。创业者偏好于能够引进投资，以及掌握实际的控制权，并实施各项决策，并不在意放弃正式的控制权(如董事会和投票权等)。而 VC 更在意项目的货币收益，以及对创业者私人利益的监控权。实际控制和正式控制的概念来自 Aghion 和 Tirole(1997)关于上下级授权的研究。下级比上级更了解项目的情况，只有当上级认为下级与其目标一致，双方的信息非对称程度小(认为下级的私人利益可控)时，才会把公司的实际决策授予下级。这种权利配置兼顾了效率，因为大多数情形下创业者的控制是有效率的，而必要时 VC 会替换创业者，又防止了代理问题。

创业者和 VC 关于企业的前景存在非对称信息，创业者知道的企业前景越好，越愿意让渡更多的正式控制权给 VC，以此向 VC 传递自己的企业是高质量企业的信号。VC 掌握了更多的控制权后对企业家也更信任，因为这预示着创业者和 VC 的目标一致。VC 越信任创业者，也就愿意越多地授权给创业者。

控制权是如何运作的呢？VC 投资后收到有关项目盈利能力(有噪声)的信息，VC 将做出是否继续未来投资的决策。不确定性程度越大，则信息中的噪声所占比例越高，VC 越不介入企业的管理。如果 VC 已经建立了对创业者的信任，则即使 VC 观察到企业的盈利信息可能并不好(对于创业企业也是常见的，尤其是创新性较强的企业)，也会继续投资和授权创业者继续管理。可见这种控制方式能够给创业者带来更大的实际控制权。在 Dessein(2005)的模型中，VC 掌握正式控制权类似于掌握了否决权。该文也指出，企业的信息非对称程度越高，不确定性程度越大，则企业的正式控制权越应该配置给 VC。

本书作者关注了可转换证券和控制权之间的最优关联性，以及控制如何随阶段融资的进程进行配置。王声凑和曾勇(2010a)在 Aghion 和 Bolton(1992)的理论基础上，发展了解释风险投资的控制权配置和业绩之间最优性的理论。VC 和创业者的利益冲突主要在于双方的现金流权不一致，VC 的可转换优先股相对于创业者具有优先的索取权。结果表明，当项目阶段时刻的业绩较好时，风险投资家将继续进行后续投资并向创业者释放控制权，否则，风险投资家将通过清算项目或掌握控制权以保护自身利益。进一步，项目发展前景的初始预期越好以及后续阶段的不确定性越小，风险投资家在阶段时刻越倾向于继续投资并向创业者释放控制权。王声凑和曾勇(2010b)进而探讨了可转换证券、控制权配置、清算和赎回权三者之间的关联性。基本结论是，当企业与 VC 在清算权和赎回权上存在利益冲突时，利用可转换证券与清算权和赎回权的或有配置，可以达到帕累托最优决策。

王声凑和曾勇(2011)研究了阶段融资路径上的再谈判。该文指出，如果初始合约创业者掌握控制权，项目预期前景一般，但项目投资额大，则将发生再谈判问题。如果初始合约创业者掌握控制权，项目预期前景较好，但项目投资额小，则将不会发生再谈判问题。这说明创业者掌握控制权是有一定的前提的。王声凑和曾勇(2012)进一步指出，如果 VC 一开始掌握控制权，能够实施最优的投资策略，但在退出时忽视创业者的利益，将导致在重新再谈判时，创业者无财富的特点可能阻碍重新再谈判的顺利进行。两篇文献的结论基本上符合 Bengtsson(2011)及 Broughman 和 Fried(2010)的实证结果，即控制权配置是一种或有控制权，并且普通股股东将在 VC 的非 IPO 退出过程中，利用再谈判以分割 VC 的利益。

2.3.3　阶段融资

随着时间的推移，创业企业的不确定性随时间而展开，其与 VC 的信息非对称性也将逐步减少，而表征企业经济特征变化的关键是业绩和非业绩信号。风险投资的各项权利以阶段融资的形式进行动态配置，是风险投资合约理论关注的重点领域。

Cornelli 和 Yosha(2003)发展了基于阶段融资的理论，该文指出可转换债券有助于抑制创业企业的窗饰效应(window dressing)。所谓窗饰效应，是指创业者为达到业绩增长点，避免企业在中间阶段被清算，而会对企业的阶段性业绩进行粉饰。在前文提及的汽车底盘生产商和整车生产商的例子中，整车生产商被底盘生产商套牢，源于底盘生产商产品的不可替代性。在风险投资合约中，创业者的人力资本具有不可替代性，合约也无法规定创业者及其团队不可离开企业。一旦 VC 的投资沉淀，创业者在创业任务完成之前，很可能发起合约的再谈判。再谈判的目的可能有多种，或创业者因缺钱而引进新的投资者，或为满足自己的私人利益，但结果都是稀释先前 VC 的利益。VC 如果拒绝此类再谈判，则只有清算企业，但企业的资产在没有企业家的情况下几乎没有价值。因此，创业者在随后的谈判中保留了讨价还价的能力。

Neher(1999)发展了阶段融资的理论，指出 VC 的资本阶段性注入、阶段融资或注资可以缓解 VC 被套牢的问题。因为每个阶段投入的资本少于一次性投入企业所需的全部资本，即使创业者威胁离开企业，VC 的损失也不大，如此弱化了套牢问题。随着时间的推移，创业者的资产逐步物化企业的有形资产。逐步积累的有形资产则相当于债权的担保资产，防止再谈判损害 VC 的利益。

Bouvard(2014)结合实物期权方法构造了阶段融资理论。该文假设创业者与 VC 关于企业的前景存在信息非对称，投资分为两个阶段，首先是实验阶段，然后才是正式的投资阶段。实验阶段对应于实物期权分析中的增长期权投资，实验采取的形式是一个连续的公共信号博弈，VC 随时以一定的概率检测出无利可图的项目。如果增加实验阶段的时长，则增加了信号的精确性，但是可能延误获取现金流的机会，由此存在权衡。研究发现，风险投资合约一般建立在业绩增长点的基础上，之后的投资才会继续投入；容易成功项目的创业者的补偿合约对业绩变化更敏感；相对于内部融资，企业选择外部融资的时机延后，因为 VC 额外承担了信息非对称成本。

2.4　关于中国风险投资的实证与理论研究

2.4.1　实证研究

对我国风险投资早期的研究重点在于，发源于西方的风险投资活动如何与我国的制度背景产生交集。例如，Bruton 和 Ahlstrom(2003)面谈访问了中国内地和香港的 24 家风险投资机构的 36 位风险投资家，访问的方式被称为“复制逻辑式”，即随着访问的扩大，从某个 VC 那里了解的最新信息又带入对下一个 VC 的提问。该文勾画了中国风险投资模式的一个轮廓，并用制度经济学的观点解释中国和西方国家风险投资实践的差异。他们发现，中国的 VC 与地方政府和创业者建立良好的“关系网”是控制风险的必要和重要手段，有利于筛选好的项目和防止商业欺诈，并通过“关系”能够影响创业者的行为。VC 要比他们的西方同行花费更多的时间和精力监控企业，并且对增加企业价值的帮助不大，因为在帮助企业的过程中往往要注意创业者的面子。退出机制的欠缺是影响 VC 获得高回报的主要障碍之一。Batjargal 和 Liu(2004)在同样的理论背景下，通过访问北京和上海的 40 家风险投资机构，实证检验了社会“关系”在企业融资过程中的作用。他们发现创业者和风险投资家的“关系网”能够促使他们加强信任，“关系”有助于融资。徐琼等(2003)通过向浙江省民营高科技企业发放调查问卷，并应用层次分析法实证检验了影响民营高科技企业吸收风险投资的障碍，认为“政策和经济环境的影响”和“缺乏退出机制”是主要因素。

一些学者通过对我国风险投资产业的观察和调研，指出我国风险投资存在多方面的问题。比如，White 等(2002)较系统地描述了中国风险投资产业的面貌，认为中国风险投资产业是数十年来政府主导技术政策以及现在转型经济系统的混合产物。他们首先追溯了我国支持和发展高科技企业的制度和政策，然后比较了政府支持、企业支持、大学以及外国资本支持等不同风险投资机构的差异，主要结论是，从资源的配置效率和产业的制度环境等方面的因素来看，我国的风险投资产业发展不成熟。

近年来陆续有文献实证研究我国风险投资合约，但由于直接收集合约样本的困难性，数量偏少。王茵田等(2017)收集整理了 2001～2017 年我国公开披露的 20 份风险投资对赌协议案例，依据合约理论中的讨价还价思想，对这些对赌协议展开了研究。他们首先根据期权定价的二叉树模型对这些协议中涉及的标的进行估值，定义标的价值与协议价值之差占风险投资初始投资额的比例为价值偏离度。除一例对赌协议对风险投资带来损失外(偏离度为负)，其余都带来了超额回报。该文认为协议存在显著定价偏差，说明风险投资方索取过高的风险溢价。他们用影响协议价值的微宏观因素对定价偏差采用回归分析，实证结果表明，所提出的风险因素只能解释不足一半的风险溢价，未被解释的部分则被认为来自投资方的过度保护。

陈闯等(2017)利用 260 家被风险投资支持过的上市公司数据，分析了高管的现金报酬结构。他们认为，风险投资会提高新上市企业管理层的整体薪酬水平，扩大管理层内部薪酬差距，并且提高管理层的薪酬敏感系数。而创始人的存在则会导致管理层薪酬偏低，并且抑制风险投资对管理层内部薪酬差距与薪酬敏感系数的影响。该文认为，高薪酬结构体系是因为风险投资机构希望通过激励手段迅速地提升企业价值。而创始人属意的低薪酬体系，则是因为创始人对企业有着私人利益联结，有长远的发展目标而不希望薪酬成本过高而影响发展。创始人本身要求的薪酬就少，希望高管也比照看齐。

吴超鹏等(2012)的研究可以作为风险投资机构监控企业的证据，该文探讨了中国已上市但风险资本还未退出公司的情况。在该文的研究中，2002～2009 年，1384 家 VC 支持的公司上市 3 年后仅有 35%的风投资本退出，文章并没有探讨风险资本较少退出的原因。该文发现，风险投资的加入可以抑制公司对自由现金流的过度投资问题。风险投资还增加了公司的短期有息债务融资和外部权益融资，但只有高持股比例、高声誉、联合投资或非国有背景的风险投资机构才能够显著地改善外部融资环境，缓解现金短缺公司的投资不足问题。董静等(2017)得出风险投资机构提供的增值服务对创业企业绩效有显著正向影响，且风险投资机构的行业专长越多，越能增强这种影响的结论。但风险投资机构实施的监督控制对创业企业绩效的影响不显著。当创业企业面临的不确定性越高时，越多的监督控制对企业绩效会产生负向影响。

相对而言，我国学者对VC的价值增值功能的实证研究成果较多。这些研究有两个显著特点：一是对VC投资企业后是否能提升企业的整体绩效，尤其是对是否提升了企业的创新产出很感兴趣；二是这些研究基本上是基于中国上市公司的数据，从侧面反映了数据缺乏困扰我国风险投资实证研究的现实。

学者首先关注VC的投资参与是否有助于降低企业IPO抑价率，是否有助于向公开市场传递企业的利好消息。陈工孟等(2011)发现VC支持的公司，其上市首日折价率高于非VC支持的公司，他们认为这是因为VC急于提早退出企业，从而使得企业有更高的风险以及与资本市场投资者有更高的信息非对称性，此结论既不同于国外的相关研究(Megginson and Weiss，1991)，也不同于张学勇和张叶青(2016)的研究。张学勇和张叶青发现风险投资支持的企业具有较低的折价率，尤其是那些具有创新成果的企业的IPO抑价率更低。基于我国股票发行核准制的特殊背景，曾庆生等(2016)发现，风险投资入股不仅提高了被投资公司IPO首次申报的过会概率，而且缩短了其IPO进程的总耗时和过会时间。较高的IPO过会概率和耗时较少主要由高声誉风险投资引起。

我国学者对风险投资是否能够支持企业创新有较为浓厚的研究兴趣。张学勇和张叶青(2016)基于2003～2012年中国A股市场上市公司的数据，实证分析了风险投资支持的公司在IPO时点的创新能力对公司上市之后市场表现的影响。首先，他们发现VC支持的企业的专利数量在IPO时明显高于非VC支持的企业，在消除内生性问题后，可认为是因为VC投资后企业有更高的创新产出。其次，产出高的企业长期业绩也较好，IPO三年后的股价表现均相对较高。陈思等(2017)得到了几乎与上文一致的结论。该文还得出，VC投资期限越长，对创新的促进作用越强的结论。与Tian和Wang(2014)有着一致的思想，即投资期限越长，意味着VC对企业的失败有强的容忍度。

陆瑶等(2017)利用A股数据探讨了联合投资是否有助于企业的创新产出，发现被VC联合投资的公司比被VC单独投资的公司表现出更强的创新能力。联合投资机构数目越多，被投资公司的创新产出越多。风险投资的持股时间越长，“辛迪加”风险投资对企业创新的正影响越强。联合投资支持企业创新的机理在于，机构的风险分担有助于应对创新的高风险，机构之间对企业价值增值活动的相互协调和扶持可能也起到了促进作用。

不同背景的VC对创业企业的支持绩效也存在差异。张学勇和廖理(2011)指出，相对于政府背景的风险投资机构支持的公司，外资和混合型背景的风险投资机构支持的公司IPO抑价率较低，股票市场累计异常回报率较高，民营背景的风险投资机构支持的公司与政府背景的风险投资机构支持的公司无显著差异。他们认为这是因为外资背景的风投投资机构更谨慎，而且更专业。

此外，李善民等(2019)研究了A股上市公司的有VC支持的异地并购事件，发现当主并公司具有来自目标公司所在地的异地风险投资股东时，这类企业异地并购绩效更好，且这种作用在主并公司为民营企业的情况下更明显，从而验证了风险投资机构的咨询功能。李波和梁樑(2017)对中国风险投资“辛迪加”网络中领投者与跟投者的绩效进行了实证研究，并分析了在高科技行业与非高科技行业中领投者与跟投者绩效的差异性，得出了联合投资中，跟投者绩效比领投者绩效好的结论。

2.4.2 理论研究

在理论方面，我国研究者做出了很多有益的尝试，研究的视点也较为广泛。姚佐文等(2003)证明可转换优先股能够实施最优的退出策略，并将控制权和道德风险问题纳入分析，应用了标准的金融合约分析方法。赵炎和陈晓剑(2004)研究了风险创业团队对融资活动的影响，他们认为引进创业团队成员将会促进 VC 的融资。安实等(2004)在不同情形下讨论了风险投资家和创业者讨价还价过程中的控制权配置问题。陈永庆和王浣尘(2003)对风险投资的再谈判过程进行了简要讨论。

燕志雄等(2016)探讨了我国三类不同背景的风险资本有不同的投资对象，可能面对企业代理问题也不同，投资合约也有所不同。该文通过现实的观察和经济直觉发现：代理成本，又可以让企业家获取到政府资金来降低企业的融资成本。该文的结论如下：首先，当企业家的代理问题很严重，且项目不确定性很高时，政府引导型基金的可获得性最高；其次，政府引导型基金会遭受合谋问题，但政府主导型基金的寻租问题却严重得多；最后，政府引导型基金比政府主导型基金的挤出效应更低。

总体而言，针对我国风险投资合约理论中一些核心问题的研究还不多，许多问题还需要理论界共同关注和深入研究。

第 3 章　风险投资的资本结构理论

在风险投资中，风险投资家的资金以及相关运营经验的双重投入是帮助创业企业获得成功的重要动力，也是风险投资区别于其他外部融资方式的一个突出特点。这一特点导致风险投资中存在更为复杂的委托代理关系：一方面，创业者作为企业的创始人，在企业的经营管理和技术研发方面的作用无法替代，但他们却往往缺乏商业运作和企业管理方面的经验；另一方面，风险投资家作为经验丰富的投资中介，不仅为创业企业投入资金，也积极参与到企业的经营运作中，他们运用其商业运作经验和专业知识为创业企业提供各种非资金帮助，比如为企业招募经营人员、运用自身资源为新产品开拓市场、协调企业与上下游谈判、帮助企业策划上市等。

然而，无论是创业者还是风险投资家，由于各自的努力都要付出相应的成本，并且因为存在信息不对称，双方都可能存在道德风险问题。创业者的道德风险行为包括：创业者努力水平不够；将资金用于风险过高的投资计划，如将资金用于对企业不利但能带来私人收益的投资计划；为获得进一步投资，而对项目过度包装等。风险投资家的道德风险行为包括：风险投资家的努力无效率；窃取创业者的技术或专业秘密；同时投资于该企业的竞争对手，甚至给予更多的协助；以再融资为条件，要求提高利益分配比例等。因此，如何设计合理的融资结构(资本结构)，有效激励投融资双方投入足够的努力水平，成为确保风险投资成功的关键。

在实际的风险投资中，风险投资家持有可转换证券特别是可转换优先股的融资方式得到了最为广泛的运用。从直观上看，可转换证券具有清算与转换相结合的特点，能够达到对投融资双方进行双边激励的效果。然而，从委托代理理论框架出发，寻求风险投资最佳融资工具的研究，却往往无法直接通过模型的推导内生地得到与实际相符的结果。为简化计算，直接推导理论模型往往需要设定许多与实际不符的假设条件，这也使得问题的分析缺乏一般性。因此，如何更好地从理论上验证风险投资中使用可转换证券(特别是可转换优先股)的融资效果，具有重要的研究价值。

本章首先研究了创业者存在单边道德风险情况下创业企业的最优资本结构问题，该问题被描述为给定企业家的激励相容约束和风险投资家的参与约束，最大化创业者的预期利润。郭文新和曾勇(2007)的研究表明，如果忽略了单调性假设，则 Innes(1990)提出的“生死证券”就不是该问题的最优解。如果资本结构的合约设计必须满足有限责任和单调性假设，那么债券就是激励创业者的最优合约。其次，郭文新和曾勇(2009)研究创业者和风险投资家双边道德风险下的融资合约，创业者无初始财富，风险投资家在提供资本支持的同时也扶助企业发展。研究表明，模型存在贝叶斯均衡解的充分必要条件是双方的努力互补，且从极大似然原理看，创业者在企业的发展中发挥了关键性的作用，由此内在地导出了风险投资企业的资本结构，仅在某个利润水平之上创业者才能获得普通股，而风险投资家持有可转换优先股。进一步，郭文新等(2010)考察了创业者和风险投资家都存在道德风险的情况，在外生给定融资结构为三段线性结构、一般可转换优先股和参与型可转换优先股的情况下，对双边道德风险模型进行了数值求解。研究结论表明，可转换证券的激励结构能够较好地解决双边道德风险下融资过程中的委托代理问题；通过采用可转换优先股融资，能达到接近最优的融资效果。

3.1 创业者存在道德风险情况下的企业最优资本结构

3.1.1 引言

委托代理关系常常被表示为有约束的最优化问题。约束有两组：激励相容约束指代理人选择行动最大化其效用，而参与约束指代理人自愿接受该合约。委托代理问题的标准分析方法称为一阶条件(first-order condition，FOC)方法，最初由 Holmström(1979)、Grossman 和 Hart(1983)等提出并发展，后经 Rogerson(1985)严格证明，被广泛地应用于经济和管理问题的研究中。该方法的核心是，把代理人选择效用最大化行动的激励相容约束(全局约束)用其一阶条件(局部约束)代替，即要求代理人选择的行动使得其预期效用值是一个驻点。Rogerson(1985)指出单调似然率性质(monotone likelihood ratio property，MLRP)和分布函数的凸性化条件(convexity of the distribution function condition，CDFC)是应用这一方法的充分必要条件，并给出了求解程序。MLRP 是指代理人的努力改变了产出实现的概率，类似于微观经济学中的生产函数，大的努力使得高产出实现的可能性更大。而 CDFC 是指产出的累积分布函数为代理人努力水平的凸函数，即技术呈现出随机的规模报酬递减。Rogerson(1985)的求解程序(Rogerson' s first order condition，RFOC)在代理理论的研究中得到了广泛的应用，Innes(1990)将这个方法用于公司财务问题的研究中。

Innes(1990)考察了当企业家与投资者都是风险中性时，企业的期末利润可证实的情况下，投资者面对企业家努力不可观察时的最优合约设计问题。融资问题被描述为给定企业家的激励相容约束和投资者的参与约束，最大化企业家的预期利润。如果合约必须满足有限责任和单调性假设，则债务就是激励企业家的最优合约。有限责任很容易理解，而合约的单调性是指投资者的回报不能随毛利润的增加而递减，如债权、股权和可转换证券等都是单调性的合约。Innes 的模型分为两个部分，第一部分将不同于债权的单调性证券与债权对比，应用两种证券的单交叉性质和 MRLP 性质揭示了债权的激励效能。在企业家承担有限责任的假设下，债权给予投资者企业低利润状态下的最高支付。当企业处于高利润状态时，债权在所有的单调性证券中给予投资者的回报最小(只分享固定收入)。债权在企业高低利润状态下的这两个激励特性将会诱使企业家做出最优努力。较早的研究(Jensen and Meckling，1976)指出，数额较小且确定地能全额归还的安全性债务可提供企业家一级最优(first-best)的激励，而 Innes 把对债务的激励效率的分析拓展到债务存在风险的情形，对于代理理论有重要的贡献。Innes(1990)模型的第二部分尝试用 RFOC 方法分析同样的融资问题，但却没有得到债务合约。

面对某一融资问题，我们事先并不知道什么样的资本结构是最优解，现实中的企业家和投资者可选择任意的融资工具来融合他们的利益冲突，而基础性的理论工作是从原始的假设和最优化问题出发，内生地(endogenously)推导出最优的资本结构。Innes(1990)前半部分的研究中，因债券满足单调性假设和有限责任假设，被取为融资工具的备选项，这是一种预先设定然后证明其最优性的思路。而 RFOC 的思想方法则是给定原始假设和最优化问题，研究如何找到该问题的最优解，研究是否存在一种合约形式(或称机制)来融合合约双方的利益冲突。

Innes(1990)应用 RFOC 方法对同样的问题却得到了一个“生死证券”，即存在某一利润水平，当利润高于(低于)这个水平时，企业家(投资者)获得全部利润。Innes 模型前后两部分的结论完全不同，我们自然要问，应用 RFOC 方法分析这个问题是否失效？情况并非如此，在应用 RFOC 方法时，需保证两个选择变量(关于合约和努力水平)的必要条件同时成立，且需验证解出的合约是否能确保企业家的预期效用值是一个驻点。本节发现，在“生死证券”的利润分配下，关于努力水平的一阶条件并不满足，该合约无法实施投资者想要的而企业家也意愿提供的努力水平，表明“生死证券”不是该融资问题的最优解。

RFOC 是逐点最优化(pointwise optimization)的分析方法，其经济含义是合约具有状态依赖性质，即针对每一利润水平给予投资者一个回报。本节在求解过程中要求回报是单调的，从而成功地纳入了单调性假设，得到的解析解正好是债券。但关于该融资问题以及原始假设的描述都归功于 Innes 最初的工作。本节求解中所预示的债券的激励效果能够与 Innes 模型的第一部分相映照，而不是相反。Innes 在应用 RFOC 方法时并没有纳入单调性假设，“生死证券”是非单调的，投资者的收入在高利润状态下反而向下跳跃。进一步，本节用 RFOC 方法拓展分析了当投资者为风险规避的情形，得到的最优合约也是债券。

3.1.2　模型假设

假设某初创企业的创业者(代理人)拥有一个具有创新性且市场前景良好的项目，但因没有足够的资金投资该项目而需要向外融资 K。创业者是风险中性的，风险投资家既可能是风险中性的也可能是风险规避的。假设有多个风险投资家(委托人)可以向创业者提供投资，他们之间为获得投资机会而相互竞争。项目期末的毛利润是可以证实的(verifiable)，且有 $N \geqslant 2$ 个可能的实现值 $0 = y_1 < y_2 < \cdots < y_N$。创业者选择努力水平 $a \in A$ 经营该项目，其中 $A = [\underline{a}, \overline{a}]$。令 $g\langle y_i | a\rangle$ 为选择行动 a 时利润 y_i 实现的概率，以下是对该概率函数的假设。

假设 3-1：对于 $i \in [1, \cdots, N]$ 和行动 $a \in A$，有 $g\langle y_i | a\rangle > 0$。

假设 3-2：对于 $i \in [1, \cdots, N]$ 和行动 $a \in A$，$g\langle y_i | a\rangle$ 关于 a 二阶连续可导。

定义利润的分布函数为

$$G\langle y_i | a\rangle = \sum_{j=1}^{i} g\langle y_j | a\rangle \tag{3-1}$$

假设 3-3：如果 $a'' \leqslant a'$ 意味着 $g\langle y_i | a'\rangle / g\langle y_i | a''\rangle$ 关于 i 非递减，则称概率函数 $\{g\langle y_i | a\rangle\}_{i=1}^{N}$ 满足单调似然率性质。

如果概率函数可导，则 MLRP 可表示为，对于每一努力水平 a，$g_a\langle y_i | a\rangle / g\langle y_i | a\rangle$ 关

于 i 非递减。MLRP 意味着增加努力会使得利润以一阶随机占优的方式增加，这个性质称为随机占优条件(stochastic dominance condition，SDC)。

定义： 如果对于每个 $i\in[1,\cdots,N]$ 和 $a\in A$，分布函数的一阶导数 $G_a\langle y_i|a\rangle$ 非正，则称函数 $\{g\langle y_i|a\rangle\}_{i=1}^N$ 满足随机占优条件。

引理 3-1(Whitt，1980)：MLRP 意味着随机占优条件成立。

第二个重要的性质是假定概率函数满足分布函数的凸性化条件(convexity of the distribution function condition，CDFC)。

假设 3-4：对于每个 $i\in[1,\cdots,N]$ 和每个行动 $a\in A$，如果分布函数的二阶导数 $G_{aa}\langle y_i|a\rangle$ 非负，则函数 $\{g\langle y_i|a\rangle\}_{i=1}^N$ 满足凸性化条件。

根据 MLRP，$G\langle y_i|a\rangle$ 关于 a 递减，即更高的努力使得利润以小于或等于 y_i 的概率递减。CDFC 要求该函数以递减的速度递减，因而 CDFC 具有随机规模报酬递减的意义。

根据 MRLP，上概率累积分布函数(upper cumulative probability function)：

$$Q\langle y_i|a\rangle=1-G\langle y_i|a\rangle=\sum_{j\geqslant i}^{N}g\langle y_j|a\rangle \tag{3-2}$$

关于 a 非递减。根据 CDFC，函数 $Q\langle y_i|a\rangle$ 将以递减的速度递增，即 $Q_{aa}\langle y_i|a\rangle\leqslant 0$。Rogerson(1985)给出了满足 MRLP 和 CDFC 的一个例子：

$$G\langle y_i|a\rangle=\left(\frac{y_i}{y_N}\right)^{a-\underline{a}} \tag{3-3}$$

假设项目结束时，合约双方对毛利润 y_i 进行分配，令 $s=(s_1,s_2,\cdots,s_N)$ 表示这个合约，s_i 表示对于每一利润 y_i 由创业者给予风险投资家的支付。假设对于每一合约 s_i 和行动 $a\in A$，风险投资家和创业者的效用分别是 $V(s,a)$ 和 $U(y-s,a)$，两个函数二阶连续可导，则风险投资家的预期效用为预期利润减去投资成本：

$$E[V(s,a)]-(1+\rho)K=\sum_{i=1}^{N}V(s_i)g\langle y_i|a\rangle-(1+\rho)K \tag{3-4}$$

其中，K 表示风险投资家的投资支出，其平均的投资回报率为 ρ。

而创业者的预期效用采用收入和努力成本可分离的形式：

$$E[U(y-s,a)]=\sum_{i=1}^{N}U(y_i-s_i)g\langle y_i|a\rangle-c(a) \tag{3-5}$$

其中，$c(a)$ 表示创业者努力的成本函数，满足 $c_a(a)>0$ 以及 $c_{aa}(a)>0$ 单调递增且为凸函数的假设。

本书要对合约做一些必要的假设。首先根据公司法律制度，创业者承担有限责任，这意味着企业向风险投资家的支付不能超过企业挣得的全部利润，即对于所有的 $i\leqslant N$ 有

$$0\leqslant s_i\leqslant y_i \tag{3-6}$$

第二个假设是 VC 的利润关于 i 非递减，称为利润分配的单调性假设，由 Innes(1990)给出，即对于所有的 $i>1$ 有

$$s_{i-1}\leqslant s_i \tag{3-7}$$

合约的单调性可以防止创业者事后的道德风险。由于信息不对称，创业者可能在利润

实现之前先于风险投资家观察到真实的利润水平，而风险投资家只能在利润实现时观察到企业总的净现金流状况。如果合约非单调，则创业者可以通过向外秘密借款而增加账户的盈余，从而获得剩余。例如，假设 $y_j < y_i$，但给予风险投资家的支付非单调 $s_j > s_i$。当利润是 y_j 时，创业者可以向外秘密借款 $y_i - y_j$，从而假冒利润实现是 y_i，由此创业者获得的总剩余为 $(y_i - s_i) - (y_j - s_j) = (y_i - y_j) + (s_j - s_i)$，在顺利还款后仍能获得剩余 $s_j - s_i$。

首先考虑风险投资家和创业者均为风险中性的情况，此时合约双方的预期效用将改写为：

$$E[V(s,a)] - (1+\rho)K = \sum_{i=1}^{N} s_i g\langle y_i | a\rangle - (1+\rho)K \tag{3-8}$$

$$E[U(y-s,a)] = \sum_{i=1}^{N} (y_i - s_i) g\langle y_i | a\rangle - c(a) \tag{3-9}$$

如果创业者的行动可观察，则合约可以直接建立在创业者行动的基础上，作为委托人的风险投资家可以指定创业者的努力水平。企业的价值创造与谁投资企业、以何种形式分配企业利润没有关系，企业总的预期价值为

$$\sum_{i=1}^{N} y_i g\langle y_i | a\rangle - c(a) - (1+\rho)K \tag{3-10}$$

创业者在完美信息情况(又称为一阶最优)下的努力水平由式(3-11)给出：

$$\sum_{i=1}^{N} y_i g_a\langle y_i | e\rangle = c_a(e) \tag{3-11}$$

其中，$g_a\langle y_i | e\rangle$ 和 $c_a(e)$ 分别表示对行动 a 的一阶导数。

3.1.3　检验 Innes(1990)的“生死证券”

如果创业者的行动不可观察，则合约不能直接建立在创业者行动的基础上。但在一个事后利润可被合约双方以及第三方(如法院)所证实的模型中，双方可以建立状态依赖性质的合约，即对于每一个不同的利润 y_i，都有一个对风险投资家的支付 s_i。由于创业者面对多个相互竞争的风险投资家，创业者在签订合约时具有讨价还价的能力，他将向风险投资家提供最大化自己利益的合约。针对这种情形，Innes(1990)认为给定创业者的激励相容约束与有限责任约束，以及风险投资家的参与约束，创业者最大化自己的预期利润可表述为如下最优问题的求解。

$$\max_{s,a} E[U(y-s,a)] \tag{3-12}$$

$$\text{s.t.}\ \ E[V(s,a)] \geqslant (1+\rho)K \tag{3-12a}$$

$$a \in \arg\max_{\hat{a} \geqslant \underline{a}} E[U(y-s,\hat{a})] \tag{3-12b}$$

$$0 \leqslant s_i \leqslant y_i \tag{3-12c}$$

约束条件(3-12a)表述风险投资家的收益要求约束，也称参与约束；条件(3-12b)表示创业者的激励相容约束，可以用不等式约束(3-13)来代替全局约束(3-12b)；条件(3-12c)为创业者的有限责任约束。

$$\frac{\mathrm{d}E[U(y-s,a)]}{\mathrm{d}a} \geqslant 0 \tag{3-13}$$

在得到上述问题的解后，还必须进一步验证如下两个式子是否成立：

$$\frac{\mathrm{d}E[U(y-s,a)]}{\mathrm{d}a} = 0 \tag{3-14}$$

$$\frac{\mathrm{d}^2E[U(y-s,a)]}{\mathrm{d}a^2} \leqslant 0 \tag{3-15}$$

如果式(3-14)和式(3-15)成立，则这个解才是非对称信息下的帕累托最优解。

现在来考察Innes(1990)对于问题(3-12)给出的解。问题(3-12)的拉格朗日函数为

$$\begin{aligned} L(s_i,a,\lambda,\mu,\theta,\eta) &= E[U(y-s,a)] + \lambda\{E[V(s,a)] - (1+\rho)K\} \\ &\quad + \mu\frac{\mathrm{d}E[U(y-s,a)]}{\mathrm{d}a} + \sum_{i=1}^{N}\theta s_i + \sum_{i=1}^{N}\eta(y_i - s_i) \end{aligned} \tag{3-16}$$

这里λ、μ、θ和η分别代表约束(3-12a)至约束(3-12c)的拉格朗日乘子，一阶条件为

$$g\langle y_i|a\rangle\left(\lambda - 1 - \mu\frac{g_a\langle y_i|a\rangle}{g\langle y_i|a\rangle}\right) + (\theta-\eta) = 0 \tag{3-17}$$

$$\frac{\mathrm{d}E[U(y-s,a)]}{\mathrm{d}a} + \lambda\frac{\mathrm{d}E[V(s,a)]}{\mathrm{d}a} + \mu\frac{\mathrm{d}^2E[U(y-s,a)]}{\mathrm{d}a^2} = 0 \tag{3-18}$$

因为θ和η的非负性和互补松弛性，由条件(3-17)可得到如下结果①：

$$\phi(y_i,a) \equiv \lambda - 1 - \mu\frac{g_a\langle y_i|a\rangle}{g\langle y_i|a\rangle} > 0 \Rightarrow s(y_i) = y_i \tag{3-19a}$$

$$\phi(y_i,a) = 0 \Rightarrow s(y_i) \in [0, y_i] \tag{3-19b}$$

$$\phi(y_i,a) < 0 \Rightarrow s(y_i) = 0 \tag{3-19c}$$

$\mu \geqslant 0$，当$\mu = 0$时，激励约束不起作用，Innes(1990)证明了此种情形对应于完全信息下的情形，即创业者将实施一级最优的努力水平。$\mu > 0$和单调似然率性质意味着$\phi(y_i,a)$关于利润y_i递减，由此Innes得到了如下的“生死证券”：

$$s(y_i,t) = \begin{cases} y_i, & \forall i \leqslant t \\ 0, & \forall i > t \end{cases} \tag{3-20}$$

式(3-20)表示存在某一利润水平y_t，当企业的利润低于该水平时，风险投资家获得全部利润而创业者的利润为0；反之，当企业的利润高于该水平时，创业者获得全部利润而风险投资家的利润为0。

最优解(s_i^*,a^*)须保证式(3-17)和式(3-18)两组一阶条件同时成立。条件(3-17)与条

①函数ϕ中的拉格朗日乘子λ代表了货币投入的影子价格，μ是指创业者的努力不可观察时其所获得的信息租金的影子价格，以似然率为权重进行调整，即投资者以极大似然法则试图从观察到的产出来推断在该分布下的一个努力参数，给予大的努力更高的奖赏。λ和μ的大小反映了在定约阶段投资者和创业者讨价还价的相对强度，因而在α的取值范围内，ϕ同时存在大于、等于和小于0的情形才有经济含义，否则似然率无法发挥激励效能。如果仅有$\phi \geqslant 0$，则意味着创业者具有过小的讨价还价能力，根据式(3-19a)和式(3-19b)，创业者除在最高利润点y_N获得不确定性的利润外，在别的利润区间所得为0。但创业者的努力是有上界的，而不能确定性地保证企业的利润一定是y_N，创业者的成本函数单调递增且为凸函数的假设排除了这个角点解。如果仅有$\phi \leqslant 0$，则根据式(3-19b)和式(3-19c)，创业者施加一个微小的努力就可使得投资者的回报为0，这显然将破坏投资者的参与约束。

件(3-18)是相互作用的，因为创业者选择更高的行动 a 将会使得更高的利润 y_i 出现，而针对每一个不同的 y_i 要确定一个最优的支付 s_i^*；反过来，分配规则 s_i^* 也应该诱导创业者最优的行动 a^*。前面指出，最优解还需要验证条件(3-14)和条件(3-15)是否成立，然而 Innes 并没有直接验证两个条件，而是直接假设条件(3-15)成立，其理由是如果"生死证券"是问题(3-12)的内部解，即 $t \geqslant 0$，则该条件自然成立，并且认为在"生死证券"的配置下，一定有风险投资人的预期边际利润 $\mathrm{d}E[V(\cdot)]/\mathrm{d}a > 0$。如果的确有 $\mathrm{d}E[V(\cdot)]/\mathrm{d}a > 0$，那么创业者提升努力水平也增加了风险投资人的边际利润，创业者自然希望自己的努力适可而止，因此 Innes 证明创业者最优的努力水平 a^* 小于一级最优努力水平。但是，在"生死证券"的配置下，风险投资人的预期边际利润 $\mathrm{d}E[V(\cdot)]/\mathrm{d}a$ 并不确定性地大于 0。事实上，创业者可以更努力而使得 $\mathrm{d}E[V(\cdot)]/\mathrm{d}a < 0$，即创业者拼命工作而使得 VC 一无所获。

为了看清楚这点，在"生死证券"的配置下，存在某个利润点 $t(1<t<N)$，当 $i \leqslant t$ 时，风险投资人的利润为 y_i，而当 $i>t$ 时，风险投资人的利润为 0。令

$$\delta_i = \begin{cases} y_i - y_{i-1}, & \forall i > 1 \\ y_1, & i = 1 \end{cases} \tag{3-21}$$

因此，风险投资人的预期利润可改写为

$$\begin{aligned} \sum_{i=1}^{N} s_i g\langle y_i | a\rangle &= \delta_1\left(\sum_{j=1}^{N} g\langle y_j | a\rangle\right) + \delta_2\left(\sum_{j=2}^{N} g\langle y_j | a\rangle\right) + \cdots + \delta_t\left(\sum_{j=t}^{N} g\langle y_j | a\rangle\right) \\ &\quad - y_t\left(\sum_{j=t+1}^{N} g\langle y_j | a\rangle\right) \\ &= \delta_1\left(\sum_{j=1}^{t} g\langle y_j | a\rangle\right) + \delta_2\left(\sum_{j=2}^{t} g\langle y_j | a\rangle\right) + \cdots + \delta_t g\langle y_t | a\rangle \\ &= \delta_1 G\langle y_t | a\rangle + \delta_2\left(G\langle y_t | a\rangle - G\langle y_1 | a\rangle\right) + \cdots \\ &\quad + \delta_t\left(G\langle y_t | a\rangle - G\langle y_{t-1} | a\rangle\right) \end{aligned} \tag{3-22}$$

其中，第一个等式中 $y_t = \delta_1 + \delta_2 + \cdots + \delta_t$，相应的项合并后得到第二个等式，而最后一个等式来自分布函数(3-1)的定义。

对式(3-22)关于行动 a 求导，可得风险投资人的预期边际利润：

$$\begin{aligned} \sum_{i=1}^{N} s_i g_a\langle y_i | a\rangle &= \delta_1 G_a\langle y_t | a\rangle + \delta_2\left(G_a\langle y_t | a\rangle - G_a\langle y_1 | a\rangle\right) \\ &\quad + \cdots + \delta_t\left(G_a\langle y_t | a\rangle - G_a\langle y_{t-1} | a\rangle\right) \end{aligned} \tag{3-23}$$

如果单调似然率性质成立，则随机占优条件成立，这意味着分布函数的一阶导数 $G_a < 0$，这样式(3-23)并不确定性地大于 0。反之，如果合约是单调性的(如债券)，则风险投资人的预期边际利润确定性地大于 0(见引理 3-3)。事实上，依据 a 的取值，式(3-23)可以大于 0 也可以小于 0。这是因为在式(3-20)的利润配置下，根据 MLRP，创业者的努力对 VC 的预期利润有两种相反的效果。一方面风险投资人希望创业者实施一定的努力水平，这将使得利润达到 y_t 的概率增加，另一方面风险投资人又不希望创业者更努力，因为更努力将使得企业更有可能实现超过 y_t 的利润，从而风险投资人的实际所得可能为 0。

在"生死证券"下，若要使得式(3-23)确定性地大于 0，则需要使 y_t 无限地接近利润

区间的上限，这种情形下创业者获得报酬的可能性微乎其微，从而失去努力的动力。现在假设双方达成了某个合约，存在创业者通过努力可超过利润点 y_t 的可能性，即设计出合约诱使创业者实施不大不小的努力，既可使得式(3-23)大于 0，也可保证激励相容约束式(3-14)成立。但是，这个合约不是稳健(robust)的机制，对于理性的创业者而言，“生死证券”将促使其在签约后实施更大的努力，而更大的努力可能使创业者完全得到高额利润，如果不努力或者减小努力水平，那么创业者可能一分利润都得不到。因此，“生死证券”不能实施风险投资人想要的而创业者也愿意提供的最优努力水平。

非对称信息下的合约之所以存在激励问题，是因为代理人努力的成果为合约双方所共享，具有正的外部性，所以创业者不愿意实施一级最优的努力水平。因此激励问题的逻辑是，如果创业者不努力，那么将会给风险投资人带来损失，而如果创业者越努力，则风险投资人损失的可能性越小，即风险投资人的预期边际利润一定大于 0。正是因为创业者的行动不可观察，存在偷懒的道德风险，所以才应该给予他合适的激励，以诱使其付出最大的努力。例如，债券就能够给予创业者正确的激励，创业者越努力，债券就越安全，风险投资人乐于看到创业者辛勤工作。现在的问题是，风险投资人必须雇佣看门人，以防止创业者偷偷加班而损害自己的利益，这与激励问题的逻辑是背道而驰的。

一个数字例子。假设利润分布函数(3-1)采用式(3-3)的形式表示，成本函数为 $c(a)=(a-\underline{a})^2/2$，努力下限为 $\underline{a}=0.1$。对于每个 $i<t$，式(3-22)括号中的每项可以写成：

$$\left[G\langle y_t|a\rangle-G\langle y_i|a\rangle\right]=\left(\frac{y_t}{y_N}\right)^{a-\underline{a}}-\left(\frac{y_i}{y_N}\right)^{a-\underline{a}} \tag{3-24}$$

假设企业可能的毛利润实现值是[1,2,3,4,5]，并且“生死证券”设定如下：如果利润实现是 3 及以下，则风险投资人获得全部利润；如果利润实现是 4 及 5，则创业者获得全部利润。完全信息下的一级最优努力水平由式(3-5)给出，$a^*=1.186$。下面计算风险投资人的预期毛利润和预期边际毛利润，计算创业者的预期净利润以及预期边际净利润。注意到，如果创业者的预期边际净利润等于 0，即式(3-14)满足，则风险投资人实施了非对称信息下的最优努力水平。

从表 3-1 可以看出，当努力水平逐步增加时，风险投资人分配的预期毛利润先升高后下降，反映了其边际毛利润随努力的增加而依次取正、0 和负值的事实。边际毛利润为负值意味着高努力水平对风险投资人反而有害处。这样已经看到了 $\mathrm{d}E[V(\cdot)]/\mathrm{d}a$ 并不确定性

表 3-1　不同努力参数下风险投资人和创业者的预期利润

努力参数	风险投资人的预期毛利润	创业者的预期净利润	风险投资人的预期边际毛利润	创业者的预期边际净利润
0.450	1.214	0.669	0.300	1.565
0.650	1.250	0.944	0.061	1.190
0.716	1.250	1.019	0	1.070
1.186	1.179	1.329	−0.261	0.262
1.249	1.133	1.350	−0.302	0
1.350	1.101	1.341	−0.320	−0.160

地大于 0。当努力水平为 1.249 时，创业者的预期边际净利润为 0，这点应该是创业者的最优努力水平。但是这个努力水平却大于完全信息下的一级最优努力水平 1.186，而 Innes (1990)的结论是努力水平应该小于完全信息下的努力水平。如果大于完全信息下的努力水平，则说明没有非对称信息下的激励问题，由此激励约束将不起作用，条件(3-18)自然就不成立，因此“生死证券”不可能是最优解。

3.1.4 最优合约：债券

既然“生死证券”不是最优解，那用什么样的方法可以得到该融资问题的最优解呢？还必须回到合约的单调性假设上来，将单调性假设引入问题(3-12)，并验证所得到的解是最优解。

构造如式(3-25)所示的最优化问题。单调性假设要求对于所有的$i>1$，都有$s_i \geqslant s_{i-1}$，即不管努力水平如何，假定s_{i-1}^*是利润为y_{i-1}时的最优合约，那么当利润为y_i时，也要满足$s_i \geqslant s_{i-1}^*$。由此，把有限责任约束改写为了约束(3-25c)，该约束既包含了有限责任约束，又包含了单调性约束。这是因为如果取边界点$i=1$，则利润$y_1=0$，故$s_1^*=0$，因而约束(3-25c)即为$0 \leqslant s_i \leqslant y_i$。

$$\max_{s_i,a} E[U(y-s,a)] \tag{3-25}$$

$$\text{s.t.} \quad E[V(s,a)] \geqslant (1+\rho)K \tag{3-25a}$$

$$\frac{\mathrm{d}E[U(y-s,a)]}{\mathrm{d}a} \geqslant 0 \tag{3-25b}$$

$$s_{i-1}^* \leqslant s_i \leqslant y_i, \forall i>1 \tag{3-25c}$$

式(3-25a)～式(3-25c)分别为风险投资人的参与约束、创业者的激励相容约束、创业者的有限责任约束与单调性约束。

考虑如下的拉格朗日函数：

$$\begin{aligned} L(s_i,a,\lambda,\mu,\tau,\eta) = & E[U(y-s,a)] + \lambda\{E[V(s,a)]-(1+\rho)K\} + \mu\frac{\mathrm{d}E[U(y-s,a)]}{\mathrm{d}a} \\ & + \sum_{i=2}^{N}\tau(s_i - s_{i-1}^*) + \sum_{i=1}^{N}\eta(y_i - s_i) \end{aligned} \tag{3-26}$$

λ、μ、τ和η分别代表约束(3-25a)至约束(3-25c)的拉格朗日乘子，两个一阶条件分别为

$$g\langle y_i|a\rangle\left(\lambda - 1 - \mu\frac{g_a\langle y_i|a\rangle}{g\langle y_i|a\rangle}\right) + (\tau-\eta) = 0 \tag{3-27}$$

$$\frac{\mathrm{d}E[U(y-s,a)]}{\mathrm{d}a} + \lambda\frac{\mathrm{d}E[V(s,a)]}{\mathrm{d}a} + \mu\frac{\mathrm{d}^2E[U(y-s,a)]}{\mathrm{d}a^2} = 0 \tag{3-28}$$

因为η和τ的非负性以及互补松弛性，于是有

$$\phi(y_i,a) = \lambda - 1 - \mu\frac{g_a\langle y_i|a\rangle}{g\langle y_i|a\rangle} > 0 \Rightarrow s(y_i) = y_i, \ \forall i<l \tag{3-29a}$$

$$\phi(y_i,a) = 0 \Rightarrow s(y_i) \in [s_{i-1}^*, y_i] \tag{3-29b}$$

$$\phi(y_i,a) < 0 \Rightarrow s(y_i) = s_{i-1}^*, \ \forall i>l \tag{3-29c}$$

$\mu>0$ 和 MLRP 意味着 $\phi(y_i,a)$ 关于利润 y_i 递减。将 y_i 按从小到大的顺序排列，$0=y_1<\cdots<y_N$，根据 MLRP，更大的努力将会导致更高的 y_i 实现。式(3-29a)表示当创业者实施低努力水平时，此时有 $g\langle y_i|a\rangle\phi(y_i,a)-\eta>0$，且较小的 y_i 将会出现，有限责任约束起作用，因而风险投资人获得全部利润，不妨设这一利润区间为 $i<l$。

式(3-29b)表示当创业者再次增加努力水平时，将使得 $\phi(y_i,a)=0$，且有较大的 y_i 出现。合约的取值区间由式(3-25c)给出 $[s_{i-1}^*,y_i]$，令 $i=l$，则 $[s_{i-1}^*,y_i]=[s_{l-1}^*,y_l]=[y_{l-1},y_l]$，即合约 s_{l-1}^* 正好由(3-29a)给出 $s_{l-1}^*=y_{l-1}$。如果 y_i 连续地变化，则区间 $[y_{l-1},y_l]$ 将会收敛到一点，且这点为 $s(y_i)=s_l^*=y_l$。

式(3-29c)表示当创业者更努力时，将使得 $g\langle y_i|a\rangle\phi(y_i,a)+\tau=0$，更高的 y_i 将实现，且有 $i>l$。此时，单调性约束将会起作用，满足该约束应该取 $s_i\geqslant s_{i-1}^*$ 的等号，于是 $s(y_i)=s_{i-1}^*=\cdots=s_l^*=y_l$，$\forall i>l$。

总结上面的论述，如果 y_i 是连续变化的量，则利润的取值范围 $[y_1,y_N]$ 内存在某点 y_l，当 $i<l$ 时，风险投资人获得全部利润 y_i；当 $i\geqslant l$ 时，风险投资人获得固定利润水平，设这个固定利润水平为 $y_l=D$。于是，得到了最优的合约是债券。

$$s(y_i,l)=\begin{cases}y_i, & \forall i<l\\ D, & \forall i\geqslant l\end{cases} \tag{3-30}$$

接下来需要验证，债券(3-30)是否是融资问题的最优解，即需要验证条件(3-14)和条件(3-15)是否成立。

引理 3-2：如果假设 3-4 成立，则在式(3-30)的利润配置下，条件(3-15)成立。

证明：在式(3-30)的利润配置下，当 $i\geqslant l$ 时，$y_i-s_i=y_i-D$，且 $y_l=D$；而当 $i<l$ 时，$y_i-s_i=0$。因此，创业者的预期净利润可改写为

$$\begin{aligned}E[U(y-s,a)]&=(y_l-D)\left(\sum_{j=l}^{N}g\langle y_j|a\rangle\right)+\delta_{l+1}\left(\sum_{j=l+1}^{N}g\langle y_j|a\rangle\right)\\&\quad+\cdots+\delta_N g\langle y_N|a\rangle-c(a)\\&=\delta_{l+1}\left(\sum_{j=l+1}^{N}g\langle y_j|a\rangle\right)+\cdots+\delta_N g\langle y_N|a\rangle-c(a)\end{aligned} \tag{3-31}$$

其中，$\delta_i=(y_i-s_i)-(y_{i-1}-s_{i-1})$，且 $\delta_1=y_1-s_1$，由此得到：

$$\frac{\mathrm{d}^2E[U(y-s,a)]}{\mathrm{d}a^2}=\sum_{i=l+1}^{N}\delta_i\left(\sum_{j=j+1}^{N}g_{aa}\langle y_j|a\rangle\right)-c_{aa}(a) \tag{3-32}$$

因为每一个 δ_i 非负，而根据 CDFC，式(3-32)中每个括号内的项非正，即上累积概率分布函数的二阶导数非正，因此 $\mathrm{d}^2E[U(y-s,a)]/\mathrm{d}a^2<0$。**证毕**。

Rogerson(1985)证明只要给予代理人(创业者)的回报关于利润非递减，则 CDFC 意味着代理人的预期效用是行动的凹函数。下面，验证风险投资人的预期边际利润大于 0。

引理 3-3：如果假设 3-3 成立，则在式(3-30)的利润配置下，有风险投资人的预期边际利润大于 0。

证明：风险投资人在点 $i\geqslant l$ 以后获得固定利润分配 D，而当 $i<l$ 时获得全部利润。风险投资人的预期毛利润可以重新写成：

$$E[V(s,a)]=\Delta_1\left(\sum_{j=1}^{N}g\left\langle y_j\middle|a\right\rangle\right)+\Delta_2\left(\sum_{j=2}^{N}g\left\langle y_j\middle|a\right\rangle\right)+\cdots+\Delta_l\left(\sum_{j=l}^{N}g\left\langle y_l\middle|a\right\rangle\right) \tag{3-33}$$

式中，

$$\Delta_i=\begin{cases}s_i-s_{i-1}, & \forall i>1\\ s_1, & i=1\end{cases} \tag{3-34}$$

注意到当$i>l$时，有$\Delta_i=D-D=0$。因此：

$$\frac{\mathrm{d}E[V(s,a)]}{\mathrm{d}a}=\Delta_1\left(\sum_{j=1}^{N}g_a\left\langle y_j\middle|a\right\rangle\right)+\Delta_2\left(\sum_{j=2}^{N}g_a\left\langle y_j\middle|a\right\rangle\right)+\cdots+\Delta_l\left(\sum_{j=l}^{N}g_a\left\langle y_l\middle|a\right\rangle\right) \tag{3-35}$$

根据 SDC，式(3-35)每个括号里的式子都是上累积分布函数的导数，它们都非负，因而大于 0。**证毕**。

再次，需要验证在式(3-30)的利润配置下，存在某个最优的努力水平使得条件(3-14)成立，并且该努力水平小于一级最优努力水平。由引理 3-2 和引理 3-3 可知创业者的努力具有正的外部性，根据拉格朗日乘子λ和μ的非负性，存在一组合适的λ和μ既使得条件(3-28)成立，又使得条件(3-14)成立。现在已经验证了条件(3-14)和条件(3-15)均成立，于是我们得到了最优的合约是债券。

命题 3-1：融资问题(3-25)的最优解具有如下性质：

(1)最优的合约是$s(y_i)=s(y_i,l)$；

(2)存在某一最优努力水平a^*使得激励约束$a^*\in\arg\max\limits_{\hat{a}\geq\underline{a}}E[U(y-s,\hat{a})]$满足，该努力水平小于一级最优的努力水平；

(3) $E[V(s,a)]=(1+\rho)K$。

一般文献均假设风险投资人是风险中性的，主要认为风险投资人可以利用市场机制分散投资而规避风险。但是，极为专业化的风险投资却很难通过分散投资而规避风险，很多风险投资机构尽管拥有许多家组合企业，但这些企业可能都在同样的产业里，因此部分风险投资机构具有风险规避偏好。

现在考虑风险投资人是风险规避而创业者是风险中性的情况，即风险投资人的效用函数V是财富的增凹函数。风险投资人风险规避情形下的最优化问题与问题(3-25)在形式上仍保持不变，但关于合约的一阶条件(3-27)将被改写为

$$g\left\langle y_i\middle|a\right\rangle\left(V'\lambda-1-\mu\frac{g_a\left\langle y_i\middle|a\right\rangle}{g\left\langle y_i\middle|a\right\rangle}\right)+(\tau-\eta)=0 \tag{3-36}$$

式(3-36)中拉格朗日乘子的含义与式(3-26)的含义一致，令

$$\phi(y_i,a)=V'\lambda-1-\mu\frac{g_a\left\langle y_i\middle|a\right\rangle}{g\left\langle y_i\middle|a\right\rangle} \tag{3-37}$$

单调性约束要求s_i关于y_i非递减，由V'的凹函数性质可得ϕ是y_i的减函数。采用与之前相同的求解方法，可以得到当创业者是风险中性而风险投资人是风险规避的情况的最优合约也是债券。接下来，需要验证条件(3-14)和条件(3-15)成立，这个工作比较容易做到，引理 3-2 可以直接应用于对条件(3-15)的验证。而对于条件(3-14)只需要将式(3-34)改写为

$$\Delta_i=\begin{cases}V(s_i)-V(s_{i-1}), & \forall i>1\\ V(s_1), & i=1\end{cases} \tag{3-38}$$

沿用引理 3-3 中对债券的记号，即可证明条件(3-14)成立。

虽然最优合约都是债券，但风险投资人风险规避情形下的订约与风险中性条件下的订约有所不同。当风险投资人是风险中性时，由于风险投资人之间相互竞争，从项目中得到的预期利润率等于行业的平均利润率，而在风险规避情形下，风险投资人的预期利润率等于其保留效用水平。如果项目提供的预期利润率低于风险投资人的保留效用水平，则将不会有投资行为，因此风险投资人风险规避情形下如果保留效用水平大于行业的平均利润率，将会缩小订立合约的效用可能性边界范围。

3.1.5　小结

Innes(1990)将企业期末利润可证实的融资问题表示为一个委托代理问题，给定企业家的激励相容约束与投资者的参与约束，企业家选择行动最大化其预期利润。他首次提出了融资合约应该满足有限责任假设和单调性假设，但应用经典的一阶条件方法求解这个问题却未能纳入单调性假设，从而得到一个“生死证券”。本节指出，“生死证券”并非这个代理问题的最优解，其原因在于该证券不能确定性地给投资者带来好处，从而使得一阶条件失效。通过一个数字例子，说明“生死证券”并不能为企业家提供正确的激励。

一些经济学家认为，代理问题的一阶条件方法不能应用在企业期末利润可证实的融资问题研究中，也不能得到债券的合约形式。但本节成功地纳入了单调性假设，从而得到的显示解正好是债券，这一求解过程刚好与 Innes(1990)关于债券激励效果的分析相对应，可以看作 Innes(1990)相关研究的补充。该方法也可以拓展分析投资者风险规避的情形，结合 Innes(1990)和本节应用 RFOC 方法的补充论证，可以为代理人行动不可观察时的短期融资问题提供较为完整的理论分析。

3.2　双边道德风险情况下的企业资本结构

3.2.1　引言

在经典的单边道德风险模型中，代理人的行动不可被观察，但合约可以建立在业绩或业绩信号的基础上，委托人事前可通过提供一组合约使得代理人选择最优的努力水平。在双边道德风险(或多边道德风险)问题中，存在两个或多个代理人的行动不可被观察。假设业绩信号是他们努力的一个综合测度(业绩也受到外生的不确定性因素的影响)，如果无法区分各方的贡献大小，则因一方的努力会使得另一方或多方受益，这就存在“搭便车”的问题，即每一方都希望别人努力而自己坐享其成。Alcian 和 Demesetz(1972)将这种现象称为团队中的道德风险问题。

Holmström(1982)首先提出了产出不受非确定性因素影响时该问题的解决方案，他在团队中引入了一个对产出没有影响的委托人，如果团队的产出达到或超过某个水平，则委托人奖励团队，否则惩罚团队。委托人主要发挥了合约实施者的角色，他因分享团队的产出而被称为打破预算者(budget breaker，即代理人的报酬加总起来不再等于总产出)。如果产出受到非确定性因素的影响，则委托人为每个代理人分别设计一个充分统计量度量各自的业绩，而扮演了监督者的角色。Legros 和 Mattews(1993)的团队模型中没有引入委托人，团队中各方的努力相互互补，其中某些代理人能够更有效地提高产出。如果观察到一个较低的产出水平，则说明这些代理人没有努力，于是必须向另一些代理人①支付足够多的罚金。给定罚金足够多，则这些代理人事前将会选择有效率的行动。Schmidt(2003)、Demeski 和 Sappinton(1991)则直接假设在努力的提供过程中，后行动者可以观察先行动者的行动。其中，在 Schmidt(2003)的模型中，风险投资人可以观察创业者的努力水平，风险投资人通过执行一个预先设计的可转换债券可以诱导合约双方付出最优的努力。这些研究表明，在双边(或多边)道德风险问题中，从业绩信号中分离各方努力的信息是求解最优激励合约的关键环节。

本节从双边道德风险的角度研究了创业者的融资问题，假设 VC 和创业者的行为相互不可被观察，双方可将合约建立在企业业绩的基础上，且业绩的随机实现值大于 2 个。VC 和企业家共同经营企业，很难如 Holmström(1982)那样为双方各自设定一套业绩指标，由此假设业绩是一个总括的变量(无法分离双方各自的贡献)。本节假设 VC 拥有全部的讨价还价能力②，可以向创业者提供一个接受或拒绝(take-it -or-leave-it)的合约。VC 和创业者之间存在两个博弈，一个是贝叶斯博弈，VC 向创业者提供合约，诱使创业者在每个状态下选择最优的努力水平；另一个博弈是双方共同开发项目，但因创业者和 VC 的努力不可被对方观测，因而是一个同时行动的博弈。在这一双边道德风险的框架下，既存在“搭便车”的问题，也存在推卸责任的问题，后者可表现为某一方将不努力得到的低利润水平归因于状态差。最优的合约应该诱导双方基于共同观察到有关状态的信息采取事前约定的行动，单方面偏离均衡行动对双方都是不利的，而这正是相关均衡(Aumann，1987)的概念，同时行动的博弈需用相关均衡的概念求解。Aumann 证明了相关均衡可视为贝叶斯均衡，因此，虽然 VC 与创业者的合约关系被分解为两个博弈，但这两个博弈又可用统一贝叶斯博弈框架予以分析，从而可应用代理理论中的一阶条件方法(Rogerson，1985)求解。

本节给出了三个重要假设：一是创业者和 VC 的努力都可随机性地提高企业的利润；二是创业者和 VC 之间的努力相互互补；三是尽管无法从实现的利润中准确分离出双方的贡献，但从统计的意义来说(极大似然法则)，尤其是对于高利润水平，创业者发挥关键性作用的可能性更大，用双方努力的似然率之比表示创业者的高效率。努力互补表明创业者大部分是技术出身，较缺乏管理和商业经验，而 VC 在管理上成熟的经验、在产品和资本市场上广泛的业务联系对企业的经营有很大的帮助。

在上述三个假设的基础上，本节首先得到了创业者的收益结构为依据业绩获得正的报酬，即仅当企业的利润不小于某个利润点 t 时，创业者才能获得正的收益，否则其收益为零，可以将该利润点理解为 VC 的优先股的面值。然后，本节导出了创业者正的收益为股权。从理论上来讲，只要满足了创业者的参与约束，那么任何利润点 t 之上的非递减的报

①这是个可努力也可不努力的代理人，近似于 Holmström 相关文献中的委托人，但他不能观察到代理人的行动。

②公司融资文献[如经典文献 Innes(1990)]大部分假设向市场发行证券的企业拥有讨价还价能力，源于企业面对多个投资者，且这些投资者之间相互竞争，Casamatta(2003)就假设创业者拥有完全的讨价还价能力。但创业企业一般很难向传统的金融中介组织(如银行)寻求支持，而在向风险投资家寻求资金支持的过程中，可能并不具备足够的讨价还价能力。

酬结构将诱导合约双方不同的均衡努力水平。这也是风险投资中的证券选择呈现出多样性的一个原因，虽然可转换优先股是主要使用的证券，但也有参与型可转换优先股、可转换债券、普通股等其他形式的证券。那么，从双边道德风险的角度来看，哪种证券帕累托占优于别的证券？如果合约双方的努力是互补的，则最优的合约应能同时诱导双方的最优努力。凸利润函数的斜率随利润的增加而增加，从而更大的努力能够带给代理人更高的实际报酬，由此合约双方均偏好于递增的凸利润函数。因此该合约是，在利润点 t 之上双方都持有普通股，即当利润超过利润点 t 时，VC 直接将优先股自动转换为普通股。先前的风险投资理论研究并未导出这一结构，有关双边激励问题的代理文献也未见这一结果。

3.2.2　模型假设

假设某创业者 E 拥有一个创新性投资项目，创业者无资金开发项目而需外部融资。创业者虽然有开发项目的技术和创新技能，但缺乏必要的经营和管理经验，也缺少重要的商业渠道来组织生产和销售。创业者可向风险投资家寻求两个方面的支持：一是金融资本，二是得到管理咨询服务等方面的智力支持。

创业者和 VC 通过合约来规范他们之间的权利和义务，在订立合约之后，创业者和 VC 分别同时选择行动 $a_1 \in A_1$ 和 $a_2 \in A_2$ 开发项目，A_1 和 A_2 分别代表双方有限数目的行动集合，$\boldsymbol{a} \in A \equiv A_1 \times A_2$ 为双方的行动组合。在双方选择行动 $\boldsymbol{a}$ 后，项目的收益实现，用毛利润 $y \in Y$ 代表项目的经营成果，期末有 $n \geqslant 2$ 个可能的实现值 $0 = y_1 < y_2 < \cdots < y_N$。假设实现的毛利润可以被双方所观察且能够被第三方所证实。

双方的行动影响了项目毛利润实现的概率，用 $g\langle y_i|a\rangle$ 表示合约双方选择行动组合 a 时，利润 y_i 实现的概率，$G\langle y_i|a\rangle \equiv \sum_{j=1}^{i} g\langle y_i|a\rangle$ 代表利润 y_i 的分布函数。假设对于每个 $i \in [1,\cdots,N]$ 和每个行动组合 $a \in A$，有 $g\langle y_i|\boldsymbol{a}\rangle > 0$，并且 $g\langle y_i|\boldsymbol{a}\rangle$ 关于 a_1 和 a_2 二阶连续可导。此外，概率函数 $\{g\langle y_i|a\rangle\}_{i=1}^{N}$ 满足单调似然率性质和分布函数的凸性化条件两个重要的性质。

假设 3-5：对于每一努力水平 $a = a_1$ 或 a_2，有

(1) $g_a\langle y_i|\boldsymbol{a}\rangle / g\langle y_i|a\rangle$ 关于 i 非递减；

(2) 分布函数 $G\langle y_i|a\rangle$ 的二阶导数 $G_{aa}\langle y_i|a\rangle$ 非负。

假设 3-5 表示概率函数 $\{g\langle y_i|a\rangle\}_{i=1}^{N}$ 满足单调似然率性质，合约双方只要增加努力都会使得利润以一阶随机占优的方式增加或满足随机占优条件（SDC）。SDC 等同于利润的分布函数的一阶导数非正，即假设对于每一努力水平 $a = a_1$ 或 a_2，分布函数的一阶导数 $G_a\langle y_i|a\rangle \leqslant 0$。假设 3-5 的第（2）部分表示函数 $\{g\langle y_i|\boldsymbol{a}\rangle\}_{i=1}^{N}$ 满足 CDFC。根据 MLRP，$G\langle y_i|\boldsymbol{a}\rangle$ 关于 a_1 或 a_2 递减，即更大的努力使得利润小于或等于 y_i 的概率递减。CDFC 要求该函数以递减的速度递减，因而 CDFC 具有随机规模报酬递减的意义。下面就创业者和 VC 努力的相互关系做一些必要的假设。

假设 3-6：合约双方的努力具有互补性质，如果对于所有的努力 $\tilde{a}_2 > \tilde{a}_1$，有

$$\frac{\partial}{\partial a_2}\left[\sum_{i=1}^{N}\left(y_i g\langle y_i|\tilde{a}_1,\ \tilde{a}_2\rangle\right)\right] - \frac{\partial}{\partial a_1}\left[\sum_{i=1}^{N}\left(y_i g\langle y_i|\tilde{a}_1,\ \tilde{a}_2\rangle\right)\right] > 0 \tag{3-39}$$

则 MLRP 意味着 VC 和创业者的努力都可增加企业的预期边际利润，但 MLRP 并不能保证双方的努力具有互补性质。假设 3-6 表示，当 VC 增加努力（选择努力 $\tilde{a}_2$ 而不是努力 $\tilde{a}_1$），创业者也增加努力时，将导致企业的预期边际利润增加。假设 3-6 指合约双方的努力在边际意义上是互补的，即双方同时增加努力得到的企业预期利润比简单相加各方努力能获得的预期利润要多。努力的互补具有对称性，式(3-39)也意味着下式成立：

$$\frac{\partial^2}{\partial a_1 \partial a_2}\left[\sum_{i=1}^{N}\left(y_i g\langle y_i | a_1, a_2\rangle\right)\right] > 0$$

策略或努力的互补性质在博弈论中被称为超模(supermodular)性质，Holmström 和 Milgrom(1994)将超模性质引入了代理问题的研究中。Schmidt 在讨论风险投资的证券设计时也应用了这个假设的思想。

假设 3-7：创业者和 VC 努力的似然率之比：

$$\frac{\dfrac{g_{a_1}\langle y_i | a\rangle}{g\langle y_i | a\rangle}}{\dfrac{g_{a_2}\langle y_i | a\rangle}{g\langle y_i | a\rangle}} = \gamma_i \tag{3-40}$$

其中，$\gamma_i \geqslant 1$，且关于利润 i 非递减。

创业者和 VC 的努力互补意味着他们可以有一个合作的机制。假设 3-7 的含义是，从极大似然法则的角度看，创业者在企业中发挥关键性作用的可能性比 VC 大。这一假设是很直观的，风险投资主要投资于创新型的人才，其高收益的获得依赖于创业者高价值的创造性活动。Kaplan 和 Strömberg(2004)实证发现 VC 并不愿意花费过多的时间，也不愿过多地介入企业的管理过程中。尽管 VC 在企业的价值创造过程中也发挥了重要作用，但这一作用毕竟是辅助性质的，VC 难以替代创业者在研发、技术和生产管理等方面的作用。

当企业最终的利润实现值较低时，创业者可能根本未努力，或努力较小，因而较为现实的是如下的假设 3-8。但是假设 3-8 并不会导致本节结论的差异，第 3.2.3 小节应用假设 3-7 推导合约，在第 3.2.4 小节说明了这两个假设都可得到同样的合约形式。

假设 3-8：在利润区间存在某个利润点 i，当 $j \geqslant i$ 时有 $\gamma_i \geqslant 1$，且 γ_i 关于利润非递减；而当 $j < i$ 时有 $\gamma_i \leqslant 1$。

为使问题简化，不妨假设创业者努力的成本函数为

$$c_{\mathrm{E}}(a_1) = \frac{a_1^2}{2} \tag{3-41}$$

而 VC 的成本函数为

$$c_{\mathrm{VC}}(a_2) = \frac{a_2^2}{2} \tag{3-42}$$

两者的成本函数满足单调递增且为凸函数的假设。假设合约双方都是风险中性的。合约理论经常讨论委托人向风险规避的代理人提供保险合约，但 Kaplan 和 Strömberg(2004)并没有发现有足够的证据支持 VC 向创业者提供了某种保险形式的合约。

假设 VC 在向企业投资 K 前，向创业者提供一个要么接受要么拒绝的合约，即 VC 拥有讨价还价的全部能力。假设 VC 向创业者提供的合约为 s_i，表示针对每一利润水平 y_i，

给予创业者 s_i 的支付。将创业者的预期净利润表述为预期收益和成本相分离的形式：

$$E\left[U_{\mathrm{E}}(s,a)\right]=\sum_{i=1}^{N}\left(s_i g\left\langle y_i \middle| a\right\rangle\right)-\frac{a_1^2}{2} \tag{3-43}$$

而 VC 的预期净利润为

$$E\left[U_{\mathrm{VC}}(y-s,a)\right]-(1+\rho)K=\sum_{i=1}^{N}\left[(y_i-s_i)g\left\langle y_i \middle| a\right\rangle\right]-\frac{a_2^2}{2}-(1+\rho)K \tag{3-44}$$

其中，ρ 表示 VC 要求的平均回报率。

VC 与创业者 E 的合约关系的时间图如图 3-1 所示。

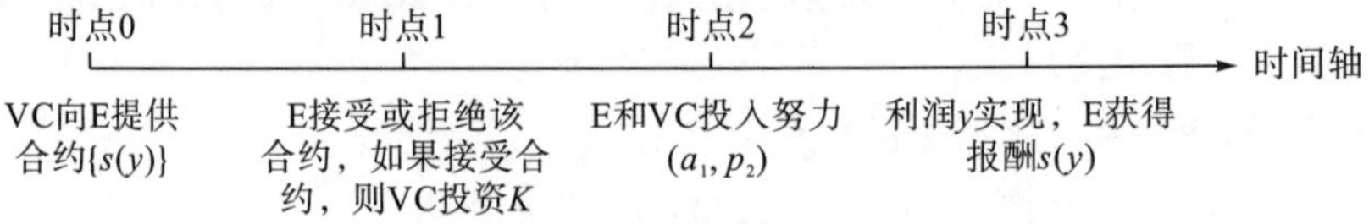

图 3-1　VC 与 E 的合约关系的时间图

作为分析的一个基准，首先考察当创业者和 VC 的行动都可观察时的融资问题。如果双方的行动可观察，则合约可以直接建立在双方行动的基础上，双方可以在合约中指定对企业最优的努力水平。企业的价值创造与谁投资企业、以何种形式分配企业利润没有关系。这正是经典 MM 定理成立的情形。企业总的预期价值为

$$S(a)=\max_{a}\sum_{i=1}^{N}\left(y_i g\left\langle y_i \middle| a\right\rangle\right)-\frac{a_1^2}{2}-\frac{a_2^2}{2}-(1+\rho)K \tag{3-45}$$

创业者和 VC 的一级努力水平由如下两式给出：

$$\sum_{i=1}^{N}\left(y_i g_{a_1}\left\langle y_i \middle| a\right\rangle\right)=a_1 \tag{3-46}$$

$$\sum_{i=1}^{N}\left(y_i g_{a_2}\left\langle y_i \middle| a\right\rangle\right)=a_2 \tag{3-47}$$

3.2.3　双边道德风险下的最优融资合约

经典委托代理关系可被描述为，给定代理人的参与约束与激励相容约束，委托人最大化自己的期望效用。这是一个贝叶斯博弈，委托人的策略是给予代理人的补偿计划(可被观察)，而代理人的策略则是其努力水平。处理经典道德风险模型的方法被称为一阶条件方法，该方法的核心是把代理人选择最大化预期效用的行动的激励相容约束用其一阶条件代替，可用库恩-塔克条件解出最优合约。

前文论及，本节的模型有两个博弈，一是 VC 设计激励计划以诱使创业者最优努力的贝叶斯博弈，另一个是双方同时行动的博弈。同时行动的博弈是指，当订立合约之后，双方应基于共同观察到的状态信号或相关联的状态信号而采取事前约定的行动，单方面偏离均衡行动对双方都是不利的。而这正是相关均衡的概念，Aumann(1987)论证了相关均衡就是一个贝叶斯均衡，同时行动的博弈要达到相关均衡，需满足条件(3-48b)和条件(3-48c)。本节的两个博弈均可在贝叶斯框架下分析，可用一阶条件方法求得均衡解。

构造如下的最优化问题：

$$\max_{s_i,a_1,a_2} E\left[U_{\mathrm{VC}}(y-s,a)\right]-(1+\rho)K \tag{3-48}$$

$$\text{s.t. } E\left[U_{\mathrm{E}}(s,a)\right]\geqslant \bar{u}_1 \tag{3-48a}$$

$$\sum_{i=1}^{N} s_i g_{a_1}\langle y_i|a\rangle - a_1 \geqslant 0 \tag{3-48b}$$

$$\sum_{i=1}^{N}(y_i-s_i)g_{a_2}\langle y_i|a\rangle - a_2 \geqslant 0 \tag{3-48c}$$

$$s_i\geqslant 0 \tag{3-48d}$$

式(3-48)表示 VC 设计给予创业者的补偿计划 s_i，诱使创业者与自己同时选择最优的努力 a_1 和 a_2 而最大化他的期望利润；式(3-48a)表示创业者的参与约束，即创业者从接受该合约得到的预期收益应该不小于其外部机会所得收益 $\bar{u}_1$；式(3-48b)和式(3-48c)分别表示创业者和 VC 激励约束的一阶条件，是由式(3-43)和式(3-44)分别关于各自的努力求导所得，这两个条件也是相关均衡(贝叶斯均衡)条件；而式(3-48d)表示创业者的有限责任约束，给予代理人的支付不能为负。注意到，式(3-48b)和式(3-48c)将合约双方的激励约束用不等式表示，这样保证了该约束的拉格朗日乘子非负。

1. 合约的奖惩结构

构造上述问题的拉格朗日函数如下：

$$\begin{aligned}L(s_i,a,\lambda,\mu,\eta,\theta)=&E\left[U_{\mathrm{VC}}(y-s,a)\right]-(1+\rho)K+\lambda\left\{E\left[U_E(s,a)\right]-\bar{u}_1\right\}\\&+\mu\left(\sum_i s_i g_{a_1}\langle y_i|a\rangle-a_1\right)+\eta\left[\sum_i(y_i-s_i)g_{a_2}\langle y_i|a\rangle-a_2\right]+\sum_{i=1}^{N}\theta s_i\end{aligned} \tag{3-49}$$

式中，λ、μ、η 和 θ 分别表示各个约束条件的拉格朗日乘子，且都非负。

式(3-50)表示拉格朗日函数关于合约变量 s_i 的一阶条件，而式(3-51)和式(3-52)表示关于两个努力变量的一阶条件：

$$g\langle y_i|a\rangle\left(-1+\lambda+\mu\frac{g_{a_1}\langle y_i|a\rangle}{g\langle y_i|a\rangle}-\eta\frac{g_{a_2}\langle y_i|a\rangle}{g\langle y_i|a\rangle}\right)+\theta=0 \tag{3-50}$$

$$\frac{\mathrm{d}E\left[U_{\mathrm{VC}}(y-s,a)\right]}{\mathrm{d}a_2}+\lambda\frac{\mathrm{d}E\left[U_{\mathrm{E}}(s,a)\right]}{\mathrm{d}a_2}+\mu\frac{\mathrm{d}^2E\left[U_{\mathrm{E}}(s,a)\right]}{\mathrm{d}a_1\mathrm{d}a_2}+\eta\frac{\mathrm{d}^2E\left[U_{\mathrm{VC}}(y-s,a)\right]}{\mathrm{d}a_2{}^2}=0 \tag{3-51}$$

$$\frac{\mathrm{d}E\left[U_{\mathrm{VC}}(y-s,a)\right]}{\mathrm{d}a_1}+\lambda\frac{\mathrm{d}E\left[U_{\mathrm{E}}(s,a)\right]}{\mathrm{d}a_1}+\mu\frac{\mathrm{d}^2E\left[U_{\mathrm{E}}(s,a)\right]}{\mathrm{d}a_1{}^2}+\eta\frac{\mathrm{d}^2E\left[U_{\mathrm{VC}}(y-s,a)\right]}{\mathrm{d}a_1\mathrm{d}a_2}=0 \tag{3-52}$$

式(3-50)中，存在创业者和 VC 一方努力而另一方不努力，或者两方同时努力的情况。根据假设 3-5 的 MRLP，双方的努力都可导致更高的利润随机实现，但高的利润到底是创业者努力的结果还是 VC 努力的结果呢？例如，假设只有 VC 努力，那么根据 MRLP 有 $g_{a_2}\langle y_i|\boldsymbol{a}\rangle/g\langle y_i|\boldsymbol{a}\rangle$ 关于利润 i 非递减，将可能有更高的利润随机实现，但这一较高的利润水平却也可以解释为创业者的贡献。如果没有关于似然率更多的假设，则将无法分析问题(3-48)。根据假设 3-7，定义：

$$\xi\langle y_i|a\rangle=-1+\lambda+\left(\mu-\frac{\eta}{\gamma_i}\right)\frac{g_{a_1}\langle y_i|a\rangle}{g\langle y_i|a\rangle} \tag{3-53}$$

注意，将式(3-50)改写为以VC的似然率表示的ξ函数，与式(3-53)导出的结论一样。现在检验$\mu>\eta$或$\mu\leqslant\eta$成立时会有什么样的结果。μ和η分别代表创业者和VC的努力不可观察时各自所获得的信息租金的影子价格。如果$\mu>\eta$，则意味着相对于VC的管理咨询活动而言，创业者的技术开发活动具有更大的不可观察性，且具有更高的影子价格，或更高的经济价值。如果$\mu\leqslant\eta$，则创业者努力的影子价格小于VC努力的影子价格，创业者的努力具有较低的经济价值。

情形1：$\mu>\eta$。由θ的非负性及条件(3-53)得到如下结果：

$$\xi\langle y_i|a\rangle=\left[-1+\lambda+\left(\mu-\frac{\eta}{\gamma_i}\right)\frac{g_{a_1}\langle y_i|a_1\rangle}{g\langle y_i|a_1\rangle}\right]<0\Rightarrow s(y_i)=0 \tag{3-54a}$$

$$\xi\langle y_i|a\rangle\geqslant 0\Rightarrow s(y_i)=s_i^* \tag{3-54b}$$

$\mu\geqslant 0$和$\eta\geqslant 0$，当$\mu=0$，$\eta=0$时，激励约束不起作用，此种情形对应于完全信息下的情形，即创业者和VC将实施一级最优的努力水平。将y_i以从小到大的顺序排列，$0=y_1<\cdots<y_N$，式(3-53)中仅有创业者的努力变量，根据MLRP，其更大的努力将会导致更高的y_i随机实现。$\mu>\eta>0$，假设3-7的$\gamma_i>1$且关于利润i非递减，这些条件意味着$\xi(y_i,a)$关于利润y_i递增。式(3-54a)表示当创业者处于低努力水平时，较低的y_i将会出现，此时有$\xi(y_i|\boldsymbol{a})<0$，由式(3-50)有$g\langle y_i|a\rangle\xi(y_i|a)+\theta=0$，则有限责任约束起作用，因而VC获得全部利润，不妨设这一利润区间为$i<t$。式(3-54b)表示，如果VC事前承诺支付给创业者正的收益s_i^*以诱导创业者更努力，将使得$\xi(y_i|a)\geqslant 0$，有限责任约束不起作用，但最优的s_i^*应使得$g\langle y_i|a\rangle\xi(y_i|a)=0$，设这一利润区间为$i\geqslant t$。

总结上述分析，存在λ、$\mu>\eta$和θ，以及在利润区间上某个利润点y_t，当企业利润低于该利润水平时，创业者的收益为0，而当企业利润不低于该利润水平时，创业者获得严格正的报酬s_i^*。由此，其报酬具有奖惩结构，即

$$s_i(y_i,t)=\begin{cases}s_i^*>0, & \forall\ i\geqslant t\\ 0, & \forall\ i<t\end{cases} \tag{3-55}$$

情形2：$\mu\leqslant\eta$。如果$\mu\leqslant\eta$，根据假设3-7，γ_i关于利润i非递减且$\gamma_i\geqslant 1$，则创业者增加努力水平，在利润区间也将存在某个利润点$t'>t$，当企业利润低于该利润水平时，创业者的收益为0，而当企业利润不低于该利润水平时，创业者获得严格正的报酬s_i^*。但如果η足够大，则将出现即使创业者很努力也难以确保$\xi(y_i,a)$为正的情形，从而其获得的收益始终为零，由此双方定约失败。直观上来说，$\mu\leqslant\eta$表示创业者的努力具有较低的经济价值，相对于情形1，其获得正收益的起始点t'比较高。

一方面，有限责任给了创业者一定的保护，其收益不能为负，但报酬的奖惩结构对创业者施加了特定的威胁，使其不敢怠慢。另一方面，因为VC在企业内投入了资金，他不会让自己的投资白白损失掉，因此保持对企业一定的辅助将使得投资更为安全。

2. 可转换优先股

现在考察创业者在利润点t之上正的收益应具备什么结构。本节以后都在$\mu>\eta$的情形下研究该问题，即合约形式为式(3-55)。首先，在最优时，创业者的参与约束(3-48a)

是紧的，创业者获得的正的预期收益应等于外部机会所得 $\overline{u}_1$。其次，Rogerson(1985)证明了如果给予代理人的报酬关于利润非递减(单调性合约)，则可提供给代理人很好的激励，可诱导代理人二级最优(second-best)的努力。但可供合约双方选择的合约形式千变万化，在满足创业者参与约束的前提下，不同的单调性合约将提供给双方不同的激励效果，也将得到双方不同的均衡努力水平组合。这也是风险投资中的证券选择呈现出多样性的一个原因，虽然可转换优先股是主要使用的证券，但也有参与型可转换优先股、可转换债券、普通股等其他形式的证券。那么有没有判断标准说明某个合约帕累托占优于另一个合约？假设 3-5、假设 3-6 和假设 3-7 意味着合约双方共同的努力将会增加企业的边际利润，由此，选择的合约形式应能提高双方共同的努力水平。但要注意，选择不同形式的证券不仅要考虑激励问题，还可能涉及在阶段融资的进程中，VC 如何更好地进行融资安排与控制企业风险、VC 如何管理退出企业等一系列问题。本节只提供有关激励方面的解释。

考虑在利润点 t 之上的两个非负支付的合约，其中合约 $s(y_i)$ 是关于利润递增的凸函数①，而合约 $s'(y_i)$ 是关于利润递增的严格凹函数，两个合约都满足创业者的参与约束，具有相同的预期值 $\overline{u}_1$：

$$\sum_{i=t}^{N}\left[s(y_i)g\left\langle y_i\middle|a\right\rangle\right]=\sum_{i=t}^{N}\left[s'(y_i)g\left\langle y_i\middle|a\right\rangle\right]=\overline{u}_1 \tag{3-56}$$

很显然，$s(y_i)$ 将和 $s'(y_i)$ 在利润区间 (t,N) 的某点 p 相交，当利润 $t\leqslant i<p$ 时有 $s(y_i)<s'(y_i)$，而当 $p<i<N$ 时有 $s(y_i)>s'(y_i)$。下面的命题指出 $s(y_i)$ 比 $s'(y_i)$ 给予创业者的预期边际利润更大，而更为创业者所愿。

命题 3-2：假设 $s(y_i)$ 和 $s'(y_i)$ 给予创业者利润 t 之上的非负支付，$s(y_i)$ 是关于利润严格递增的凸函数，$s'(y_i)$ 是关于利润严格递增的严格凹函数。如果 $s(y_i)$ 和 $s'(y_i)$ 满足式(3-56)，则有

$$\sum_{i=t}^{N}\left(s(y_i)g_{a_1}\left\langle y_i\middle|a^*\right\rangle\right)>\sum_{i=t}^{N}\left(s'(y_i)g_{a_1}\left\langle y_i\middle|a^*\right\rangle\right) \tag{3-57}$$

证明：令 $w_i=s(y_i)-s'(y_i)$，假定 VC 选择的最优努力水平为 a_2^*，创业者选择努力水平 a_1^* 使得 $\sum_{i=t}^{N}\left(w_i g\left\langle y_i\middle|a^*\right\rangle\right)=0$，因为当利润 $t\leqslant i\leqslant p$ 时有 $s(y_i)\leqslant s'(y_i)$，而当 $p<i<N$ 时有 $s(y_i)>s'(y_i)$，则由 MLRP 有

$$\begin{aligned}\sum_{i=t}^{N}\left(w_i g_{a_1}\left\langle y_i\middle|a^*\right\rangle\right)&=\sum_{i=t}^{N}\left(w_i\frac{g_{a_1}\left\langle y_i\middle|a^*\right\rangle}{g\left\langle y_i\middle|a^*\right\rangle}g\left\langle y_i\middle|a^*\right\rangle\right)\\&>\sum_{i=t}^{p}\left(w_i\frac{g_{a_1}\left\langle y_p\middle|a^*\right\rangle}{g\left\langle y_p\middle|a^*\right\rangle}g\left\langle y_i\middle|a^*\right\rangle\right)+\sum_{i=p+1}^{N}\left(w_i\frac{g_{a_1}\left\langle y_p\middle|a^*\right\rangle}{g\left\langle y_p\middle|a^*\right\rangle}g\left\langle y_i\middle|a^*\right\rangle\right)\\&=\left(\frac{g_{a_1}\left\langle y_p\middle|a^*\right\rangle}{g\left\langle y_p\middle|a^*\right\rangle}\right)\sum_{i=t}^{N}\left(w_i g\left\langle y_i\middle|a^*\right\rangle\right)=0\end{aligned} \tag{3-58}$$

①注意我们这里并没有限定凸函数是严格凸，这样就包含了线形函数。

Innes（1990）和 Matthews（2001）利用债券与其他单调递增证券的单交叉性质证明了债券的最优激励性能，在单边道德风险模型中，债券能够激励企业家最优的努力。命题 3-2 应用了两种证券的单交叉性证明了关于利润严格递增的凸函数具有更好的激励效能，是 Innes 和 Matthews 思想的应用。上述命题表明，如果两个递增的合约带给创业者相同的预期利润，则递增的凸函数合约带给创业者更大的预期边际利润，将会诱导创业者付出更大的努力。其直观思想是，当创业者提高努力水平时，更高的收益将可能实现，而递增的凸收益函数关于利润具有递增的斜率，将给创业者带来更大的实际回报。这一命题的思想也可证明一种特殊情形，如果给予创业者利润点之上的报酬是一个固定收益的合约，则该合约带给创业者的边际利润将小于关于利润严格递增的合约。于是有如下的推论。

推论 3-1：给予创业者的最优合约关于利润严格递增。

证明：假设合约 $s(y_i)$ 是在利润点 t 之上的递增的收益函数，而 $s'(y_i)$ 给予创业者利润点 t 之上的固定收益，两个合约均给创业者带来相同的预期收益。很显然，$s(y_i)$ 和 $s'(y_i)$ 将会有一个相交的利润点，在该利润点之下，$s(y_i)$ 的收益小于 $s'(y_i)$，而在其上刚好相反。于是我们可以应用命题 3-2 相同的方法证明 $s(y_i)$ 带给创业者更大的预期边际利润，且创业者愿意接受。给定假设 3-5、假设 3-6 和假设 3-7，诱导创业者付出更大的努力也是 VC 所愿意的，因此，最优合约关于利润严格递增。**证毕**。

根据命题 3-2，我们将发现公开市场上的可转换债券并非诱导创业者和 VC 共同努力的最优证券。如图 3-2 所示，可转换债券有两个利润分界点，当企业的利润小于某个利润水平 t 时，VC 获得全部收益；而当企业的利润高于某个更高的利润水平时，VC 可以转换债券为普通股以获得相应股份的剩余收益；而在这两个利润点的中间部分，创业者获得全部剩余收益，VC 只获得固定收益。很明显，创业者所获的正收益［图 3-2（a）中 y_t 之上的部分］是关于利润递增的凹函数，而 VC 所获的收益是关于利润递增的凸函数。图 3-2（c）描绘了同样预期收益下的可转换证券和普通股，则根据命题 3-2，普通股将带给创业者更高的预期边际收益，这是因为普通股是利润的非凹函数。上述分析也说明，从激励的角度考虑，在同样的预期收益下，公开市场上成熟的公司更愿意发行普通股而不是可转换债券。

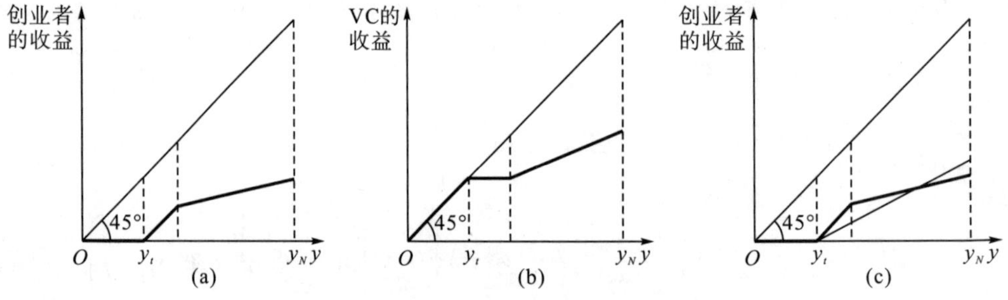

图 3-2　可转换债券示意图

由对称性可知，在利润点 t 之上满足同样预期利润的收益函数中，合约双方都偏好于递增的凸收益函数。给定双方的努力具有互补性质，以及给定创业者在企业取得高收益的过程中发挥了关键性作用的假设，那么诱导双方最优的努力的证券应是，在利润区间上存在某个利润点 t，在该利润点 t 之下创业者获得零收益，而在利润点 t 之上，创业者持有普通股，创业者的预期收益为其外部机会所得收益 $\overline{u}_1$：

$$s_i(y_i,t)=\begin{cases}\tau y_i>0, & \forall\, i\geqslant t\\ 0, & \forall\, i<t\end{cases} \tag{3-59}$$

其中，τ 应大于 0 而小于 1。

接下来要验证该合约是否可以诱导创业者和 VC 最优的努力水平，即式(3-59)给出的合约是否能够诱导贝叶斯均衡解 $a^*=(a_1^*,a_2^*)$。这实际上需要验证在式(3-59)的合约配置下，条件(3-51)和条件(3-52)是否成立。式(3-52)中的第 2 项在创业者选择最优努力水平时为零，第 3 项是创业者预期收益的二阶导数，CDFC 意味着代理人的预期效用是行动的凹函数，因此该项严格为负。给定股权分担合约，创业者的努力增加了 VC 的预期利润，因此第一项严格为正。单边道德风险问题中没有第四项，该项是努力互补带给 VC 的边际利润，将假设 3-6 中的 y_i 换成 $(1-\tau)y_i$，则第 4 项也非负。因而，条件(3-51)的收益配置将诱导创业者最优的努力水平 a_1^*，但因为创业者没有获得其努力的全部边际收益，所以该努力水平为二级最优的努力水平而小于一级最优［由式(3-46)导出］。同样也可验证条件(3-51)成立。

可构造合约 s_i，因合约须同时满足 VC 和创业者努力的一阶条件，所以有式(3-60)和式(3-61)：

$$\sum_{i=1}^{N}\Big((y_i-s_i)g_{a_2}\left\langle y_i\middle|a^*\right\rangle\Big)=a_2^* \tag{3-60}$$

$$\sum_{i=1}^{N}\Big(s_i g_{a_1}\left\langle y_i\middle|a^*\right\rangle\Big)=a_1^* \tag{3-61}$$

将式(3-60)和式(3-61)改写后再相除：

$$\frac{\sum_{i=t}^{N}\Big((y_i-s_i)g_{a_2}\left\langle y_i\middle|a^*\right\rangle\Big)}{\sum_{i=t}^{N}\Big(s_i g_{a_1}\left\langle y_i\middle|a^*\right\rangle\Big)}=\frac{a_2^*-r}{a_1^*} \tag{3-62}$$

其中，$r=\sum_{i=0}^{t-1}y_i g_{a_2}\left\langle y_i\middle|a^*\right\rangle$，它严格小于 a_2^*。

将 $s_i=\tau y_i$ $(i\geqslant t)$ 代入式(3-62)，整理后得到

$$\tau=\frac{1}{1+\dfrac{(a_2^*-r)}{ka_1^*}} \tag{3-63}$$

其中，$k=\sum_{i=t}^{N}\Big(y_i g_{a_2}\left\langle y_i\middle|\boldsymbol{a}^*\right\rangle\Big)\Big/\sum_{i=t}^{N}\Big(y_i g_{a_1}\left\langle y_i\middle|\boldsymbol{a}^*\right\rangle\Big)$，$k>0$。

于是有

$$0<\tau<1 \tag{3-64}$$

将上述的分析总结为命题 3-3。

命题 3-3：给定假设 3-5、假设 3-6 和假设 3-7，融资问题(3-48)的解具有如下性质：

(1)最优的合约是

$$s_i(y_i,t)=\begin{cases}\tau y_i>0, & \forall\ i\geqslant t\\ 0, & \forall\ i<t\end{cases}$$

其中，$0<\tau<1$。

(2)存在一均衡的努力水平 $a^*=(a_1^*,a_2^*)$ 使得条件(3-51)和条件(3-52)成立，该努力水平小于一级最优的努力水平。

(3)创业者的预期收益为 $E\left[U_{\mathrm{E}}(s,a)\right]=\bar{u}_1$。

可以看到，最优合约是一可转换优先股，当利润达到某个利润点 t 时，企业家将持有的优先股(其价值等于点 t 的利润)自动转换为 τ 份额 $(0<\tau<1)$ 的普通股。

3.2.4　关于努力关系的讨论

在本节的模型中，努力的相互互补假设 3-6 和假设 3-7 对于推导最优的合约发挥了关键性的作用。在 3.2.2 小节我们指出假设 3-3 存在不现实的地方，而更为现实的是假设 3-8：在利润区间存在某个利润点 i，当 $j\geqslant i$ 时有 $\gamma_i\geqslant 1$，且 γ_i 关于利润非递减；而当 $j<i$ 时有 $\gamma_i\leqslant 1$。假设 3-8 指当观察到一个低的利润水平时，更有可能是创业者没有努力。下面将说明，假设 3-7 和假设 3-8 均会得到同样的结论。将式(3-53)复述如下：

$$\xi\langle y_i|a\rangle=-1+\lambda+\left(\mu-\frac{\eta}{\gamma_i}\right)\frac{g_{a_1}\langle y_i|a\rangle}{g\langle y_i|a\rangle} \tag{3-65}$$

考虑当 $\mu>\eta$ 时的情形，在低利润水平时有 $\gamma_i\leqslant 1$，如此 ξ 将更有可能为负值；只有当创业者增加努力而进一步提高似然率时，才有可能使得 ξ 为 0，如此将导出与 3.2.2 小节一样的结论。

本节假设创业者和 VC 的努力相互互补，但如假设双方的努力相互替代，结论如何呢？努力相互替代意味着创业者会做的事情，VC 同样也会做，如此一来，只有在某些特别的情况下，创业者和 VC 才会形成合作关系。这里所指特别的情况：一是 VC 觉得自己创业很麻烦，他的努力成本比企业家的努力成本高，因此需要创业者为他做事；二是当劳动的价值超过了金钱的价值时，VC 为了节约自己的劳动成本，愿意与创业者共享项目收益。事实上，Casamatta(2003)的模型正是在这些特别的情况下才成立，他假定创业者和 VC 都有足够的财富支持企业发展，创业者在融资过程中占据主导地位，其努力和 VC 的努力相互替代，其努力的成本系数低于 VC 的努力成本系数。因此，Casamatta 才会得到在现实中观察不到的结论，即创业者可持有优先股或债券，这实际上意味着创业者以债权人的身份借钱给 VC 用于项目开发。现实中创业者可能不乏有相当的财富水平，但支撑企业发展的主要资金来源却必须依靠于外部融资，这些企业由于其高风险性，一般很难得到传统金融中介组织(如银行)的支持。VC 拥有的雄厚资金，以及 VC 对于企业有益的管理咨询活动正是其生存和发展的关键。

如果假设合约双方的努力关系是替代的，则创业者会做的事情，VC 同样也会做，这样本节的假设 3-7 将无法应用于努力替代的情形。如果从观察到的利润不能分离出双方的努力，且从统计意义上也无法推断创业者和 VC 各自的贡献，就得不到一个能够诱导双方最优努力的合约形式。创业者受到资金约束的融资模型无法应用于努力替代的情形。事实上，Legros 和 Matthews (1993) 在一个确定性的环境中，指出相互替代的努力关系无法得到最优激励效果的合约。

3.2.5　小结

本节基于双边道德风险框架研究了创业者的融资合约，VC 在为创业企业提供资本支持的同时也扶助企业发展和给予管理咨询，VC 设计的合约须诱导双方的最优努力。模型依赖于三个关键性假设：一是双方的努力都会随机性地提高企业的利润，二是双方的努力相互互补，三是从极大似然法则看，创业者在企业发展中发挥了关键性的作用，这些假设都符合现实。最优的风险投资合约是可转换优先股，即存在某个利润水平，当低于这个利润水平时，VC 获得企业的全部利润，高于这个利润水平时，VC 将优先股自动转换为普通股。

最优资本结构源于 VC 在创业企业中扮演的两个关键角色，一是 VC 扮演了合约设计者和实施者的角色。创业者虽然提供了人力资本和技术，但其人力资本是否能够带给 VC 经济效益，却需要业绩来验证，该奖惩结构促使创业者提供最优的努力。二是 VC 扮演了扶助企业发展的角色。在高收益状态下，VC 获得企业的剩余收益将诱使 VC 提供给企业最优的管理辅助活动。对比单边道德风险的情形(Innes，1990；郭文新和曾勇，2007)，投资者仅向企业提供资金支持，最优的合约是投资者持有债券。本节也提出了解决双边道德风险模型问题的新思路，不同于 Holmström (1982) 针对每个价值创造者设计业绩指标，也不同于 Schmidt (2003) 等要求委托人可以观察代理人的行动，这对代理理论也有贡献。

本节除符合 Kaplan 和 Strömberg (2004) 的实证研究结论外，还对现实具有如下三个方面的指导意义，可供进一步的实证和案例研究。第一，如果创业者与风险投资家之间、创业团队成员之间的努力相互互补，则股权性质的合约是稳定的合约结构；如果各方的努力相互替代，则难以获得最优激励效果的合约。第二，如果企业更需要 VC 付出较大的努力($\gamma \geqslant 1$，但 γ_i 随利润递增的幅度不大)，并且创业者努力的经济价值不高(虽然 $\mu > \eta$，但大于的程度不大，甚至有 $\mu \leqslant \eta$)，那么创业者获得股权所要求的业绩点更高，这意味着创业者的报酬对业绩的敏感度更高。第三，创业者的股权依赖于其外部机会所得收益，如果创业者有更好的外部机会，则创业者获得的股权份额更高，Inderst 和 Müller (2004) 应用创业者与 VC 的讨价还价模型也得到了这个结论。该结论符合 Gompers (1998)、Gompers 和 Lerner (2000) 的实证发现，风险资本市场的资本供给与 VC 购买的股权价格具有正的关联性，如果资本供应较多，则创业者的外部机会大，VC 之间相互竞争获得投资机会，如此抬高了股权价格而使得 VC 的权益减少。

需要指出的是，现实中有关项目盈利的信息随时间而逐步揭示，因而 VC 往往采取阶段性注入资本(阶段融资)的策略。但在每个阶段中，VC 和创业者同样会遇到双边道德风险问题，模型略去了更为复杂的信息因素，而采取了完全合约的分析框架，这一处理方法与 Casamatta (2003)、Repullo 和 Suarez (2004)、Inderst 和 Müller (2004) 一致。另外，选择证券不仅仅受到激励问题的影响，还可能涉及在阶段融资进程中 VC 如何更好地进行融资安排与控制企业风险、VC 如何管理退出企业等一系列问题。

3.3　双边道德风险和创业者风险规避情况下的企业资本结构

3.3.1　引言

在委托代理框架下，已有理论文献就风险投资中存在的双边道德风险问题进行了讨论。例如，Schmidt(2003)的模型假定双方的努力在事前的合约中都无法明确规定。当自然状况明确显现后，创业者和VC投入努力。其研究结论是债务契约和股权契约均不能在项目处于中间状态时保证双方投入足够的努力，只有选定适当转换比例的可转换证券，才能达到最佳状态。可转换证券能解决创业者和VC之间的双边道德风险问题，融资模型可以达到最优解。然而Schmidt(2003)的模型基于以下一些假设：首先，为引导VC与创业者付出最优的努力水平，必须让创业者在转换后能够拥有公司的全部股权；其次，创业者先投入努力而后VC投入努力，此时VC能观察到创业者的努力，并以此来决定自己的努力投入水平；再次，模型中将自然状态和VC的努力均设定为高、中、低三个离散的水平；最后，模型设计中合约的双方都是风险中性的。这些假设与实际情况相去甚远。

又如，Casamatta(2003)也构建VC和创业者的双边道德风险模型。模型的前提假设是VC和创业者同时都拥有足够的财富支持创业企业的运作，而使得VC在创业企业中的非金融努力显得更加重要。但模型的另一个假设却似乎与之矛盾，即设定双方的共同努力的组合表达了双方努力的替代关系，一方可能通过加大努力投入来弥补另一方的不努力(或者努力不足)。这两个假设没有表达创业者因财富约束而亟须外部投资的现实，也不符合风险投资中创业者和VC投入努力互补的特点。在这样的模型设定下，Casamatta(2003)得到的最优融资结构如下：在项目投资低于某一特定值时，VC持有普通股而创业者持有优先股，这一结论并不符合风险投资中VC广泛持有可转换证券为融资工具的现实。

此外，Repullo和Suarez(2004)通过考察一个两阶段(初期和扩展期)的融资模型研究了如何设计最优风险投资合约的问题。模型设定投融资双方均为风险中性，以及企业的产出只有0、1两个状态，进入扩展期后企业才有正的现金流。由于在扩展期企业的收益可知但无法证实，因此无法将收益分配写于事前的合约中。同时，他们假定VC的努力只有在项目的扩展期才有企业增值作用。于是，在第二阶段，合约面临双边道德风险的问题。该模型得到的最优融资合约是，扩展期如果项目收益低，投资者(包括VC和其他外部投资人)不能获得分配收益；如果利润率高，则投资者得到固定比例的企业股份。这与实际中运用的可转换证券融资的分配结构有较大出入。

以上的研究，或者是基于与实际不符的假设，或者难以由理论模型自身直接推导出可行的融资工具结构。这主要是由于优化模型的复杂性使直接推导很难得到最优资本结构的解析形式。而一旦放宽相应的假设，由模型所得到的最优资本结构往往是非线性的。与试图直接推导最优资本结构的解析解不同，在创业者风险规避且存在单边道德风险的情况下，Robe(1999)外生地限定融资结构为现实中使用的融资工具，计算其融资效果，进而验证采用此种融资工具的合理性。本节将借鉴Robe(1999)的研究思路，在外生给定融资结构为三段线性结构、一般可转换优先股和参与型可转换优先股的情况下，构建双边道德风险下的融资模型并对模型进行数值求解。

3.3.2　模型设定

考察如图 3-3 所示的风险投资融资过程。在时刻 1，创业者掌握具有高度创新性并有良好的市场前景的项目，需要投入资金 I。但由于创业者没有资金，于是向风险投资市场融资。通常情况下，创业者预期良好的项目在风险投资市场上受到追捧，多家风险投资基金竞争希望投资于该项目，此时，创业者将在融资谈判中占得优势，而使 VC 投资成本增高，或者要求合约中针对创业者的约束条款减少(Gompers，1998)。为此，不妨假设创业者在与 VC 的谈判中占有完全讨价还价能力。谈判中创业者提出一个合约，规定双方对风险项目随机产出的分配情况。VC 愿意接受合约，并对创业企业投入资金 I。另外，假设创业者是风险规避的，而 VC 由于投资于众多创业企业而分散了投资风险，因此设定为风险中性。

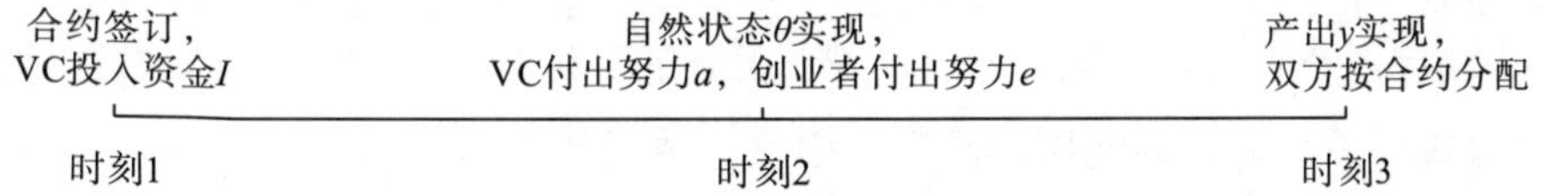

图 3-3　风险投资合约过程图示

合约签订后的时刻 2，市场前景、产品生产状况、行业波动等影响创业企业产出 y 的各种不确定状态(归结为自然状态 θ)纷纷显现出来，并为投融资双方观察到。假设创业者和 VC 对自然状态的认识是一致并且准确的，那么双方将针对事前签订的合约以及自然状态的情况，选择各自所付出的努力水平。在创业企业的经营过程中 VC 不仅向企业提供资金，也提供促使企业增值的非金融努力，将这一努力记为 a，相应的努力成本为 $W(a)$；同时创业者在技术研发和企业经营中的投入努力记为 e，并承担努力成本 $V(e)$，假设双方努力的成本函数均为单调递增凸函数，设定为

$$W(a)=\frac{a^m}{A} \tag{3-66}$$

$$V(e)=\frac{e^n}{B} \tag{3-67}$$

其中，n，$m>1$ 且 A，$B>0$。

创业者和 VC 的努力共同促进了创业企业的发展，双方努力之间存在互补的关系。一方面，由于在风险投资中，创业者往往不具备良好的企业经营能力，而 VC 也不掌握新技术或新产品的研发专业技能，这使得双方的努力无法相互替代。另一方面，新产品的研发和专业的商业运作又是创业企业的存活和发展所必需的。因此，将努力之间的关系设定为

$$S(a,e)=e^{\delta}a^{(1-\delta)} \tag{3-68}$$

式(3-68)表明在创业企业的经营中，创业者和 VC 的努力对企业增值形成合力，各自的努力都促使共同努力增加。而当一方不努力时(e 或者 a 为零)，无法通过增加另外一方的努力来弥补。这样的设定可以较好地反映风险投资中 VC 和创业者努力的互补关系。其中 $0<\delta<1$ 为创业者努力的边际贡献率，表示创业者努力在企业增值中的相对贡献大小。

在时刻 3，创业企业在双方的共同努力下有产出 y，并全部用于在投融资双方之间分

配。假设企业的产出 y 受到双方共同努力 $S(a,e)$ 和自然状态 θ 的影响，并在事后可以被双方观察到。用 $f(y|\theta,a,e)$ 表示在给定双方努力和自然状况下企业随机产出 y 的分布密度函数，设定为伽马分布函数：

$$f(y|a,e,\theta)=\frac{y^{\tau-1}e^{\frac{-y\tau}{\theta S(e,a)}}}{\left[\frac{\theta S(e,a)}{\tau}\right]^{\tau}(\tau-1)!} \tag{3-69}$$

其中，不失一般地，取 $\tau=2$。

采用伽马分布密度函数，符合企业产出 y 大于 0 分布的特点，而从伽马分布式(3-69)求得随机产出 y 的期望值为 $E(y)=\theta S(e,a)$，也表达了投融资双方共同努力以及自然状态与企业的预期收益成正比的关系。

投融资双方依据合约给定的分配结构分享企业收益。由于创业者的收益依赖于企业产出 y，于是设定创业者的分配为 $t(y)$，而 VC 得到的分配为剩余的 $y-t(y)$。设定风险规避的创业者的效用函数为单调递增凹函数，用负指数函数表示为

$$u(t)=-e^{-\gamma t} \tag{3-70}$$

其中，γ 表示创业者的绝对风险规避系数，而风险中性的 VC 因收益分配而得到的效用即为其所得分配 $y-t(y)$。

3.3.3　合约设计

1. 完美信息下的情况

作为比较的基准，首先考察在完美信息世界中的情况。由于合约双方的努力水平可以相互观察到，在确保 VC 参与的条件下，创业者可以设计一个合约强制 VC 努力，以便最大化自己的效用。

根据创业者风险规避而 VC 风险中性的假设，此时最优的风险分担是，风险规避的创业者获得固定的分配 t，而不承担企业经营风险；风险中性的 VC 获得剩余的分配 $y-t$，承担所有风险。最优的合约为

$$\max_{a,e,t}\left[\int_0^{\infty}u(t)f(y,a,e)\mathrm{d}y-V(e)\right] \tag{3-71}$$

$$\text{s.t.}\ \int_0^{\infty}(y-t)f(y,a,e)\mathrm{d}y-W(a)-I=c \tag{3-71a}$$

式(3-71)表示，由于努力可以观察，因此创业者能够通过事前设计合约规定双方努力水平以及分配结构，使得自己的预期效用最大化；式(3-71a)为 VC 的参与约束，表明由于创业者具有完全的讨价还价能力，要保证 VC 参与投资，只需使其预期收益大于投资的机会成本 c，这被称为 VC 的盈亏平衡(break-even)条件。不失一般性，设 c=0。根据经典的委托代理理论，在完美信息情况下，最优合约将使双方达到最优的努力水平，以实现共同效用的最大化。

2. 双边道德风险下的情况

在信息不对称的情况下，投融资双方无法观察对方的努力，当企业事后业绩中无法分

离出各自的贡献时，投融资双方均会有“搭便车”的愿望：自己不付出足够的努力而希望通过他人的努力坐享其成，企业业绩差，也可以归咎于对方投入的努力不够。

因此，在双边道德风险情况下，不仅要考虑对创业者研发、经营努力的激励，同时还要激励 VC 对企业的非金融努力投入。合约的设计同样还要保证 VC 愿意参与投资，并且满足各自的收益水平大于等于零，即

$$\max_{t(y)}\left[\int_0^\infty u(t(y))f(y|a,e,\theta)\mathrm{d}y - V(e)\right] \tag{3-72}$$

$$\text{s.t.}\quad a = \arg\max_a \int_0^\infty (y-t(y))f(y|a,e,\theta)\mathrm{d}y - W(a) - I \tag{3-72a}$$

$$e = \arg\max_e \int_0^\infty u(t(y))f(y|a,e,\theta)\mathrm{d}y - V(e) \tag{3-72b}$$

$$\int_0^\infty (y-t(y))f(y|a,e,\theta)\mathrm{d}y - W(a) - I = 0 \tag{3-72c}$$

$$0 \leqslant t(y) \leqslant y \tag{3-72d}$$

式(3-72)表示创业者作为合约的订立者，将事前选择自己的分配形式$t(y)$，最大化自己的期望效用；式(3-72a)为对 VC 的激励相容约束：在合约框架下，VC 为使自己的期望效用最大将选择努力水平 a；式(3-72b)为对创业者的激励相容约束：创业者选择努力水平 e，在该努力下其期望效用最大；式(3-72c)为 VC 的参与约束：VC 的期望效用等于参与投资的机会成本；式(3-72d)为有限责任约束，对创业者的支付 $t(y)$ 以及 VC 的支付 $y-t(y)$ 均大于等于零。

可以验证，由式(3-69)给定的分布密度函数与式(3-70)给定的创业者的负指数效用函数形式，满足 Jewitt(1988)放宽的一阶替换条件(见附录 3-1)。用一阶替换方法简化前面的激励相容约束式，即用式(3-72a)对 VC 努力程度 a 的一阶偏导等于零

$$\int_0^\infty (y-t(y))f_a(y|a,e,\theta)\mathrm{d}y - W_a(a) = 0 \tag{3-72 a$'$}$$

替换式(3-72a)。同样用式(3-72b)对创业者努力程度 e 的一阶偏导等于零

$$\int_0^\infty u(t(y))f_e(y|a,e,\theta)\mathrm{d}y - V_e(e) = 0 \tag{3-72 b$'$}$$

替换式(3-72b)。

运用等周变分方法，确定在规划问题(3-72)中最优的融资结构如下(见附录 3-2)：

$$t^*(y) = \frac{1}{\gamma}\ln\left\{-\frac{a\gamma\left[2a^\delta\lambda_2 y\delta + ae^{(1+\delta)}\theta - 2\lambda_2 ae^\delta\delta\theta\right]}{e\left[2a^\delta\lambda_3(\delta-1)y - a^2e^\delta\lambda_1\theta + 2ae^\delta\lambda_3\theta - 2ae^\delta\lambda_3\delta\theta\right]}\right\} \tag{3-73}$$

当式(3-73)中其他参数给定时，创业者的收益结构取决于拉格朗日算子(λ_1、λ_2、λ_3)。令式(3-72)中$t(y)=t^*(y)$，得到以下优化问题：

$$\max_{\lambda_1,\lambda_2,\lambda_3}\left[\int_0^\infty u(t(y))f(y|a,e,\theta)\mathrm{d}y - V(e)\right] \tag{3-74}$$

约束条件见式(3-72 a$'$)、式(3-72 b$'$)、式(3-72c)、式(3-72d)。

综上，在信息不对称的情况下，努力因无法被观察而不能记入合约条款中，分配方案只能依据双方能够观察的信号(企业产出 y)来进行设计。然而，这一产出信号既不能分离出创业者和 VC 各自努力的贡献水平 e 和 a，也因为不确定性 θ 影响而成为双方各自努力

的非完备统计量。这必然导致高额的代理成本而使得双方的效用水平受到影响。在信息不对称程度没有改善的情况下，这一委托代理问题无法缓解。因此，通过求解优化问题(3-72)得到次于帕累托最优的结果，即得到二级最优的合约结构，以及次优的努力水平。

3. 给定三段线性融资结构

由$t^*(y)$的表达式(3-73)可知，在双边道德风险情况下，风险规避的创业者的最优收益结构为一非线性结构。然而，在实际的融资过程中采用的金融工具可分解为债权、股权和各种权证及其组合形式，这些工具都具有线性或分段线性的特征。而实际中也没有如式(3-73)的非线性结构的融资工具可供利用。为此，将在优化问题(3-72)中外生地给定融资结构，通过计算分析其融资效果。

将实际中使用的金融工具抽象为三段线性结构：

$$t_L(y)=\begin{cases}t_1(y)=\alpha_1 y, & y\in[0,X_1)\\ t_2(y)=\alpha_1X_1+\alpha_2(y-X_1), & y\in[X_1,X_2)\\ t_3(y)=\alpha_1X_1+\alpha_2(X_2-X_1)+\alpha_3(y-X_2), & y\in[X_2,\infty)\end{cases} \tag{3-75}$$

其中，$X_j(j=1,2)$为分段点；$\alpha_i(i=1,2,3)$为三段直线的斜率，参考 Innes(1990)的假设，引入单调非减条件：$0\leqslant\alpha_i\leqslant1$[①]。

将$t_L(y)$代入问题(3-74)中，同样用一阶替换方法简化双方的激励相容约束，得到给定融资结构为$t_L(y)$时的风险投资融资模型：

$$\begin{aligned}\max_{\alpha_i,X_j}\Big[&\int_0^{X_1}u(t_1(y))f(y|a,e,\theta)\mathrm{d}y+\int_{X_1}^{X_2}u(t_2(y))f(y|a,e,\theta)\mathrm{d}y\\&+\int_{X_2}^{\infty}u(t_3(y))f(y|a,e,\theta)-V(e)\Big],\quad i=1,2,3;\ j=1,2\end{aligned} \tag{3-76}$$

$$\begin{aligned}&\int_0^{X_1}(y-t_1(y))f_a(y|a,e,\theta)\mathrm{d}y+\int_{X_1}^{X_2}(y-t_2(y))f_a(y|a,e,\theta)\mathrm{d}y\\&+\int_{X_2}^{\infty}(y-t_3(y))f_a(y|a,e,\theta)\mathrm{d}y-W_a(a)=0\end{aligned} \tag{3-76a}$$

$$\begin{aligned}&\int_0^{X_1}u(t_1(y))f_e(y|a,e,\theta)\mathrm{d}y+\int_{X_1}^{X_2}u(t_2(y))f_e(y|a,e,\theta)\mathrm{d}y\\&+\int_{X_2}^{\infty}u(t_3(y))f_e(y|a,e,\theta)-V_e(e)=0\end{aligned} \tag{3-76b}$$

$$\begin{aligned}&\int_0^{X_1}(y-t_1(y))f(y|a,e,\theta)\mathrm{d}y+\int_{X_1}^{X_2}(y-t_2(y))f(y|a,e,\theta)\mathrm{d}y\\&+\int_{X_2}^{\infty}(y-t_3(y))f(y|a,e,\theta)\mathrm{d}y-W(a)-I=0\end{aligned} \tag{3-76c}$$

$$0\leqslant t(y)\leqslant y \tag{3-76d}$$

$$0\leqslant\alpha_i\leqslant1 \tag{3-76e}$$

式(3-76)表示创业者选择合约形式$t_L(y)$，以期最大化自己的期望效用；式(3-76a)为对 VC 激励约束的一阶方法替换式；式(3-76b)为对创业者激励约束的一阶方法替换式；

①为防止代理人的蓄意破坏活动，以及通过对私下对外借贷将企业利润做低的行为，应保证其收益对于企业产出非减。设定$0\leqslant\alpha_i\leqslant1$，则创业者和 VC 的收益均对于$y$单调非减。

式(3-76c)为 VC 的参与约束；式(3-76d)为有限责任约束，式(3-76e)为单调性条件。

相对于优化问题(3-74)，优化问题(3-76)外生地限定了融资工具的结构，用于验证双边道德风险下该金融工具的融资效果。当限定创业者的分配结构为三段线性 $t_L(y)$ 时，减小了优化问题中融资结构的可行函数域，因而无法得到问题(3-74)中次优的结果。通过比较优化问题(3-76)和优化问题(3-74)之间的差距，可以检验外生给定的融资结构的融资效果。差距越小则说明外生给定的融资结构能够越好地接近双边道德风险下的最优融资效果。

3.3.4　模型数值求解

采用数值方法求解上述模型前，对模型设定中的参数进行赋值：①考虑到创业者作为主要经营者以及技术的掌握者，设定其努力对创业企业增值的贡献高于 VC。在式(3-68)中取创业者的边际贡献率 $\delta>0.5$，设取值范围为[0.6,0.9]；②不失一般性，将创业者效用函数(3-70)中的绝对风险规避系数 γ 设定为 0.5；③用附录中的方法选定双边道德风险情况下双方最优的努力水平为 $(a',e')=(3.4,1.4)$（见附录 3-3）；④设 VC 对企业的初期投资等于双方的共同努力 $I=C(a',e')=a'^{(1-\delta)}e'^{\delta}$，则企业的预期产出为 $E(y)=\theta I$。自然状态 θ 可视为项目的单期投资预期增长率。由于该企业发展前景良好，计算中设定 θ 的取值范围为[1.4,2.0][①]；⑤为确保各约束有效，选定双方成本函数 $U(e)$、$W(a)$ 中各参数值为 A=30，B=50，m=1.8，n=1.8；参数取值见表 3-2。

表 3-2　参数取值

参数	标示	取值
创业者的努力水平	e'	1.4
VC 的努力水平	a'	3.4
创业者绝对风险规避系数	γ	0.5
自然状态	θ	[1.4,2.0]
创业者边际贡献	δ	[0.6,0.9]
VC 努力负效应函数系数	n	1.8
	A	30
创业者努力负效应函数系数	b	1.8
	B	50

$t_L(y)$ 表达式(3-75)的各个自由度可以通过求解问题(3-76)来进行优化设计。通过求解优化问题(3-76)发现，在参数 θ(自然状态)和 δ(创业者努力的边际贡献率)取不同值时，优化所得的创业者分段线性收益结构 $t_L(y)$ 以不同的形式出现，部分数据列举见表 3-3。

①美国全国风险投资协会(NVCA)2001 年 10 月 22 日的报告中指出，由于网络经济繁荣，1998～2001 年的美国风险投资平均收益率达到 54.5%，由于本章考虑企业经营潜在收益能力好的情况，于是设定 θ 的范围为[1.4,2.0]。

表 3-3　三段线形融资结构优化部分结果

θ	δ	X_1	X_2	α_1	α_2	α_3
1.5	0.6	1.2600	1.9921	0.0707	0.2662	0.1764
1.5	0.7	4.2600	4.7603	0.0788	0.4264	0.1805
1.5	0.8	1.9800	2.7295	0.0846	0.3262	0.4267
1.5	0.9	1.9500	2.3200	0.0307	0.3054	0.0934
1.6	0.6	1.9500	2.5963	0.0001	0.7260	0.1020
1.6	0.7	2.1800	2.9448	0.1043	0.8467	0.1913
1.6	0.8	2.3600	3.1356	0.0154	0.9193	0.3366
1.6	0.9	2.2210	2.8510	0.0187	0.4124	0.2848
1.7	0.6	2.0400	2.2073	0.2735	0.7462	0.1295
1.7	0.7	1.6500	2.3410	0.0783	0.4959	0.2658
1.7	0.8	2.0200	2.6500	0.0317	0.4395	0.1728
1.7	0.9	1.8800	2.0307	0.1085	0.6017	0.1796
1.8	0.6	2.3468	2.8766	0.0020	0.9824	0.3253
1.8	0.7	1.2500	2.3372	0.1620	0.1740	0.1590
1.8	0.8	2.6800	3.0865	0.0927	0.5495	0.3408
2	0.6	3.2000	3.7521	0.0358	0.3529	0.2932
2	0.7	4.0410	4.6917	0.0243	0.8148	0.3932
2	0.8	3.7540	6.1250	0.1660	0.6200	0.3825
2	0.9	3.2400	3.3629	0.1425	0.0394	0.4950

下面，将表 3-3 中记录的各个 $t_L(y)$ 的结构，按照折线各段斜率间关系的不同进行分类，并分析各种类型的 $t_L(y)$ 与实际融资工具间可能的对应关系。①$\alpha_1 \approx \alpha_2 \approx \alpha_3$ 的情况。如表 3-3 中取 θ=1.8，δ=0.7 时，最优的创业者收益结构 $t_L(y)$ 如图 3-4(a)所示。此时，创业者的收益与企业的产出 y 呈近似的固定比例，可以视为创业者与 VC 按比例持有企业普通股的融资结构。②$\alpha_1<\alpha_2<\alpha_3$ 的情况。如表 3-3 中取 θ=1.5，δ=0.8 时，最优创业者收益结构 $t_L(y)$ 如图 3-4(b)所示。此时，当企业产出超过某值时，创业者收益占总产出 y 的比例分步增加，可以看作创业者持股比例随企业业绩(产出)的增加，而分步地增加。③$\alpha_1 \approx 0$，$\alpha_1<\alpha_2$ 且 $\alpha_3<\alpha_2$ 的情况。如表 3-3 中取 θ=1.5，δ=0.9 时，最优创业者收益结构 $t_L(y)$ 如图 3-4(c)所示。而当 $\alpha_1 \approx 0$ 且 $\alpha_2 \approx 1$ 时，如表 3-3 中取 θ=1.8，δ=0.6 时，创业者收益结构 $t_L(y)$ 如图 3-4(d)所示。此时可认为 VC 持有可转换优先股或可转债而创业者持有部分股权的融资模式。

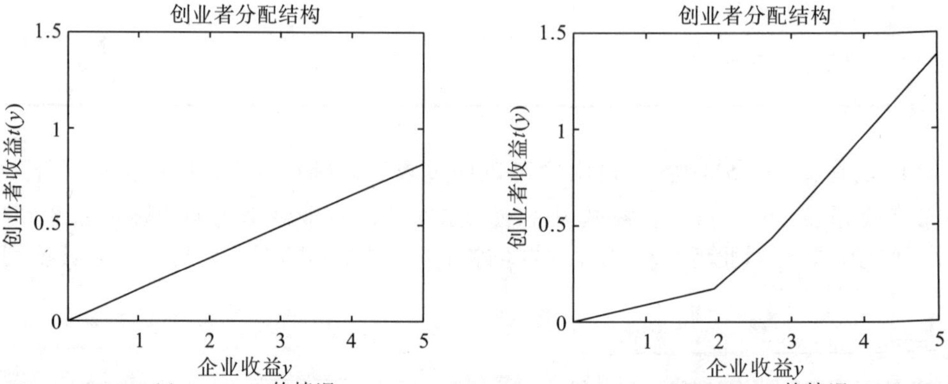

(a)$\alpha_1 \approx \alpha_2 \approx \alpha_3$的情况　　(b)$\alpha_1 < \alpha_2 < \alpha_3$的情况

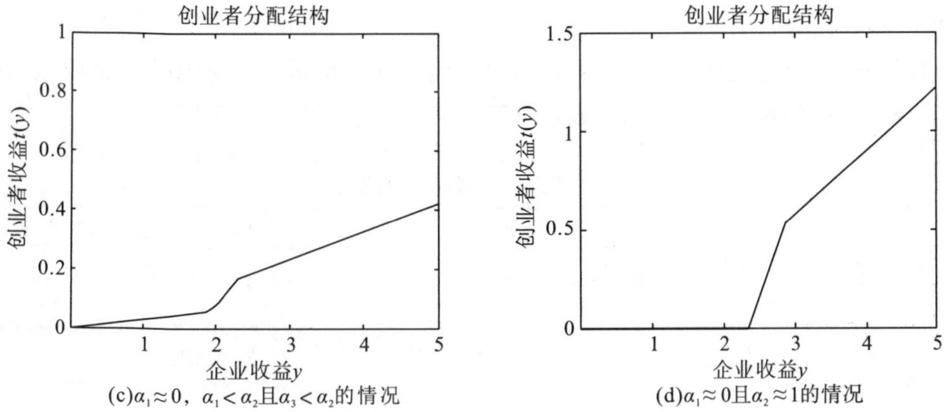

图 3-4　最优三段线性结构分类

在表 3-3 中的数据中，上述分类中的第三种情况占到了大多数(80%以上)。这种结构说明了这样一种激励方式：当企业业绩(产出)较低时($0 \leqslant y < X_1$)，对创业者的激励力度是很低的(折线左起第一段的斜率 α_1 较小)，而当企业产出增加到$(X_1,X_2]$阶段时，对创业者的激励力度加大(折线中段的斜率 α_2 较大)，这使得创业者有意愿努力地使企业摆脱业绩差的状况，也使自己摆脱收益水平低的状况。而当企业业绩更好时($X_2 \leqslant y$)，创业者收益结构折线的斜率 α_3 比 α_2 小。相应地，此时 VC 的收益比例增加，使得 VC 有意愿投入努力促进企业向更好的业绩状况发展。因此，求解优化问题(3-76)得出的最优三段折线分配结构，大部分体现了一种在创业者和 VC 矛盾的利益分配中寻求平衡，同时又促进其共同努力推动企业增值的激励效果。这一结果与 VC 持有可转换证券时所带来的激励效果不谋而合。

在 Kaplan 和 Strömberg(2004)的实证研究中，大部分风险投资合约采用了 VC 单纯地持有可转换优先股，创业者按业绩持有股票的资本结构。但同时研究样本中也包含使用其他各种融资工具的情况，如普通股、零息可转换债券、可转换债券与普通股组合、可转换优先股与普通零息债券组合、可转换优先股与普通股组合、直接优先股与普通股组合、多层偿还权普通股等。而表 3-3 中 $t_L(y)$ 结构的多样性，在一定程度上说明了可以采用多样化的融资结构来减少由双边道德风险带来的委托代理问题。

上述分析表明，最优的三段线性融资结构中较为集中地出现类似于“VC 持有可转换证券”的情况。下面结合实际风险投资的情况，将一般可转换优先股①和参与型可转换优先股的融资结构带入优化问题(3-76)，通过测度创业者效用水平来进一步验证给定融资工具的融资效果②。

VC 通过购买创业企业发行的可转换优先股向企业投入资金时，在融资合约中规定 VC 的持股比例。相应地，创业者虽然不投入资金，但可以获得一定比例的“甜蜜股份”(sweet equity)，如技术参股等。另外，合约中也将对自动转换条件、清算条件与清算价值、

①为了以示区别，将未包含参与权的可转换优先股称为“一般可转换优先股”。
②在模型的假设中，设定创业者在融资合约谈判中占有完全的讨价还价能力。因此，在合约建立时 VC 所能获得预期收益等于其外部机会成本 0。此时，创业者的效用水平可以视为双方总的效用。

优先股红利等内容做出规定。

VC 持有一般可转换优先股和参与型可转换优先股两种融资工具情况下的收益情况见表 3-4（乔希·勒纳和费尔达·哈迪蒙，2002）。

表 3-4　事后 VC 的收益

企业事后收益	VC 持有一般可转换优先股	VC 持有参与型可转换优先股
等于或者小于优先股的面值+优先股累计未付红利	所有收益归 VC 所有	所有收益归 VC 所有
高于优先股面值+优先股累计未付红利，低于转换条件（公开发行或者达到自动转换条件）	（卖出或清算企业）投资者收益为优先股面值+累计未付红利	优先股面值+优先股累计未付红利+（企业收益-优先股面值-优先股累计未付红利）×VC 持有普通股的比例
转换实现（公开发行或者达到自动转换条件）	按照转换后 VC 持有的普通股相应比例分配（累计未付红利部分由转换后股票支付）	按照转换后 VC 持有的普通股的相应比例分配（累计未付红利部分由转换后股票支付）

1. VC 持有一般可转换优先股时的收益结构

如图 3-5 所示，当 VC 持有一般可转换优先股时，若企业在投资期末的（事后）收益未达到“优先股面值+优先股累计未付红利”，则 VC 将清算企业，企业全部收益归 VC 所有。若企业收益高于“股票面值+优先股累计未付红利”，但并未达到转换条件（公开发行或者达到自动转换条件），则 VC 出售企业获得“优先股本金+优先股累计未付红利”，创业者获得企业出售价格的剩余部分。若企业收益达到转换条件，则优先股转换为普通股，VC 和创业者持有相应比例的企业股票。

VC 持有一般可转换优先股时的收益结构可以用一个三段线性结构表示，如图 3-5（a）所示。其中，X_1 为“优先股面值+优先股累计未付红利”，X_2 为转换时企业的收益。

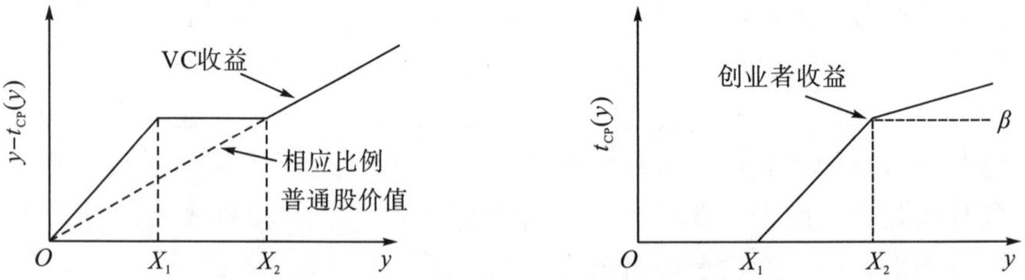

(a)VC的收益结构　　(b)创业者的收益结构

图 3-5　VC 持有一般可转换优先股时的分配结构

相应地，创业者的收益结构可由图 3-5（b）表示。为此，令 $t_L(y)$ 中参数 $\alpha_1=0$，$\alpha_2=1$，$\alpha_3=\beta$，则可得到在 VC 持有一般可转换优先股的情况下创业者的分配结构，用 $t_{CP}(y)$ 表示。

$$t_{CP}(y)=\begin{cases}t_1(y)=0, & y\in[0,X_1)\\ t_2(y)=y-X_1, & y\in[X_1,X_2)\\ t_3(y)=X_2(1-\beta)-X_1+\beta y, & y\in[X_2,\infty)\end{cases} \tag{3-77}$$

2. VC 持有参与型可转换优先股时的收益结构

参与型可转换优先股增加了在公司出售或者清偿时，其持有者有权获得面值补偿并且可参与普通股权这一特征。当 VC 持有参与型可转换优先股时，若企业在投资期末的(事后)收益未达到“优先股面值+优先股累计未付红利”，则 VC 将清算企业，优先清偿权使企业全部收益归 VC 所有。若企业收益高于“优先股面值+优先股累计未付红利”，但并未达到转换条件(公开发行或者达到自动转换条件)，则 VC 将出售企业赎回“优先股面值+优先股累计未付红利”，并且企业出售价格高于“优先股本金+优先股未付红利”的部分，VC 和创业者将按照相应的持股比例分配，即 VC 将获得的部分为优先股面值+优先股累计未付红利+(出售价格-优先股面值-优先股累计未付红利)×VC 持股比例，而创业者获得的部分为(出售价格-优先股面值-优先股累计未付红利)×创业者持股比例。若企业收益达到转换条件，则优先股转换为普通股，VC 和创业者持有相应比例的企业股票。此时，VC 获得的分配结构如图 3-6(a)所示。其中，X_1 为“优先股面值+优先股累计未付红利”，X_2 为转换时企业的收益。

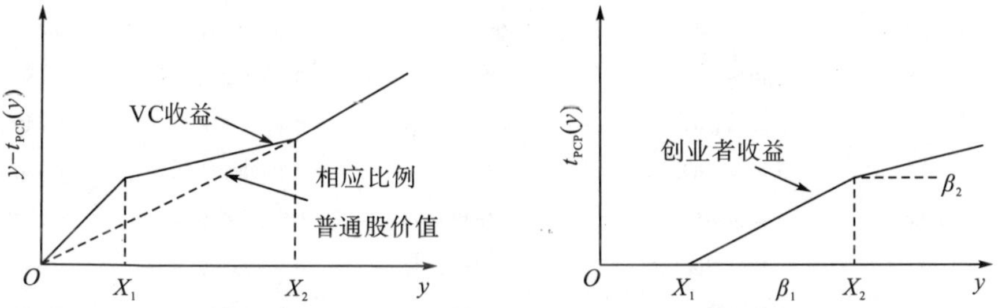

(a)VC的收益结构　　(b)创业者的收益结构

图 3-6　VC 持有参与型可转换优先股的分配结构

相应地，创业者的收益结构可由图 3-6(b)表示。令 $t_L(y)$ 中 $\alpha_1=0$，$\alpha_2=\beta_1$，$\alpha_3=\beta_2$，则得到在 VC 持有参与型可转换优先股的情况下创业者的分配结构，用 $t_{PCP}(y)$ 表示。

$$t_{PCP}(y)=\begin{cases}t_1(y)=0, & y\in[0,X_1)\\ t_2(y)=\beta_1(y-X_1), & y\in[X_1,X_2)\\ t_3(y)=\beta_1(X_2-X_1)+\beta_2(y-X_2), & y\in[X_2,\infty)\end{cases} \tag{3-78}$$

将 $t_{CP}(y)$ 引入规划问题(3-76)，得到采用一般可转换优先股作为融资工具的风险投资优化问题。同样的将 $t_{PCP}(y)$ 引入规划问题(3-76)，得到采用参与型可转换优先股融资的风险投资优化问题。

用创业者效用水平作为衡量各类金融工具融资效果的标准。首先，求解优化问题(3-70)，求得在信息对称情况下，风险规避的创业者获得的固定收益水平 t。其次，求解优化问题(3-74)，求得在双边道德风险下，使用不限定融资工具时创业者的最大效用水平。再次，分别求解在限定融资工具为一般可转换优先股和参与型可转换优先股情况时，创业者的最大效用水平。将以上各种情况下的效用水平均用创业者的确定性等价①给出。最优创业者确定性等价数值结果见表 3-5。

①风险规避的创业者的预期效用水平，可以通过直接支付某确定性等价而达到。

表 3-5　最优创业者确定性等价数值结果①

θ	δ	CEC1	CEC2	CEC3	CEC4
1.4	0.7	0.16317461	0.06606526	0.06004078	0.06018455
1.5	0.7	0.28372303	0.20889681	0.18091602	0.18105118
1.5	0.8	0.23020421	0.15542909	0.13768923	0.13797308
1.5	0.9	0.18432834	0.07654753	0.07422816	0.07423301
1.6	0.6	0.46481996	0.29660423	0.24663985	0.24700294
1.6	0.7	0.42334036	0.23793310	0.20633872	0.20662577
1.6	0.8	0.34953700	0.20325469	0.19072908	0.19088430
1.6	0.9	0.28681713	0.14323128	0.12927655	0.12928977
1.7	0.6	0.70021051	0.41527490	0.41174205	0.41242051
1.7	0.7	0.58356588	0.35299185	0.29130633	0.29893488
1.7	0.8	0.48567434	0.26051851	0.20696891	0.22129767
1.7	0.9	0.40265190	0.20375220	0.18021297	0.18042980
1.8	0.6	0.91968307	0.50649703	0.44365518	0.44597920
1.8	0.7	0.76724969	0.44055215	0.38608182	0.38611269
1.8	0.8	0.64007754	0.33816380	0.27866665	0.27957269
2	0.6	1.45872306	0.59027526	0.54256590	0.54531870
2	0.7	1.21257289	0.53547191	0.53226794	0.53318505
2	0.8	1.01009530	0.50732372	0.45574910	0.45705165

表 3-5 中，CEC1、CEC2、CEC3 和 CEC4 分别表示在①first-best、②second-best、③双边道德风险下限定使用一般可转换优先股以及④双边道德风险下限定使用可转换优先股融资四种情况下，创业者获得的最优确定性等价收益。

观察表 3-5 中的数据可知，在创业者努力边际贡献 δ 相同的情况下，确定性等价随企业的自然状态 θ 的增加而增加。由于努力水平是一定的，表明创业者的效用随项目预期收益的增加而增加，与现实情况相符。将表 3-5 中的数据做进一步比较分析，数值计算结果分析见表 3-6。

表 3-6 表头说明如下：①第三列，(CEC1−CEC2) / CEC1 为双边道德风险造成的创业者效用损失比率；②第四列，(CEC2−CEC3) / CEC1 为在双边道德风险情况下，限定融资工具为一般可转换优先股时，创业者效用的进一步损失比率；③第五列，(CEC2−CEC4) / CEC1 为在双边道德风险情况下，限定融资工具为参与型可转换优先股时，创业者效用的进一步损失比率。

从表 3-6 可以看出，第三列的数据大多数在 40%以上，最高达到 59.5%，而最低的情况也达到 26.3%，说明双边道德风险所带来的代理成本使得创业者效用水平严重损失。

①在计算中数据中有个别值为负，这可能是由于模型参数设定、计算精度等原因导致的异常值。模型及计算方法有待进一步改进。在表 3-4 中并未录入这些数据，后面的分析中，这些异常值也不纳入考虑。

表 3-6　数值计算结果分析

θ	δ	(CEC1−CEC2) / CEC1	(CEC2−CEC3) / CEC1	(CEC2−CEC4) / CEC1
1.4	0.7	0.595125369	0.036920450	0.036039369
1.5	0.7	0.263729807	0.098620087	0.098143707
1.5	0.8	0.324820819	0.077061406	0.075828370
1.5	0.9	0.584721861	0.012582818	0.012556507
1.6	0.6	0.361894377	0.107491899	0.106710757
1.6	0.7	0.437962636	0.074631155	0.073953095
1.6	0.8	0.418503077	0.035834862	0.035390788
1.6	0.9	0.500618112	0.048653754	0.048607662
1.7	0.6	0.406928496	0.005045411	0.004076474
1.7	0.7	0.395112254	0.105704466	0.092632163
1.7	0.8	0.463594247	0.110258244	0.080755430
1.7	0.9	0.493974324	0.058460497	0.057921992
1.8	0.6	0.449270030	0.068329898	0.065802918
1.8	0.7	0.425803417	0.070994268	0.070954033
1.8	0.8	0.471683071	0.092953035	0.091537519
2	0.6	0.595347961	0.032706249	0.030819119
2	0.7	0.558400229	0.002642291	0.001885957
2	0.8	0.497746678	0.051059162	0.049769631

当 θ=2，δ=0.7 时，一般可转换优先股和参与型可转换优先股融资效果均较好。此时由双边道德风险存在而带来的创业者效用损失(第三列)减少达 55.84%，相应的由于限定融资工具而引起的进一步效用损失仅为 0.26%和 0.19%。

当 θ=1.7，δ=0.8 时，采用一般可转换优先股融资的进一步效用损失较大。此时由双边道德风险带来的效用损失达到 46.36%，而由于限定融资工具带来的进一步效用损失为 11.03%。而限定融资工具为参与型可转换优先股时的效用损失也较大，达到 8.08%。而在 θ=1.5，δ=0.7 时，采用参与型可转换优先股的效用损失比最大，达到 9.81%。

由此可见，限定融资工具带来的进一步效用损失相对于信息不对称而带来的损失很小(观察第四列和第五列的数据，绝大多数在 10%以下)，说明在双边道德风险下，限定采用一般可转换优先股和参与型可转换优先股融资时，接近不限定融资工具时的最优效果。

观察一般可转换优先股和参与型可转换优先股的融资效果。发现参与型可转换优先股融资的效果要好于一般可转换优先股融资(在表 3-6 第四列和第五列的比较中，第五列中数值较小)。这是因为融资结构限定中 $t_{\text{PCP}}(y)$ 比 $t_{\text{CP}}(y)$ 多一个自由度，因此在优化过程中能得到更优的结果。

综合以上对表中数据的比较分析，得到如下结论：由于双边道德风险而带来的代理成本问题使得创业者的最优效用水平大幅度下降。这是由于在信息不对称情况下，创业者和 VC 双方的委托代理问题而引起的，难以通过设计资本结构来加以改善。而好的资本结构应尽可能地抑制效用水平进一步地损失。从这一点上来看，VC 持有一般可转换优先股或者参与型可转换优先股是个好的选择。此时，由限定融资工具而导致进一步的损失是比较小的。

用图形具体说明以上的比较分析。当取 $\theta=2$，$\delta=0.7$ 时，分配结构的比较如图 3-7 所示。相应地，当取 $\theta=1.7$，$\delta=0.8$ 时，分配结构的比较如图 3-8 所示。

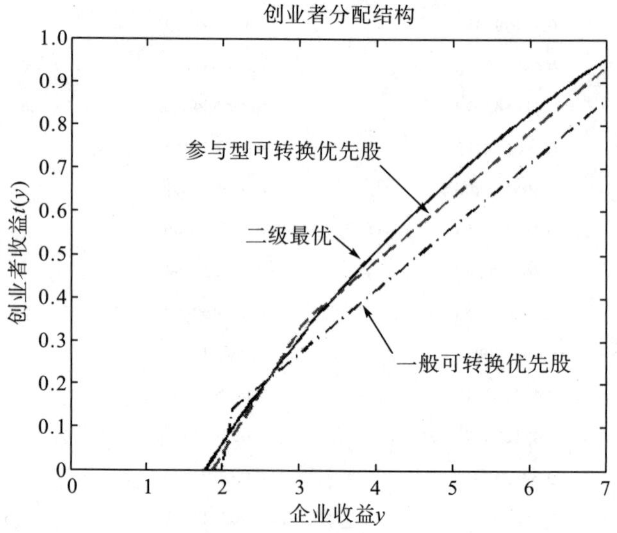

图 3-7　限定融资工具融资效果较好的情况

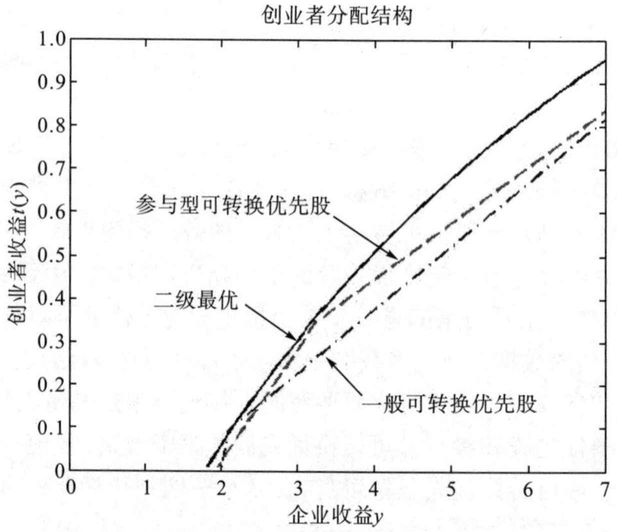

图 3-8　限定融资工具融资效果较差的情况

图 3-7 和图 3-8 中实线为未限定融资工具情况下，通过求解优化问题(3-74)所得的创业者的二级最优收益结构曲线；点画线为外生给定 VC 持有一般可转换优先股时，创业者

的最优分配结构；虚线为外生给定 VC 持有参与型可转换优先股融资时，创业者的最优分配结构。

由图 3-7 和图 3-8 可见，双边道德风险下，创业者的最优收益结构是非线性的，而合理设计的一般可转换优先股和参与型可转换优先股融资，可以达到接近最优的融资效果。

3.3.5　小结

本节尝试分析双边道德风险和创业者风险规避情形下的风险投资的融资结构。基于委托-代理理论框架，建立了存在双边道德风险的风险投资模型，并对模型进行了数值求解。发现在创业者风险规避的情况下，最优的融资结构是非线性的，无法解释现实中使用线性或者分段线性结构金融工具的现象。当外生给定融资结构为三段线性结构时，从模型计算得到的最优三段线性结构并不是某一特定的形状，这在一定程度上说明风险投资中可以采取多样化的金融工具达到优化融资结构的目的。同时，在这些最优的三段线性结构中，大多数呈现出类似可转换证券(或可转换证券与其他证券结合)的激励结构。此研究结论为风险投资中广泛运用可转换证券，同时其他多种融资工具并存的实证结论提供了一个验证。

本节进一步计算了在限定融资工具情况下创业者的效用损失。数值计算的结果表明，无论是在限制 VC 持有一般可转换优先股的情况下，还是在持有参与型可转换优先股的情况下，创业者效用水平的进一步损失都很小，说明采用这两种融资工具可以达到接近最优的融资效果。这一结论验证了可转换优先股等可转换证券在风险投资中广泛使用这一现象的合理性。

附录 3-1　一阶替换条件验证

一阶替换条件在委托代理模型分析框架中被广泛使用于简化模型中代理人的努力最优选择条件(激励相容约束条件)。然而在绝大多数条件下，这一替换并不能达到全局最优的结果。Rogerson(1985)证明当满足条件：①企业产出对于代理人的努力水平满足单调似然递增，②企业产出的概率分布在给定产出的情况下，对于代理人的努力为凸性时，一阶替代条件可用。

这两个条件很直观地解释了对于多努力多产出以及代理人收益随企业业绩增加而递增等情况，然而却有着不可克服的缺陷。例如，假设随机变量 ε 的概率分布函数为 F，企业产出 $x=a+\varepsilon$(a 为代理人努力水平)，那么企业产出的概率分布函数为 $F(x-a)$，要使其满足对努力水平 a 的凸性条件，必须有 ε 的概率密度函数递增。因此，这个简单的例子无法满足 Rogerson(1985)提出的条件。

为此，Jewitt(1989)在前人努力的基础上，研究了放宽 RFOA 的适用范围的替代条件。以下为 Jewitt(1989)研究得出的结论。

定义：

$$\omega(z) \equiv u(u'^{-1}(1/z)),\quad z>1 \qquad \text{(附 3-1)}$$

定理 1：当满足如下条件时一阶替代条件可用。

(1) 当 y 给定时，$\int_{-\infty}^{y} F(x,a)\mathrm{d}x$ 对于 a 非增凸；

(2) $\int x\mathrm{d}F(x,a)\mathrm{d}x$ 对于 a 非减凹；

(3) 当给定 a 时，似然率 $\dfrac{f_a(x,a)}{f(x,a)}$ 对于 x 非减凹；

(4) $\omega(z)$ 凹。

根据上述定理，对本章中的设定式(3-69)、式(3-70)进行具体验证。

(1) $\tau=2$ 时，概率分布函数为

$$F(y)=-\frac{\exp\left(-\dfrac{2y}{\theta S(a,e)}\right)(2y+\theta S(a,e))}{\theta S(a,e)} \tag{附 3-2}$$

$$\int_{-\infty}^{x} F(y)\mathrm{d}y=-\theta C(a,e)\left[1-\exp\left(-\frac{2x}{\theta S(a,e)}\right)\right]-x\exp\left(-\frac{2x}{\theta S(a,e)}\right) \tag{附 3-3}$$

可见表达式随共同努力 $S(a,e)$ 的增加而减小。

$$\frac{\partial^2\int_{-\infty}^{x} F(y)\mathrm{d}y}{\partial^2 S(a,e)}=\frac{4\exp\left(-\dfrac{2x}{\theta S(a,e)}x^3\right)}{\theta^2 S^4(a,e)}>0 \tag{附 3-4}$$

即当 y 给定时，$\int_{-\infty}^{y} F(x)\mathrm{d}x$ 对于共同努力 $S(a,e)$ 非增凸。因此，条件(1)成立。

(2) 根据

$$\frac{\partial\int y\mathrm{d}F(y,S(a,e))\mathrm{d}y}{\partial S(a,e)}=\frac{M(y)\exp\left(-\dfrac{2y}{\theta S(a,e)}\right)}{2\theta^2 S^4(a,e)}>0 \tag{附 3-5}$$

其中，

$$M(y)=8y^4+4y^3\theta S(a,e)+6\theta^2 y^2 S^2(a,e)+6\theta^3 yS^3(a,e)+3\theta^4 S^4(a,e) \tag{附 3-6}$$

有

$$\frac{\partial^2\int y\mathrm{d}F(y,S(a,e))\mathrm{d}y}{\partial^2 S(a,e)}=-\frac{4\exp\left(-\dfrac{2y}{\theta S(a,e)}\right)y^4(2y+3\theta S(a,e))}{\theta^3 S^6(a,e)}<0 \tag{附 3-7}$$

即条件(2)成立。

(3) 当给定 S 时，似然率 $\dfrac{f_S(x,S)}{f(x,S)}$ 对于 x 非减凹。

$$\frac{f_S(x,S)}{f(x,S)}=\frac{2(y-\theta S(a,e))}{\theta S^2(a,e)} \tag{附 3-8}$$

则 $\dfrac{f_S(x,S)}{f(x,S)}$ 对于 y 递增，且线性。条件(3)成立。

综上，本章中式(3-72)与式(3-73)的替换可行。

附录3-2 等周变分法求解模型

为求解融资结构 $t(y)$ 的形式，用变分法等周问题方法求解优化问题(3-74)，令

$$F=-u(t(y))f(y|a,e,\theta) \tag{附3-9}$$

$$G_1=(y-t(y))f_a(y|a,e,\theta) \tag{附3-10}$$

$$G_2=u(t(y))f_e(y|a,e,\theta) \tag{附3-11}$$

$$G_3=(y-t(y))f(y|a,e,\theta) \tag{附3-12}$$

做辅助函数：

$$\begin{aligned}H&=F+\lambda_1G_1+\lambda_2G_2+\lambda_3G_3\\&=-u(t(y))f(y|a,e,\theta)+\lambda_1(y-t(y))f_a(y|a,e,\theta)\\&\quad+\lambda_2u(t(y))f_e(y|a,e,\theta)+\lambda_3(y-t(y))f(y|a,e,\theta)\end{aligned} \tag{附3-13}$$

构造辅助泛函：$J^*=\int_0^\infty H\mathrm{d}x$，其欧拉方程为

$$\begin{aligned}&-u'(t^*(y))f(y|a,e,\theta)-\lambda_1f_a(y|a,e,\theta)\\&+\lambda_2u'(t^*(y))f_e(y|a,e,\theta)-\lambda_3f(y|a,e,\theta)=0\end{aligned} \tag{附3-14}$$

求解方程，可以得到创业者在双边道德风险情况下的最优收益结构 $t^*(y)$ 为

$$t^*(y)=\frac{1}{\gamma}\ln\left\{-\frac{a\gamma\left[2a^\delta\lambda_2y\delta+ae^{(1+\delta)}\theta-2\lambda_2ae^\delta\delta\theta\right]}{e\left[2a^\delta\lambda_3(\delta-1)y-a^2e^\delta\lambda_1\theta+2ae^\delta\lambda_3\theta-2ae^\delta\lambda_3\delta\theta\right]}\right\} \tag{附3-15}$$

附录3-3 双边道德风险下最优努力水平的确定

在完美信息情况下，由优化问题(3-70)得出在双方努力可观测情况下的最优努力组合 (a^*,e^*)。在双边道德风险情况下，双方相互隐藏行为，努力程度不会超过完美信息情况时下努力程度，而一方过低的努力又将使合约无法履行，即在过低的努力水平下各约束式将无法满足。

为此，选取努力组合 $a_L<a<a^*$，$e_L<e<e^*$，计算双边道德风险情况下的优化问题(3-74)，得到不同努力组合下创业者的福利水平。由于创业者设定合约的目的是使自身的效用最大化，为此选取使创业者效用水平达到最高的一组努力，设定为双边道德风险下的最优努力 (a',e')。

取值 θ=1.6，δ=0.6，具体的计算结果如下。

由问题(3-70)得 $(a^*,e^*)=(3.8183,2.2662)$，则 (a^*,e^*) 的取值及问题(3-74)的计算结果见附表3-1。

取表中CEC2的最大值(粗体)为0.2966，相应努力水平为(3.4,1.4)，当努力组合远离该点时，CEC2是减小的(或者无解)。为此，选定在双边道德风险情况下的最优努力为 $(a',e')=(3.4,1.4)$。

附表 3-1　双边道德风险下最优努力水平的确定①

CEC2	a=2.2	a=2.4	a=2.6	a=3.0	a=3.4	a=3.6
e=1.2	0.0435	0.0457	0.0560	0.1574	0.2455	无解
e=1.4	0.0696	0.0710	0.0814	0.2502	**0.2966**	无解
e=1.6	0.1523	0.1609	0.2032	0.1535	0.2373	0.2439
e=1.8	0.1191	0.1428	0.1750	0.1421	0.2212	0.2163
e=2.0	0.1015	0.1450	0.1950	0.1225	0.1860	0.2052

①附表 3-1 中无解的情况可理解为，VC 投入的努力较大而创业者投入的努力小，使得无法满足风险投资家的投资参与约束，缔结合约失败。

第4章　风险投资中的证券设计与权利配置

风险投资的特点注定了风险投资合约是一项复杂的协议，它是风险投资家与创业者之间投资的依据，是责任权利配置的凭证，是指导合约双方今后行动的纲领性文件。双方通过谈判拟定合约的条款，详尽规定投资过程中双方各自的权利和义务。通常情况下，双方签订的风险投资合约是一份不完全合约。

所谓完全合约，是指缔约双方都能完全预见合约期内可能发生的各种情况，并在合约中对各种情况下双方的权利和义务进行完备的描述，当合约双方对合约条款产生争议时，第三方(如法庭)能够强制其执行。不完全合约则刚好相反。由于外部环境的复杂性等因素导致双方难以对每一可能状态下双方的权利和义务进行完备的描述。引起合约不完全性的原因很多：一是不可预测性，即签订合约时双方无法完全预测将来所有可能发生的各种情况以致合约无法对每一种情况下双方的权利和义务进行描述；二是不可描述性，即使双方在事前能够完全预测所有可能发生的各种情况，然而他们很难找到一种共同的语言来描述各种情况和相应的行为；三是不可证实性，即使合约能够完全预测和描述各种可能发生的情况及相应的行为，然而在各种情况真正发生时，第三方(如法庭)很难证实这些情况的真实性，以致这种合约无法真正实施。

风险投资的高度不确定性和信息不对称性，使得VC和创业者不可能建立一份完全合约。本章首先概述了风险投资合约的基本内容。其次，在不完全合约的背景下研究了风险投资中的证券设计问题，即为什么风险投资家持有可转换债券，而创业者持有普通股的问题(郭文新和曾勇，2010)。具体考察了两种定约情形：第一种是创业者向风险投资家提供合约，合约双方存在一个再谈判博弈；第二种是风险投资家向创业者提供合约，存在一个双方前后相继行动的动态博弈。本节分析这两个博弈，设计了能够诱导合约双方最优努力的可转换债券，刻画了风险投资家监控项目、配置权利与放弃低值项目的风险投资合约特点。

在考虑创业者前期人力资本专用性投资的基础上对风险投资企业的现金流权和控制权配置进行研究(王声凑和曾勇，2008)。当风险投资企业以发行普通股或债券的方式进行融资时，控制权单边授予创业者或风险投资家均不能使风险投资企业的决策达到最优；风险投资企业以发行可转换债券的方式进行融资并且对控制权进行合理配置时，风险投资企业的决策能达到最优。本书进一步求出了能使决策达到最优的所有可转换债券，并根据所得的可转换债券分析了创业者选择最优努力的充分必要条件，进而得到了近似最佳的可转换债券。

考虑风险投资企业现金流权和多种控制权同时配置的问题(王声凑和曾勇，2010)。通常情况下，风险投资同时会对清算权、替换权以及现金流权进行配置。当风险投资企业以债券作为融资工具进行融资时，控制权单边授予风险投资家或创业者均不能使风险投资企业的决策达到最优。当风险企业以普通股作为融资工具进行融资时，若创业者的私人利益较小，即低于一个与货币收益相关的临界值时，创业者控制能使风险投资企业的决策达到帕累托最优；若创业者的私人利益较大，即高于该临界值时，控制权单边授予风险投资家或创业者均不能使风险投资企业的决策达到最优，而此时可转换证券与控制权的条件配置能使决策达到帕累托最优。

4.1 风险投资合约的基本内容

4.1.1 现金流权

现金流权是指企业的权益价值在不同投资者和管理者之间的分配结构。风险投资合约需要规定风险投资企业的融资工具以及确定VC所持有融资工具的份额。风险投资企业所采用的融资工具主要包括普通股、优先股、可转换债券以及附购股权债等。从VC的角度来看，选择融资工具最关键的目的是要确保投资的兑现、对投资的保护以及对风险投资企业的适度控制。而创业者则希望能够领导风险投资企业，并要求融资工具安排能满足其后续融资的要求。

优先股兼有股权证券和优先证券的优点。在风险投资交易结构安排过程中，通常会采用可转换优先股作为融资工具。对VC而言，可转换优先股一方面可以使投资得到较为稳定的回报，并避免因为初期投资而带来巨大损失，另一方面又可通过将优先股转换为普通股以达到参与风险投资企业经营管理、分享增长潜力的目的。对被投资企业而言，可转换优先股在带来资本的同时，其所引起的财务结构的变化并不会影响公司后续融资，同时又能确保创业者对其创建企业的领导。

可转换债券是风险投资企业发行的其持有人可以按约定条款(转换期限、转换价格等)决定将其转为股份的债券。在风险投资融资工具安排中，VC和创业者有可能在使用可转换债券这一金融工具方面达成一致。因为对风险投资人而言，风险资本以可转换债券的形式进入风险投资企业可以使其在取得稳定收益的基础上通过债权转股权的方式获得参与风险投资企业经营管理并分享成长潜力的机会。而对创业者而言，在获得风险资本的同时，控制权没有过早地被稀释，还能享受筹资成本低所带来的好处。

附购股权债是指在风险资本以债权资本的形式进入风险投资企业的同时，被投资企业给予VC一项长期选择权(购股权证)，即允许VC在未来按某一特定价格买进既定数量的股票。对VC而言，附购股权债允许其分享被风险投资企业未来增长带来的收益，因为在企业前景被看好时债权人有权按一个较低的价格购买普通股。

4.1.2 董事会权和投票权

董事会权规定了双方在风险投资企业中对企业经营决议、高级管理人员聘用以及战略决策等方面的控制权配置结构。VC虽然不谋求风险投资企业的控股权，也不以经营企业为目标，但同样在风险投资企业董事会中占有一个或一个以上的席位。在多数情况下，风险投资人作为外部董事，由于具备丰富的经验，在培育公司成长和鉴别管理层素质等方面具有专业素养，并拥有极为广泛的外部资源，他们凭着投入风险投资企业的资本和向该企业所提供的增值服务而在董事会中占据主导地位。由于董事会要对风险投资企业的经营业绩负责，有权任命或解聘企业总经理，指导、监督风险投资企业的运营情况，VC 通常会利用其在董事会的有利位置对管理层进行监督。

在多数情况下，风险投资企业的投票权并不取决于其股权的性质，即使 VC 持有的可能是可转换优先股，但同样具有行使与普通股相同的投票权；类似地，作为长期债权人也可以拥有一定的投票权。对投票权的这种配置确保了 VC 在风险投资企业中的独特地位。

4.1.3　优先清算权

在风险投资过程中，VC 通常拥有优先清算权(liquidation preference)。优先清算权是风险投资合约中一条非常重要的条款，决定公司在清算后收益怎么分配，即优先清算权规定了 VC 在何时以何种价格对风险投资企业进行清算，以及在清算偿付过程中 VC 或内部持股人的清算优先级别。通常所说的优先清算权具有两层含义：优先权(preference)和参与分配权(participation)。例如，A 轮融资的风险投资合约中，规定 A 轮投资者的优先清算权的面值，即 A 系列优先股股东能在普通股股东之前获得金额等于面值的回报。同理，后续发行的优先股(B/C/D 等系列)优先于 A 系列和普通股。

4.1.4　其他各项权利

风险投资合约中还包括很多其他的条款，如防稀释条款(anti-dilution provision)、领售权(drag-along right)及一票否决权等。

防稀释条款是为防止 VC 的股权被稀释而设计的一个条款，因此也称价格保护机制。防稀释条款主要可以分成两类：一类是在股权结构上防止股份价值被稀释，另一类是在后续融资过程中防止股份价值被稀释。如果风险投资企业发行新权益证券的价格低于当时适用的 A 系列优先股转化价格，则 A 系列优先股的转换价格将按照广义加权平均的方式进行调整以减少投资人的稀释。

领售权是指 VC 强制企业原有股东参与投资者发起的公司出售行为的权利，VC 有权强制公司的原有股东(主要是指创始人和管理团队)和自己一起向第三方转让股份，原有股东必须依照 VC 与第三方达成的转让价格和条件，参与到 VC 与第三方的股权交易中来。通常是在有人愿意收购，而某些原有股东不愿意出售时运用，这个条款使得 VC 可以强制出售。

赎回权主要包括选择性赎回(optional redemption)和认沽条款(put provision)。赎回条款通常被用来强化 VC 的权利。如果缺少这个条款，则清算权的作用将大大减弱，因为在创业企业违约时，不存在任何合约偿付。这个条款使用非常普遍，赎回条款通常 5 年到期。这个条款保证了 VC 在一段时间之后有权要求创业企业赎回 VC 持有的创业企业的股权权，典型的例子为清算值赎回。这种本金支付要求与到期债务索取权相似，但与债务索取权不同的是创业企业不能迫使 VC 执行赎回权。

非竞争性条款。创业者的人力资本对创业企业的成功至关重要，当 VC 对创业企业进行投资之后，那些掌握核心技术的创业人员可能会以此对 VC 进行威胁，即创业人员可能会以离开创业企业为由而对 VC 进行“敲竹杠”，因此，VC 会在合约中限制创业家可能出现的“敲竹杠”行为。即使无法签订可以实施的合约强制创业家留在企业中，也可以通过合约条款的规定使创业人员离开企业的成本增加。在现实的合约中，VC 通常采用两种方法以增加创业人员离开企业的成本。第一，创业人员的股份要保留一段时间，这意味着如果创业人员离开企业，企业可以以较低的价格收回没有被保留的股份，即创业人员只有在创业企业中待到一定时间后才能获得相应收益，否则提前离开创业企业将得不到相应收益。创业人员越早离开创业企业，则创业人员的股份越少。第二，VC 可以要求创业人员签署非竞争性条款以阻止创业人员在离开企业的同时为其他同类企业工作。

4.2 风险投资中的证券设计：自动转换权与清算权

4.2.1 引言

风险投资中使用最广泛的合约工具是 VC 持有可转换性质的证券，主要是可转换优先股与可转换债券等，而企业家和创业团队持有普通股(Sahlman，1990；Kaplan and Strömberg，2003)。成熟公司发行的在公开市场上交易的可转换债券是状态权益(contingent claim)，其转换条件依赖于标的资产的价格，如发行公司的股票价格。股票价格是企业价值的测度，在转换的规定期限内，如果股票的价格高于某个值，则债权人预计转换为相应份额的股权价值不低于债权价值时将转股。在本节的模型中(仅考虑一期模型)，假定合约双方事前虽可描述状态，但这些状态事后不可被证实。VC 持有创业企业的可转换债券，自动转换权被定义为 VC 依据自己对企业的价值判断是否实施转股，如果企业的价值不低于债券的价值，则 VC 将自动转股，并且如同公开市场的可转债券一样，在转换时不再向创业者支付额外的费用。

资产事后的交易价格决定了合约方的利益分配格局，而这将会对他们事前的货币和人力资本投资产生影响。本节研究在 VC 拥有自动转换权的情况下，如何设计可转换债券，以诱使合约双方事前最优的努力。Sahlman(1990)、Hellman 和 Puri(2000，2002)、Kaplan 和 Strömberg(2003)等的实证研究指出，风险投资是创业者和 VC 共同投入努力经营企业的过程，VC 不仅投入资金支持企业，而且提供人力资源的政策指导、理顺管理团队、帮助企业获得各种商业资源、支持企业产品进入市场等方面的智力支持。一些理论研究(Casamatta，2003；Schmidt，2003；Inderst and Müller，2004，郭文新和曾勇，2007)将创业者和 VC 的这种合作关系模型化为双边道德风险问题，假设创业者和 VC 的努力互相难以观察。尽管这些模型中的证券结构各不相同，但基本思想是一致的，合约双方存在双边激励问题：增加 VC 的权益的同时降低了创业者的激励。从分析思路上来看，Schmidt(2003)设定了不完全合约的情景，即状态事前虽可描述，但事后不可被第三方所证实。

本节也假设状态事前虽可描述，但事后不可被第三方所证实，并考察了两种情形下的可转换债券设计。第一种是创业者向 VC 提供合约。假设事前创业者向 VC 提供一个债权合约，该债权合约满足 VC 的参与约束，即 VC 从债权合约的预期所得不低于其外部机会所得。然后创业者和 VC 相继投入努力经营企业，VC 虽然可以观察到创业者之前的行动，但该行动不可被证实，因而合约也不能建立在创业者行动的基础上。但 VC 的努力提供和转股行为却依赖观察到的创业者行动的信息，由此和创业者之间形成了一个再谈判博弈。如果 VC 根据该信息而认为企业的价值不高，则持有债权到期，VC 也无须提供努力；如果 VC 认为企业的价值较高，且创业者需要 VC 帮助企业更进一步发展，则合约双方可再谈判，变更初始的债权合约为相应份额的股权。由于 VC 可持有企业的股份，因此将向企业提供努力。

第二种是 VC 向创业者提供合约，在利润实现时实施自动转换权。假设事前 VC 向创业者提供一个可转债合约，该合约使得企业家从合约中的预期所得不低于其外部机会所得。VC 在利润实现时，将根据观察到的创业者努力信息和自己的行动，以及状态的信息决定是否转股。此外，合约双方前后相继行动，在可转债合约的分配格局下，构成了一个完全信息的动态博弈。

Gompers(1998)的实证研究发现风险资本市场具有周期性，当风险资本市场过热时，风险资本追逐项目，反之，项目追逐资本。根据合约理论，谁提供合约，则意味着提供方具有事前的全部讨价还价能力，从而占有了项目的剩余①。在第一种情形中，虽然创业者事前获得了项目的剩余，但 VC 可在事后的再谈判中拥有讨价还价能力。例如，当创业者尤其需要 VC 提供各种帮助时，VC 启动再谈判而获得项目的剩余。而在第二种情形中，VC 直接设计可转换债券以诱导合约双方的最优努力水平，创业者事前将不获得项目的剩余。因 VC 拥有自动转换权，合约双方没有必要就合约分配形式再谈判。在两种情形下，得到的可转换债券的结构、双方的均衡努力水平是不同的。

4.2.2　模型

假设一位创业者 E 拥有一个创新性投资项目，该创业者没有资金开发项目而需要外部融资。创业者虽然有开发项目的技术和创新技能，但缺乏必要的经营和管理经验，也缺少重要的商业渠道来组织生产和销售。VC 向企业提供两个方面的支持：一是向企业投入资本 K；二是向企业提供管理咨询服务等方面的智力支持。

企业的毛利润表示为

$$y = a_1 + a_2 + \theta \tag{4-1}$$

其中，$a_1 \in [0,\infty]$ 和 $a_2 \in [0,\infty]$ 分别表示创业者和 VC 投入的努力水平；θ 为均值等于 0、方差为 σ^2 的正态分布变量，代表不受双方控制的外部不确定性因素。

合约双方事前对 θ 的分布具有相同的看法，为双方的共同知识。式(4-1)表示双方增加努力将会使得企业的收益以一阶随机占优的方式增加，可以视 $\mu=a_1+a_2$ 为企业的基础价值。

假设状态变量 θ 事前虽可描述，但事后其实现值不能被第三方所证实，这使得合约双方难以签订状态依赖性质的合约。假设 VC 在创业者之后行动，可以观察到创业者的行动，但该行动不能被第三方所证实。而创业者不能观察 VC 的行动，由此合约也不能建立在双方行动的基础上。模型的时间结构图如图 4-1 所示。

①项目的剩余(surplus)和剩余索取权(residual claim)是两个不同的概念，在中文语义中容易引起混淆。前者是指在合约订立时，双方应该如何分配项目可能产生的预期回报，如果某一方具有全部的讨价还价能力，则意味着他占有项目的全部剩余，而另一方则只能获得外部机会所得。例如，在 Schmidt(2003)的模型中，创业者向 VC 提供合约，VC 可将债权转换为普通股，普通股是剩余索取权，但 VC 在该合约关系中获得的预期收益仅等于其外部机会所得。

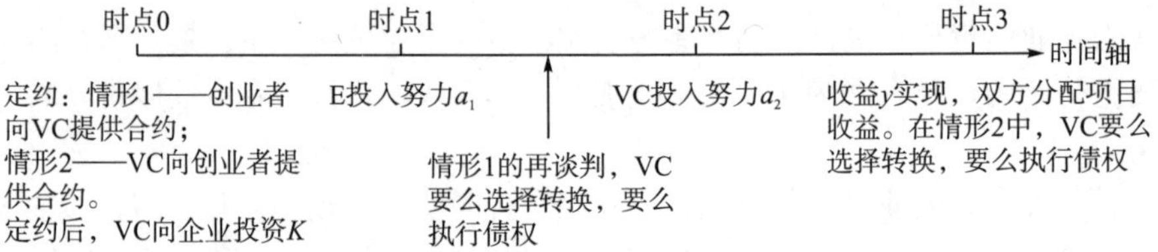

图 4-1　模型的时间结构图

本节考察了两种定约环境下实施自动转换权的情形。在情形 1 中，创业者向 VC 提供合约，初始的合约为一债权，债权的预期价值满足 VC 的参与约束，即从项目中获得的预期利润不小于$(1+\rho)K$，ρ为 VC 在风险投资市场可获得的平均报酬利润率。时点 1，创业者投入努力 a_1 经营企业。VC 在时点 2 行动，可观察创业者的努力水平，如果 VC 仅持有债权，则不会投入努力 a_2 协助企业经营。一方面，如果创业者认为 VC 的管理辅助活动是必须的，如需要 VC 帮助新产品走向市场、解决棘手的管理问题、帮助招聘职业管理人员等，则创业者在不损害自身利益的前提下，可要求与 VC 在时点 1 和时点 2 之间就合约的形式进行再谈判。而另一方面，VC 根据观察到的创业者努力的信息，如果认为企业的价值不大，则可放弃再谈判，继续持有债权到期。如果 VC 认为企业是有价值的，则在再谈判过程中，自动转换债权 D 为 $1-\alpha$份额的股权，并在时点 2 投入努力。本节假设在再谈判过程中，VC 拥有全部的讨价还价能力，从而可以得到再谈判的全部剩余。

在情形 2 中，假设在时点 0，VC 向创业者提供投资合约，形式上为 VC 持有可转换债券，而创业者持有普通股，订约后 VC 向企业投资 K。令(α,D)表示可转换债券，VC 可将持有的债权 D 转换为 $1-\alpha$份额的普通股。在时点 1，创业者投入努力 a_1 经营企业，在时点 2，VC 观察到了创业者的努力水平，而投入努力 a_2 协助创业者进行创业。该证券附着了自动转换权，VC 依据观察到的创业者努力的信息和自己的行动，以及状态的实现值，而认为企业的价值不低于债权价值时，将在时点 3 自动转股。

如果双方不能事前达成合约安排，则各自将获得其外部机会所得。令u表示创业者的外部机会所得，而 VC 的外部机会所得表示为$v=(1+\rho)K$。

为使得问题简化，不妨假设创业者努力的成本函数为

$$c_{\mathrm{E}}(a_1)=\frac{\beta_1 a_1^2}{2} \tag{4-2}$$

而 VC 相应的成本函数为

$$c_{\mathrm{VC}}(a_2)=\frac{\beta_2 a_2^2}{2} \tag{4-3}$$

其中，β_1和β_2分别表示创业者和 VC 努力的成本系数，两者的成本函数满足单增且凸的假设。

不考虑项目的折现，并且假设合约双方风险中性。作为分析的一个基准，首先考察当创业者和 VC 的行动都可观察且可被证实时的融资问题。如果双方的行动可观察和可被证实，则合约可以直接建立在双方行动的基础上，双方可以在合约中指定对企业最优的努力水平。企业的价值创造与谁投资企业、以何种形式分配企业利润没有关系，这正是经典 MM 定理成立的情形。项目的预期总剩余(或总的净利润)表示为

$$S(a_1,a_2)=E\left[\int_{-\infty}^{+\infty} y\frac{1}{\sigma\sqrt{2\pi}}\mathrm{e}^{-\frac{(y-\mu)^2}{2\sigma^2}}\mathrm{d}y\right]-c_{\mathrm{E}}(a_1)-c_{\mathrm{VC}}(a_2)-(1+\rho)K \tag{4-4}$$

于是创业者和 VC 的一级努力水平由式(4-5)和式(4-6)给出：

$$\beta_1 a_1^{\mathrm{FB}}=1 \tag{4-5}$$

$$\beta_2 a_2^{\mathrm{FB}}=1 \tag{4-6}$$

4.2.3　创业者向 VC 提供合约与再谈判

假设创业者和 VC 首先订立一个债权合约，其面值为 D。债权虽然也是一种状态权益，但具有强制性支付的特征，不需要双方事后确定资产的交易价格和数量。根据 Innes(1990)以及郭文新和曾勇(2007)的研究，如果合约双方的收入受到有限责任的约束，且给予投资者的支付关于企业的利润非递减，则债权能给予创业者二级最优的激励。

创业者的预期利润表示为

$$E\left[\max\left[y-D,0\right]\right] \tag{4-7}$$

式(4-7)表示，创业者支付债务 D 后可获得企业的全部毛利润，而当创业者负有限责任时，其最小所得为 0，创业者的毛利润取两者的最大值。式(4-7)也表明，创业者的预期毛利润等同执行价格为 D 的买入期权，可直接计算得到：

$$\begin{aligned}E\left[\max\left[y-D,0\right]\right]&=\int_{D}^{+\infty}(y-D)\frac{1}{\sigma\sqrt{2\pi}}\mathrm{e}^{-\frac{(y-a_1)^2}{2\sigma^2}}\mathrm{d}y\\&=\sigma\phi\left(\frac{D-a_1}{\sigma}\right)+(a_1-D)\left[1-\Phi\left(\frac{D-a_1}{\sigma}\right)\right]\end{aligned} \tag{4-8}$$

式中，$\phi(\cdot)$ 和 $\Phi(\cdot)$ 分别表示均值为 0、方差为 1 的标准正态分布的分布密度函数和分布函数。创业者的预期净利润等于毛利润减去努力的成本，可表示为

$$\sigma\phi\left(\frac{D-a_1}{\sigma}\right)+(a_1-D)\left[1-\Phi\left(\frac{D-a_1}{\sigma}\right)\right]-c_{\mathrm{E}}(a_1) \tag{4-9}$$

求式(4-9)关于努力水平 a_1 的一阶条件可得到创业者的二级最优努力水平：

$$1-\Phi\left(\frac{D-a_1^*}{\sigma}\right)=\beta_1 a_1^* \tag{4-10}$$

式(4-10)表示创业者努力的边际利润等于边际成本，即式子的左边可以有两个理解，表示创业者的努力使得企业的价值超过 D 的概率，同时也表示创业者努力的边际利润。

创业者提供的合约应使得 VC 满足其预算平衡，即 VC 的参与约束：

$$\begin{aligned}E\left[\min[y,D]\right]&=\int_{0}^{+\infty} y\frac{1}{\sigma\sqrt{2\pi}}\mathrm{e}^{-\frac{(y-a_1)^2}{2\sigma^2}}\mathrm{d}y-\int_{D}^{+\infty}(y-D)\frac{1}{\sigma\sqrt{2\pi}}\mathrm{e}^{-\frac{(y-a_1)^2}{2\sigma^2}}\mathrm{d}y\\&=\sigma\left[\phi\left(\frac{-a_1^*}{\sigma}\right)-\phi\left(\frac{D-a_1^*}{\sigma}\right)\right]\\&\quad+a^*\left[\phi\left(\frac{D-a_1^*}{\sigma}\right)-\Phi\left(\frac{-a_1^*}{\sigma}\right)\right]+D\left[1-\Phi\left(\frac{D-a_1^*}{\sigma}\right)\right]\\&\geqslant(1+\rho)K\end{aligned} \tag{4-11}$$

式(4-11)表示 VC 从初始债权合约中获得的回报应不小于其外部机会所得。因创业者事前提供合约，则给予 VC 的预期回报等于其外部机会即可，将式(4-11)取等号，由此可确定最优的债务水平 D。

在企业家承担有限责任的假设下，债权给予投资者企业低利润状态下最高的支付。当企业处于高利润状态时，债权在所有的单调性证券中给予投资者的回报最小(只分享固定收入)。债权在企业高低利润状态下的这两个激励特性将会诱使企业家的最优努力。债权不能给 VC 提供最优的激励，因债权人无法分享企业因自身的努力经营而获得的价值增值的收益。

债权仅提供了创业者最优的激励，而要使得 VC 也投入努力经营企业，则需要通过再谈判变更项目利润的分配形式。根据 Aghion 等(1994)的研究，合约方事后根据所获得的新信息修改初始合约的过程被称为再谈判，合约各方就收益分配再次进行讨价还价。再谈判博弈需满足两个前提：第一，通过再谈判应能促进合约各方有效的交易，在本节中，应促使 VC 向企业提供管理协助活动；第二，再谈判是帕累托改进的过程，如果新合约损害了某一方的利益，则该合约方可以通过要求执行初始合约拒绝再谈判。

若企业的确需要 VC 的管理协助，则可在时点 1 和时点 2 之间要求与 VC 进行再谈判，变更合约为股权。VC 在创业者之后行动，可以观察到创业者的努力水平，如果他判断企业没有更好的发展空间，不值得持有企业的股份，则 VC 可持有债权到期，而获得的预期回报如式(4-11)所示。如果 VC 认为创业者的努力有价值，则可将债权转换为$1-\alpha$份额的股权。

给定创业者的最优努力 a_1^*，假定在再谈判中，VC 拥有全部的讨价还价能力，则 VC 获得再谈判的总剩余为

$$
\begin{aligned}
W(a_1^*,a_2,\alpha) &= \max_{a_2}\left[E\left\langle(1-\alpha)y\middle|a_1^*\right\rangle - c_{\text{VC}}(a_2)-(1+\rho)K\right] \\
&= \max_{a_2}\left[(1-\alpha)\left[\sigma\phi\left(\frac{-\mu'}{\sigma}\right)+\mu\left(1-\Phi\left(\frac{-\mu'}{\sigma}\right)\right)\right]-c_{\text{VC}}(a_2)-(1+\rho)K\right]
\end{aligned}
\tag{4-12}
$$

其中，$\mu' = a_1^* + a_2$，谈判的总剩余为$1-\alpha$股权(新合约)和债权(旧合约)的预期价值的差值，再减去 VC 为提高股权的价值而付出的努力成本。

在时点 2，VC 将选择努力水平，使预期剩余 W 最大化，对(4-12)关于 a_2 求导而得到 VC 最优的努力水平：

$$
(1-\alpha)\left(1-\Phi\left(\frac{-\mu^*}{\sigma}\right)\right)=\beta_2 a_2^* \tag{4-13}
$$

其中，$\mu^* = a_1^* + a_2^*$；$1-\Phi(\cdot)$表示企业的价值超过 0 的概率；系数$1-\alpha$表示 VC 仅会为能够获得$1-\alpha$的企业价值而努力。

再谈判可发生的前提条件之一是再谈判的总剩余应该大于零：

$$
W(a_1^*,a_2^*,\alpha) \geqslant 0 \tag{4-14}
$$

即 VC 从转股中获得的预期回报不小于债权的预期价值，否则他将持有债权到期。

再谈判发生的前提条件之二是应确保创业者从新合约中获得的回报不小于其初始合约的回报，否则创业者将不谈判。因 VC 在再谈判中具有完全的讨价还价能力，所以创业

者不能在此过程中获得剩余，创业者在新的合约下的回报仅等于初始合约下的回报：

$$E\left\langle \alpha y \middle| a_1^*, a_2^* \right\rangle = E\left\langle \max\left[y - D, 0\right] \middle| a_1^* \right\rangle \tag{4-15}$$

式(4-15)的右侧表示创业者在原有的债务合约下所获得的预期回报，此时，仅创业者付出最优的努力；而左侧则表示，当合约被谈判为双方共同分享股权时创业者的预期回报，此时，双方付出最优的努力。因创业者风险中性，两种合约带给创业者的预期回报相等，因此，创业者在两种合约下选择的努力水平相等。由此，对式(4-15)直接进行计算，则可确定创业者在新合约中持有的股份比例为

$$\alpha = \frac{\sigma\phi\left(\dfrac{D - a_1^*}{\sigma}\right) + (a_1^* - D)\left(1 - \Phi\left(\dfrac{D - a_1^*}{\sigma}\right)\right)}{\sigma\phi\left(\dfrac{-\mu^*}{\sigma}\right) + \mu^*\left(1 - \Phi\left(\dfrac{-\mu^*}{\sigma}\right)\right)} \tag{4-16}$$

总结上述分析，可得到命题 4-1。

命题 4-1：在时点 0，如果创业者向 VC 提供合约，则初始的合约是一债务合约，最优的债务水平应满足 VC 的参与约束，由式(4-11)给出。该初始合约可实施创业者二级最优的努力水平 a_1^*，由式(4-10)给出。设 VC 在谈判过程中具有全部的讨价还价能力，合约在时点 1 和时点 2 之间可被谈判为创业者和 VC 分别持有 α 和 $1-\alpha$ 的股权合约，则将可实施 VC 的最优努力水平为 a_2^*，由式(4-13)给出。α 将被内生地确定，由式(4-16)给出。VC 预期的回报为

$$E[V] = \begin{cases} (1+\rho)K \\ (1-\alpha)\left[\sigma\phi\left(\dfrac{-\mu^*}{\sigma}\right) + \mu\left(1 - \Phi\left(\dfrac{-\mu^*}{\sigma}\right)\right)\right] - c_{\mathrm{VC}}(a^*) \end{cases} \tag{4-17}$$

式中，大括号的上半部分表示债权不被转换时 VC 的预期净利润，而下部分则表示转换后的预期净利润。

而创业者的利润则表示为

$$E[U] = \sigma\phi\left(\frac{D - a_1^*}{\sigma}\right) + (a_1^* - D)\left(1 - \Phi\left(\frac{D - a_1^*}{\sigma}\right)\right) - c_{\mathrm{E}}(a_1^*) \tag{4-18}$$

讨论：在上述的分析中，有几个问题需要解释。

(1)为何创业者提供给 VC 的初始合约并非可转换债券呢？假设初始合约为一可转换债券 (α', D')，给予 VC 可在项目到期时将 D' 转换为 α' 份额股权的权利。因创业者事前具有完全的讨价还价能力，则该合约给予 VC 的预期回报和 D 一样，都等于其外部机会所得 $(1+\rho)K$，VC 得不到项目的任何剩余。此外，VC 还必须花费努力使得 (α', D') 的价值达到 $(1+\rho)K$。而通过上述的再谈判过程，VC 可以获得再谈判的剩余，如式(4-17)的下半部分所示，因此 VC 将选择初始合约为债权。创业者向 VC 提供合约，主要是风险资本市场存在资本追逐项目的现象。命题 4-1 指出，即使存在这样的现象，因创业者需要 VC 的管理协助，VC 也能获得项目的剩余。这意味着风险投资中，创业者和 VC 的努力是互补的。

在 Schmidt(2003)的模型中，创业者向 VC 提供合约，该合约使得 VC 转股与否无差

异（转股付出努力，而不转股则不努力），通过 VC 在转股过程中向创业者支付一笔补偿来实现这个“无差异性”。Schmidt 的可转换债券也是将债权谈判为股权，但因为 VC 要支付补偿，而不能获得项目的剩余，所以 VC 的预期利润等于其外部机会所得。

（2）为什么合约双方不就债权进行再谈判？这是因为就债权进行再谈判首先将影响到 VC 进入初始合约的意愿，如果 VC 事前预计到在时点 3 的再谈判中，债务将被降低，则 VC 事前的参与约束就不会被满足，VC 将不会进入初始合约。如果在时点 3 的再谈判中，债务将被增加，则创业者事前预期的收益将会减少，将会削弱创业者事前的激励。Kaplan 和 Strömberg（2003，2004）实证发现，VC 并不会增加或降低债务来变更清算权，而是通过阶段融资的方式在继续和放弃项目之间进行权衡，在项目未成功之前，放弃继续融资则意味着清算企业。

4.2.4　VC 向创业者提供合约

假设在时点 0，VC 向创业者提供一个可转换债券 (α, D)，VC 可在时点 3 将持有的债权 D 转换为 $1-\alpha$ 份额的普通股，$0<\alpha<1$。在时点 3，VC 将行使转换自动权，即如果企业的价值不小于 D，则 VC 将放弃债权 D 而持有 $1-\alpha$ 份额的股权；而如果企业的价值小于 D，则 VC 将放弃转换。在下文的阐述中，VC 和创业者各自权益的预期价值和公开市场发行的可转换债券没有什么差异，只不过这里的可转换债券的执行并不依赖于股票的价格，而是依赖于 VC 对企业的价值判断，依据 VC 在时点 2 观察到的创业者的努力水平和自己的行动，以及在时点 3 观察到的状态 θ 的信息。图 4-2 是可转换债券示意图。

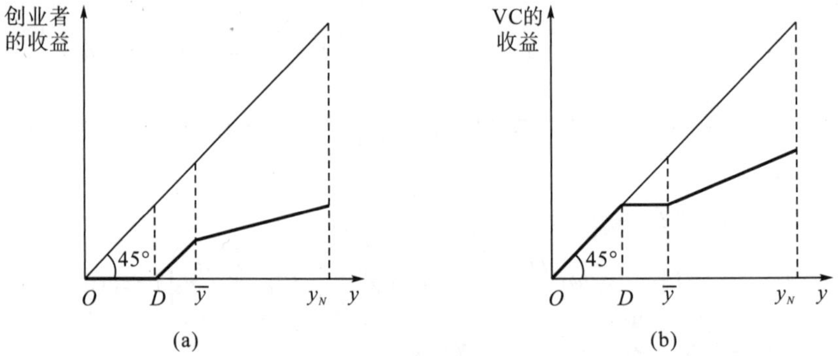

图 4-2　可转换债券示意图

VC 在时点 3 可以转换债权，转换点企业的价值应等于债权的面值 D，令这个价值点为 $\bar{y}$：

$$\bar{y}=\frac{D}{1-\alpha} \tag{4-19}$$

显然，$\bar{y}>D$。因为创业者和 VC 前后相继行动，这就构成了一个完全信息的动态博弈，令 VC 在观察到创业者的行动后的反应函数为 $r(a_1)$。考虑 VC 在时点 2 的决策，给定创业者在时点 1 的努力水平 a_1，VC 最大化：

$$
\begin{aligned}
E[V] &= \max_{a_2}\left[\int_0^{\bar{y}} \min(y,D) y\hat{f}(y)\mathrm{d}y + \int_{\bar{y}}^{+\infty}(1-\alpha)y\hat{f}(y)\mathrm{d}y - c_{\mathrm{VC}}r(a_1)\right] \\
&= \max_{a_2}\left\{\left[\int_0^{+\infty} y\hat{f}(y)\mathrm{d}y - \int_D^{+\infty}(y-D)\hat{f}(y)\mathrm{d}y\right] - \left[\int_{\bar{y}}^{+\infty} y\hat{f}(y)\mathrm{d}y - \int_{\bar{y}}^{+\infty}(y-D)\hat{f}(y)\mathrm{d}y\right]\right. \\
&\quad \left. + \int_{\bar{y}}^{+\infty}(1-\alpha)y\hat{f}(y)\mathrm{d}y - c_{\mathrm{VC}}r(a_1)\right\} \qquad (4\text{-}20) \\
&= \max_{a_2}\left\{\left[\int_0^{+\infty} y\hat{f}(y)\mathrm{d}y - \int_D^{+\infty}(y-D)\hat{f}(y)\mathrm{d}y\right] + \int_{\bar{y}}^{+\infty}(y-D)\hat{f}(y)\mathrm{d}y\right. \\
&\quad \left. - \int_{\bar{y}}^{+\infty}\alpha y\hat{f}(y)\mathrm{d}y - c_{\mathrm{VC}}r(a_1)\right\}
\end{aligned}
$$

为了简化公式表述，式(4-20)中的$\hat{f}(y)=\dfrac{1}{\sigma\sqrt{2\pi}}\mathrm{e}^{-\frac{(y-\hat{\mu})^2}{2\sigma^2}}$表示 y 的分布密度函数，而$\hat{\mu}=a_1+r(a_1)$。如图 4-2(b)所示，VC 的预期毛利润由两部分组成：第一部分是毛利润区间$y\in(0,\bar{y})$的债权价值，第二部分是毛利润区间$y\in[\bar{y},+\infty)$上的$1-\alpha$的股权价值。为了便于之后的计算，式(4-20)中的第二和第三个等式是对两部分价值进行简单分解的关键步骤，将各个价值部分的积分上限变成了$+\infty$。债权的价值可以表示为预期总利润减去企业家的股权的价值，积分区间也可进行适当的变换。直接计算式(4-20)得到

$$
\begin{aligned}
E[V] &= \left[\sigma\phi\left(\frac{-\hat{\mu}}{\sigma}\right)+\hat{\mu}\left(1-\Phi\left(\frac{-\hat{\mu}}{\sigma}\right)\right)\right] - \left[\sigma\phi\left(\frac{D-\hat{\mu}}{\sigma}\right)+(\hat{\mu}-D)\left(1-\Phi\left(\frac{D-\hat{\mu}}{\sigma}\right)\right)\right] \\
&\quad + \left[\sigma\phi\left(\frac{\bar{y}-\hat{\mu}}{\sigma}\right)+(\hat{\mu}-\bar{y})\left(1-\Phi\left(\frac{\bar{y}-\hat{\mu}}{\sigma}\right)\right)\right] \qquad (4\text{-}21) \\
&\quad - \alpha\left[\sigma\phi\left(\frac{\bar{y}-\hat{\mu}}{\sigma}\right)+\hat{\mu}\left(1-\Phi\left(\frac{\bar{y}-\hat{\mu}}{\sigma}\right)\right)\right] - c_{\mathrm{VC}}r(a_1)
\end{aligned}
$$

对式(4-20)或式(4-21)关于$r(a_1)$求导，可得

$$
\left(\Phi\left(\frac{D-\hat{\mu}^*}{\sigma}\right)-\Phi\left(\frac{-\hat{\mu}^*}{\sigma}\right)\right)+(1-\alpha)\left(1-\Phi\left(\frac{\bar{y}-\hat{\mu}^*}{\sigma}\right)\right)=\beta_2 r^*(a_1) \qquad (4\text{-}22)
$$

式中，$\hat{\mu}^*=a_1+r^*(a_1)$。

给定创业者的努力为a_1，式(4-22)左边的第一项是对式(4-20)中右边括号内第一项的导数值，表示 VC 使得债权增值的努力，它是如下两项之差：

$$
\left(1-\Phi\left(\frac{-\hat{\mu}^*}{\sigma}\right)\right)-\left(1-\Phi\left(\frac{D-\hat{\mu}^*}{\sigma}\right)\right)
$$

式(4-22)表示企业的价值超过 0 的概率减去企业的价值超过D的概率。注意，式(4-22)左边也表示 VC 努力的边际利润，如果 VC 仅持有债权，则 VC 通过努力，能够获得企业在 0 到D利润区间的边际利润，而一旦企业的价值超过D，则 VC 努力的边际利润为 0。式(4-22)左边的第二项是对式(4-21)中的后两项求得的导数值，表示 VC 为使得其分享的股份价值最大化而付出的努力，也表示当利润超过$\bar{y}$时，VC 努力的边际利润。

现在考虑创业者在时点 1 的行动选择。创业者将使得自己的预期利润最大化：

$$\begin{aligned}E[U]&=\max_{a_1}\left[\int_D^{\bar{y}}(y-D)\tilde{f}(y)\mathrm{d}y+\int_{\bar{y}}^{+\infty}\alpha y\tilde{f}(y)\mathrm{d}y-c_{\mathrm{E}}(a_1)\right]\\&=\max_{a_1}\left[\int_D^{+\infty}(y-D)\tilde{f}(y)\mathrm{d}y-\int_{\bar{y}}^{+\infty}(1-\alpha)y\tilde{f}(y)\mathrm{d}y-c_{\mathrm{E}}(a_1)\right]\end{aligned}\tag{4-23}$$

其中，$\tilde{f}(y)=\dfrac{1}{\sigma\sqrt{2\pi}}\mathrm{e}^{-\frac{(y-\tilde{\mu})^2}{2\sigma^2}}$ 表示 y 的分布密度函数，而 $\tilde{\mu}=\widehat{\mu}^*=a_1+r^*(a_1)$。

如图 4-2(a)所示，创业者的预期毛利润也由两部分组成，即当利润超过 D 时，创业者可获得企业的全部剩余权益，而当利润超过 $\bar{y}$ 时，则要和 VC 分享股权。直接计算式 (4-23)得到

$$\begin{aligned}E[U]=&\sigma\phi\left(\frac{D-\tilde{\mu}}{\sigma}\right)+(\tilde{\mu}-D)\left(1-\Phi\left(\frac{D-\tilde{\mu}}{\sigma}\right)\right)\\&-(1-\alpha)\left[\sigma\phi\left(\frac{\bar{y}-\tilde{\mu}}{\sigma}\right)+\tilde{\mu}\left(1-\Phi\left(\frac{\bar{y}-\tilde{\mu}}{\sigma}\right)\right)\right]-c_{\mathrm{E}}(a_1)\end{aligned}\tag{4-24}$$

对式(4-24)关于 a_1 求导，可得

$$\left(1-\Phi\left(\frac{D-\mu^*}{\sigma}\right)\right)-(1-\alpha)\left[1-\Phi\left(\frac{\bar{y}-\mu^*}{\sigma}\right)\right]=\beta_1 a_1^*\tag{4-25}$$

式中，$\mu^*=a_1^*+r^*(a_1)$。

式(4-25)的左边，第一项是企业的价值超过 D 时的概率，也表示企业在区间 $(D,+\infty)$ 上全部的边际利润，但创业者的边际利润中要减去第二项，这是因为当利润超过 $\bar{y}$ 时，VC 要获得 $1-\alpha$份额的边际利润。式(4-25)左边也表示创业者为使得利润超过 D，愿意付出全部的努力；但当利润超过 $\bar{y}$ 时，创业者仅会为自己α份额的股份而付出最优的努力。

联立方程(4-22)和方程(4-25)即可求得创业者和 VC 的均衡最优努力水平 $(a_1^*,a_2^*)\equiv\left(a_1^*,r^*(a_1^*)\right)$，这是一子博弈精炼纳什均衡，双方最优努力的表达式为 (α,D) 的函数。注意，在均衡时，分布密度函数为

$$\widehat{f}(y)=\tilde{f}(y)=\frac{1}{\sigma\sqrt{2\pi}}\mathrm{e}^{-\frac{(y-\mu^*)^2}{2\sigma^2}}\tag{4-26}$$

由于 VC 向创业者提供合约，其给予创业者的回报等于其外部机会所得 u，意味着：

$$E[U]=u\tag{4-27}$$

但仅凭方程(4-27)不能确定可转换债券的两个参数α和 D。事实上，最优合约在满足约束(4-27)的前提下，可以有多种设计，从而诱导创业者和 VC 不同的最优努力水平组合 (a_1^*,a_2^*)。

总结上述分析，有命题 4-2。

命题 4-2：如果 VC 向创业者提供合约，则将向创业者提供一可转债合约(α,D)，VC 可在时点 3 将持有的债权 D 自动转换为$1-\alpha$份额的普通股。该可转债须满足创业者的参与约束，不同的α和 D 组合将诱导不同的均衡努力水平组合，可联立式(4-22)和式(4-25)求得该努力水平组合。VC 和创业者的预期净利润分别由式(4-21)和式(4-24)的最大值给出。

讨论：在本节所讨论的两种情形的可转债设计中，债券的形式和均衡的努力水平各不

相同。由式(4-10)、式(4-13)、式(4-22)和式(4-25)给出的创业者和 VC 的均衡努力水平的左边，也表示他们各自努力的边际利润。可以清楚地看到，合约双方在项目出现高利润时，其利益是融合的，双方为此会付出较大的努力。

4.2.5 小结

本节研究了风险投资中的证券设计问题，即风险投资家持有可转换债券，且拥有自动转换权，而创业者持有普通股。自动转换权被定义为，VC 依据自己对企业的价值判断是否实施转股，并且如同公开市场的可转债一样，在转换时不再向创业者支付额外的费用。依据 Gompers(1998)的实证研究，本节设计了两种定约情形下的可转换债券。第一种情形是创业者向 VC 提供合约，合约双方存在一个再谈判博弈，通过该再谈判博弈，VC 可以获得事前无法获得的项目剩余。第二种情形是 VC 向创业者提供合约，存在一个双方前后相继行动的完全信息动态博弈，VC 给予创业者的合约满足创业者的参与约束，从而获得项目事前的剩余。本节分析了这两个博弈，设计了能够诱导合约双方最优努力的可转换债券。

研究结论表明，债务给予创业者特定的威胁，使得其有动力提供足够的努力；而 VC 可将债权转换为股权，也使得其愿意提供企业价值增值的努力，从而揭示了可转债的最优激励效能。当状态不可证实，且存在双边道德风险时，VC 对于创业者行动的监控是必须的，可作为判断企业价值和 VC 行动的依据。本节的研究符合 Kaplan 和 Strömberg(2003，2004)的实证研究结论。

在本节的模型框架下，可计算出合约的价值、创业者和 VC 的最优努力。双方的努力可用概率表示，很好地展现了在非对称信息下，合约分配受到限制时，最优的努力表现为二级最优。可以清楚地看到，合约双方在项目出现高利润时，其利益是融合的，双方为此会付出较大的努力。

4.3 考虑创业者人力资本因素的权利配置

4.3.1 引言

Kaplan 和 Strömberg(2003，2004)实证研究指出风险投资企业的主要融资工具为可转换证券，包括可转换优先股和可转换债券，并且风险投资企业的控制权安排通常是一种或有控制的安排。国内外学者从不同角度解释可转换证券在风险投资领域被广泛使用的原因。例如，它可以解决创业者与风险投资者之间的双边道德风险问题(Marx，1998；Schmidt，2003)；在阶段投资时，它可以抑制创业者的窗饰效应(Cornelli and Yosha，2003)；可转换证券可以解决双方在退出方式上的利益冲突(李姚矿和陈德棉，2004；Hellmann，2006)；王春峰和李吉栋(2003)指出可转换证券还具有甄别创业者类型的功能，从而减轻风险资本市场中的逆向选择问题。然而，由于信息的不对称性及合约的不完全性，控制权的合理安排在风险投资合约中显得至关重要。以 Aghion 和 Bolton(1992)、Berglöf(1994)、Hart 和 Moore(1998)为代表的学者，研究了在不完全合约融资中控制权的安排问题，他们建立了含有私人利益的不完全合约模型以说明最优的或有控制权配置。其中，Aghion

和 Bolton(1992)模型考虑了由于企业业绩等自然状态的不可证实性[①]，合约中不能对自然状态实现之后的企业决策进行有效的安排，而只能对企业的控制权进行配置。

本节建立的模型在 Aghion 和 Bolton(1992)模型框架的基础上进行了扩展，不仅考虑了自然状态实现之后企业决策的问题，而且还考虑了在自然状态实现之前创业者的人力资本因素(即努力因素)。事实上，在风险投资企业的早期发展中，创业者独特的人力资本对风险投资企业的发展至关重要，并且创业者具有独特人力资本这个特点也注定了创业者在风险投资企业中有更多的机会谋取其私人利益[②]。

4.3.2　模型建立

1. 模型框架及假设

假设创业者拥有一个良好市场前景的新项目，由于创业者缺乏资金，需要向 VC 融资，融资资金为 I，并假定“风险投资市场上出现众多投资基金追逐某个好项目(或者行业)的情况”[③]，即此时市场上有很多 VC，但有好项目的创业者相对较少，以致创业者具有很强的讨价还价能力。与 Dessein(2005)、Hellmann(2006)等利用不完全合约理论研究控制权配置的文献类似，假设创业者提供了一个“要么接受要么放弃”(take it or leave it)的合约给 VC[④]，即 VC 的期望利润为其外部保留效用，不失一般性，不妨设其保留效用为 0，并且双方为风险中性[⑤]。

创业者努力水平、项目状态与风险投资企业的决策模型的基本架构如图 4-3 所示。在时刻 0，双方签订合约，VC 投入资金为 I。在时刻 1，创业者需要选择努力水平 $a \in A=\{a_g, a_d\}$，该努力水平能被双方所观测，但不能被证实，其中努力成本 $C(a_g)>C(a_d)$，但高努力 a_g 能够提高项目的货币期望收益和创业者的私人利益。在时刻 2，自然状态为 $\Theta=\{\theta_g, \theta_d\}$，其中 θ_g 表示业绩好或者项目收益高的自然状态，θ_d 表示业绩差或项目收益低的自然状态，此状态能被双方观测但不能被证实。时刻 3 风险投资企业的决策 $b \in B=\{b_g, b_d\}$，其中 b_g 表示项目继续进行，b_d 表示项目被清算，由于自然状态的不可证实性，时刻 3 风险投资企业的决策 $b \in B$ 不能依据状态在事前合约中进行有效的规定，合约中必须确定哪一方具有决策权，即需要控制权的配置。在时刻 4，项目的货币收入 $r \in \{0,1\}$ 实现。

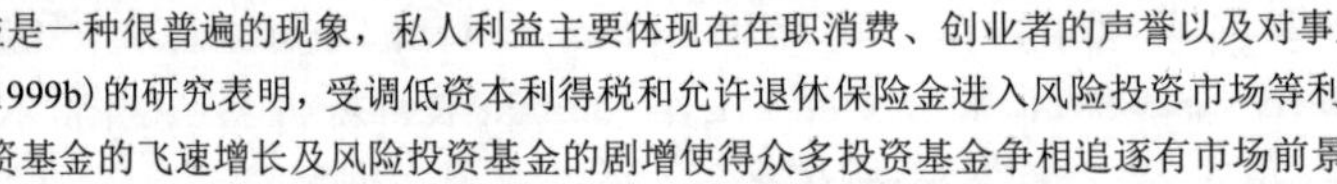

图 4-3　创业者努力水平、项目状态与风险投资企业的决策模型的基本架构

---

①自然状态在事前不能被描述或在事后不能被证实导致合约是不完全的。

②创业者具有私人利益是一种很普遍的现象，私人利益主要体现在在职消费、创业者的声誉以及对事业的满足度等方面。

③Gompers 和 Lerner(1999b)的研究表明，受调低资本利得税和允许退休保险金进入风险投资市场等利好政策的影响，1981～1996 年美国风险投资基金的飞速增长及风险投资基金的剧增使得众多投资基金争相追逐有市场前景的项目。

④创业者提供合约与风险投资家提供合约是一个对偶问题，由于创业者提供合约的情况相对容易分析，因此，本节与已有理论文献类似，均是考虑创业者提供合约的情况。

⑤类似于 Aghion 和 Bolton(1992)的研究，本节研究的重点在于融资工具和控制权的配置能否使企业决策达到最优的问题，而非关注 VC 和创业者的风险补偿与分担，为了理论研究的便利，本节假设双方均是风险中性的。

假设在时刻 1 创业者的努力水平为 a_i，时刻 2 的状态为 θ_j，时刻 3 风险投资企业的决策为 b_k 时，项目的期望货币收益为 y_{jk}^i，即 $y_{jk}^i = E(r|a=a_i,\theta=\theta_j,b=b_k)$。记时刻 1 创业者的努力水平为 a_i，时刻 2 的状态为 θ_j，时刻 3 风险投资企业的决策为 b_k 时，创业者的私人利益为 l_{jk}^i，其中 $i=g,d$，$j=g,d$，$k=g,d$。在时刻 1，创业者高努力 a_g 能够提高项目的期望货币收益，即 $y_{jk}^g > y_{jk}^d$，其中 $j=g,d$，$k=g,d$；在业绩为好时，项目继续进行所得的期望货币收益大于初始投资额，在状态为差时，清算项目所得的期望货币收益小于初始投资额，即 $y_{gg}^i > I > y_{dd}^i$，其中 $i=g,d$。假设无论自然状态为 θ_g 还是 θ_d，在时刻 3 风险投资企业若选择清算决策 b_d，则创业者的私人利益均为零①，即 $l_{gd}^i = 0$，$l_{dd}^i = 0$，其中 $i=g,d$。假定签订合约时，货币收益期望值、自然状态的概率分布、努力成本及各种状态下的私人利益均为双方的共同知识。

2. 企业的最优决策

假设当业绩状况比较好，即自然状态为 θ_g 时，风险投资企业的最优决策②是继续经营项目，即 $y_{gg}^i + l_{gg}^i > y_{gd}^i$。在项目继续运营时，创业者具有谋取私人利益的机会，为了谋取更多的私人利益，将导致项目的货币收益变少，所以为了说明双方存在利益冲突，假设 $y_{gg}^i < y_{gd}^i$ 成立。当业绩状况比较差，即自然状态为 θ_d 时，风险投资企业的最优决策是清算项目，即 $y_{dd}^i > y_{dg}^i + l_{dg}^i$，其中 $i=g,d$。

在时刻 3 风险投资企业决策达到最优的条件下，时刻 1 创业者选择最优努力 a_g 时项目的总期望收益与努力成本之差大于等于选择努力 a_d 时项目的总期望收益与努力成本之差，即

$$q\left(y_{gg}^g + l_{gg}^g\right) + (1-q)y_{dd}^g - C(a_g) \geq q\left(y_{gg}^d + l_{gg}^d\right) + (1-q)y_{dd}^d - C(a_d) \tag{4-28}$$

式中，q 为状态 $\theta=\theta_g$ 的概率。

并且，项目有效必须有式(4-29)成立：

$$q\left(y_{gg}^g + l_{gg}^g\right) + (1-q)y_{dd}^g - C(a_g) - I > 0 \tag{4-29}$$

假设式(4-30)成立③：

$$qy_{gg}^d + (1-q)y_{dd}^d > I \tag{4-30}$$

进一步，令

$$\Delta = q\left(y_{gg}^g + l_{gg}^g\right) + (1-q)y_{dd}^g - C(a_g) - I \tag{4-31}$$

---

①当风险投资企业被清算时，创业者谋取私人利益的机会消失，假设创业者的私人收益为 0。

②最优决策即为双方总收益(包括总货币收益和创业者私人利益)达到最大的决策。

③风险投资行业往往是高收益的行业，假设即使创业者没有采取最优努力，但是若风险投资企业在面对各种自然状态均能采取最优决策，其货币期望收益总能大于初始投资额，即 $qy_{gg}^d + (1-q)y_{dd}^d > I$。此处体现决策的重要性。由于 $y_{gg}^g > y_{gg}^d$ 且 $y_{dd}^g > y_{dd}^d$，易得 $qy_{gg}^g + (1-q)y_{dd}^g > I$ 也成立。

4.3.3　现金流权和控制权的配置

首先分析当创业者选择努力水平 a_i 时，该如何安排风险投资企业的现金流权和控制权以使风险投资企业的决策 b 达到最优。

1. 债券、普通股与单边控制

在实际的风险投资中，由于创业者的财富约束，当风险投资企业使用普通股进行融资时，VC 所占的股份比例 α 通常满足 $0<\alpha<1$；当采取债券的形式进行融资时，债券面值 D 通常大于等于投资额 I ①，即 $D\geqslant I$。下文在这两个条件下对模型进行分析。

命题 4-3：当风险投资企业以发行债券或普通股的方式进行融资，即风险投资企业授予 VC 面值为 D 的债券或股份比例为 α 的普通股时，VC 或创业者单边拥有控制权不能使风险投资企业的决策 b 达到最优。

证明：当风险投资企业以债券的方式进行融资，即风险投资企业授予 VC 面值为 D 的债券时，若创业者拥有控制权，则以下说明风险投资企业的决策 b 不能达到最优。在自然状态为差，即 $\theta=\theta_d$ 时，由假设可知 $y_{dd}^i > y_{dg}^i + l_{dg}^i$ 及 $I > y_{dd}^i$ 成立，并且债券面值不小于投资额，即 $D\geqslant I$，所以创业者若采取最优决策 b_d，则其收益为 0，即清算价值 y_{dd}^i 均为 VC 所得；若创业者采取项目继续进行的决策 b_g，则此时创业者拥有私人利益 l_{dg}^i。故创业者拥有控制权时，创业者不会采取最优决策 b_d。

当风险投资企业以债券的方式进行融资，即风险投资企业授予 VC 面值为 D 的债券时，若 VC 拥有控制权，则以下说明风险投资企业的决策 b 不能达到最优。在自然状态为好，即 $\theta=\theta_g$ 时，由假设可知 $y_{gg}^i > I$，且 $y_{gg}^i < y_{gd}^i$。当债券面值 D 满足 $y_{gg}^i < y_{gd}^i \leqslant D$ 时，VC 采取清算项目所得的收益 y_{gd}^i 大于项目继续进行时所得的收益 y_{gg}^i，VC 将会清算项目，即不会采取最优决策 b_g；当债券面值 D 满足 $y_{gg}^i < D < y_{gd}^i$ 时，VC 采取清算项目所得的收益 D 大于项目继续进行时所得的收益 y_{gg}^i，VC 将会立即清算项目；当 $D \leqslant y_{gg}^i < y_{gd}^i$ 时，VC 采取清算项目所得的收益等于项目继续进行所得的收益，均为 D，由于 VC 的清算偏好，VC 也会清算项目。综上所述，VC 拥有控制权时，风险投资企业的决策也不能达到最优。

当风险投资企业以普通股的方式进行融资，即风险投资企业授予 VC 的股份数比例为 α 的普通股时，类似上面的证明，若 VC 拥有控制权，则 VC 在自然状态为好时，不会采取最优决策；若创业者拥有控制权，则在自然状态为差时，由于不清算项目时创业者存在私人利益，创业者也不会采取最优决策 b_d。综上所述，命题 4-3 得证。

由于创业者私人利益的存在，双方在控制权上存在利益冲突。在本模型中，当创业者拥有绝对的控制权时，创业者为了追求私人利益在自然状态为差时仍会使项目继续进行；当 VC 拥有绝对的控制权时，VC 仅关注风险投资企业的货币收益而忽略了创业者的私人利益，从而在自然状态为好时不会采取最优决策。

---

①在实际的合约中，优先清偿额通常为 1×、2×、6× 等，若清偿额为 2×，则在清算时VC的优先清偿额为投资额的两倍，即 $D=2I$。

命题 4-3 说明风险投资企业无论是采用普通股还是采用债券的方式进行融资，VC 或创业者单边拥有控制权均不能使决策达到最优。反之，在自然状态为好时，控制权配置给创业者；在自然状态为差时，控制权配置给 VC，风险投资企业的决策在各种状态下均能达到最优。由于真实的自然状态 θ 不能合约化，即控制权不能依据自然状态而进行或有配置，Aghion 和 Bolton（1992）将控制权依据与自然状态相关的信号 s 进行或有配置：当信号 s 与自然状态 θ 充分相关时，或有控制比创业者控制和投资者控制均占优。然而 Bienz 和 Hirsch（2012）实证发现，在风险投资企业发展的早期，双方通常很难找到合适的信号，即信号 s 与真实状态 θ 之间的相关度较小，从而控制权依据信号进行或有配置的效率大大降低。

2. 可转换债券与或有控制

本节尝试利用可转换债券和控制权的合理配置以解决风险投资企业决策的有效性问题。在时刻 0 双方签订合约，合约中设计了可转换债券 (D,α) 并且把风险投资企业的控制权授予创业者，合约中规定 VC 在时刻 2～3 的某一时刻必须决定是否行使可转换债券的转换权①，不妨记转换时刻为时刻 2.5，若 VC 不行使转换权，则授予 VC 优先清算权。根据此种现金流权和控制权的配置，若 VC 行使转换权，则 VC 拥有股份数占总股份数比例为 α 的普通股，VC 丧失优先清算权，控制权归创业者，不妨记此种情况为 (α,E)；若 VC 不行使转换权，则 VC 拥有面值为 D 的债券，此时 VC 拥有优先清算权，不妨记此种情况为 (D,V)。

以下证明控制权和现金流权的这种配置方式能使风险投资企业的决策达到最优。当创业者选择努力 a_i 时，首先，求出能使风险投资企业的决策 b 达到最优的所有可转换债券 (D_i,α_i)，其中 $i=g,d$；其次，比较创业者选择不同努力水平时的期望收益，从而得到合约中所使用的可转换债券；最后，在所得的可转换债券中，求出创业者选择最优努力所满足的充分必要条件，并且得到了近似最佳的可转换债券。

命题 4-4：考虑现金流权和控制权的组合 $\{(\alpha_i,E),(D_i,V)\}$，当创业者的努力水平为 a_i 时，使 VC 能参与项目的投资并且风险投资企业决策 b 达到最优的充分必要条件是可转换债券满足：$\alpha_i=\dfrac{I-(1-q)y_{dd}^i}{qy_{gg}^i}$，$I\leqslant D_i<\dfrac{I-(1-q)y_{dd}^i}{q}$。

证明：先证明命题的充分性，即当 $\alpha_i=\dfrac{I-(1-q)y_{dd}^i}{qy_{gg}^i}$，$D_i\in[I,\alpha_i y_{gg}^i)$ 时，可转换债券 (D_i,α_i) 能使 VC 参与项目的投资并且风险投资企业在各种自然状态下均会采取最优的决策。

首先，证明自然状态为 θ_d 时，风险投资企业的决策能达到最优，即此时的决策为 b_d。在时刻 2.5，如果 VC 行使转换权，即选择 (α_i,E)，则 VC 丧失了优先清算权，创业者拥有时刻 3 的决策权。若创业者在时刻 3 选择决策 b_g，则 VC 的收益为 $\alpha_i y_{dg}^i$；若创业者在

①在实际的合约中，可转换债券通常有一个转换期限，如企业 IPO 时会自动转换。由于本模型中自然状态实现之后仅有一个决策的事件，本节假设在决策之前，VC 需要决定是否行使转换权。

时刻 3 选择 b_d，则 VC 的收益为 $\alpha_i y_{dd}^i$。在时刻 2.5，如果 VC 不行使转换权，即选择 (D_i,V)，则 VC 具有优先清算权。由假设可知 $y_{dd}^i < I$，又因为 $D_i \in [I,\alpha_i y_{gg}^i)$，所以项目的清算价值 y_{dd}^i 小于 D_i，又由假设可知 $y_{dg}^i < y_{dd}^i$，故此时 VC 将清算项目，VC 的收益为 y_{dd}^i。由式(4-30)可知 $qy_{gg}^i + (1-q)y_{dd}^i > I$，所以 $0 < \alpha_i = \dfrac{I-(1-q)y_{dd}^i}{qy_{gg}^i} < 1$，可得 $\alpha_i y_{dg}^i < \alpha_i y_{dd}^i < y_{dd}^i < D_i$ 成立，即 VC 在时刻 2.5 不行使转换权所得的收益 y_{dd}^i 大于行使转换权所得的收益。因此，VC 在时刻 2.5 不会行使转换权，并且在时刻 3 采取最优决策，即清算项目。综上所述，可转换债券 (D_i,α_i) 满足 $\alpha_i = \dfrac{I-(1-q)y_{dd}^i}{qy_{gg}^i}$，$D_i \in [I,\alpha_i y_{gg}^i)$ 时，风险投资企业的决策在自然状态为 θ_d 时能达到最优。

其次，证明在自然状态为 θ_g 时，风险投资企业的决策能达到最优，即决策为 b_g。在时刻 2.5，如果 VC 行使转换权，即选择 (α_i,E)，则创业者拥有时刻 3 的控制权。由前文假设可知 $y_{gg}^i + l_{gg}^i > y_{gd}^i$，并且 $0 < \alpha_i < 1$ 成立，所以 $(1-\alpha_i)y_{gg}^i + l_{gg}^i > (1-\alpha_i)y_{gd}^i$ 成立，即创业者选择继续进行项目的决策 b_g 所得到的收益大于选择清算的决策 b_d 所得到的收益，所以在时刻 3，创业者会选择最优决策 b_g，此时 VC 的收益为 $\alpha_i y_{gg}^i$。在时刻 2.5，如果 VC 不行使转换权，即选择 (D_i,V)，则 VC 的最大收益为 D_i。因为 $D_i \in [I,\alpha_i y_{gg}^i)$，即 $I \leqslant D_i < \alpha_i y_{gg}^i$，所以 VC 在时刻 2.5 行使转换权所得的收益 $\alpha_i y_{gg}^i$ 大于不行使转换权所得的最大收益 D_i，所以 VC 在时刻 2.5 会行使转换权，从而创业者在时刻 3 会采取最优决策 b_g。

以上证明了可转换债券 (D_i,α_i)，其中 $\alpha_i = \dfrac{I-(1-q)y_{dd}^i}{qy_{gg}^i}$，$I \leqslant D_i < \dfrac{I-(1-q)y_{dd}^i}{q}$，使风险投资企业在各种自然状态下均能采取最优决策。下面说明此种可转换债券能使 VC 参与项目的投资，即满足 VC 的参与约束。由以上分析可知，在自然状态为 θ_d 时，VC 的收益为 y_{dd}^i；在自然状态为 θ_g 时，VC 的收益为 $\alpha_i y_{gg}^i$。VC 的期望收益为 $U_i^V = q\alpha_i y_{gg}^i + (1-q)y_{dd}^i$。将 α_i 的值代入式 $U_i^V = q\alpha_i y_{gg}^i + (1-q)y_{dd}^i$，简化后可得 $U_i^V = I$，即满足 VC 的参与约束。命题 4-4 的充分性成立。

命题 4-4 必要性的证明。在可转换债券 (D_i,α_i) 满足 $D_i \geqslant I$，$0 < \alpha_i < 1$ 的条件下，在时刻 1 创业者选择努力水平 a_i 时，若风险投资企业的决策在各种不同自然状态下均达到最优，则可转换债券 (D_i,α_i) 将满足条件 $\alpha_i = \dfrac{I-(1-q)y_{dd}^i}{qy_{gg}^i}$，$D_i \in [I,\alpha_i y_{gg}^i)$。

首先，考察自然状态为 θ_d 的情况。当自然状态为 θ_d 时，根据假设，风险投资企业的最优决策为清算项目，即时刻 3 风险投资企业的决策为 b_d。在时刻 2.5，如果 VC 行使转换权，即选择 (α_i,E)，则 VC 丧失了优先清算权，创业者拥有时刻 3 的决策权。若创业者在时刻 3 选择决策 b_g，则 VC 的收益为 $\alpha_i y_{dg}^i$；若创业者在时刻 3 选择决策 b_d，则 VC 的收益为 $\alpha_i y_{dd}^i$。在时刻 2.5，如果 VC 不行使转换权，即选择 (D_i,V)，则 VC 具有优先清算权。由假设可知 $y_{dg}^i < y_{dd}^i < I$ 并且债券面值 D_i 大于投资额 I，所以 VC 将会清算项目，VC

的收益为 y_{dd}^i。因为 $0<\alpha_i<1$ 及假设 $y_{dg}^i+l_{dg}^i<y_{dd}^i$，所以 $\alpha_i y_{dg}^i<\alpha_i y_{dd}^i<y_{dd}^i<D_i$ 成立，即风险投资投资家在时刻 2.5 不行使转换权所得的收益 y_{dd}^i 大于行使转换权所得的收益。因此，在时刻 2.5，VC 不会行使转换权，并且在时刻 3，VC 会清算项目，即在自然状态为 θ_d 时风险投资企业的决策能达到最优。综上所述，在条件 $D_i \geqslant I$，$0<\alpha_i<1$ 下，若风险投资企业的决策在自然状态为 θ_d 时达到最优，则可转换债券 (D_i,α_i) 无须再满足其他条件。

其次，考察自然状态为 θ_g 的情况。当自然状态为 θ_g 时，根据假设，风险投资企业的最优决策为继续进行项目，即在时刻 3，风险投资企业的决策为 b_g。在时刻 2.5，如果 VC 行使转换权，即选择 (α_i,E)，则创业者拥有时刻 3 的控制权。因为 $0<\alpha_i<1$ 及 $y_{gg}^i+l_{gg}^i>y_{gd}^i$，所以 $(1-\alpha_i)y_{gg}^i+l_{gg}^i>(1-\alpha_i)y_{gd}^i$ 成立，即创业者选择项目继续进行的决策 b_g 所得到的收益大于选择清算项目的决策 b_d 所得到的收益。因此，在时刻 3，创业者会选择最优的决策 b_g，从而得到 VC 在时刻 2.5 行使转换权时的收益为 $\alpha_i y_{gg}^i$。在时刻 2.5，如果 VC 不行使转换权，即选择 (D_i,V)，则 VC 具有优先清算权。由假设可知 $y_{gd}^i>y_{gg}^i$。当债券面值 D_i 满足条件 $y_{gd}^i>y_{gg}^i \geqslant D_i$ 时，VC 采取清算项目与继续进行项目所得的收益均为 D_i，根据 VC 的清算偏好，VC 会采取清算项目的决策 b_d；当债券面值 D_i 满足条件 $y_{gd}^i>D_i>y_{gg}^i$ 时，VC 采取清算项目所得的收益 D_i 大于采取项目继续进行所得的收益 y_{gg}^i，VC 也会采取清算项目的决策 b_d；当 $D_i \geqslant y_{gd}^i>y_{gg}^i$ 时，VC 采取清算项目所得的收益 y_{gd}^i 大于采取项目继续进行所得的收益 y_{gg}^i，VC 也会采取清算项目的决策 b_d。

由以上分析可知，当 VC 在时刻 2.5 不行使转换权时，在时刻 3，VC 会采取清算项目的决策 b_d。由于风险投资企业的决策在自然状态为 θ_g 时达到最优，则可转换债券 (D_i,α_i) 必须使 VC 行使转换权所得的收益 $\alpha_i y_{gg}^i$ 大于不行使转换权所得的收益。而当债券面值 D_i 满足条件 $y_{gd}^i>D_i>y_{gg}^i$ 或 $D_i \geqslant y_{gd}^i>y_{gg}^i$ 时，VC 不行使转换权所得的收益均大于行使转换权时所得收益 $\alpha_i y_{gg}^i$，故债券面值 D_i 必须满足 $y_{gd}^i>y_{gg}^i \geqslant D_i$，此时 VC 不行使转换权所得的收益为 D_i。

综上所述，当自然状态为 θ_g 时，在条件 $D_i \geqslant I$，$0<\alpha_i<1$ 下，若风险投资企业的决策在自然状态为 θ_g 时达到最优，则可转换债券 (D_i,α_i) 满足 $\alpha_i y_{gg}^i>D_i$。在自然状态为 θ_d 时，VC 的收益为 y_{dd}^i，创业者的收益为 0；在自然状态为 θ_g 时，VC 的收益为 $\alpha_i y_{gg}^i$，创业者的收益为 $(1-\alpha_i)y_{gg}^i+l_{gg}^i$。由于 VC 能够参与项目的投资，故 VC 的收益满足参与约束，即 VC 的期望收益等于投资额，$q\alpha_i y_{gg}^i+(1-q)y_{dd}^i=I$，解得 $\alpha_i=\dfrac{I-(1-q)y_{dd}^i}{qy_{gg}^i}$。由式(4-30)可知，$qy_{gg}^i+(1-q)y_{dd}^i>I$，所以 $0<\alpha_i=\dfrac{I-(1-q)y_{dd}^i}{qy_{gg}^i}<1$ 成立。又因为 $y_{gg}^i>I>y_{dd}^i$，所以 $\alpha_i y_{gg}^i=\dfrac{I-(1-q)y_{dd}^i}{q}>I$ 成立。因此，风险投资企业在各种自然状态下采取最优决策时，

可转换债券 (D_i,α_i) 满足 $\alpha_i=\dfrac{I-(1-q)y_{dd}^i}{qy_{gg}^i}$ 和 $D_i\in[I,\alpha_i y_{gg}^i)$。命题 4-4 的必要性得证。

命题 4-4 说明可转换债券和控制权的合理配置能解决风险投资企业决策的有效性问题。当自然状态为差时，VC 通常不行使可转换债券的转换权，拥有优先清算权的 VC 将对风险投资企业进行清算，从而风险投资企业的决策能达到最优；当自然状态为好时，VC 行使转换权，此时拥有控制权的创业者能使企业的决策达到最优。此结论符合 Kaplan 和 Strömberg（2003）实证发现的关于风险投资企业控制权的转移过程，即当风险投资企业发展顺利、业绩变好时，VC 通常放松对企业的控制，当风险投资企业进展不佳、业绩变差时，VC 通常加紧对企业的控制或对项目进行清算。

推论 4-1：考虑现金流权和控制权的组合 $\{(\alpha_i,E),(D_i,V)\}$，创业者在时刻 1 选择努力 a_g 并且合约采用可转换债券 (D_g,α_g) 所得的期望收益大于创业者在时刻 1 选择努力 a_d 并且合约采用可转换债券 (D_d,α_d) 所得到的期望收益。

证明：由命题 4-3 可知，当创业者在时刻 1 选择努力 a_i 时，使决策 b 达到最优的可转换债券满足：$\alpha_i=\dfrac{I-(1-q)y_{dd}^i}{qy_{gg}^i}$，$I\leqslant D_i<\dfrac{I-(1-q)y_{dd}^i}{q}$，并且创业者的预期收益为

$$U_{a_i}^{\mathrm{E}}(D_i,\alpha_i)=q[(1-\alpha_i)y_{gg}^i+l_{gg}^i]-C(a_i) \tag{4-32}$$

将 $\alpha_i=\dfrac{I-(1-q)y_{dd}^i}{qy_{gg}^i}$ 代入式（4-32）得 $U_{a_i}^{\mathrm{E}}(D_i,\alpha_i)=q\left(y_{gg}^i+l_{gg}^i\right)+(1-q)y_{dd}^i-I-C(a_i)$。根据式（4-28），即 $q\left(y_{gg}^g+l_{gg}^g\right)+(1-q)y_{dd}^g-C(a_g)\geqslant q\left(y_{gg}^d+l_{gg}^d\right)+(1-q)y_{dd}^d-C(a_d)$ 可知，创业者在时刻 1 选择努力 a_g 并且合约采用可转换债券 (D_g,α_g) 所得的期望收益大于创业者在时刻 1 选择努力 a_d 并且合约采用可转换债券 (D_d,α_d) 所得的期望收益，即式 $U_{a_g}^{\mathrm{E}}(D_g,\alpha_g)>U_{a_d}^{\mathrm{E}}(D_d,\alpha_d)$ 成立。故有推论 4-1 成立。

根据推论 4-1，作为合约设计者的创业者，为了追求更多的期望收益，在合约中设计的可转换债券为 $\alpha_g=\dfrac{I-(1-q)y_{dd}^g}{qy_{gg}^g}$，$D_g\in\left[I,\dfrac{I-(1-q)y_{dd}^g}{q}\right)$。当初始投资额 I 越大，或者项目业绩好的概率越小（即项目的失败风险越大）时，VC 在签订合约时会要求持有更大的比例 α_g；当风险投资企业在业绩差时选择清算所得到的货币收益小，即 y_{dd}^g 越小时，理性的 VC 也会要求更高的转换比例 α_g；当风险投资企业在业绩好时选择最优决策能得到更多的货币收益，即 y_{gg}^g 越大时，创业者给予 VC 的份额 α_g 会越小。在签订合约时，创业者设计可转换债券的面值 D_g 不能过大，因为当 $D_g\geqslant\dfrac{I-(1-q)y_{dd}^g}{q}$ 时，VC 在业绩好时将不行使转换权，从而风险投资企业受到清算的威胁。

3. 最优努力的条件

命题 4-5：VC 能参与项目的投资并且能使决策 b 达到最优的近似最佳的可转换债券为

$\alpha_g=\dfrac{I-(1-q)y_{dd}^g}{qy_{gg}^g}$，$D_g=\dfrac{I-(1-q)y_{dd}^g}{q}-\varepsilon$①，此时创业者能采取最优努力 a_g 的充分必要条件为 $q(y_{gg}^g+l_{gg}^g-y_{gd}^d-\varepsilon)\geqslant C(a_g)-C(a_d)$。

证明： 要使创业者在时刻 1 能采取最优努力 a_g，创业者选择最优努力 a_g 所得到的期望收益必须不小于选择努力 a_d 所得到的期望收益，即式 $U_{a_g}^{\mathrm{E}}(D_g,\alpha_g)\geqslant U_{a_d}^{\mathrm{E}}(D_g,\alpha_g)$ 成立。

根据命题 4-4，当创业者在时刻 1 采取最优努力水平 a_g 时，其期望收益为

$$U_{a_g}^{\mathrm{E}}(D_g,\alpha_g)=q[(1-\alpha_g)y_{gg}^g+l_{gg}^g]-C(a_g) \tag{4-33}$$

当创业者在时刻 1 选择努力水平 a_d 时，创业者在时刻 1 选择努力 a_d 所得到的期望收益与 VC 在时刻 2.5 是否行使可转换债券的转换权有关。当时刻 2 的自然状态为 θ_g 时，VC 是否行使可转换债券的转换权取决于可转换债券的面值 D_g 与转换之后收益 $\alpha_g y_{gg}^d$ 之间的大小。下面根据 $\alpha_g y_{gg}^d$ 与 I 的相对大小，即分别考虑 $\alpha_g y_{gg}^d\leqslant I$ 和 $\alpha_g y_{gg}^d>I$ 两种情况，讨论当创业者在时刻 1 选择努力水平 a_d 时创业者的收益。

当 $\alpha_g y_{gg}^d\leqslant I$ 时，首先考察自然状态为 θ_d 时的情况。由假设可知 $y_{dd}^g>y_{dd}^d$，又因为 $D\geqslant I>y_{dd}^g$，所以 $D\geqslant I>y_{dd}^g>y_{dd}^d$ 成立。采用与证明命题 4-4 类似的分析可得到：在时刻 2.5，VC 不行使转换权，VC 的收益为 y_{dd}^d，创业者的收益为 0。其次，考察自然状态为 θ_g 时的情况。在时刻 2.5，当 VC 选择 (α_g,E) 时，创业者会选择最优决策 b_g，此时 VC 的收益为 $\alpha_g y_{gg}^d$。当 VC 选择 (D_g,V) 时，VC 拥有面值为 D_g 的债券，VC 具有优先清算权。根据式 $qy_{gg}^d+(1-q)y_{dd}^d>I$ 及假设 $y_{dd}^g>y_{dd}^d$ 可知，$\alpha_g y_{gg}^g=\dfrac{I-(1-q)y_{dd}^g}{q}<y_{gg}^d$ 成立。由假设知 $y_{gg}^d<y_{gd}^d$，故 $D_g<\alpha_g y_{gg}^g<y_{gg}^d<y_{gd}^d$ 成立。在时刻 2.5，当 VC 选择 (D_g,V) 时，VC 采取清算项目与继续项目所得的收益均为 D_g，根据 VC 的清算偏好，VC 会清算项目。由命题的条件可知 $\alpha_g y_{gg}^d<I<D_g$，所以在时刻 2.5，VC 将选择 (D_g,V)，即不行使转换权，VC 会清算项目，此时 VC 的收益为 D_g，创业者的收益为 $y_{gd}^d-D_g$。

综上所述，当 $\alpha_g y_{gg}^d\leqslant I$ 时，在时刻 1，创业者选择努力水平 a_d 的期望收益为 $U_{a_d}^{\mathrm{E}}(D_g,\alpha_g)=q(y_{gd}^d-D_g)-C(a_d)$。在时刻 1，创业者选择最优努力水平 a_g 的参与约束和激励相容约束为

$$q[(1-\alpha_g)y_{gg}^g+l_{gg}^g]-C(a_g)\geqslant 0 \tag{4-34}$$

$$q[(1-\alpha_g)y_{gg}^g+l_{gg}^g]-C(a_g)\geqslant q(y_{gd}^d-D_g)-C(a_d) \tag{4-35}$$

将 $\alpha_g=\dfrac{I-(1-q)y_{dd}^g}{qy_{gg}^g}$ 代入式(4-34)、式(4-35)，分别化简得

$$q(y_{gg}^g+l_{gg}^g)+(1-q)y_{dd}^g-I-C(a_g)\geqslant 0 \tag{4-36}$$

$$\Delta\geqslant q(y_{gd}^d-D_g)-C(a_d) \tag{4-37}$$

①式中的 ε 为一个正的无穷小量。

由式(4-29)可知，式(4-36)显然成立。当且仅当$\Delta \geqslant q(y_{gd}^{d}-D_{g})-C(a_{d})$时，创业者在时刻1会选择最优努力水平$a_{g}$。令$K(D_{g})=q(y_{gd}^{d}-D_{g})-C(a_{d})$，$K(D_{g})$随着$D_{g}$的增加而递减。由于$D_{g}\in\left[I,\dfrac{I-(1-q)y_{dd}^{g}}{q}\right)$，当$D_{g}\to\dfrac{I-(1-q)y_{dd}^{g}}{q}$时，$K(D_{g})=q(y_{gd}^{d}-D_{g})-C(a_{d})$趋于最小值，所以近似最佳的可转换债券面值为$D_{g}=\dfrac{I-(1-q)y_{dd}^{g}}{q}-\varepsilon$。将$D_{g}=\dfrac{I-(1-q)y_{dd}^{g}}{q}-\varepsilon$代入式(4-27)可得$q(y_{gg}^{g}+l_{gg}^{g}-y_{gd}^{d}-\varepsilon)\geqslant C(a_{g})-C(a_{d})$。

当$\alpha_{g}y_{gg}^{d}>I$时，类似于上面的分析，可得近似最佳的可转换债券的面值为$D_{g}=\dfrac{I-(1-q)y_{dd}^{g}}{q}-\varepsilon$，并且创业者选择最优努力$q(y_{gg}^{g}+l_{gg}^{g}-y_{gd}^{d}-\varepsilon)\geqslant C(a_{g})-C(a_{d})$。

由命题4-4可知，能使决策b达到最优的可转换债券(D_{g},α_{g})有无穷多种，其中转换比例$\alpha_{g}=\dfrac{I-(1-q)y_{dd}^{g}}{qy_{gg}^{g}}$，可转换债券的面值$D_{g}\in[I,\alpha_{g}y_{gg}^{g})$。

命题4-5说明了当$D_{g}\to\dfrac{I-(1-q)y_{dd}^{g}}{q}$时，所得的可转换债券比其他的可转换债券均占优，其中近似最佳的可转换债券为$\alpha_{g}=\dfrac{I-(1-q)y_{dd}^{g}}{qy_{gg}^{g}}$，$D_{g}=\dfrac{I-(1-q)y_{dd}^{g}}{q}-\varepsilon$，此时得到创业者能采取最优努力的充分必要条件为$q(y_{gg}^{g}+l_{gg}^{g}-y_{gd}^{d}-\varepsilon)\geqslant C(a_{g})-C(a_{d})$。条件$q(y_{gg}^{g}+l_{gg}^{g}-y_{gd}^{d}-\varepsilon)\geqslant C(a_{g})-C(a_{d})$与条件$q(y_{gg}^{g}+l_{gg}^{g}-y_{gd}^{d})>C(a_{g})-C(a_{d})$等价①。在自然状态为差时，项目的清算价值小于可转换债券的面值，所以如果状态为差时，创业者不能从清算中得到任何好处，创业者仅把希望寄托在自然状态为好时的情形。由式$q(y_{gg}^{g}+l_{gg}^{g}-y_{gd}^{d})>C(a_{g})-C(a_{d})$可知，如果自然状态为好的概率$q$足够大并且创业者从高努力中得到的私人利益$l_{gg}^{g}$足够高，或者创业者选择高努力比选择低努力的成本差$C(a_{g})-C(a_{d})$足够小，创业者均会采取最优的努力。此外，如果风险投资企业在业绩好时清算价值y_{gd}^{g}足够小，创业者也会采取高努力a_{g}。

4.3.4　可行性分析

1. 控制权配置的可行性分析

前文分析了可转换债券和控制权的合理配置能使风险投资企业的决策达到最优。但是作为合约的设计者，创业者愿意给予VC在不行使转换权时具有优先清算权吗？答案为肯

---

①当$q(y_{gg}^{g}+l_{gg}^{g}-y_{gd}^{d}-\varepsilon)\geqslant C(a_{g})-C(a_{d})$时，由于$\varepsilon$为一个正数，所以$q(y_{gg}^{g}+l_{gg}^{g}-y_{gd}^{d})>C(a_{g})-C(a_{d})$成立。反之，当$q(y_{gg}^{g}+l_{gg}^{g}-y_{gd}^{d})>C(a_{g})-C(a_{d})$时，令$k=q(y_{gg}^{g}+l_{gg}^{g}-y_{gd}^{d})-[C(a_{g})-C(a_{d})]$，易知$k>0$，取$\varepsilon=\dfrac{k}{2}$，可得式$q(y_{gg}^{g}+l_{gg}^{g}-y_{gd}^{d}-\varepsilon)\geqslant C(a_{g})-C(a_{d})$成立。故条件$q(y_{gg}^{g}+l_{gg}^{g}-y_{gd}^{d}-\varepsilon)\geqslant C(a_{g})-C(a_{d})$与条件$q(y_{gg}^{g}+l_{gg}^{g}-y_{gd}^{d})>C(a_{g})-C(a_{d})$等价。

定的。理由如下：如果 VC 在任何状态下都没有优先清算权，在自然状态为差时，创业者不会清算项目，类似于命题 4-4 的分析，创业者在时刻 1 采取最优努力时，创业者的收益为$U=q(y_{gg}^{g}+l_{gg}^{g})+(1-q)(y_{dg}^{g}+l_{dg}^{g})-I-C(a_g)$。而根据推论 4-1，当创业者授予 VC 优先清算权时，创业者的期望收益为$U_{a_g}^{\mathrm{E}}(D_g,\alpha_g)=q\left(y_{gg}^{g}+l_{gg}^{g}\right)+(1-q)y_{dd}^{g}-I-C(a_g)$。根据假设可知$y_{dd}^{g}>y_{dg}^{g}+l_{dg}^{g}$，所以可得$U<U_{a_g}^{\mathrm{E}}(D_g,\alpha_g)$，即创业者不授予 VC 清算权时其收益反而更少。原因是若 VC 丧失优先清算权，则风险投资企业的决策不能达到最优，此时会造成效率上的损失，然而理性的 VC 会要求更多的现金流权以补偿丧失清算权所带来的损失，所以创业者的收益变少。同理，在合约中若授予 VC 绝对的控制权，则在自然状态为好时，VC 将不会采取最优决策，此时仍然会造成效率的损失，从而创业者的收益将变少。综上所述，在合约中创业者将愿意给予 VC 在不行使转换权时具有优先清算权。

2. 融资的可行性分析

利用此种合约，一个有投资价值的项目①是否能得到 VC 的支持而获得资金？命题 4-5 的充要条件若不成立，即式$q(y_{gg}^{g}+l_{gg}^{g}-y_{gd}^{d})>C(a_g)-C(a_d)$不成立，则根据前面分析，在给定可转换债券为$(D_g,\alpha_g)$的条件下，创业者在时刻 1 不会选择最优努力$a_g$，即会选择努力$a_d$，理性的 VC 将不会接受创业者提供可转换债券为$(D_g,\alpha_g)$的合约，因为 VC 的期望收益将小于$I$②。那么创业者考虑可转换债券为$(D_d,\alpha_d)$的合约可行吗？

当$q\left(y_{gg}^{d}+l_{gg}^{d}\right)+(1-q)y_{dd}^{d}-I-C(a_d)>0$时，根据命题 4-4，创业者可以提供可转换债券$(D_d,\alpha_d)$，此时创业者将会选择努力$a_d$③，VC 将接受合约并且风险投资企业的决策$b$能达到最优。根据命题 4-4 中的分析，创业者的预期收益为$q\left(y_{gg}^{d}+l_{gg}^{d}\right)+(1-q)y_{dd}^{d}-C(a_d)-I$，其值大于零，此时一个有投资价值的项目仍能得到融资，但是不能达到一个最优的结果；当$q\left(y_{gg}^{d}+l_{gg}^{d}\right)+(1-q)y_{dd}^{d}-I-C(a_d)<0$时，即创业者提供可转换债券为$(D_d,\alpha_d)$的合约将会导致其自身的期望收益为负，此时一个有投资价值的项目得不到资金的支持而不能实施。

4.3.5　小结

由于风险投资合约的不完全性，风险投资的现金流权和控制权的合理安排对风险投资企业的成功与否至关重要，合理的控制权安排能够提高企业的价值。本节在 Aghion 和 Bolton（1992）模型框架的基础上进行了扩展，不仅考虑了自然状态实现之后企业决策的问

①该项目在创业者能采取最优努力且企业的决策达到最优时，项目的总期望收益与总成本之差为正。式（4-29）：$q\left(y_{gg}^{g}+l_{gg}^{g}\right)+(1-q)y_{dd}^{g}-C(a_g)-I>0$保证了本节所讨论的项目有投资价值。

②根据前面(D_i,α_i)的设计，易得$\alpha_d>\alpha_g$且$D_d<D_g$，类似前面的分析，当创业者提供的可转换债券为(D_g,α_g)且创业者在时刻 1 选择努力a_d时，VC 的期望收益为$q\alpha_g y_{gg}^{d}+(1-q)y_{dd}^{d}$。由$q\alpha_d y_{gg}^{d}+(1-q)y_{dd}^{d}=I$且$\alpha_d>\alpha_g$可知$q\alpha_g y_{gg}^{d}+(1-q)y_{dd}^{d}<I$。

③利用前面的分析方法，$U_{a_d}^{\mathrm{E}}(D_d,\alpha_d)-U_{a_g}^{\mathrm{E}}(D_d,\alpha_d)=[C(a_g)-C(a_d)]-q[(1-\alpha_d)(y_{gg}^{g}-y_{gg}^{d})+l_{gg}^{g}-l_{gg}^{d}]$，由$q(y_{gg}^{g}+l_{gg}^{g}-y_{gd}^{d})<C(a_g)-C(a_d)$及$0<\alpha_d<1$，可得$U_{a_d}^{\mathrm{E}}(D_d,\alpha_d)-U_{a_g}^{\mathrm{E}}(D_d,\alpha_d)>0$。

题，而且还考虑了在自然状态实现之前创业者的人力资本因素。由于创业者具有私人利益，不同的决策影响着创业者的私人利益，所以 VC 与创业者在控制权(即风险投资企业的决策权)上存在利益冲突，并且创业者的前期努力具有成本，即创业者为了减少努力成本而未必会选择最优的努力水平。

研究结论表明普通股或债券等融资工具以及创业者或 VC 的单边控制不能解决双方的利益冲突，然而优先清算权依据可转换债券是否行使转换权而进行的或有配置能解决此类问题，从而为可转换债券与控制权或有配置在风险投资中的广泛应用提供了理论解释。当业绩等自然状态为差时，拥有可转换债券的 VC 通常不行使转换权，此时授予 VC 优先清算权能使决策达到最优；当业绩等自然状态为好时，VC 通常行使转换权，此时创业者控制能使决策达到最优。

本节还得到了能使风险投资企业决策达到最优的所有可转换债券，并求出了创业者选择最优努力的充分必要条件，进而得到了近似最佳的可转换债券。根据所得的充分必要条件可知，如果自然状态为好的概率足够大并且创业者从高努力中得到的私人利益足够高，或者创业者选择高努力比选择低努力的成本差距足够小，则创业者均会采取最优的努力。

4.4　风险投资企业现金流权和多种控制权的配置

4.4.1　引言

风险投资行业的一个显著特征是高度的不确定性和严重的信息不对称性。不确定性包括风险投资企业技术进展的不确定性，市场对风险投资企业产品需求的不确定性以及创业者管理能力的不确定性等。本节考虑了风险投资企业技术进展的不确定性以及创业者管理能力的不确定性。当风险投资企业发展到一定阶段后，如果风险投资企业的技术进展遇到重大难题而不能克服，则风险投资企业帕累托最优的决策可能是清算企业，然而拥有私人利益的创业者却不愿意清算，所以 VC 和创业者在清算权上存在利益冲突。当风险投资企业的技术进展顺利而创业者的管理能力不足时，风险投资企业帕累托最优的决策是用专业的经理人替换创业者(使用替换权)[①]，然而拥有私人利益的创业者却不愿意被替换，所以 VC 和创业者在是否聘用专业经理人方面也存在利益冲突。

在风险投资的合约中，通常需要对各种权利进行配置，这里的权利包括现金流权、投票权、清算权等。以 Aghion 和 Bolton (1992)、Hart 和 Moore(1998)为代表的学者，研究了在不完全合约融资中控制权的安排问题，他们建立了含有私人利益的不完全合约模型来说明最优的或有控制权配置。本节的模型框架与 Aghion 和 Bolton(1992)模型的相似之处在于均考虑了由于企业业绩等自然状态的不可证实性，在合约中不能事先规定企业的行动，而只能在自然状态实现之后采取相应有效的决策。但是创业者和投资者哪一方具有决策权，这就涉及控制权配置的问题。由于创业者私人利益的存在，当企业采取不同决策时，项目具有不同的货币收益以及创业者具有不同的私人利益。Aghion 和 Bolton(1992)仅考

---

①风险投资企业在发展中遇到一些问题时，创业者会为了自身的利益而不一定采取帕累托最优的决策，此时 VC 通常会介入企业的管理，比如聘用专业的经理人或者对企业的发展战略进行适当的调整等。

虑了一种自然状态，即业绩的不确定性，而本节不仅考虑了技术进展是否顺利的不确定性，还考虑了创业者管理能力是否出色的不确定性①。在各种不确定性实现之后，企业需要采取相应帕累托最优的决策。

为了能使自然状态实现之后企业的决策达到帕累托最优，本节借鉴了 Gebhardt 和 Schmidt(2006)中替换权依据现金流权条件配置的思想。Gebhardt 和 Schmidt(2006)的模型考虑了在自然状态实现之后，创业者具有谋取私人利益的机会，若创业者谋取更多的私人利益，则项目的货币收益将会减少；在创业者谋取私人利益之后，拥有控制权的一方决定是否聘用专业的经理人对企业进行管理。若企业聘用专业的经理人，即创业者被专业的经理人所替代，则项目成功的概率会增加但创业者的私人利益会丧失。Gebhardt 和 Schmidt(2006)利用了可转换证券和替换权的结合以使风险投资企业的替换决策达到帕累托最优，而本节同时考虑了两种权力(即替换权和清算权)依据可转换证券进行条件配置。当 VC 不执行可转换证券的转换权，即 VC 拥有债券时，VC 拥有清算权及替换权；当 VC 把可转换证券转换成普通股时，VC 拥有替换权而失去清算权；当 VC 把可转换证券转换成另一种普通股时，VC 失去替换权和清算权②。在实际的风险投资中，VC 会注重资金的利用率，当 VC 选择清算项目与企业继续运营所得到的收益相同时，VC 更偏好于清算企业③。

4.4.2　模型建立

1. 模型框架

与 4.3 节类似，假设一个创业者拥有一个市场前景良好的新项目，由于创业者无财富，需要向 VC 融资，融资资金为 I。假设创业者提供了一个“要么接受要么放弃”的合约给 VC，即 VC 的期望利润为其外部保留效用，不失一般性，不妨设其保留效用为 0。

创业者的行动、项目状态与风险投资企业的决策模型的基本架构如图 4-4 所示。在时刻 0，双方签订合约，VC 投入资金为 I。在时刻 1，自然状态 $T=\{T_g,T_b\}$ 和 $M=\{M_g,M_b\}$ 实现，其中 T_g（T_b）表示技术进展顺利(不顺利)的自然状态，M_g（M_b）表示创业者管理风险投资企业能力较强(差)的自然状态，此时自然状态只能被双方观察，而不能被证实。在时刻 2，拥有控制权的一方需要进行决策 $a\in A=\{a_g,a_r,a_l\}$，其中 a_g 表示风险投资企业仍由创业者管理并且风险投资企业继续进行运营，a_r 表示风险投资企业用专业的经理人替换创业者，a_l 表示对风险投资企业进行清算。在时刻 3，项目的货币收益 r 实现。时刻 1

①由于在创业初期，创业者通常也不了解自己的能力能否胜任企业的管理，所以对双方而言创业者的管理能力存在不确定性。

②企业在发行可转换证券时，通常发行多种附有不同权利的证券。本节此处设计的可转换证券，当转换成普通股时，有两种附有不同权利的普通股供 VC 选择。在实际的风险投资中，当风险投资企业业绩变好时，VC 往往会放松对企业的控制，并且为了能享受企业发展所带来的好处通常会(特别是在 IPO 或新一轮融资时)将可转换证券转换成普通股(发挥可转换证券的“股性”)。本节此处当 VC 转换成普通股 α 时，清算权和替换权同时交给创业者，而当 VC 转换成普通股 β 时，替换权交给 VC，此种设置只是实际中的一种近似。而当业绩变差时，VC 通常不将可转换证券转换成普通股，而往往会加强控制权，并以清算权相威胁甚至进行清算或重组(发挥可转换证券的“债性”)，为了方便，本节这里直接假设 VC 将可转换证券转换成债券并且拥有两种权利。

③因为清算企业时，VC 可以立即得到支付，从而可以直接投资下一个项目，这与委托代理理论中满足激励相容约束的等号时可以激励代理人稍有差异。

自然状态为 $(T,M)=(T_i,M_j)$，时刻 2 的决策为 a_k 时，最后阶段的期望收益为 $f(T_i,M_j,a_k)$，即 $f(T_i,M_j,a_k)=E(r|T=T_i,M=M_j,a=a_k)$；同理，创业者的私人利益记为 $l(T_i,M_j,a_k)$，其中 $i=g,d$， $j=g,d$， $k=g,r,l$。

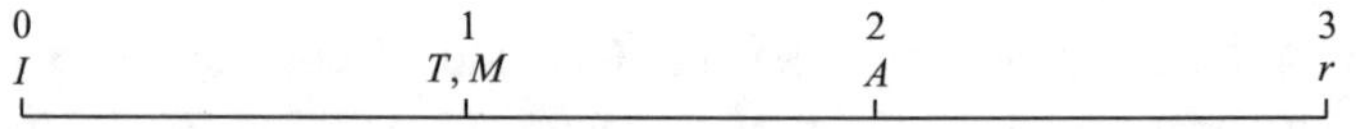

图 4-4　创业者的行动、项目状态与风险投资企业的决策模型的基本架构

假设创业者和 VC 对收入都是风险中性的，其效用函数如下：

$$U_{\mathrm{E}}(T,M,r,a)=s+l(T,M,a) \tag{4-38}$$

$$U_{\mathrm{V}}(T,M,r,a)=r(T,M,a)-s \tag{4-39}$$

式中， $r(T,M,a)$ 为最后时刻的总货币收益； s 为创业者的货币收益； $l(T,M,a)$ 为创业者的私人利益，该值不能被第三方观测和证实，并且不能转移； $r(T,M,a)-s$ 为 VC 的货币收益，假定货币收入可以被证实。

在实际的合约中，由于投资项目很复杂，以致在事前很难对每一组自然状态 (T,M) 都确定相应的一个最优决策，即很难确定由状态组合 (T,M) 到决策的函数 $g(T,M)$，其中 $g:(T,M)\to A$， (T,M) 为状态集的组合， A 为决策集。即使 $g(T,M)$ 能够确定，但状态 (T,M) 如果不能被第三方所证实，则这样的合约也不能被强制执行。正是由于状态组合 (T,M) 在事前不能被描述或者在事后不能被证实，在签订合约时就不能明确规定决策 $a\in A$，使得在事后达到最优，只能在状态实现之后，再确定一个最优决策 a。但是，在时刻 2，需要确定创业者和 VC 谁拥有决策权，这就是所谓控制权分配的问题。

2. 模型假设

(1) 假设技术进展顺利的概率为 p，创业者管理风险投资企业能力较强的概率为 q，即 $\mathrm{Prob}(T=T_g)=p$， $\mathrm{Prob}(M=M_g)=q$。

(2) 当创业者被替换或者企业被清算，即在时刻 2 风险投资企业的决策为 a_r 或 a_l 时，假设创业者的私人利益均为 0[①]，即 $l(T_i,M_j,a_r)=0$，$l(T_i,M_j,a_l)=0$，其中 $i=g,b$，$j=g,b$。

(3) 帕累托最优：当自然状态为 (T_g,M_g)，即风险投资企业技术进展顺利并且创业者管理能力出色时，风险投资企业帕累托最优决策是仍由创业者继续运营管理，即为 a_g，此时式 $f(T_g,M_g,a_g)+l(T_g,M_g,a_g)>f(T_g,M_g,a_l)$ 及 $f(T_g,M_g,a_g)+l(T_g,M_g,a_g)>f(T_g,M_g,a_r)$ 成立，并且假定当创业者没有被替换时，创业者会谋取更多的私人利益而导致货币收益变少，即 $f(T_g,M_g,a_g)<f(T_g,M_g,a_l)<f(T_g,M_g,a_r)$[②]成立；当自然状态为

①本节考虑的私人利益为创业者的声誉以及在职消费等，在风险投资企业被清算或创业者被替代之后，创业者声誉下降，在职消费机会消失，本节假设其私人利益为 0。

②左边的不等式意味着创业者管理企业时，会谋取更多的私人利益，导致项目的货币收益变少，而直接清算时，创业者谋取私人利益的机会消失，此式是为了说明在技术进展顺利并且创业者管理能力出色时，双方在清算权上存在利益冲突；右边的不等式意味着，企业聘用专业的经理人时，由于专业经理人的管理经验以及专业经理人过少的私人利益，项目的货币收益比清算时所得的货币收益大。

(T_g,M_b) 时，风险投资企业帕累托最优的决策是继续进行运营但需用专业的经理人替换创业者对风险投资企业进行管理，即为 a_r，此时 $f(T_g,M_b,a_r)>f(T_g,M_b,a_g)+l(T_g,M_b,a_g)$ 及 $f(T_g,M_b,a_r)>f(T_g,M_b,a_l)$；当自然状态为 (T_b,M_g) 或 (T_b,M_b) 时，企业技术进展不佳，无论创业者的管理能力如何，风险投资企业帕累托的决策是清算企业，即为 a_l，此时 $f(T_b,M_j,a_l)>f(T_b,M_j,a_r)$ 及 $f(T_b,M_j,a_l)>f(T_b,M_j,a_g)+l(T_b,M_j,a_g)$ 成立。

(4) 为了强调技术进展顺利在风险投资企业中的重要性，假设 $f(T_g,M_b,a_g)\geqslant f(T_b,M_g,a_l)$ 和 $f(T_g,M_g,a_g)\geqslant f(T_b,M_g,a_l)$ 成立；为了强调创业者管理能力的重要性，假设 $f(T_b,M_g,a_l)\geqslant f(T_b,M_b,a_l)$ 成立。此外，还假设式(4-40)成立：

$$\frac{f(T_g,M_b,a_r)}{f(T_g,M_b,a_g)}>\frac{f(T_g,M_g,a_r)}{f(T_g,M_g,a_g)} \tag{4-40}$$

式(4-40)说明当技术进展顺利，创业者管理能力不足时聘用专业经理人能给风险投资企业带来的变化显著好于当创业者管理能力出色时聘用专业经理人的情况。令

$$\begin{aligned}F_1&=pqf(T_g,M_g,a_g)+p(1-q)f(T_g,M_b,a_g)\\&\quad+(1-p)qf(T_b,M_g,a_l)+(1-p)(1-q)f(T_b,M_b,a_l)\end{aligned} \tag{4-41}$$

$$\begin{aligned}F_2&=(1-p)(1-q)f(T_b,M_b,a_l)+[pqf(T_g,M_g,a_g)+p(1-q)f(T_g,M_b,a_g)\\&\quad+(1-p)qf(T_b,M_g,a_l)]\frac{f(T_b,M_b,a_l)}{f(T_b,M_g,a_l)}\end{aligned} \tag{4-42}$$

假设风险投资企业在技术进展顺利时项目能够继续进行以及技术进展不佳时能及时进行清算，风险投资企业的货币期望收益大于初始的投资额 I，即 $F_1>I$ 成立，根据假设(4)可知：$F_1>F_2$。最后假定在签订合约时，货币收益期望值、私人利益、状态的概率分布等信息为双方的共同知识。此外，当 VC 选择清算项目与企业继续运营所得到的收益相同时，VC 更偏好于清算企业。

4.4.3　现金流权和多种控制的配置

在时刻 2，风险投资企业不同的决策 a 直接影响着创业者的私人利益及项目的货币收益，VC 和创业者存在潜在的利益冲突。在时刻 0，应该如何安排现金流权和控制权使 VC 能参与项目的投资并且能使风险投资企业的决策 a 达到帕累托最优？

1. 债券作为融资工具的情形

首先探讨风险投资企业以债券作为融资工具的情形。由于债券具有优先的清算权①，所以合约中仅需要对替换权进行配置。

命题 4-6：当风险投资企业以债券作为融资工具进行融资，即风险投资企业授予 VC 面值为 D 的债券时，VC 拥有优先清算权，此时无论 VC 拥有替换权还是创业者拥有替换权，风险投资企业的决策 a 均不能达到帕累托最优。

证明：当 VC 拥有面值为 D 的债券时，VC 同时拥有优先清算权。下面分析无论是

①实际的债券持有者往往具有优先清算权。优先清算权有两层含义，首先意味着 VC 拥有优先清偿权；其次清算权相对替换权而言具有优先的性质，即若执行清算权，则替换权丧失了意义，若不执行清算权，则替换权有意义。

VC 拥有替换权还是创业者拥有替换权，风险投资企业的决策均不能达到帕累托最优。

首先，考虑 VC 同时拥有替换权的情况。当自然状态组合为(T_g,M_g)时，可以说明风险投资企业在此种状态组合下不能采取帕累托最优的决策。根据假设(3)可知$f(T_g,M_g,a_g)<f(T_g,M_g,a_l)<f(T_g,M_g,a_r)$成立。当$D\leqslant f(T_g,M_g,a_g)$时，由于采取清算企业、替换创业者或者由创业者继续管理，VC 的收益均为D。考虑到清算项目后 VC 可以立即得到支付，并直接投资下一个项目，VC 会清算企业，从而风险投资企业的决策不能达到帕累托最优；当$f(T_g,M_g,a_g)<D\leqslant f(T_g,M_g,a_l)$时，VC 清算企业的收益$D$大于继续由创业者进行管理时所得的收益，并且 VC 采取聘用专业经理人时所得的收益也为D，VC 也会清算企业，从而风险投资企业的决策不能达到帕累托最优；当$f(T_g,M_g,a_l)<D\leqslant f(T_g,M_g,a_r)$或者$f(T_g,M_g,a_r)<D$时，VC 均会执行替换权，从而风险投资企业的决策也不能达到最优。综上所述，当拥有优先清算权的 VC 同时拥有替换权时，在自然状态组合为(T_g,M_g)时，风险投资企业的决策不能达到帕累托最优，即此种控制权和现金流权的安排不能使企业的决策达到帕累托最优。

其次，考虑 VC 拥有优先清算权，创业者拥有替换权的情况。当 VC 不执行清算权时，替换权才能显示其作用，而一旦 VC 对风险投资企业进行清算，则创业者拥有替换权不能发挥其作用。当自然状态组合为(T_g,M_g)时，可以说明风险投资企业在此种状态组合下不能采取帕累托最优的决策。根据假设(3)可知，$f(T_g,M_g,a_g)<f(T_g,M_g,a_l)<f(T_g,M_g,a_r)$成立。当$D\leqslant f(T_g,M_g,a_g)$或$f(T_g,M_g,a_g)<D\leqslant f(T_g,M_g,a_l)$时，类似于上面的证明，VC 会清算企业，从而风险投资企业的决策不能达到帕累托最优。

当$f(T_g,M_g,a_l)<D\leqslant f(T_g,M_g,a_r)$时，若 VC 不执行清算权，则创业者将不执行替换权①，即风险投资企业的决策为a_g，此时 VC 的收益为$f(T_g,M_g,a_g)$，若 VC 执行清算权，则创业者拥有替换权已经无意义，此时 VC 的收益为$f(T_g,M_g,a_l)$，由于$f(T_g,M_g,a_g)<f(T_g,M_g,a_l)$，因此，VC 将会执行清算权，从而风险投资企业的决策不能达到帕累托最优。当$f(T_g,M_g,a_r)<D$时，若 VC 不执行清算权，则创业者也将不执行替换权，此时 VC 的收益$f(T_g,M_g,a_g)$小于 VC 执行清算权时所得的收益$f(T_g,M_g,a_l)$，因此，VC 也将会执行清算权，从而风险投资企业的决策不能达到最优。命题 4-6 证毕。

2. 普通股作为融资工具的情形

当企业以发行债券的方式进行融资时，作为债券持有者的 VC 拥有了优先清算权。由于 VC 的收益至多为债券的面值D，VC 会对企业进行过多的清算，即在企业技术进展比较顺利时也会对企业进行清算，故不能使企业的决策达到帕累托最优。债券不能使 VC 从企业的发展中得到更多的收益，从而导致 VC 对企业进行过多的干预。是否存在一些融资工具，使 VC 能够享受企业的发展所带来的好处？下面分析当企业以普通股的方式进行融资时，风险投资企业的决策能否达到帕累托最优。

①由于创业者执行替换权时其收益为$f(T_g,M_g,a_r)-D$，而不执行替换权时其收益为$l(T_g,M_g,a_g)$，根据假设(3)可知，创业者将不执行替换权。

命题 4-7：当风险投资企业以普通股作为融资工具进行融资，即风险投资企业授予 VC 股份数比例为α的普通股时，若 VC 拥有控制权，则风险投资企业的决策a不能达到帕累托最优。

证明：当风险投资企业以普通股的方式进行融资，即风险投资企业授予 VC 股份数比例为α的普通股时，若 VC 拥有控制权，即 VC 拥有全部的控制权或部分的控制权，则风险投资企业的决策a不能达到最优。分析如下。

首先，考虑 VC 拥有全部的控制权(即同时拥有清算权和替换权)的情况。在自然状态组合为(T_g,M_g)时，风险投资企业的决策不能达到帕累托最优。根据假设(3)可知，$\alpha f(T_g,M_g,a_g)<\alpha f(T_g,M_g,a_l)<\alpha f(T_g,M_g,a_r)$成立，即 VC 采取聘用专业经理人所得的收益$\alpha f(T_g,M_g,a_r)$大于采取清算企业所得的收益$\alpha f(T_g,M_g,a_l)$，并且 VC 采取聘用专业经理人所得的收益$\alpha f(T_g,M_g,a_r)$大于不替换创业者仍由创业者管理所得的收益$\alpha f(T_g,M_g,a_g)$。故 VC 会采取替换创业者的措施，从而风险投资企业的决策不能达到帕累托最优。

其次，考虑 VC 拥有清算权而创业者拥有替换权的情况。在自然状态组合为(T_g,M_g)时，风险投资企业的决策也不能达到帕累托最优。当 VC 不执行清算权时，根据假设(3)可知，$(1-\alpha)f(T_g,M_g,a_g)+l(T_g,M_g,a_g)>(1-\alpha)f(T_g,M_g,a_r)$成立，即创业者不会执行替换权，此时 VC 的收益为$\alpha f(T_g,M_g,a_g)$；当 VC 执行清算权时，VC 的收益为$\alpha f(T_g,M_g,a_l)$。由于 VC 执行清算权所得的收益$\alpha f(T_g,M_g,a_l)$大于不执行清算权所得的收益$\alpha f(T_g,M_g,a_g)$，故 VC 会清算企业，从而风险投资企业也不能采取帕累托最优的决策。

最后，考虑 VC 拥有替换权而创业者拥有清算权的情况。在自然状态组合为(T_g,M_g)时，风险投资企业的决策也不能达到帕累托最优。当创业者不执行清算权时，根据假设(3)可知，$f(T_g,M_g,a_g)<f(T_g,M_g,a_r)$，VC 执行替换权所得的收益$\alpha f(T_g,M_g,a_r)$大于不执行替换权时所得的收益$\alpha f(T_g,M_g,a_g)$，所以 VC 会执行替换权，此时创业者的收益为$(1-\alpha)f(T_g,M_g,a_r)$；当创业者执行清算权时，创业者的收益为$(1-\alpha)f(T_g,M_g,a_l)$，根据假设(3)可知，$(1-\alpha)f(T_g,M_g,a_l)<(1-\alpha)f(T_g,M_g,a_r)$成立，所以创业者将不执行清算权，并且 VC 将执行替换权，从而风险投资企业的决策仍不能达到帕累托最优。

综上所述，当风险投资企业以普通股的形式进行融资时，若 VC 拥有全部的控制权或部分的控制权，由于创业者私人利益的存在，VC 会对企业进行过多的干预，即在风险投资企业技术进展顺利并且创业者管理能力出色时，VC 会替换创业者或对风险投资企业进行清算。

命题 4-8：当风险投资企业以普通股作为融资工具进行融资，即风险投资企业授予 VC 股份数比例为α的普通股时，若创业者拥有全部的控制权，即同时拥有清算权和替换权，则能使 VC 参与项目的投资并且风险投资企业的决策a也能达到帕累托最优的充分必要条件为$S(\alpha^*)\geq I$，其中$S(\alpha^*)$见下文的证明。

证明：由于创业者拥有全部的控制权，即同时拥有清算权和替换权，下面对创业者在不同自然状态组合下均能采取帕累托最优决策的条件进行分析。

当自然状态组合为(T_g,M_g)时，由于创业者所占的股份比例$0<1-\alpha<1$，根据假设(3)，下面两式均成立：

$$(1-\alpha)f(T_g,M_g,a_g)+l(T_g,M_g,a_g)>(1-\alpha)f(T_g,M_g,a_l)$$

$$(1-\alpha)f(T_g,M_g,a_g)+l(T_g,M_g,a_g)>(1-\alpha)f(T_g,M_g,a_r)$$

即创业者继续对企业进行管理所得的总收益大于选择清算所得的收益，并且也大于选择聘用经理人所得的收益，所以拥有控制权的创业者既不会清算企业也不会聘用经理人，即创业者会采取风险投资企业的最优决策a_g，此时VC的收益为$\alpha f(T_g,M_g,a_g)$。

当自然状态组合为(T_g,M_b)时，风险投资企业的最优决策为a_r。创业者采取决策a_r，当且仅当下面两式均成立：

$$(1-\alpha)f(T_g,M_b,a_r)\geqslant(1-\alpha)f(T_g,M_b,a_g)+l(T_g,M_b,a_g)$$

$$(1-\alpha)f(T_g,M_b,a_r)\geqslant(1-\alpha)f(T_g,M_b,a_l)$$

时，由假设(3)可得，式$(1-\alpha)f(T_g,M_b,a_r)>(1-\alpha)f(T_g,M_b,a_l)$显然成立。因此，在自然状态组合为$(T_g,M_b)$时，当且仅当：

$$(1-\alpha)f(T_g,M_b,a_r)>(1-\alpha)f(T_g,M_b,a_g)+l(T_g,M_b,a_g)$$

时，风险投资企业的决策能达到帕累托最优，即式(4-43)成立：

$$\alpha\leqslant\alpha_1=\frac{f(T_g,M_b,a_r)-f(T_g,M_b,a_g)-l(T_g,M_b,a_g)}{f(T_g,M_b,a_r)-f(T_g,M_b,a_g)}\tag{4-43}$$

易知$0<\alpha_1<1$，因此在自然状态组合为(T_g,M_b)时，风险投资企业的决策能达到帕累托最优的充分必要条件为$\alpha\leqslant\alpha_1$，此时VC的收益为$\alpha f(T_g,M_b,a_r)$。

当自然状态组合为(T_b,M_g)时，风险投资企业的最优决策为a_l。创业者采取决策a_l，当且仅当下面两式均成立：

$$(1-\alpha)f(T_b,M_g,a_l)>(1-\alpha)f(T_b,M_g,a_r)$$

$$(1-\alpha)f(T_b,M_g,a_l)>(1-\alpha)f(T_b,M_g,a_g)+l(T_b,M_g,a_g)$$

时，由假设(3)可得，式$(1-\alpha)f(T_b,M_g,a_l)>(1-\alpha)f(T_b,M_g,a_r)$显然成立。因此，在自然状态组合为$(T_b,M_g)$时，当且仅当$(1-\alpha)f(T_b,M_g,a_l)>(1-\alpha)f(T_b,M_g,a_g)+l(T_b,M_g,a_g)$时，风险投资企业的决策能达到帕累托最优，即式(4-44)成立：

$$\alpha\leqslant\alpha_2=\frac{f(T_b,M_g,a_r)-f(T_b,M_g,a_g)-l(T_b,M_g,a_g)}{f(T_b,M_g,a_r)-f(T_b,M_g,a_g)}\tag{4-44}$$

易知$0<\alpha_2<1$，因此在自然状态组合为(T_b,M_g)时，风险投资企业的决策能达到最优的充分必要条件为$\alpha\leqslant\alpha_2$，此时VC的收益为$\alpha f(T_b,M_g,a_l)$。

当自然状态组合为(T_b,M_b)时，类似于$(T,M)=(T_b,M_g)$时的情形，令

$$\alpha_3=\frac{f(T_b,M_b,a_r)-f(T_b,M_b,a_g)-l(T_b,M_b,a_g)}{f(T_b,M_b,a_r)-f(T_b,M_b,a_g)}$$

易知$0<\alpha_3<1$，风险投资企业的决策能达到最优的充分必要条件为$\alpha\leqslant\alpha_3$，此时VC

的收益为 $\alpha f(T_b,M_b,a_l)$ 。

综上所述，在各种自然状态组合下，风险投资企业的决策均能达到最优的充分必要条件为 $\alpha \leqslant \alpha^* = \min\{\alpha_1,\alpha_2,\alpha_3\}$ 。在各种自然状态组合下，企业的决策均达到帕累托最优时，VC 的期望收益为

$$U_1^{\mathrm{VC}} = \alpha[pqf(T_g,M_g,a_g) + p(1-q)f(T_g,M_b,a_r) + (1-p)qf(T_b,M_g,a_l) + (1-p)(1-q)f(T_b,M_b,a_l)] \tag{4-45}$$

令

$$S(\alpha) = \alpha[pqf(T_g,M_g,a_g) + p(1-q)f(T_g,M_b,a_r) + (1-p)qf(T_b,M_g,a_l) + (1-p)(1-q)f(T_b,M_b,a_l)]$$

显然 $S(\alpha)$ 为关于 α 的增函数。

VC 能够参与项目的投资，式(4-46)成立①：

$$\alpha^*[pqf(T_g,M_g,a_g) + p(1-q)f(T_g,M_b,a_r) + (1-p)qf(T_b,M_g,a_l) + (1-p)(1-q)f(T_b,M_b,a_l)] \geqslant I \tag{4-46}$$

综上所述，命题 4-8 成立。

命题 4-8 中的条件式(4-46)即为 $S(\alpha^*) \geqslant I$ 。由假设(3)可知， $f(T_g,M_b,a_r) > f(T_g,M_b,a_g)$ ，又由式(4-41)及 $S(\alpha)$ 的定义可得 $S(1) > F_1 > I$ 及 $S(0) = 0$ 。由于 $S(\alpha)$ 为关于 α 的增函数并且该函数为连续函数，根据中值定理存在唯一的 α_0 且满足 $0 < \alpha_0 < 1$ ，使得 $S(\alpha_0) = I$ 。当 $\alpha^* \geqslant \alpha_0$ 时， $S(\alpha^*) \geqslant I$ ，即式(4-46)成立。因为 $\alpha^* = \min\{\alpha_1,\alpha_2,\alpha_3\}$ ，若 $\alpha_1 < \alpha_0$ ，则 $\alpha^* < \alpha_0$ 成立，此时式(4-46)不成立，即此种控制权和现金流权的配置不能使企业的决策达到帕累托最优。由 α_1 的表达式可知，当 $l(T_g,M_b,a_g) \to 0$ 时， $\alpha_1 \to 1$ ，所以当 $l(T_g,M_b,a_g)$ 足够小时， $\alpha_1 > \alpha_0$ 成立。同理，当 $l(T_b,M_g,a_g)$ 足够小时 $\alpha_2 > \alpha_0$ ，当 $l(T_b,M_b,a_g)$ 足够小时 $\alpha_3 > \alpha_0$ 。由上述分析可知，当 $l(T_g,M_b,a_g)$ 、 $l(T_b,M_g,a_g)$ 及 $l(T_b,M_b,a_g)$ 均足够小时， $\alpha^* = \min\{\alpha_1,\alpha_2,\alpha_3\} > \alpha_0$ ，此时可得 $S(\alpha^*) > S(\alpha_0) = I$ ，根据命题 4-8，该合约能使 VC 参与项目的投资并且创业者能够采取帕累托最优的决策。综上所述，当创业者的私人利益足够小时，企业以普通股作为融资工具进行融资并且企业的控制权授予创业者，创业者能采取帕累托最优的决策。

3. 可转换证券作为融资工具的情形

若创业者私人利益相对于货币收益足够大，但此种现金流权和控制权的安排却不能使企业的决策达到帕累托最优，则不妨考虑在自然状态组合为 (T_g,M_b) 时，创业者选择继续进行项目具有很大私人利益 $l(T_g,M_b,a_g)$ 时的情形，此时企业以普通股作为融资工具进行

---

①在保证企业的决策达到最优的条件下，当风险投资能够参与项目投资时，式(4-46)必须成立，理由如下：若式(4-46)不成立，即 $S(\alpha^*) < I$ ，则在企业的决策达到最优时 $\alpha \leqslant \alpha^*$ ，又因为 $S(\alpha)$ 为关于 α 的增函数，所以 $S(\alpha) \leqslant S(\alpha^*) < I$ ，即 VC 的期望收益 $S(\alpha)$ 小于初始投资额 I ，与 VC 能够参与项目投资的条件矛盾，所以假设不成立，即式(4-46)成立。反之，当式(4-46)成立时，即 $S(\alpha^*) \geqslant I$ ，又因为 $S(0) = 0$ ， $S(\alpha)$ 为关于 α 的增函数并且该函数为连续函数，根据中值定理存在唯一的 α_0 且满足 $\alpha_0 < \alpha^*$ 使得 $S(\alpha_0) = I$ ，在合约中授予 VC 的股权比例为 α_0 时，由于 $\alpha_0 < \alpha^*$ ，所以在各种不同自然状态组合下创业者均会选择最优决策，并且由于 $S(\alpha_0) = I$ ，VC 也能够参与项目的投资。

融资，双方在是否要聘用经理人方面存在利益冲突。下面考虑利用可转换证券和控制权的条件配置解决双方的利益冲突。

在时刻 0，双方签订合约并且设计了可转换证券，合约中规定给予 VC 的现金流权为可转换证券，并且规定 VC 必须在时刻 1 至时刻 2 之间的某一时刻决定是否要转换成普通股[①]，其中普通股有两种类型，拥有不同类型的普通股相应地拥有不同的控制权，此处控制权配置是依据可转换证券是否转换以及转换成何种普通股。在时刻 1 至时刻 2 的某一时刻，不妨记为时刻 1.5，如果 VC 不执行可转换证券的转换权，则 VC 拥有面值为 D 的债券，此时规定 VC 拥有控制权，即拥有替换权和清算权，为了便于分析，不妨记此种情况为 (D,V)；如果 VC 选择转换成普通股 β，则 VC 拥有比例为 β 的现金流权，即相当于 VC 拥有股份数占总股份数比例为 β 的普通股，此时 VC 拥有替换权而失去清算权，不妨称转换比例为 β，记此种情况为 (β,V_r)；如果 VC 选择转换成普通股 α，则 VC 拥有比例为 α 的现金流权，此时所有的控制权都归创业者所有，记此种情况为 (α,E)。由于普通股 β 比普通股 α 拥有更多的权力，即附有替换权，所以转换比例应有 $\beta<\alpha$[②]。

命题 4-9：当 $F_2\leqslant I<F_1$ 时，考虑现金流权和控制权的组合 $\{(D,V),(\beta,V_r),(\alpha,E)\}$，令 $\alpha=\dfrac{D}{f(T_b,M_g,a_l)}$，$\beta=\alpha\dfrac{f(T_g,M_b,a_g)}{f(T_g,M_b,a_r)}$，$D=\dfrac{[I-(1-p)(1-q)f(T_b,M_b,a_l)]f(T_b,M_g,a_l)}{F_1-(1-p)(1-q)f(T_b,M_b,a_l)}$，其中 $0<\beta<\alpha<1$，当 $\dfrac{F_1-I}{F_1-(1-p)(1-q)f(T_b,M_b,a_l)}<\dfrac{l(T_g,M_b,a_g)}{f(T_g,M_b,a_r)-f(T_g,M_b,a_g)}$ 时，VC 和创业者在关于替换权上有利益冲突[③]，此时此种合约可行并且能使企业的决策 a 达到帕累托最优。

证明：由命题中 α、β 及 D 的设计可知，$\alpha=\dfrac{I-(1-p)(1-q)f(T_b,M_b,a_l)}{F_1-(1-p)(1-q)f(T_b,M_b,a_l)}$，又由 $F_2\leqslant I<F_1$ 可得 $0<\beta<\alpha<1$，$D=\alpha f(T_b,M_g,a_l)<f(T_b,M_g,a_l)$。由 $F_2\leqslant I$ 及 D 的值，可得 $f(T_b,M_b,a_l)\leqslant D$ 成立。下面证明对于不同的自然状态组合，企业的决策 a 均能达到帕累托最优。

当自然状态组合为 (T_g,M_g) 时，技术进展顺利并且创业者的管理能力出色。在时刻 1.5，若 VC 不转换可转换证券，即 VC 选择 (D,V)，则 VC 拥有面值为 D 的债券并且拥有替换权和清算权，此种情况 VC 的期望货币支付至多为 D。在时刻 1.5，如果 VC 转换成普通股 β，即 VC 选择 (β,V_r)，此时 VC 拥有替换权[④]，即 VC 可以选择用专业的经理人替换创业者从而对风险投资企业进行管理，则 VC 的货币期望收益为 $\beta f(T_g,M_g,a_r)$。在时刻 1.5，如果 VC 转换成普通股 α，即 VC 选择 (α,E)，VC 拥有比例为 α 的现金流权，但 VC 丧失控制权，创业者拥有全部的控制权，根据假设 (3) 可知，下面两式均成立：

---

①在实际的合约中，可转换证券通常有一个转换的期限。本节里可转换证券的期限在时刻 1 至时刻 2，即在此期限之内 VC 必须决定是否要转换，如果不转换，则 VC 就相当于拥有了债券；如果转换成普通股，则 VC 就拥有普通股。

②如果转换比例 $\beta\geqslant\alpha$，则普通股 β 对 VC 有更多的吸引力，从而在转换时，VC 就不会考虑转换成普通股 α。

③此条件为创业者有很大私人利益时的情形，根据该条件可简化为 $(1-\alpha)f(T_g,M_b,a_r)<(1-\alpha)f(T_g,M_b,a_g)+l(T_g,M_b,a_g)$，此时双方在替换权上具有利益冲突。

④其实 VC 选择转换成普通股 β 是为了可以执行替换权，如果不执行替换权，则 VC 选择转换成普通股 α 更有利，因为 $\alpha>\beta$。

$$(1-\alpha)f(T_g,M_g,a_g)+l(T_g,M_g,a_g)>(1-\alpha)f(T_g,M_g,a_l)$$
$$(1-\alpha)f(T_g,M_g,a_g)+l(T_g,M_g,a_g)>(1-\alpha)f(T_g,M_g,a_r)$$

即创业者会选择风险投资企业的最优决策 a_g，此时 VC 的收益为 $\alpha f(T_g,M_g,a_g)$。因为 $\alpha f(T_g,M_g,a_g)=\dfrac{D}{f(T_b,M_g,a_l)}f(T_g,M_g,a_g)>D$，所以 VC 在时刻 1.5 选择 (α,E) 比选择 (D,V) 严格占优。又由假设(4)可知，$\dfrac{f(T_g,M_b,a_r)}{f(T_g,M_b,a_g)}>\dfrac{f(T_g,M_g,a_r)}{f(T_g,M_g,a_g)}$，所以 $\alpha f(T_g,M_g,a_g)=\beta\dfrac{f(T_g,M_b,a_r)}{f(T_g,M_b,a_g)}f(T_g,M_g,a_g)>\beta f(T_g,M_g,a_r)$，即 VC 在时刻 1.5 选择 (α,E) 比选择 (β,V_r) 占优。综上所述，当自然状态组合为 (T_g,M_g) 时，在时刻 1.5，VC 将会转换成普通股 α，时刻 2 的控制权归创业者，并且风险投资企业的决策能达到帕累托最优。

当自然状态组合为 (T_g,M_b) 时，此时技术进展顺利但创业者的管理能力不佳。在时刻 1.5，若 VC 不执行转换权，则 VC 拥有面值为 D 的债券并且拥有替换权和清算权，此种情况 VC 的货币支付至多为 D；在时刻 1.5，如果 VC 转换成普通股 β，则 VC 拥有替换权，即 VC 可以选择用专业的经理人替换创业者从而对风险投资企业进行管理，根据假设(3)可知 $\beta f(T_g,M_b,a_r)>\beta f(T_g,M_b,a_g)$，则 VC 会替换创业者并且 VC 的货币期望收益为 $\beta f(T_g,M_b,a_r)$；在时刻 1.5，如果 VC 转换成普通股 α，即 VC 选择 (α,E)，则 VC 拥有比例为 α 的现金流权，创业者具有全部的控制权，由命题中的条件：

$$\frac{F_1-I}{F_1-(1-p)(1-q)f(T_b,M_b,a_l)}<\frac{l(T_g,M_b,a_g)}{f(T_g,M_b,a_r)-f(T_g,M_b,a_g)}$$

可得

$$(1-\alpha)f(T_g,M_b,a_r)<(1-\alpha)f(T_g,M_b,a_g)+l(T_g,M_b,a_g) \tag{4-47}$$

因此，创业者私人利益 $l(T_g,M_b,a_g)$ 足够大从而不会实施替换权，又因为 $(1-\alpha)f(T_g,M_b,a_r)>(1-\alpha)f(T_g,M_b,a_l)$，所以创业者也不会清算企业，而是自己继续管理企业，此时 VC 的收益为 $\alpha f(T_g,M_b,a_g)$。根据命题中 α、β 及 D 的关系可知 $\beta f(T_g,M_b,a_r)\geqslant\alpha f(T_g,M_b,a_g)$、$\beta f(T_g,M_b,a_r)>D$。综上所述，当自然状态组合为 (T_g,M_b) 时，在时刻 1.5，VC 会把可转换证券转换成普通股 β，在时刻 2，拥有替换权的 VC 会聘用专业的经理人从而替换创业者，风险投资企业的决策能达到帕累托最优，此时 VC 的预期收益为 $\beta f(T_g,M_b,a_r)$。

当时刻 1 的自然状态组合为 (T_b,M_g) 时，分析方法与上面类似，得到的结论如下：在时刻 1.5，VC 将不会转换成普通股，即 VC 拥有面值为 D 的债券，并且时刻 2 的控制权归 VC，VC 将会清算企业，风险投资企业的决策达到帕累托最优。由于 $D<f(T_b,M_g,a_l)$，因此 VC 的期望收益为 D。

当时刻 1 的自然状态组合为 (T_b,M_b) 时，分析方法也类似，VC 也不会转换成普通股，即 VC 拥有面值为 D 的债券，在时刻 2，VC 将会清算企业，风险投资企业的决策达到帕累托最优。由于 $f(T_b,M_b,a_l)\leqslant D$，所以 VC 的期望收益为 $f(T_b,M_b,a_l)$。

综上所述，当自然状态组合为(T_g,M_g)时，VC 的期望收益为$\alpha f(T_g,M_g,a_g)$；当自然状态组合为(T_g,M_b)时，VC 的期望收益为$\beta f(T_g,M_b,a_r)$；当自然状态组合为(T_b,M_g)时，VC 的期望收益为D；当自然状态组合为(T_b,M_b)时，VC 的期望收益为$f(T_b,M_b,a_l)$。在时刻 0，VC 的期望收益为

$$U_2^{\mathrm{VC}} = pq\alpha f(T_g,M_g,a_g) + p(1-q)\beta f(T_g,M_b,a_r) + (1-p)qD + (1-p)(1-q)f(T_b,M_b,a_l)$$

将α、β及D的值代入上式并化简得$U_2^{\mathrm{VC}} = I$，即满足 VC 的参与约束。命题 4-9 得证。

根据上面的分析，当风险投资企业技术进展顺利并且创业者管理能力出色时，VC 通常把可转换证券转换成普通股α，此时风险投资企业继续运营并且仍由创业者管理。当技术进展顺利但创业者管理能力不足时，VC 通常把可转换证券转换成普通股β，此时 VC 会聘用专业的经理人从而替换创业者，风险投资企业继续运营。命题中的条件：

$$\frac{F_1 - I}{F_1 - (1-p)(1-q)f(T_b,M_b,a_l)} < \frac{l(T_g,M_b,a_g)}{f(T_g,M_b,a_r) - f(T_g,M_b,a_g)}$$

说明在此种情况下 VC 与创业者在替换权上有利益冲突，此时替换创业者是风险投资企业帕累托最优的决策，但是由于创业者具有过多的私人利益$l(T_g,M_b,a_g)$或者替换创业者为风险投资企业带来的货币期望收益$f(T_g,M_b,a_r) - f(T_g,M_b,a_g)$不是足够大，从而使创业者聘用专业经理人而替换自己之后所带来的货币收益增量$(1-\alpha)\left[f(T_g,M_b,a_r) - f(T_g,M_b,a_g)\right]$相对于其私人利益$l(T_g,M_b,a_g)$较小，所以当 VC 转换成普通股$\alpha$时，创业者不会自觉地聘用专业的经理人，面对此种情况，VC 为了追求自己的收益最大化，会选择拥有替换权的普通股β，从而替换创业者。当风险投资企业技术进展不佳时，无论创业者的管理能力如何，VC 均不会转换成普通股，而此时拥有控制权的 VC 会选择清算。

命题 4-10：当$I < F_2$时，考虑现金流权和控制权的组合$\{(D,V),(\beta,V_r),(\alpha,E)\}$，令

$$\alpha = \frac{D}{f(T_b,M_g,a_l)},\quad \beta = \alpha\frac{f(T_g,M_b,a_g)}{f(T_g,M_b,a_r)}$$

$$D = \frac{If(T_b,M_g,a_l)}{F_1 + (1-p)(1-q)\left[f(T_b,M_g,a_l) - f(T_b,M_b,a_l)\right]}$$

其中，$0 < \beta < \alpha < 1$。若

$$\frac{F_1 + (1-p)(1-q)[f(T_b,M_g,a_l) - f(T_b,M_b,a_l)] - I}{F_1 + (1-p)(1-q)[f(T_b,M_g,a_l) - f(T_b,M_b,a_l)]} < \frac{l(T_g,M_b,a_g)}{f(T_g,M_b,a_r) - f(T_g,M_b,a_g)}$$

则 VC 和创业者在关于替换权上有利益冲突，此时此种合约可行并且能使风险投资企业的决策a达到帕累托最优。

证明：该命题与命题 4-9 的唯一区别在于：由$I < F_2$可以得到$f(T_b,M_b,a_l) > D$，所以当时刻 1 的自然状态为(T_b,M_b)时，在时刻 1.5 VC 不转换可转换证券，VC 选择清算企业所带来的期望收益是D，而不是命题 4-9 中的$f(T_b,M_b,a_l)$。此命题的证明与命题 4-9 完全类似，在每种自然状态组合下，风险投资企业均会采取帕累托最优的决策a，并且满足 VC 的参与约束。

4.4.4　小结

针对现有理论仅考虑单一控制权配置的不足，本节考虑了风险投资企业多种控制权的配置问题，即同时考虑了风险投资企业清算权和替换权的配置问题。由于创业者具有私人利益，双方在清算权和替换权的使用上存在利益冲突。首先，本节分析了企业以债券的方式进行融资时，控制权无论是授予创业者还是授予 VC，风险投资企业的决策均不能达到帕累托最优，原因在于作为债券持有者的 VC 拥有了优先清算权，由于 VC 的收益最大为债券的面值 D，VC 会对企业进行过多的清算，即在企业技术进展比较顺利时也会对企业进行清算。

其次，本节分析了当风险投资企业以普通股的方式进行融资时，若 VC 拥有全部控制权或部分控制权，则由于创业者私人利益的存在，VC 会对企业进行过多的干预，因此风险投资企业的决策也不能达到帕累托最优。若创业者的私人利益足够小，则全部控制权授予创业者能使风险投资企业的决策达到帕累托最优。若创业者的私人利益足够大，则该采取何种合约能使风险投资企业的决策达到最优？本节利用了可转换证券和控制权的条件配置解决双方的利益冲突问题，此处控制权的配置是基于可转换证券是否被转换以及转换成何种普通股的条件配置。当 VC 不执行转换权，即拥有债券时，VC 拥有了包括清算权和替换权的所有控制权；当 VC 把可转换证券转换成普通股 β 时，VC 仅拥有替换权；当 VC 把可转换证券转换成普通股 α 时，创业者拥有包括替换权和清算权的所有控制权。此种控制权的安排是一种或有控制的安排。

根据现金流权和控制权的安排，当 VC 转换成普通股 α 而不是转换成普通股 β 时，因为 $\alpha > \beta$，所以 VC 拥有更多的现金流权却失去了替换权，此处体现了控制权和现金流权的不一致，这符合 Kaplan 和 Strömberg (2003) 实证发现风险投资企业现金流权和控制权往往分离的结论。此种控制权的配置意味着 VC 介入风险投资企业的三种不同方式：当企业发展顺利并且管理团队业绩优秀时，VC 通常释放对企业的控制，此时创业者拥有大量的控制权；当企业总体发展良好但遇到一些个别问题时，VC 通常会对企业做适当干预以使企业能健康地发展；当企业的发展遇到重大问题而不能克服时，VC 通常会清算或重组企业。

第 5 章　阶段融资架构下风险投资企业的权利配置

阶段性注资是风险投资家最主要的投资方式，即风险投资家并不是一次性地提供风险投资企业需要的所有资金，而是分阶段地对风险投资企业进行投资。由于风险投资企业的资产主要是无形资产，一些有形资产往往也具有较大的资产专用性，因此，风险投资家在每个阶段所提供的投资额通常仅能使风险投资企业发展到下一个阶段。只有风险投资企业阶段末的任务完成或前景逐渐明朗，风险投资家才愿意继续为风险投资企业提供资金（Simonson and Staw，1992；Heath，1995）。Sahlman（1990）、Kaplan 和 Strömberg（2003，2004）的实证研究均表明，分阶段注入资本使得 VC 能够收集信息，监控企业进程，并动态配置各项权利。

Gompers（1995）对阶段投资的结构进行了研究，指出资本分阶段注入是风险投资家所能采用的最有力的控制机制，分阶段的资本注入可以对创业者形成有效的约束，减少由于决策不当所造成的潜在损失。Bienz 和 Hirsch（2012）对德国风险投资行业的数据进行了分析，指出不确定性程度越高、信息非对称越严重、监督难度越大、创业者的人力资本越关键以及企业的有形资产越少，则风险投资就越会采取阶段融资。Bienz 和 Hirsch（2012）实证分析发现阶段融资有多种融资模式，包括轮次融资（round financing）和门槛融资（milestone financing）等，并指出在风险投资企业的发展初期，风险投资通常采用轮次融资的融资模式；当外部融资环境不佳、所需投资额较少时，风险投资更倾向于门槛融资。

Wang 和 Zhou（2004）通过理论建模发现，当风险投资家面临道德风险和高度的不确定性时，阶段投资能够控制风险并且能够减轻道德风险。Bergemann 和 Hege（1998）在阶段投资框架下，考虑了创业者的道德风险以及信号的学习过程，他们认为风险投资家对企业建立有效的监控机制有助于其获得有关企业的正确信息，强化风险投资家作为委托人对代理人的监控，有助于减少道德风险问题的产生，而阶段投资正是风险投资家采用的一种最为有效的监控机制。Neher（1999）假定在一个信息完全对称和没有不确定性的完美世界里，分析了阶段投资能够缓解风险投资家被套牢的问题。Davila 等（2003）指出阶段投资对于保持风险投资家和风险投资企业的关系非常微妙，它不仅是一种资金的转移，而且是风险投资企业管理结构的重新定义，并且为风险投资企业的发展提供了一种信号，这种新型的所有制结构影响了风险投资企业的控制权结构以及未来的流动性收益。

Yerramilli（2006）分析了阶段投资能够缓解代理问题，但又能增加创业者被投资者套牢的可能，从而影响了创业者前期的投入。Cornelli 和 Yosha（2003）分析阶段投资中会出现窗饰效应，即创业者为避免风险投资企业被清算，他往往会追求风险投资企业的短期目标，从而影响了企业的长期发展。Admati 和 Perry（1991）假设合约可以被强制执行，因此，若风险投资家对投资进行承诺，则投资将成为沉没成本，在这种情况下，阶段投资可以减少这种承诺成本。Hellmann（1994）说明了风险投资家提供阶段投资的目的是规避风险，与此同时，阶段投资使得创业者具有追求短期利益的行为，为了规避这种行为，风险投资家必须拥有大量的股份，这样风险投资家才有激励去监督创业者。Repullo 和 Suarez(2004)在阶段投资框架下考虑双边道德风险问题，他们解释了可转换证券能够缓解道德风险。Fluck 等(2004)考虑在风险投资家采用阶段投资时，管理者会面对套牢问题，他们指出后一阶段的联合投资能够缓解这种套牢问题。更进一步，Cuny 和 Talmor(2006)对阶段投资的不同模式进行研究，即分析轮次融资和门槛融资两种不同的阶段投资模式，指出当第一轮的融资额较少时，门槛融资比轮次融资占优。

需要说明的是，在现有关于风险投资企业控制权配置的理论研究中，大量学者均是在一次性投资的框架下集中讨论控制权的初始配置问题。然而，Sahlman(1990)和 Gompers(1995)早已实证指出，项目的高度不确定性使得风险投资往往表现为分阶段投资，分阶段注入资本使得风险投资家能够在项目信息揭示后获得更多、更准确的信息，进而不仅使得风险投资家保持退出低值项目的权利，而且也提供了双方在阶段投资时刻对现金流权和控制权进行再谈判的机会，而这一问题尚未在理论上得到解释。

本章内容以王声凑和曾勇(2010，2011，2012)的研究工作为基础，考虑在阶段融资架构下，研究风险投资企业的现金流权和控制权的配置。首先，考虑在阶段融资架构下，对风险投资企业退出模式的控制权配置进行研究。主要考虑风险投资企业的两种不同退出模式，即 IPO 或被收购。由于合约的不完全性，初始合约需要对风险投资企业退出模式的控制权进行配置。然而，不同的退出模式影响双方的利益。因此，合约控制权的初始配置就显得很关键。初始时刻，合约如何对风险投资家的股权比例和控制权进行初始配置？控制权的初始占优配置与哪些因素有关？控制权的不同初始配置是否会影响风险投资家阶段时刻是否继续投资的投资策略？为了解决此类问题，分别分析两种不同的控制权初始配置，即风险投资家控制和创业者控制，进而对两种不同控制权初始配置的效率进行比较，从而得到占优的控制权配置，最后分析哪些因素会影响控制权的占优配置。

其次，考虑在阶段融资的架构下，针对项目的不同初始发展前景预期，结合随阶段进程的信息揭示，分析了各种情况下的控制权最优初始配置以及随阶段进程的调整与再谈判。控制权最优初始配置不仅与项目发展前景的初始预期有关，而且与风险投资家的投资额也有关，项目发展前景的初始预期越好、风险投资家的投资额越少，控制权的最优初始配置越倾向授予创业者，否则相反；在再谈判时刻，不同信号对项目发展前景初始预期的更新决定了风险投资家的最优阶段投资决策以及阶段时刻控制权的最优调整，更新之后项目发展前景越差，风险投资家在阶段时刻越可能清算项目，即使进行投资时，控制权也越倾向于转移给风险投资家。

最后，考虑风险投资家和创业者现金流权不一致所导致的双方利益冲突，在阶段投资框架下分析风险投资家在各个阶段的阶段决策，以及双方阶段时刻对现金流权和控制权的再谈判，进而揭示控制权在阶段时刻的转移过程及其影响因素。研究结果表明，风险投资家的阶段决策以及控制权的转移过程与项目阶段时刻的业绩信号有关，当项目阶段时刻的业绩较好时，风险投资家将继续进行后续投资并向创业者释放控制权，否则，风险投资家将通过清算项目或掌握控制权以对自身利益进行保护；进一步，项目发展前景的初始预期越好以及后续阶段的不确定性越小，风险投资家在阶段时刻越倾向于继续投资并向创业者释放控制权。

5.1　基于风险投资企业退出模式的控制权配置研究

本节尝试在阶段融资架构下，对风险投资企业的控制权配置进行研究。在控制权刻画方面，与 Hellmann(2006)、Bascha 和 Walz(2001)类似，考虑风险投资企业退出模式的决策权，即风险投资企业需要决定以 IPO 模式或被收购的模式进行退出。利用 GHM 不完全合约理论的思想，假设影响退出模式的项目盈利能力仅能被双方所观测而不能被第三方(如法庭)所证实，因此，双方不能依据盈利能力在合约中事先设定风险投资企业或有的退出模式机制，而仅能在盈利能力实现之后决定相应最优的退出模式。但是，创业者和 VC 哪一方具有决策权，即具有决定风险投资企业退出模式的权利，这就涉及控制权配置的问题。

5.1.1　基本模型

1. 模型框架及假设

考虑风险中性的创业者拥有一个新项目，由于创业者缺乏资金，需要向风险中性的 VC 融资。在一个“资本追逐项目”的环境中，市场上有众多 VC，但有好项目的创业者相对较少，以致创业者在初始时刻具有很强的讨价还价能力，在此种情况下，创业者提供了一个“要么接受要么放弃”的合约给 VC，即 VC 的期望利润为其外部保留效用。不失一般性，不妨设外部保留效用为 0 并且不考虑货币的时间价值。

项目信号与风险投资企业的决策模型的基本架构如图 5-1 所示。时刻 0，风险投资企业需要启动资金为 I_0，经过第一阶段的发展，时刻 1 风险投资企业项目的盈利能力 θ 实现，类似于 Admati 和 Pfleiderer(1994)、Aghion 和 Bolton(1992)，假设盈利能力能被双方所观测，但不能被第三方(如法庭)所证实。在时刻 2，VC 观测到项目的盈利能力 θ 之后，决定是否继续投入资金 I_1。若 VC 在时刻 2 停止投资，则项目的收益为 0 [①]。若 VC 在时刻 2 继续投资，则风险投资企业经过一段时间的发展之后，在时刻 3 面临着退出模式的决策，其中退出模式的决策 $b \in B = \{b_{\text{IPO}}, b_{\text{AC}}\}$，$b_{\text{IPO}}$ 为风险投资企业首次公开上市(IPO)，b_{AC} 为风险投资企业被其他企业收购(acquisitions)。在时刻 4，项目的收益实现。

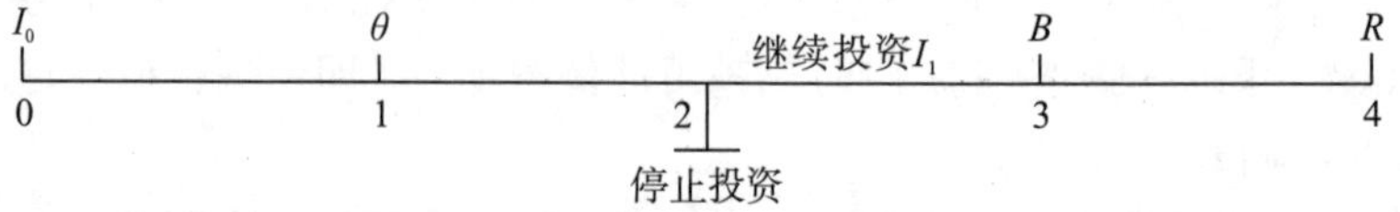

图 5-1　项目信号与风险投资企业的决策模型的基本架构(1)

由于项目盈利能力 θ 仅能被双方所观测但不能被第三方(如法庭)所证实，VC 的投资决策以及风险投资企业的退出模式均不能直接依据盈利能力 θ 而签订合约。根据阶段融资

①在实际中，风险投资企业往往需要经过多阶段的持续投资，最终才有自己的专利或产品，在第一阶段结束之后，若项目得不到资金的继续支持，则项目的清算价值往往很小，此处为了简化，不影响结论，假设其价值为 0。

的特点，VC 在时刻 2 具有是否继续投资的权利。然而，在时刻 2，VC 继续投资的条件下，风险投资企业的退出模式该如何选择？哪一方具有选择退出模式的权利？因此，双方在初始时刻需要对控制权(选择退出模式的权利)进行配置。

在风险投资企业退出模式的决策中，双方经常存在利益冲突。类似于 Bascha 和 Walz(2001)，假设存在创业者私人利益以及退出成本是双方产生退出模式决策冲突的根源。若风险投资企业以 IPO 的模式进行退出，则风险投资企业需要花费成本 ω①，然而以 IPO 模式进行退出的风险投资企业，创业者通常仍然是企业的高层，其拥有非货币形式的私人利益②，并且项目的盈利能力 θ 越大，创业者的私人利益越多，不妨假设创业者私人利益的货币等值为 θk。对于不同的退出模式，项目的货币收益均为 $\theta I_1$③。

2. 最优融资与最优退出模式

风险投资企业在时刻 2 得到 VC 的资金 I_1 之后，在时刻 3，风险投资企业需要选择退出模式。从社会福利角度进行考虑，当风险投资企业以 IPO 的模式进行退出，即风险投资企业选择 b_{IPO} 时，双方的利益之和包括三部分，分别为项目的货币收益 θI_1、IPO 成本 ω 以及创业者非货币形式的私人利益 θk，即总收益为 $\theta I_1-\omega+\theta k$；当风险投资企业选择被其他企业收购的模式进行退出，即风险投资企业选择 b_{AC} 时，双方的收益之和为 θI_1。令 $\theta I_1=\theta I_1-\omega+\theta k$，可得项目盈利能力 θ 的临界值为 $\theta_2=\dfrac{\omega}{k}$，不妨称 θ_2 为最优退出模式的临界点。因此，当项目的盈利能力 θ 满足 $\theta\geqslant\theta_2$ 时，风险投资企业的最优退出模式为 b_{IPO}；当项目的盈利能力 θ 满足 $\theta<\theta_2$ 时，风险投资企业的最优退出模式为 b_{AC}。

在时刻 1，项目的盈利能力 θ 实现。在时刻 2，若风险投资企业停止融资，则项目的收益为 0；若风险投资企业继续进行第二轮融资，则项目的收益为 $\theta I_1-I_1$④。显然，当 $\theta I_1-I_1\geqslant 0$，即项目的盈利能力 θ 满足 $\theta\geqslant 1$ 时，风险投资企业最优的融资策略为继续融资；当项目的盈利能力 θ 满足 $\theta<1$ 时，风险投资企业最优的融资策略为停止融资。因此，盈利能力 $\theta=1$ 为风险投资企业是否继续融资的临界点，不妨称 $\theta=1$ 为最优融资临界点。由于时刻 3 风险投资企业的决策在时刻 2 风险投资企业继续融资的条件下才有意义，因此，

---

①如风险投资企业在 IPO 之前需要花费成本进行路演，Hughes 和 Thakor(1992)还指出风险投资企业以 IPO 模式进行退出时往往是折价发行。

②已有文献对控制权的私人利益有两种不同的定义。第一种定义是以Grossman 和 Hart(1986)为代表的学者认为控制权私人收益是指控制性股东所独占的收益，并且强调是货币收益。另一种定义是以Harris 和 Raviv(1988)、Aghion 和Bolton (1992)为代表的学者认为控制权私人收益是创业者(经理)所享有的精神收益，这种收益是非货币并且不能转移的。本节涉及的控制权私人利益与第二种定义相同，指的是创业者拥有控制权时，创业者拥有精神以及声誉等方面的私人收益，该收益具有不可转移性。

③此处有两点需要指出。第一，阶段投资额 I_1 为外生给定的量，而不是 VC 在时刻 2 的决策变量，VC 在时刻 2 仅决定是否继续进行投资。第二，若假设风险投资企业以不同退出模式进行退出时，货币收益不相等，则对文章的分析思路和结论不会造成实质的影响。例如，假设风险投资企业以被收购的模式进行退出时，项目货币收益为 $\theta I_1-\gamma$ (其中，$\gamma>0$ 表示折价收购，$\gamma<0$ 表示溢价收购)，若折价值 $\gamma\geqslant\omega$，则双方不存在利益冲突，双方都希望以 IPO 模式进行退出，若折价值 $\gamma<\omega$，则双方存在利益冲突，但此种情况与本节的分析思路和结论均一致。

④第二阶段的货币收益 θI_1 减去第二阶段的投资成本 I_1。

假设最优融资临界点 1 小于最优退出模式的临界点 θ_2，即 $1<\theta_2=\frac{\omega}{k}$①。

综上所述，当项目的盈利能力较差，即 $\theta<1$ 时，风险投资企业在时刻 2 的最优策略为停止融资；当项目的盈利能力中等，即 $1\leqslant\theta<\theta_2$ 时，风险投资企业在时刻 2 的最优策略为继续融资并且在时刻 3 风险投资企业的最优退出模式为 b_{AC}，即风险投资企业被其他企业所收购；当项目的盈利能力较好，即 $\theta\geqslant\theta_2$ 时，风险投资企业在时刻 2 最优策略为继续融资并且在时刻 3 风险投资企业的最优退出模式为 b_{IPO}。

3. 盈利能力的分布函数

项目盈利能力 θ 的分布函数为 $F(\theta)$，盈利能力 $\theta\in[0,M]$，其中 M 为足够大（$M>\theta_2$）的正数，相应的密度函数为 $f(\theta)$，其函数表达式如下：

$$f(\theta)=\begin{cases}f_1, & 0\leqslant\theta<1\\ f_2, & 1\leqslant\theta<\theta_2\\ f_3, & \theta_2\leqslant\theta\leqslant M\end{cases} \tag{5-1}$$

其中，$\int_0^M f(\theta)\mathrm{d}\theta=1$ 且 f_i 为非负的常数，$i=1,2,3$。

项目盈利能力 θ 分布函数的性质可以刻画项目的发展前景。当项目盈利能力为高的概率较大，即 $\mathrm{Prob}(\theta_2\leqslant\theta\leqslant M)$ 较大时，项目的发展前景较好；当盈利能力为中等的概率较大，即 $\mathrm{Prob}(1\leqslant\theta\leqslant\theta_2)$ 较大时，项目的发展前景一般；当盈利能力为低的概率较大，即 $\mathrm{Prob}(0\leqslant\theta\leqslant1)$ 较大时，项目的发展前景较差。

5.1.2 控制权配置

为了分析控制权的占优配置，本节假设风险投资企业以股权的方式进行融资，即 VC 的股份比例为 α。初始合约需要确定 VC 的股份比例 α 以及对风险投资企业退出模式的控制权进行配置。在项目盈利能力揭示之后，VC 在时刻 2 是否继续投资的决策以及时刻 3 风险投资企业退出模式可能不能达到最优，此时双方存在帕累托改进的机会。双方需要对控制权和现金流权进行再谈判以使融资决策和风险投资企业的退出模式均达到最优。由于再谈判能够带来谈判租金，假设在再谈判时刻 VC 相对于创业者的谈判能力为 ρ，其中 $0\leqslant\rho\leqslant1$，即谈判租金以 ρ 和 $1-\rho$ 的比例在 VC 和创业者之间进行分配。

初始时刻，合约如何对 VC 的股权比例 α 和控制权进行初始配置？控制权的初始占优配置与哪些因素有关？控制权的不同初始配置是否会影响 VC 在时刻 2 的投资策略？在阶段时刻盈利能力实现之后，双方在何时需要对控制权和现金流权进行再谈判？为了分析此类问题，本节分别分析两种不同的控制权初始配置，即 VC 控制和创业者控制，进而对两种不同控制权初始配置的效率进行比较，从而得到占优的控制权配置，最后分析哪些因素会影响控制权的占优配置。

1. VC 控制

本节分析 VC 拥有控制权的情况。由于模型涉及多阶段决策问题，下文采用动态博弈

① k 为盈利能力为 1 时，创业者的私人利益，此处假设 k 小于风险投资企业的 IPO 成本 ω。

的逆向归纳法对其进行分析。首先分析 VC 在时刻 2 继续投资的条件下，拥有控制权的 VC 在时刻 3 该如何决策；其次分析 VC 在时刻 2 的投资决策问题；最后得到在 VC 拥有控制权的情形下，双方现金流权的配置问题。

在时刻 3，VC 拥有决定风险投资企业退出模式的控制权。当 VC 选择 b_{AC} 时，VC 的收益为 $\pi_{b_{\text{AC}}}^{\text{VC}}=\alpha(\theta-1)I_1$；当 VC 选择 b_{IPO} 时，VC 的收益为 $\pi_{b_{\text{IPO}}}^{\text{VC}}=\alpha\left[(\theta-1)I_1-\omega\right]$。显然，式 $\pi_{b_{\text{IPO}}}^{\text{VC}}<\pi_{b_{\text{AC}}}^{\text{VC}}$ 成立。因此，在时刻 2 继续投资的情形下，拥有控制权的 VC 在时刻 3 将会选择决策 b_{AC}，即风险投资企业将以被其他企业收购的模式进行退出。

在时刻 2，VC 面临着是否继续投资的决策。若 VC 不继续投资，则其收益为 0；若 VC 继续投资，则其收益为 $\pi_{b_{\text{AC}}}^{\text{VC}}=\alpha(\theta-1)I_1$。因此，当项目盈利能力 $\theta<1$ 时，VC 的收益 $\pi_{b_{\text{AC}}}^{\text{VC}}<0$，即 VC 将停止投资。反之，当项目盈利能力 $\theta\geqslant1$ 时，VC 将继续投资。VC 是否继续投资的临界点 1 即为最优融资临界点，说明在 VC 拥有控制权的情形下，VC 在时刻 2 的投资决策能达到最优。

当项目的盈利能力 $\theta\geqslant1$ 时，VC 将会继续投资，并且在时刻 3，拥有控制权的 VC 将会选择决策 b_{AC}。当项目的盈利能力 θ 满足 $1\leqslant\theta<\theta_2$ 时，VC 在时刻 3 所采取的决策 b_{AC} 即为最优退出模式，此时 VC 的收益为 $\pi_{b_{\text{AC}}}^{\text{VC}}=\alpha(\theta-1)I_1$。然而，当项目的盈利能力 $\theta\geqslant\theta_2$ 时，VC 在时刻 3 所采取的决策 b_{AC} 并非风险投资企业的最优退出模式。因此，双方存在帕累托改进的机会。为了能使风险投资企业以最优的退出模式(即 IPO)进行退出，双方必须再谈判以建立一份新合约。新合约需要确定 VC 新的股份比例 $\hat{\alpha}$ 以及对控制权进行重新配置，即把控制权转移给创业者。以下分析 $\hat{\alpha}$ 如何确定以及说明为何控制权转移给创业者能使退出模式达到最优。

首先说明控制权转移给创业者时，风险投资企业的退出模式能达到最优。经过再谈判之后，VC 的股份比例为 $\hat{\alpha}$，相应地，创业者的股份比例为 $1-\hat{\alpha}$。控制权转移给创业者之后，创业者选择决策 b_{IPO} 时，创业者的收益为 $\pi_{b_{\text{IPO}}}^{\text{E}}=(1-\hat{\alpha})\left[(\theta-1)I_1-\omega\right]+\theta k$；创业者选择决策 b_{AC} 时，其收益为 $\pi_{b_{\text{AC}}}^{E}=(1-\hat{\alpha})(\theta-1)I_1$。由于 $\theta\geqslant\theta_2$，式 $\pi_{b_{\text{IPO}}}^{\text{E}}\geqslant\pi_{b_{\text{AC}}}^{\text{E}}$ 成立[①]。因此，当盈利能力较好，即 $\theta\geqslant\theta_2$ 时，创业者控制能使风险投资企业的退出模式达到最优。

其次确定 VC 新的股份比例 $\hat{\alpha}$。双方再谈判之后，拥有控制权的创业者将采取最优退出模式 b_{IPO}。因此，再谈判之后，VC 的收益为 $\hat{\alpha}\left[(\theta-1)I_1-\omega\right]$。然而在再谈判前，拥有控制权的 VC 将选择 b_{AC}，此时 VC 的收益为 $\alpha(\theta-1)I_1$。由于谈判租金为 $\theta k-\omega$[②]，因此，VC 经过谈判之后的收益为 $\alpha(\theta-1)I_1+\rho(\theta k-\omega)$，VC 的股份比例 $\hat{\alpha}$ 满足式(5-2)：

$$\alpha(\theta-1)I_1+\rho(\theta k-\omega)=\hat{\alpha}\left[(\theta-1)I_1-\omega\right] \tag{5-2}$$

解得

---

①因为 $\theta\geqslant\theta_2=\dfrac{\omega}{k}$ 且 $0\leqslant\hat{\alpha}\leqslant1$ 成立，所以 $\pi_{b_{\text{IPO}}}^{\text{E}}-\pi_{b_{\text{AC}}}^{\text{E}}=\theta k-(1-\hat{a})\omega\geqslant0$。

②再谈判前，VC 将选择 b_{AC}，此时项目的总收益为 θI_1；再谈判之后，创业者将选择 b_{IPO}，此时项目的总收益为 $\theta I_1-\omega+\theta k$。因此，采取最优退出模式 b_{IPO} 所带来的总收益增量(即谈判租金)为 $\theta k-\omega$。

$$\alpha=\frac{\hat{\alpha}\left[(\theta-1)I_1-\omega\right]-\rho(\theta k-\omega)}{(\theta-1)I_1} \tag{5-3}$$

由于创业者缺乏财富，VC 的股份比例 $\hat{\alpha}\leqslant 1$，所以

$$\alpha\leqslant\alpha(\theta)=\frac{\left[(\theta-1)I_1-\omega\right]-\rho(\theta k-\omega)}{(\theta-1)I_1} \tag{5-4}$$

又因为 $\theta\geqslant\theta_2$，显然式 $\theta k-\omega\geqslant 0$ 和 $\alpha(\theta)<1$ 成立。由以上分析可知，对于给定的盈利能力 θ，当 $\alpha\leqslant\alpha(\theta)$ 时，经过再谈判风险投资企业的退出模式能达到最优。由于在初始时刻自然状态 θ 还未实现，因此，要使风险投资企业的退出模式在盈利能力满足 $\theta\geqslant\theta_2$ 时均能达到最优，则初始合约中 VC 的股份比例 α 必须满足 $\alpha\leqslant\min\limits_{\theta\geqslant\theta_2}[\alpha(\theta)]$。计算 $\alpha(\theta)$ 对 θ 的偏导数，可得

$$\frac{\partial\alpha(\theta)}{\partial\theta}=\frac{(1-\rho)\omega+\rho k}{(\theta-1)^2 I_1}\geqslant 0 \tag{5-5}$$

由式(5-5)可知，$\alpha(\theta)$ 为关于 θ 的增函数。因此，$\min\limits_{\theta\geqslant\theta_2}[\alpha(\theta)]=\alpha(\theta_2)$，即 $\alpha^*\equiv\alpha(\theta_2)=1-\dfrac{\omega}{(\theta_2-1)I_1}$。

由以上分析可知，在时刻 0，VC 控制时，VC 的期望收益 $U_{\mathrm{VC}}^{\mathrm{VC}}$ ①为

$$U_{\mathrm{VC}}^{\mathrm{VC}}=\int_1^{\theta_2}\alpha(\theta-1)I_1 f(\theta)\mathrm{d}\theta+\int_{\theta_2}^{M}\left[\alpha(\theta-1)I_1+\rho(\theta k-\omega)\right]f(\theta)\mathrm{d}\theta \tag{5-6}$$

由于 $\alpha\leqslant\alpha^*$，因此，VC 的最大期望收益为

$$U_{\mathrm{VC}^*}^{\mathrm{VC}}=\int_1^{\theta_2}\alpha^*(\theta-1)I_1 f(\theta)\mathrm{d}\theta+\int_{\theta_2}^{M}\left[\alpha^*(\theta-1)I_1+\rho(\theta k-\omega)\right]f(\theta)\mathrm{d}\theta \tag{5-7}$$

命题 5-1：VC 拥有控制权时，VC 在时刻 2 的投资决策以及风险投资企业在时刻 3 的退出模式均能达到最优并且合约可行的充分必要条件是 $U_{\mathrm{VC}^*}^{\mathrm{VC}}\geqslant I_0$。

证明：证明必要性。当 VC 拥有控制权时，VC 在时刻 2 的投资决策以及风险投资企业的退出模式达到最优，则 VC 的收益为 $U_{\mathrm{VC}}^{\mathrm{VC}}$。由于 $\alpha\leqslant\alpha^*$，因此 VC 的最大收益为 $U_{\mathrm{VC}^*}^{\mathrm{VC}}$。显然，合约可行时，式 $U_{\mathrm{VC}^*}^{\mathrm{VC}}\geqslant I_0$ 必须成立，否则 VC 的参与约束不能满足，即合约不可行。

证明充分性。因 $U_{\mathrm{VC}^*}^{\mathrm{VC}}=\int_1^{\theta_2}\alpha^*(\theta-1)I_1 f(\theta)\mathrm{d}\theta+\int_{\theta_2}^{M}\left[\alpha^*(\theta-1)I_1+\rho(\theta k-\omega)\right]f(\theta)\mathrm{d}\theta\geqslant I_0$ 成立，因此，对于满足 $U_{\mathrm{VC}^*}^{\mathrm{VC}}\geqslant I_0$ 的任意投资额 I_0，存在 VC 的唯一股份 $\alpha(I_0)$ 满足 $\alpha(I_0)\leqslant\alpha^*$，使得 $U_{\mathrm{VC}}^{\mathrm{VC}}=\int_1^{\theta_2}\alpha(I_0)(\theta-1)I_1 f(\theta)\mathrm{d}\theta+\int_{\theta_2}^{M}\left[\alpha(I_0)(\theta-1)I_1+\rho(\theta k-\omega)\right]f(\theta)\mathrm{d}\theta=I_0$ 成立。由文中分析可知，当项目盈利能力 $\theta<1$ 时，VC 在时刻 2 将停止投资；当项目盈利能力 $1\leqslant\theta<\theta_2$ 时，VC 在时刻 2 将继续投资并且在时刻 3 采取最优退出模式 b_{AC}；当项目盈利能力 $\theta\geqslant\theta_2$ 时，双方将再谈判以建立新的合约，由于 $\alpha(I_0)\leqslant\alpha^*$，此时谈判可行，拥有控制权的创业者将采取最优退出模式 b_{IPO}，即命题 5-1 的充分性成立。

阶段投资和控制权均是 VC 规避损失的两种重要机制。在项目盈利能力较差时，VC

① $U_{\mathrm{VC}}^{\mathrm{VC}}$ 的上标 VC 表示 VC 控制，下标 VC 表示该期望收益为 VC 的期望收益。

将通过停止投资的方式对自己进行保护。然而，当项目的盈利能力为一般时，VC 在时刻 2 将继续投资并且 VC 能够采取最优的退出模式。当项目的盈利能力较好时，VC 仅考虑项目的货币收益而忽略创业者的私人利益，此时 VC 不会采取最优的退出模式。为了能使风险投资企业的退出模式达到帕累托最优，双方需要对旧合约进行再谈判，即需要对 VC 的股份和控制权进行重新配置，此时 VC 把控制权转移给创业者，创业者能够采取最优的退出模式。

在再谈判时，为了补偿 VC 丧失控制权所带来的损失，新合约必须给予 VC 更多的股份，即 VC 新的股份比例 $\hat{\alpha}$ 大于初始合约给予 VC 的股份比例 α。由于创业者缺乏财富，当 VC 在初始合约中的股份 α 过大，即 $\alpha > \alpha(\theta)$ 时，即使再谈判给予 VC 新的股份比例 $\hat{\alpha}=1$，谈判仍不可行，即风险投资企业的退出模式不能达到最优。因此，当 VC 拥有控制权并且 VC 初始股份 α 过大(即初始投资额 I_0 过大)时，创业者无财富的特点将使得风险投资企业的退出模式不能达到最优。

2. 创业者控制

首先分析在时刻 2，VC 继续投资的条件下，创业者在时刻 3 的决策情况。在时刻 3，创业者选择决策 b_{IPO} 时，其收益为 $\pi_{b_{\mathrm{IPO}}}^{\mathrm{E}}=(1-\alpha)\left[(\theta-1)I_1-\omega\right]+\theta k$；创业者选择决策 b_{AC} 时，其收益为 $\pi_{b_{\mathrm{AC}}}^{\mathrm{E}}=(1-\alpha)(\theta-1)I_1$。令 $\pi_{b_{\mathrm{IPO}}}^{\mathrm{E}}=\pi_{b_{\mathrm{AC}}}^{\mathrm{E}}$，可得 $\theta=(1-\alpha)\theta_2$，该点为创业者的决策临界点。因此，当 $\theta<(1-\alpha)\theta_2$ 时，创业者将选择决策 b_{AC}；当 $\theta>(1-\alpha)\theta_2$ 时，创业者将采取决策 b_{IPO}。该临界点与风险投资企业最优退出模式的临界点 θ_2 不一致。因此，在创业者拥有控制权的情形下，风险投资企业的退出模式也未必会达到最优①。

在时刻 3，若创业者选择决策 b_{IPO}，则 VC 的收益为 $\pi_{b_{\mathrm{IPO}}}^{\mathrm{VC}}=\alpha\left[(\theta-1)I_1-\omega\right]$。要使 VC 在时刻 2 继续投资，式 $\pi_{b_{\mathrm{IPO}}}^{\mathrm{VC}}\geqslant 0$ 成立，可得 $\theta\geqslant\bar{\theta}=1+\dfrac{\omega}{I_1}$ 成立。不妨称 $\bar{\theta}$ 为 VC 的投资临界点，该投资临界点与风险投资企业的最优融资临界点 1 不一致，说明在创业者拥有时刻 3 的控制权时，VC 在时刻 2 未必会采取最优的投资策略。

命题 5-2：创业者拥有控制权时，VC 在时刻 2 的投资决策以及风险投资企业在时刻 3 的退出模式均能达到最优并且合约可行的充分必要条件是 $U_{\mathrm{VC}^*}^{\mathrm{E}}\geqslant I_0$（证明过程以及 $U_{\mathrm{VC}^*}^{\mathrm{E}}$ 的定义见附录 5-1 和附录 5-2）。

当创业者拥有时刻 3 的控制权时，创业者的决策临界点 $(1-\alpha)\theta_2$ 与风险投资企业最优退出模式的临界点 θ_2 不一致，即当盈利能力满足 $(1-\alpha)\theta_2\leqslant\theta<\theta_2$ 时，创业者将选择 b_{IPO}，然而风险投资企业的最优退出模式为 b_{AC}。由于创业者选择 b_{IPO} 时，VC 的收益 $\pi_{b_{\mathrm{IPO}}}^{\mathrm{VC}}$ 未必为正(其中 $\theta<\bar{\theta}$ 时，VC 的收益 $\pi_{b_{\mathrm{IPO}}}^{\mathrm{VC}}$ 为负)，因此，创业者拥有控制权时，VC 在时刻 2 未必会采取最优的投资策略。比较两种不同的控制权配置，相对于 VC 控制的情形，创业者控制的劣势是缺乏对 VC 的保护，以致在项目盈利能力实现之后，VC 未必会采取最优的投资策略。然而，创业者控制的优势为创业者无财富的特点不会影响再谈判的顺利进行。因

①当盈利能力 θ 满足 $(1-\alpha)\theta_2<\theta<\theta_2$ 时，创业者将选择 b_{IPO}，然而此时风险投资企业的最优决策为 b_{AC}。

此，VC 控制和创业者控制孰优孰劣的问题仍不明朗，下节将对控制权的占优配置进行深入探讨。

3. 控制权的占优配置

若 VC 在时刻 2 的投资决策以及风险投资企业在时刻 3 的退出模式均达到最优，则初始时刻双方的期望收益之和最大，即社会福利达到最大。由命题 5-1 可知，当 VC 拥有控制权时，社会福利达到最大的可行域为 $I_0 \in \left(0, U_{\mathrm{VC}^*}^{\mathrm{VC}}\right]$；由命题 5-2 可知，当创业者拥有控制权时，社会福利达到最大的可行域为 $I_0 \in \left(0, U_{\mathrm{VC}^*}^{\mathrm{E}}\right]$。因此，若 $U_{\mathrm{VC}^*}^{\mathrm{VC}} < U_{\mathrm{VC}^*}^{\mathrm{E}}$ 成立，则 $\left(0, U_{\mathrm{VC}^*}^{\mathrm{VC}}\right] \subset \left(0, U_{\mathrm{VC}^*}^{\mathrm{E}}\right]$，即 VC 控制时的可行域小于创业者控制时的可行域。该结论的意义为，若 $I_0 \in \left(0, U_{\mathrm{VC}^*}^{\mathrm{VC}}\right]$，则 VC 控制和创业者控制均能使社会福利达到最大；若 $I_0 \in \left(U_{\mathrm{VC}^*}^{\mathrm{VC}}, U_{\mathrm{VC}^*}^{\mathrm{E}}\right]$，则创业者控制能使社会福利达到最大，而 VC 控制却不能使社会福利达到最大。因此，若 $U_{\mathrm{VC}^*}^{\mathrm{VC}} < U_{\mathrm{VC}^*}^{\mathrm{E}}$ 成立，则创业者控制比 VC 控制占优，否则相反。令 $\Pi = U_{\mathrm{VC}^*}^{\mathrm{VC}} - U_{\mathrm{VC}^*}^{\mathrm{E}}$，则 Π 值的正负可以作为衡量 VC 控制是否占优的标准。

下面分析项目的发展前景对初始合约控制权配置的影响。项目盈利能力 θ 分布函数的性质可以刻画项目的发展前景。当项目盈利能力为高的概率较大，即 $\mathrm{Prob}(\theta_2 \leqslant \theta \leqslant M)$ 较大时，项目的发展前景较好；当盈利能力为中等的概率较大，即 $\mathrm{Prob}(1 \leqslant \theta < \theta_2)$ 较大时，项目的发展前景一般；当盈利能力为低的概率较大，即 $\mathrm{Prob}(0 \leqslant \theta < 1)$ 较大时，项目的发展前景较差。若 $\mathrm{Prob}(0 \leqslant \theta < 1)$ 较大，即项目彻底失败（即 $0 \leqslant \theta < 1$）的概率较大时，根据命题 5-1 及命题 5-2，在两种不同的控制权配置下，VC 和创业者的最大期望收益 $U_{\mathrm{VC}^*}^{\mathrm{VC}}$ 和 $U_{\mathrm{VC}^*}^{\mathrm{E}}$ 均足够较小，此时 $I_0 > \max\left\{U_{\mathrm{VC}^*}^{\mathrm{VC}}, U_{\mathrm{VC}^*}^{\mathrm{E}}\right\}$ 成立，即 VC 的参与约束将不满足，VC 在初始时刻将不进行投资。因此，在 VC 愿意投资的前提下，为了探讨项目的发展前景对控制权配置的影响，不妨假设 $\mathrm{Prob}(0 \leqslant \theta < 1) = 0$[①]。令 $p = \mathrm{Prob}\left(\theta_2 \leqslant \theta \leqslant M\right)$，$p$ 较大意味着项目的发展前景较好，下面分析 p 与 $\Pi = U_{\mathrm{VC}^*}^{\mathrm{VC}} - U_{\mathrm{VC}^*}^{\mathrm{E}}$ 的关系。附录 5-2 对 $\Pi(p)$ 的性质进行了分析，得到的结论如下：当 $p \in [0, p^*)$ 时，$\Pi(p) > 0$，即 $U_{\mathrm{VC}^*}^{\mathrm{VC}} > U_{\mathrm{VC}^*}^{\mathrm{E}}$；当 $p = p^*$ 时，$\Pi(p) = 0$，即 $U_{\mathrm{VC}^*}^{\mathrm{VC}} = U_{\mathrm{VC}^*}^{\mathrm{E}}$；当 $p \in (p^*, 1]$ 时，$\Pi(p) < 0$，即 $U_{\mathrm{VC}^*}^{\mathrm{VC}} < U_{\mathrm{VC}^*}^{\mathrm{E}}$。此结论的意义为，当项目的发展前景较好（即 $p \in (p^*, 1]$）时，$U_{\mathrm{VC}^*}^{\mathrm{VC}} < U_{\mathrm{VC}^*}^{\mathrm{E}}$ 成立，即创业者控制比 VC 控制占优；而当项目的发展前景一般（即 $p \in [0, p^*)$）时，$U_{\mathrm{VC}^*}^{\mathrm{VC}} > U_{\mathrm{VC}^*}^{\mathrm{E}}$ 成立，即 VC 控制比创业者控制占优。因此，有命题 5-3 成立。

命题 5-3：当项目的发展前景较好时，创业者控制比 VC 控制占优；当项目的发展前景一般时，VC 控制比创业者控制占优；当项目的发展前景较差时，VC 将不愿意进行投资。

Kaplan 和 Strömberg（2003, 2004）实证发现：当项目的发展前景较好时，创业者通常拥有控制权，否则 VC 将加紧对企业进行控制。因此，命题 5-3 所得的结论解释了关于控

①假设 $\mathrm{Prob}(0 \leqslant \theta < 1) = p_0$，$p_0$ 为足够小的常数时，方法完全类似。

制权配置与项目发展前景之间的关系。

由于 $p\in(p^*,1]$ 时，创业者控制比 VC 控制占优。根据附录 5-2 的分析可知，p^* 为关于 VC 谈判能力 ρ 的减函数，即 VC 谈判能力 ρ 越大时，p^* 越小，此时创业者控制占优的区间 $(p^*,1]$ 越大。因此，若 VC 在阶段时刻的谈判能力 ρ 越大，则占优的控制权配置越倾向于配置给创业者。该结论的意义为，占优的控制权配置该给予弱者适当的保护。

4. 数值实例

现通过一个实例对其进行分析。假设创业者的私人利益系数 $k=1$、IPO 成本 $\omega=2$、阶段投资额 $I_1=10$ 以及盈利能力 $\theta\in(0,4]$。图 5-2 说明在 VC 的谈判能力 $\rho=0.2$ 的情形下，项目发展前景与控制权配置的关系。在图 5-2 中，横坐标为 $\text{Prob}(\theta_2\leqslant\theta\leqslant M)=p$，纵坐标为 $U_{\text{VC}^*}^{\text{VC}}(p)$ 或 $U_{\text{VC}^*}^{\text{E}}(p)$ 的值。线段 L_1 表示 $U_{\text{VC}^*}^{\text{E}}(p)$ 与 p 之间的关系，线段 L_2 表示 $U_{\text{VC}^*}^{\text{VC}}(p)$ 与 p 之间的关系，其中线段 L_1 与 L_2 的交点为 A，并且 A 的横坐标为 p^*。

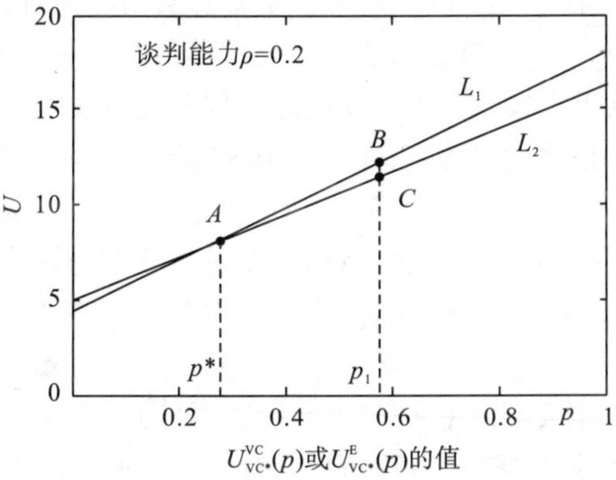

图 5-2　控制权配置与项目发展前景的关系

当项目盈利能力为高的概率 p_1 满足 $p_1>p^*$ 时，线段 L_1 与 L_2 上分别存在横坐标为 p_1 的点 B 和点 C，其中点 B 的纵坐标为 $U_{\text{VC}^*}^{\text{E}}(p_1)$，点 C 的纵坐标为 $U_{\text{VC}^*}^{\text{VC}}(p_1)$，并且 $U_{\text{VC}^*}^{\text{E}}(p_1)>U_{\text{VC}^*}^{\text{VC}}(p_1)$。该结论意味着，当项目盈利能力为高的概率较大（$p_1>p^*$），即项目的发展前景较好时，创业者控制比 VC 控制占优。反之，当项目的发展前景一般时，即项目盈利能力为高的概率较小（$p<p^*$）时，VC 控制比创业者控制占优。项目盈利能力为高的概率 $p=p^*$ 为创业者控制与 VC 控制无差异的临界点。

图 5-2 中 $p=p^*$ 是在 VC 谈判能力 $\rho=0.2$ 的条件下控制权配置的临界点。以下探讨 VC 的谈判能力对控制权占优配置的影响。图 5-3 中横坐标为 VC 的谈判能力 ρ，纵坐标为控制权配置的临界点 p^*。由图 5-3 可知，当 VC 的谈判能力 ρ 逐渐变大时，控制权占优配置的临界点 p^* 逐渐变小。由图 5-3 分析可知，当 $p>p^*$ 时，创业者控制比 VC 控制占优。因此，若 VC 的谈判能力 ρ 越大，则控制权越倾向于配置给创业者时占优。

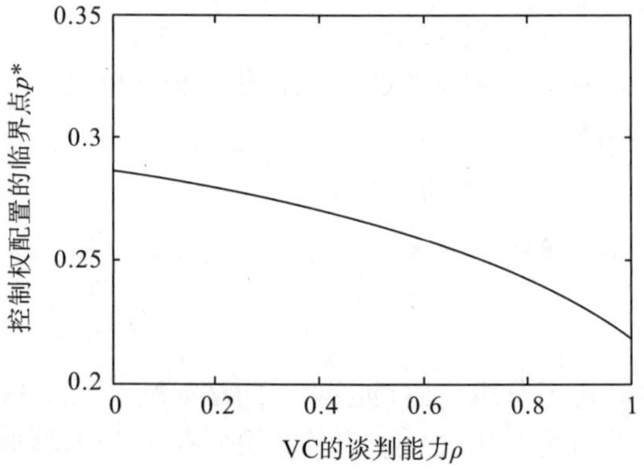

图 5-3　控制权配置与谈判能力的关系

5.1.3　小结

现有理论均是在一次性融资架构下研究控制权的初始配置问题，缺乏对阶段融资框架下控制权的初始配置以及随阶段进程的双方再谈判和转移过程。鉴于此，本节在阶段融资框架下，对风险投资企业退出模式的控制权初始占优配置以及随阶段进程的再谈判与转移过程配置进行研究。分别分析了两种不同的控制权初始配置，即 VC 控制和创业者控制，它们有不同的优劣势。当 VC 拥有控制权时，合约给予了 VC 足够的保护，使 VC 在阶段投资时刻能采取最优的投资策略。然而，VC 控制的一个劣势是，拥有控制权的 VC 在选择风险投资企业退出模式时会忽略创业者的私人利益，导致在再谈判时刻，创业者无财富的特点将可能阻碍再谈判的顺利进行。对两种不同控制权的效率进行比较发现，当项目的发展前景较好时，创业者控制比 VC 控制占优；当项目的发展前景一般时，VC 控制比创业者控制占优；而当项目的发展前景较差时，VC 在初始时刻将不愿意进行投资。该结论解释了 Kaplan 和 Strömberg (2004) 关于控制权配置与项目发展前景关系的实证结果。另外，VC 在阶段投资时刻的谈判能力也影响了控制权初始占优配置，得到了占优的控制权配置应给予弱者足够保护的结论。

5.2　基于创业者私人利益的控制权配置及其阶段转移研究

阶段性注资是风险投资的重要特征。Sahlman (1990)、Gompers (1995) 指出 VC 并不是一次性地提供创业企业需要的所有资金，而是分阶段地对创业企业进行投资。阶段投资有何作用？很多学者从理论上对其进行了解释。Gompers (1995) 对阶段投资的结构进行研究，指出资本分阶段注入是 VC 所能采用的最有力的控制机制，分阶段的资本注入可以对创业者形成有效的约束，减少由于决策不当所造成的损失。Neher (1999) 假定在一个信息完全对称和没有不确定性的完美世界里，分析了阶段投资能够缓解 VC 被套牢的问题。Yerramilli (2006) 分析了阶段投资能够缓解创业者的代理问题，但又能增加创业者被投资者套牢的可能，从而影响了创业者前期的激励。

本节在阶段融资的架构下，对风险投资合约控制权的初始配置以及阶段时刻控制权的转移情况进行研究。初始阶段，风险投资合约仅对风险投资企业的控制权以及股权进行配置，随着阶段时刻信息的揭示，双方对项目前景的预期进行贝叶斯修正，若存在帕累托改进的机会，则双方可以再谈判以对控制权和股权进行重新调整。

5.2.1　模型建立

1. 模型框架及假设

考虑风险中性的创业者拥有一个良好市场前景的新项目，由于创业者缺乏资金，需要向风险中性的 VC 融资。在一个“资本追逐项目”的环境中，市场上有众多 VC，但有好项目的创业者相对较少，以致创业者具有很强的讨价还价能力，在此种情况下，创业者提供了一个“要么接受要么放弃”的合约给 VC，即 VC 的期望利润为其外部保留效用。不失一般性，不妨设外部保留效用为 0 并且不考虑货币的时间价值。

项目信号与风险投资企业的决策模型的基本架构如图 5-4 所示。在时刻 0，风险投资企业需要启动资金 K_0。经过第一阶段的发展，在时刻 1，风险投资企业项目的信息 I 揭示，类似于 Admati 和 Pfleiderer(1994)、Aghion 和 Bolton(1992)，假设信息 I 能被双方所观测但不能被第三方(如法庭)所证实。在项目的信息 I 揭示之后，VC 在时刻 2 有清算项目或继续投资两种决策。若 VC 选择清算项目，则项目的清算价值为 0。若 VC 在时刻 2 继续投资 K_1，则在时刻 3 风险投资企业需要决定投资策略 $a \in A = \{a_0, a_j\}$。a_0 表示保守的投资策略，风险投资企业采取该种投资策略时其项目的货币收入至少为 u，即项目若失败，则其货币收入为 u，项目若成功，则其货币收入为 $\pi_0 + u$。a_j 表示激进的投资策略，风险投资企业采取该种投资策略时，项目若失败，则其货币收入为 0，项目若成功，则其货币收入为 π_j，其中 $\pi_j > \pi_0$。类似于 Dessein(2005)的相关结论，投资策略 a 的具体含义可以指风险投资企业是否选择重组或风险投资企业商业策略的选择方式等。假设风险投资企业采取激进投资策略时，创业者得到货币等值为 l 的私人利益①。时刻 3 企业的投资策略 a 确定之后，在时刻 4 项目成功或失败的真实状况实现，相应地，项目的收入也随之实现。

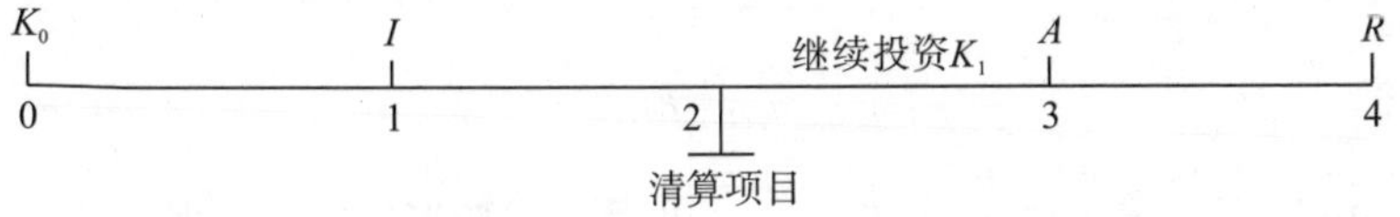

图 5-4　项目信号与风险投资企业的决策模型的基本架构(2)

假设项目成功的先验概率为 p，在信号 I 揭示之后，合约双方根据信号对项目成功的先验概率 p 进行贝叶斯更新，记更新之后的后验概率为 p_h。当采取投资策略 a_j 时，双方的货币与非货币期望收入之和为 $p_h\pi_j + l$；当采取投资策略 a_0 时，双方的总期望收入为

①激进的投资策略也可以指风险投资企业投资一个风险较大的新技术，保守的投资策略指风险投资企业投资一个风险较小的技术。根据Gebhardt和 Schmidt(2006)、Dessein(2005)的相关研究，创业者往往是具有很强专业背景的专家或技术人员，由于对学术和科研的追求，创业者往往偏好于激进的投资策略，即采取该种投资策略时，创业者的学术偏好得到满足，人力资本得到增值。因此，本节假设采取激进投资策略时，创业者具有更多的私人利益，为了简化模型，假设采取保守投资策略时创业者私人利益为0。

$p_h\pi_0+u$①。假设项目成功的概率为 1 时，风险投资企业采取激进投资策略所得的货币收入与私人利益之和 π_j+l 大于采取保守投资策略所得的总收入 π_0+u。在项目成功的概率为 0 时，风险投资企业采取保守策略所得的收入 u 大于采取激进策略所得的总收入 l。为了体现双方在不同投资策略上的冲突，假设在采取激进投资策略时，创业者对私人利益的追求导致项目成功后的货币收益 π_j 相对于采取保守投资策略时的货币收益 π_0+u 小，即 $\pi_j<\pi_0+u$。根据阶段投资的特点，VC 在时刻 2 面临着清算项目或继续投资的决策，不妨称之为 VC 的阶段投资决策。VC 在时刻 2 继续投资的前提下，风险投资企业面临着决定投资何种项目的问题。

2. 最优融资决策与最优投资策略

在时刻 3，当采取激进的投资策略 a_j 时，双方的货币与非货币期望收入之和为 $p_h\pi_j+l$；当采取保守投资策略 a_0 时，双方的总期望收入为 $p_h\pi_0+u$。令 $p_h\pi_0+u=p_h\pi_j+l$，可得投资策略的一个临界点为

$$p_2=\frac{u-l}{\pi_j-\pi_0} \tag{5-8}$$

由于 $\pi_j>\pi_0$，该临界点的意义是，当项目成功的后验概率较低，即 $p_h\leqslant p_2$ 时，企业最优投资策略为 a_0；当项目成功的后验概率较高，即 $p_h>p_2$ 时，企业最优投资策略为 a_j。不妨称 p_2 为最优投资策略点。

风险投资企业采取不同投资策略 a_j 和 a_0 时，项目的货币期望收入分别为 $p_h\pi_j$ 和 $p_h\pi_0+u$。由于时刻 3 的投资策略在时刻 2 风险投资企业继续融资的条件下才有意义，在最优投资策略点 p_2，假设采取两种不同投资策略所得的货币收入均大于阶段投资额 $K_1$②，即 $p_2\pi_0+u>K_1$ 和 $p_2\pi_j>K_1$。

令 $p_h\pi_j=K_1$，可得后验概率的临界值：

$$p_h=\frac{K_1}{\pi_j}\equiv p_1 \tag{5-9}$$

显然 $p_1<p_2$ 成立。令 $p_h\pi_0+u-K_1=0$，可得后验概率的另一个临界值：

$$p_h=\frac{K_1-u}{\pi_0}\equiv p_0 \tag{5-10}$$

由于 $p_2\pi_0+u>p_2\pi_j$，并且 $\pi_j>\pi_0$，可得 $p_0<p_1$。综上所述，式 $p_0<p_1<p_2$ 成立。

当后验概率 $p_h\leqslant p_2$ 时，企业的最优投资策略为 a_0，然而当后验概率 p_h 过小，即 $p_h\leqslant p_0$

①由于不同投资策略的差异已经在货币收入中进行体现，此处假设采取不同投资策略时项目成功的概率相等。假设采取保守和激进投资策略时，项目成功的概率分别为 p_h^0 和 p_h^j，其中 $p_h^0>p_h^j$。令 $\pi'_j=p_h^j\pi_j/p_h^0$，采取激进投资策略时，项目的货币和非货币期望收入之和为 $p_h^j\pi_j+l=p_h^0\pi'_j+l$。若假设 π'_j 为项目采取激进投资策略时成功之后的货币收入，则该种情况即可转化成文中成功概率相等的情形。

②否则，第二阶段的投资或者不可能，或者仅有一种投资项目。此外，由于项目的清算价值为 0，该条件保证了最优投资策略点 p_2，创业企业最优的阶段投资决策为继续融资。

时，项目的期望收入 $p_h\pi_0+u\leqslant I_1$，风险投资企业在时刻 2 的最优阶段融资决策为清算项目，当 $p_h>p_0$ 时，项目的期望收入 $p_h\pi_0+u>I_1$，在时刻 2 风险投资企业的最优阶段融资决策为继续融资。因此，p_0 为最优阶段融资的临界点。

综上所述，当项目成功的后验概率较低，即 $p_h\leqslant p_0$ 时，风险投资企业在时刻 2 的最优阶段融资决策为清算项目；当项目成功的后验概率为一般，即 $p_0<p_h\leqslant p_2$ 时，风险投资企业在时刻 2 的最优阶段融资决策为继续融资并且在时刻 3 的最优投资策略为 a_0；当项目成功的后验概率较高，即 $p_h>p_2$ 时，风险投资企业在时刻 2 的最优策略为继续融资并且在时刻 3 的最优投资策略为 a_j。

3. 信号的揭示

获得风投的企业经过一段时间的发展，关于项目发展前景会进行信号揭示。项目的成功概率随着信号的揭示而进行贝叶斯更新。在实际的风险投资企业发展过程中，风险投资企业通常有多种不同可能的信号。其中一类信号能够较清晰地揭示项目的质量，即该类信号能够揭示项目发展的好与差，记 I_g 表示好信号，I_b 表示差信号；另一类信号为模糊的信号，即该类信号对项目成功与失败的情况不能提供一些有用的信息，记 I_m 表示模糊的信号。在时刻 1，项目的信号 I 实现，其中 $I\in\{I_g,I_m,I_b\}$。项目在最后时刻有成功和失败两种情况，令 S 表示项目成功，F 表示项目失败，并且信号 I 与项目的成功与否满足如下关系：

$$\text{Prob}\left\{I=I_g|\ S\right\}=\text{Prob}\left\{I=I_b|\ F\right\}=\phi_1 \tag{5-11}$$

$$\text{Prob}\left\{I=I_m|\ S\right\}=\text{Prob}\left\{I=I_m|\ F\right\}=\phi_2 \tag{5-12}$$

$$\text{Prob}\left\{I=I_b|\ S\right\}=\text{Prob}\left\{I=I_g|\ F\right\}=1-\phi_1-\phi_2 \tag{5-13}$$

其中，$0<\phi_1<1$，$0<\phi_2<1$ 及 $0<1-\phi_1-\phi_2<1$。

式(5-12)的含义为若出现模糊信号 I_m，则该信号对项目成功与失败的情况不能提供新的认识，显然可得后验概率 p_m 等于先验概率 p。令 $\varPhi\equiv\dfrac{\phi_1}{1-\phi_1-\phi_2}$，$\varPhi$ 刻画了好信号与差信号之间的差异程度。由于本节不是关注信号的差异程度对控制权配置的影响，而是分析项目的发展前景对控制权配置的影响，为了便于模型的分析，本节给定 $\varPhi=\varPhi_0$，其中 $\varPhi_0=\dfrac{p_2-p_0p_2}{p_0-p_0p_2}>1$①。根据贝叶斯公式，若时刻 1 风险投资企业出现好信号 I_g，则项目成功的后验概率为

$$p_g\equiv\text{prob}\left\{S\middle|I=I_g\right\}=\frac{\phi_1 p}{\phi_1 p+(1-\phi_1-\phi_2)(1-p)} \tag{5-14}$$

①由于 $0<p_0<p_2<1$，可得 $\varPhi_0>1$，该假设意味着项目在成功条件下更易出现好信号，在项目失败条件下更易出现差信号。$\varPhi_0$ 的意义为，若项目的先验概率为 p_2 并且时刻 1 出现差信号 I_b，则项目的后验概率等于 p_0；相应地，若项目的先验概率为 p_0 并且时刻 1 出现好信号 I_g，则项目的后验概率等于 p_2，本节给定 $\varPhi=\varPhi_0$ 仅是简化分析需要，对结果没有实质的影响。

若时刻 1 风险投资企业出现模糊信号 I_m，则项目成功的后验概率为

$$p_m \equiv \text{Prob}\{S|\ I = I_m\} = \frac{\phi_2 p}{\phi_2 p + \phi_2(1-p)} \tag{5-15}$$

当时刻 1 风险投资企业出现差信号 I_b，则项目成功的后验概率为

$$p_b \equiv \text{prob}\{S|I = I_b\} = \frac{(1-\phi_1-\phi_2)p}{(1-\phi_1-\phi_2)p + \phi_1(1-p)} \tag{5-16}$$

令 $p_3 = \dfrac{\Phi_0 p_2}{1-p_2+\Phi_0 p_2}$，由于 $\Phi_0 > 1$，易知 $p_2 < p_3 < 1$，由式(5-16)的贝叶斯公式可知，当项目成功的先验概率 $p > p_3$ 时，即使时刻 1 出现差信号，仍有项目成功的后验概率 $p_b > p_2$。

由于项目的信号 I 仅能被双方所观测但不能被第三方(如法庭)所证实，因此，VC 的阶段投资决策以及风险投资企业的企业投资策略均不能直接依据信号 I 而签订合约。合约如何保证 VC 在时刻 2 能采取最优的阶段投资决策？进一步，在 VC 第二阶段继续投资的条件下，风险投资企业的企业投资策略该如何选择？哪一方具有决定企业投资策略的权利？这就涉及控制权的配置问题。初始合约控制权该如何进行最优的配置，这是本节所需解决的第一个问题。

初始合约签订之后，项目的信号 I 在时刻 1 实现，双方若存在帕累托改进的机会，则在时刻 2，双方将对初始合约进行再谈判以使 VC 的阶段投资决策以及投资策略达到最优。控制权和股权在阶段时刻如何随着信号的揭示进行最优的调整，此为本节所关注的第二个问题。双方对初始合约进行再谈判时，本节假设再谈判前拥有控制权的一方获得谈判租金①。为了分析控制权的占优配置，本节假设创业者以股权的方式进行融资，VC 的初始股份比例为 α。

5.2.2 模型分析

在初始时刻，双方对项目的评估，包括对项目成功概率的先验判断，可以体现双方对项目发展前景的初始预期；随着信息的揭示，双方对项目发展前景的初始预期进行贝叶斯修正，若存在帕累托改进的机会，则双方对初始合约进行再谈判以使 VC 的阶段投资决策以及投资策略均达到最优。由于项目的不同初始发展预期，即不同的先验概率 p 影响控制权的最优初始配置以及控制权的阶段转移，以下针对项目的不同初始发展前景预期，结合随阶段进程的信息揭示，讨论各种情况下的控制权最优初始配置以及随阶段进程的调整与再谈判。

1. *初始发展前景预期较好的情况*

本节分析项目初始发展前景预期较好的情况，即项目的先验概率 $p > p_3$ 的情形。

首先说明初始合约把控制权授予 VC 时，VC 在时刻 3 不能采取企业的最优投资策略。若出现好信号 I_g，则根据贝叶斯公式，即式(5-14)，项目成功的后验概率 $p_g > p > p_3$。

---

①谈判租金为再谈判所带来的好处，Aghion 和 Bolton (1992)假设创业者获得谈判租金。

VC 的股份比例为α，VC 采取投资策略a_j所得的期望收入为$\alpha p_g\pi_j$，VC 采取投资策略a_0所得的期望收入为$\alpha(p_g\pi_0+u)$。因为$\pi_0+u>\pi_j$并且$0<p_g<1$，所以$\alpha p_g\pi_j<\alpha(p_g\pi_0+u)$成立。因此，拥有控制权的 VC 将选择投资策略$a_0$。由于$p_g>p_2$，VC 所采取的投资策略$a_0$并非最优的投资策略。

其次说明初始合约把控制权授予创业者时，创业者在各种信号I揭示之后均会采取企业的最优投资策略。当时刻 1 出现差信号I_b时，由于项目成功的先验概率$p>p_3$，根据贝叶斯公式，即式(5-16)，项目成功的后验概率$p_b>p_2$，此时企业的最优投资策略为a_j。创业者采取投资策略a_j所得的货币收入和私人利益之和为$(1-\alpha)p_b\pi_j+l$，创业者采取投资策略a_0所得的收入为$(1-\alpha)(p_b\pi_0+u)$。因为$p_b>p_2$，式$p_b\pi_0+u<p_b\pi_j+l$成立，所以$(1-\alpha)(p_b\pi_0+u)<(1-\alpha)p_b\pi_j+l$成立。因此，创业者将采取最优投资策略$a_j$。由于$p_b>p_2$，此时$p_b\pi_j>K_1$成立，即风险投资企业在时刻 2 的最优阶段融资决策为继续融资。因此，当且仅当$\alpha p_b\pi_j-K_1\geqslant 0$成立时 VC 在时刻 2 继续投资，即 VC 的股份α满足$\alpha\geqslant\alpha_1\equiv\dfrac{K_1}{p_b\pi_j}$。

当时刻 1 的信号为I_g或I_m时，项目成功的后验概率p_g满足$p_g>p_m>p_2$，同理，创业者均会采取最优的投资策略a_j，VC 的期望收入分别为$\alpha p_g\pi_j$和$\alpha p_m\pi_j$。显然，当$\alpha\geqslant\alpha_1$时，式$\alpha p_g\pi_j\geqslant K_1$和$\alpha p_m\pi_j\geqslant K_1$均成立，即当$\alpha\geqslant\alpha_1$时，在好信号或模糊信号揭示之后，VC 在时刻 2 均会继续投资，VC 的阶段投资决策达到最优。

综上所述，在各种信号揭示之后，创业者控制能使企业的投资策略以及 VC 的阶段投资决策均达到最优的充分必要条件为$\alpha\geqslant\alpha_1$。令

$$U_1(\alpha)=\text{Prob}(I=I_g)(\alpha p_g\pi_j-K_1)+\text{Prob}(I=I_m)(\alpha p_m\pi_j-K_1)+\text{Prob}(I=I_b)(\alpha p_b\pi_j-K_1)$$

VC 在初始时刻投资的参与约束为$K_0\leqslant U_1(\alpha)$。当α取最大值 1 时，$U_1(\alpha)$取其最大值U_1^*。当$K_0\in(0,U_1(\alpha_1))$时，创业者给予 VC 的股份比例为α_1，此时 VC 在初始时刻满足参与约束，并且创业者拥有控制权能使企业的投资策略以及 VC 的阶段投资决策均达到最优。当$K_0\in[U_1(\alpha_1),U_1^*]$时，创业者给予 VC 的股份比例$\alpha^*$满足 VC 初始时刻的参与约束$U_1(\alpha^*)=K_0$，即 VC 在初始时刻将会进行投资。由于$K_0\geqslant U_1(\alpha_1)$，显然$\alpha^*\geqslant\alpha_1$，因此，创业者拥有控制权能使企业的投资策略以及 VC 的阶段投资决策均达到最优。

综上所述，初始合约把控制权授予创业者时，在各种信号I揭示之后，双方无须经过再谈判，企业的投资策略以及 VC 的阶段投资决策均达到最优，此时合约的可行域为$K_0\in(0,U_1^*]$。因此，有以下命题成立。

命题 5-4：当项目发展前景的初始预期较好，即项目成功的先验概率满足$p>p_3$时，控制权的最优初始配置为创业者控制，随着阶段时刻信息的揭示，双方无须再谈判，创业者控制能使企业的投资策略以及 VC 的阶段投资决策均达到最优，合约的可行域为$K_0\in(0,U_1^*]$。

由于项目发展前景的初始预期较好，在信息揭示之后，双方对项目发展前景的初始预期进行贝叶斯更新，风险投资企业的最优投资策略是激进的投资策略a_j。初始合约控制

权的最优配置是创业者控制，随着信息的揭示，双方无须经过再谈判，创业者将采取企业的最优投资策略。然而，VC 仅关注项目的货币收入而忽略创业者的私人利益，因此，VC 未必会采取企业的最优投资策略。该结论解释了 Kaplan 和 Strömberg（2003, 2004）指出的，当项目发展前景较好，项目的失败风险较小时，VC 通常放松对风险投资企业的控制，此时创业者通常拥有控制权。

另外，根据贝叶斯公式，先验概率 p 越大，则 p_g、p_m 及 p_b 均越大，由 U_1^* 表达式可知，U_1^* 也越大，即合约的可行域越大。该结论意味着，项目发展前景的初始预期越好，VC 在初始时刻愿意投入更多的资金以支持风险投资企业的发展，相应地，风险投资企业融资所需的轮次就会相应越少；若投资额固定，则满足 VC 参与约束的 α 越小，即项目的发展前景越好，VC 可以让渡更多的股份给创业者。

2. *初始发展前景预期为一般的情况*

本节探讨项目初始发展前景预期为一般的情况，即项目的先验概率 $p_0 < p \leqslant p_3$ 的情形。由于 VC 投资额的大小影响 VC 的股份，从而可能影响控制权的最优配置。下面针对不同的投资额对控制权的最优配置进行分析。

命题 5-5：当项目发展前景的初始预期为一般，即项目成功的先验概率满足 $p_0 < p \leqslant p_3$ 时，若 VC 初始投资额以及第二阶段的投资额均较小，则控制权的最优初始配置是创业者控制，随着阶段时刻信息的揭示，双方无须再谈判，创业者控制能使企业的投资策略以及 VC 的阶段投资决策均达到最优。

证明：首先说明初始合约把控制权授予 VC 时，VC 在时刻 3 不能采取企业的最优投资策略。由于项目成功的先验概率满足 $p_0 < p \leqslant p_3$，当出现好信号 I_g 时，根据贝叶斯公式，即式（5-14），项目成功的后验概率 $p_g > p_2$，类似于命题 5-4 的证明，VC 控制不能使企业的投资策略达到最优。

其次考虑创业者拥有控制权的情况。由于 $p_0 < p \leqslant p_3$，当先验概率 p 取不同范围时，在不同信号出现之后，风险投资企业投资策略的最优性以及双方的博弈稍有差异。下面对 p 的范围进行分类。

（1）**先验概率 p 满足 $p_2 < p \leqslant p_3$ 的情形**。当时刻 1 的信号为 I_g 或 I_m 时，项目成功的后验概率 $p_g > p_m = p > p_2$，类似于命题 5-4 的证明，创业者控制能使企业的投资策略以及 VC 的阶段投资决策达到最优，VC 的期望收入分别为 $\alpha p_g \pi_j$ 和 $\alpha p_m \pi_j$。

当时刻 1 的信号为 I_b 时，由于 $p_2 < p \leqslant p_3$，根据贝叶斯公式，即式（5-16），项目成功的后验概率 p_b 满足 $p_0 < p_b < p_2$，企业的最优投资策略为 a_0。创业者采取投资策略 a_j 所得的货币和非货币收入之和为 $(1-\alpha)p_b\pi_j + l$，创业者采取投资策略 a_0 所得的收入为 $(1-\alpha)(p_b\pi_0 + u)$。因此，当且仅当：

$$(1-\alpha)p_b\pi_j + l \leqslant (1-a)(p_b\pi_0 + u)$$

成立，即 $\alpha \leqslant \alpha_2 = \dfrac{u - l - p_b(\pi_j - \pi_0)}{u - p_b(\pi_j - \pi_0)}$ 成立时，创业者选择最优投资策略 a_0。VC 的期望收

入为$\alpha(p_b\pi_0+u)$时，当且仅当$\alpha(p_b\pi_0+u)\geqslant K_1$成立时，VC 在时刻 2 继续投资。

当 VC 的阶段投资额K_1较小，即$K_1\leqslant\alpha_2(p_b\pi_0+u)$时，创业者给予 VC 的股份$\alpha(K_1)$满足 VC 第二阶段投资的参与约束$\alpha(K_1)(p_b\pi_0+u)=K_1$，由于$K_1\leqslant\alpha_2(p_b\pi_0+u)$，VC 的股份$\alpha(K_1)\leqslant\alpha_2$，此时 VC 在第二阶段能继续投资并且创业者控制能使企业的投资策略达到最优。令

$$\begin{aligned}U_2(\alpha)=&\operatorname{Prob}(I=I_g)(\alpha p_g\pi_j-K_1)+\operatorname{Prob}(I=I_m)(\alpha p_m\pi_j-K_1)\\&+\operatorname{Prob}(I=I_b)[\alpha(p_b\pi_0+u)-K_1]\end{aligned}\tag{5-17}$$

VC 初始时刻投资的参与约束为$K_0\leqslant U_2(\alpha)$。当 VC 的初始投资额$K_0\leqslant U_2(\alpha_2)$时，创业者给予 VC 的股份$\alpha(K_0)$满足 VC 初始投资的参与约束$U_2(\alpha(K_0))=K_0$，VC 的股份$\alpha(K_0)\leqslant\alpha_2$。因此，当 VC 的初始投资额以及第二阶段投资额均较小，即$K_0\leqslant U_2(\alpha_2)$和$K_1\leqslant\alpha_2(p_b\pi_0+u)$时，初始合约把控制权授予创业者，在各种信号$I$揭示之后，双方无须经过再谈判，企业的投资策略以及 VC 的阶段投资决策均达到最优，此时合约可行。

(2) **先验概率p满足$p_0<p\leqslant p_2$的情形**。此种情形与(1)的差异在于，若时刻 1 出现差信号，则 VC 在时刻 2 将会清算项目，即 VC 的阶段投资决策达到最优。令

$$U_3(\alpha)=\operatorname{Prob}(I=I_g)(\alpha p_g\pi_j-K_1)+\operatorname{Prob}(I=I_m)\left[\alpha(p_m\pi_0+u)-K_1\right]\tag{5-18}$$

$$\alpha_3=\frac{u-l-p_m(\pi_j-\pi_0)}{u-p_m(\pi_j-\pi_0)}\tag{5-19}$$

类似于(1)，当 VC 初始投资额以及第二阶段投资额均较小，即满足$K_0<U_3(\alpha_3)$和$K_1\leqslant\alpha_3(p_m\pi_0+u)$时，初始合约把控制权授予创业者，在各种信号$I$揭示之后，双方无须经过再谈判，企业的投资策略以及 VC 的阶段投资决策均达到最优，此时合约可行。命题 5-5 得证。

若 VC 的初始投资额以及第二阶段的投资额均较小，则在满足 VC 参与约束的条件下，创业者给予 VC 的股份也较少，相应地，创业者的股份较多①，在各种信号揭示之后，双方对项目发展前景的初始预期进行贝叶斯更新，创业者均会采取企业的最优投资策略。在此种情况下，控制权的最优初始配置是创业者控制。该结论意味着，当 VC 对发展前景初始预期为一般的项目进行投资时，若投资额较小，则 VC 没有必要要求控制权以对自己的利益进行保护，即此种情况下 VC 可以释放控制权。

由命题 5-5 的证明可知，若 VC 的初始投资额K_0或第二阶段投资额K_1较大，则创业者必须给予 VC 足够多的股份α以满足 VC 的参与约束，然而此时初始合约控制权无论是配置给创业者还是配置 VC，风险投资企业的企业投资策略均不能达到最优。阶段投资不仅给予 VC 清算项目的权利而且也提供双方再谈判的机会。为了能使企业的投资策略达到最优，双方可以在阶段投资时刻对初始合约进行再谈判，即对控制权和股权进行重新配置。下面分析在 VC 投资额较大的情形下，合约控制权的初始配置以及阶段投资时刻控制权的转移情况。当先验概率p取不同范围时，风险投资企业投资策略的最优性以

---

①根据命题证明可知，这里股份较多的含义不是指股份比例大于 0.5，而是大于一个临界值α_2，该临界值的具体取值与项目的初始发展前景p、创业者的私人利益l等均有关。

及双方的博弈稍有差异。

①项目成功的先验概率 p **满足** $p_2 < p \leqslant p_3$ **的情形**。首先分析创业者拥有控制权的情形，其次分析 VC 拥有控制权的情形，最后比较两种不同的控制权配置。

引理 5-1：当创业者控制时，经过阶段投资时刻的再谈判，时刻 2 VC 的阶段投资决策以及时刻 3 企业的投资策略均达到最优时合约的可行域为$U_1^{E^*} \geqslant K_0$。

证明：由命题 5-5 的证明可知，当时刻 1 的信号为I_g或I_m时，创业者控制能使企业的投资策略达到最优，VC 的期望收入分别为$\alpha p_g \pi_j$和$\alpha p_m \pi_j$。

当时刻 1 信号为I_b时，若 VC 的阶段投资额较大，即$K_1 > \alpha_2(p_b \pi_0 + u)$，此时要使 VC 在时刻 2 能继续投资，则初始合约给予 VC 的股份α必须足够大，即$\alpha > \alpha_2$，然而此时创业者将采取投资策略a_j，由于$p_1 < p_b < p_2$，投资策略a_j并非风险投资企业的最优投资策略，此时企业的最优投资策略为a_0。为了能使企业的投资策略达到最优，双方可以再谈判以建立一份新合约。新合约确定 VC 新的股份比例α^1以及对控制权进行重新配置，即把控制权转移给 VC。以下分析α^1如何确定以及说明为何控制权转移给 VC 能使企业的投资策略达到最优。

控制权转移给 VC 时，VC 将采取最优策略a_0。VC 采取投资策略a_j时，其期望收入为$\alpha^1 p_b \pi_j$；VC 采取投资策略a_0时，其期望收入为$\alpha^1(p_b \pi_0 + u)$。由于$\alpha^1 p_b \pi_j < \alpha^1(p_b \pi_0 + u)$，因此拥有控制权的 VC 将选择最优投资策略$a_0$。

确定 VC 再谈判后的股份α^1。再谈判之后，VC 的期望收入为$\alpha^1(p_b \pi_0 + u)$。然而在再谈判前，拥有控制权的创业者将采取投资策略a_j，此时 VC 的期望收入为$\alpha p_b \pi_j$。由于创业者拥有控制权，即创业者拥有谈判租金$p_b(\pi_0 - \pi_j) + u - l$①。因此，经过再谈判之后 VC 的期望收入仍为$\alpha p_b \pi_j$。经过再谈判之后，VC 新的股份比例$\alpha^1$满足$\alpha p_b \pi_j = \alpha^1(p_b \pi_0 + u)$。由于$p_b \pi_j < p_b \pi_0 + u$，显然当 VC 的初始股份$\alpha = 1$时，VC 的新股份$\alpha^1 = \dfrac{p_b \pi_j}{p_b \pi_0 + u} < 1$，说明即使 VC 初始股份$\alpha = 1$，再谈判仍可行。当且仅当$\alpha p_b \pi_j \geqslant K_1$成立，即$\alpha \geqslant \alpha_4 \equiv \dfrac{K_1}{p_b \pi_j}$时，VC 在时刻 2 继续投资。令

$$U_1^{E}(\alpha) = \text{Prob}(I = I_g)(\alpha p_g \pi_j - K_1) + \text{Prob}(I = I_m)(\alpha p_m \pi_j - K_1) + \text{Prob}(I = I_b)(\alpha p_b \pi_j - K_1)$$

则 VC 在初始时刻投资的参与约束为$K_0 \leqslant U_1^{E}(\alpha)$。当 VC 的股份$\alpha$取最大值 1 时，$U_1^{E}(\alpha)$取最大值$U_1^{E^*}$。当$K_0 \in (0, U_1^{E}(\alpha_4))$时，创业者给予 VC 的股份比例为$\alpha_4$，此时 VC 在初始时刻满足参与约束，并且创业者拥有控制权能使企业的投资策略以及 VC 的阶段投资决策均达到最优。当$K_0 \in \left[U_1^{E}(\alpha_4), U_1^{E^*}\right]$时，创业者给予 VC 的股份比例$\alpha^*$须满足 VC 初始时刻的参与约束$U_1^{E^*}(\alpha^*) = K_0$，即 VC 在初始时刻将会进行投资。由于$K_0 \geqslant U_1^{E}(\alpha_4)$，显然

①再谈判前，创业者将采取投资策略a_j，此时项目的货币和非货币总收入为$p_b \pi_j + l$；再谈判之后，VC 将采取最优的投资策略a_0，此时项目的总收入为$p_b \pi_0 + u$。因此，再谈判所带来的总收入增量即为谈判租金$p_b(\pi_0 - \pi_j) + u - l$。

$\alpha^* \geqslant \alpha_4$。相应地，创业者拥有控制权能使企业的投资策略以及 VC 的阶段投资决策均达到最优。

综上所述，经过阶段投资时刻的再谈判，创业者控制能使企业的投资决策以及 VC 的阶段投资决策均达到最优，此时合约的可行域为 $K_0 \in \left(0, U_1^{\mathrm{E}^*}\right]$。

引理 5-2：VC 控制时，经过阶段投资时刻的再谈判，在时刻 2，VC 的阶段投资决策以及时刻 3 企业的投资策略均达到最优时合约的可行域为 $U_1^{\mathrm{VC}^*} \geqslant K_0$。

证明：与创业者控制的不同之处在于，当时刻 1 的信号为 I_b 时，VC 控制能使企业的投资决策达到最优，此时 VC 的期望收入为 $\alpha(p_b\pi_0+u)$，然而当时刻 1 的信号为 I_g 和 I_m 时，VC 将不会采取最优投资策略 a_j，此时 VC 将采取投资策略 a_0，其收入分别为 $\alpha(p_g\pi_0+u)$ 和 $\alpha(p_m\pi_0+u)$。以下分析当时刻 1 的信号分别为 I_g 和 I_m 时，双方的再谈判情况。

因为项目成功的后验概率满足 $p_g > p_2$，类似于命题 5-4 的证明，此时若把控制权转移给创业者，则风险投资企业的投资策略能达到最优。因此，为了使风险投资企业的投资策略达到最优，双方需要对控制权和股份进行再谈判。新合约确定 VC 新的股份比例 α^1 以及对控制权进行重新配置。由于 VC 拥有控制权，VC 拥有谈判租金 $p_g(\pi_j-\pi_0)+l-u$①。经过再谈判之后，VC 的收入为 $\alpha(p_g\pi_0+u)+[p_g(\pi_j-\pi_0)+l-u]$。VC 新的股份比例 α^1 满足：

$$\alpha(p_g\pi_0+u)+[p_g(\pi_j-\pi_0)+l-u]=\alpha^1 p_g\pi_j \tag{5-20}$$

解得 $\alpha=\dfrac{\alpha^1 p_g\pi_j-[p_g(\pi_j-\pi_0)+l-u]}{p_g\pi_0+u}$。由于创业者缺乏财富，VC 新的股份比例 $\alpha^1 \leqslant 1$，要使在信号为 I_g 时，经过再谈判能使企业的投资策略达到最优，VC 的初始股份必须满足：

$$\alpha \leqslant \frac{p_g\pi_j-[p_g(\pi_j-\pi_0)+l-u]}{p_g\pi_0+u}=1-\frac{l}{p_g\pi_0+u} \tag{5-21}$$

令 $\alpha_5=1-\dfrac{l}{p_g\pi_0+u}$，因此，在信号为 I_g 时经过再谈判能使企业的投资策略达到最优，初始合约中 VC 的股份比例 α 必须满足 $\alpha \leqslant \alpha_5$。

同理，令 $\alpha_6=1-\dfrac{l}{p_m\pi_0+u}$，在信号为 I_m 时，经过再谈判能使企业的投资策略达到最优，初始合约中 VC 的股份比例 α 必须满足 $\alpha \leqslant \alpha_6$。

综上所述，当 VC 拥有控制权时，要使在不同信号实现之后，经过再谈判企业投资策略能达到最优，VC 的初始股份必须满足 $\alpha \leqslant \min(\alpha_5,\alpha_6)$。因为 $p_g > p_m$，所以 $\alpha_6 < \alpha_5$。因此，$\alpha \leqslant \min(\alpha_5,\alpha_6)=\alpha_6$。令

①再谈判前，采取投资策略 a_0 时总收入为 $p_g\pi_0+u$，再谈判后，采取最优投资策略 a_j 所得货币和非货币总收入为 $p_g\pi_j+l$，因此，采取最优投资策略 a_j 所带来的总收入增量即为谈判租金 $p_g(\pi_j-\pi_0)+l-u$。

$$\begin{aligned}U_1^{\mathrm{VC}}(\alpha)=&\operatorname{Prob}(I=I_g)\{\alpha(p_g\pi_0+u)-K_1+[p_g(\pi_j-\pi_0)+l-u]\}\\&+\operatorname{Prob}(I=I_b)[\alpha(p_b\pi_0+u)-K_1]\\&+\operatorname{Prob}(I=I_m)\{\alpha(p_m\pi_0+u)-K_1+[p_m(\pi_j-\pi_0)+l-u]\}\end{aligned}$$

当α取最大值α_6时，$U_1^{\mathrm{VC}}(\alpha)$取最大值，记$U_1^{\mathrm{VC}^*}$为其最大值。经过阶段投资时刻的再谈判，VC 控制能使企业的投资决策以及 VC 的阶段投资决策均达到最优的可行域为$K_0\in\left(0,U_1^{\mathrm{VC}^*}\right]$。

引理 5-3：当项目成功的先验概率p满足$p_2<p\leqslant p_3$时，VC 控制比创业者控制占优。

证明：若 VC 的阶段投资决策以及企业的投资策略均达到最优，则初始时刻项目的货币和非货币总期望收入达到最大，即社会福利达到最大。由引理 5-1 和引理 5-2 的分析可知，创业者控制时，社会福利达到最大的可行域为$K_0\in\left(0,U_1^{\mathrm{E}^*}\right]$；VC 控制时，社会福利达到最大的可行域为$K_0\in\left(0,U_1^{\mathrm{VC}^*}\right]$。因此，若$U_1^{\mathrm{VC}^*}>U_1^{\mathrm{E}^*}$成立，则$\left(0,U_1^{\mathrm{VC}^*}\right]\supset\left(0,U_1^{\mathrm{E}^*}\right]$，即 VC 控制时的可行域大于创业者控制时的可行域。该结论的意义如下：若$K_0\in\left(0,U_1^{\mathrm{E}^*}\right]$，则 VC 控制和创业者控制均能使社会福利达到最大；若$K_0\in\left(U_1^{\mathrm{E}^*},U_1^{\mathrm{VC}^*}\right]$，则 VC 控制能使社会福利达到最大，而创业者控制却不能使社会福利达到最大。因此，若$U_1^{\mathrm{E}^*}<U_1^{\mathrm{VC}^*}$成立，则 VC 控制比创业者控制占优，否则相反。令$\Pi=U_1^{\mathrm{E}^*}-U_1^{\mathrm{VC}^*}$，则$\Pi$值的正负可以作为衡量 VC 控制是否占优的标准。根据式(5-11)、式(5-12)及式(5-13)可知，在时刻 1 出现各种信号的概率分别为

$$\begin{aligned}&\operatorname{Prob}(t=t_b)=p(1-\phi_1-\phi_2)+(1-p)\phi_1\\&\operatorname{Prob}(t=t_g)=p\phi_1+(1-p)(1-\phi_1-\phi_2)\\&\operatorname{Prob}(t=t_m)=\phi_2\end{aligned}$$

将$U_1^{\mathrm{VC}^*}$及$U_1^{\mathrm{E}^*}$代入$\Pi=U_1^{\mathrm{E}^*}-U_1^{\mathrm{VC}^*}$并整理得

$$\Pi=-\operatorname{Prob}(I=I_b)[p_b(\pi_0-\pi_j)+u-l]<0 \tag{5-22}$$

因为$p_1<p_b<p_2$，所以$p_b(\pi_0-\pi_j)+u-l>0$，即$\Pi<0$。VC 控制比创业者控制占优，即引理 5-3 成立。

在时刻 2 缺乏再谈判的情况下，根据命题 5-5，初始合约要保证创业者控制能使企业的投资策略以及 VC 的阶段投资决策均达到最优，项目的可行域为$K_0<U_2(\alpha_2)$和$K_1\leqslant\alpha_2(p_b\pi_b+u)$。然而，在时刻 2 存在再谈判时，VC 控制能使企业的投资策略以及 VC 的阶段投资决策均达到最优的可行域为$K_0\leqslant U_1^{\mathrm{VC}^*}$。此处并不涉及对$K_1$的限制，理由为式$K_1\leqslant p_b\pi_b+u$恒成立，初始合约可设置足够大的股份$\alpha$以使 VC 第二阶段投资的参与约束得到满足，在阶段投资时刻仅需对控制权进行再谈判即可。下面证明经过谈判之后，K_0的可行域变大。

计算$U_1^{\mathrm{VC}^*}-U_2(\alpha_2)$并整理得

$$U_1^{\mathrm{VC}^*}-U_2(\alpha_2)=\mathrm{Prob}(I=I_g)\{(\alpha_6-\alpha_2)p_g\pi_j+l+(1-\alpha_6)[p_g(\pi_j-\pi_0)+l-u]\}$$
$$+\mathrm{Prob}(I=I_m)[(1-\alpha_2)p_m\pi_j+l]+\mathrm{Prob}(I=I_b)(\alpha_6-\alpha_2)(p_b\pi_0+u)$$

由于 $\alpha_2=1-\dfrac{l}{u-p_b(\pi_j-\pi_0)}<\alpha_6=1-\dfrac{l}{p_m\pi_0+u}$，所以 $U_1^{\mathrm{VC}^*}>U_2(\alpha_2)$ 成立，即再谈判能扩大项目的可行域。该结论说明阶段时刻的再谈判能改进合约的效率。当项目的先验概率 p 越大时，根据贝叶斯公式，p_g、p_m 以及 p_b 也越大，因此 α_6 也越大，相应地，$U_1^{\mathrm{VC}^*}$ 也越大。

②项目成功的先验概率 p 满足 $p_1<p\leqslant p_2$ 的情形。此时与情形①的差异如下：当时刻 1 出现差信号 I_b 时，项目成功的后验概率 $p_b<p_0$，VC 在时刻 2 将清算项目。当时刻 1 出现模糊信号 I_m 时，项目的后验概率满足 $p_1<p_m\leqslant p_2$，若 VC 的股份 $\alpha>\alpha_3$，则创业者将不会采取最优的投资策略 a_0。

类似于情形①的分析，风险投资企业控制或 VC 控制时，经过阶段投资时刻的再谈判，VC 在时刻 2 的阶段投资决策以及在时刻 3 投资策略均能达到最优时合约的可行域分别为 $K_0\in\left(0,U_2^{\mathrm{E}^*}\right]$ 和 $K_0\in\left(0,U_2^{\mathrm{VC}^*}\right]$。其中，$U_2^{\mathrm{E}^*}$ 和 $U_2^{\mathrm{VC}^*}$ 分别为

$$U_2^{\mathrm{E}^*}=\mathrm{Prob}(I=I_g)(p_g\pi_j-K_1)+\mathrm{Prob}(I=I_m)(p_m\pi_j-K_1)$$

$$U_2^{\mathrm{VC}^*}=\mathrm{Prob}(I=I_g)\{\alpha_7(p_g\pi_0+u)-K_1+[p_g(\pi_j-\pi_0)+l-u]\}+\mathrm{Prob}(t=t_m)[\alpha_7(p_m\pi_0+u)-K_1]$$

其中，$\alpha_7=1-\dfrac{l}{p_g\pi_0+u}$。将 $U_2^{\mathrm{E}^*}$ 和 $U_2^{\mathrm{VC}^*}$ 代入 $\Pi=U_2^{\mathrm{E}^*}-U_2^{\mathrm{VC}^*}$ 并整理得

$$\Pi=\mathrm{Prob}(I=I_m)\left[p_m\pi_j+l-(p_m\pi_0+u)-\frac{(p_g-p_m)l\pi_0}{p_g\pi_0+u}\right]\tag{5-23}$$

由于 $p_1<p_m\leqslant p_2$，式 $p_m\pi_j+l<p_m\pi_0+u$ 成立，因此，$U_2^{\mathrm{E}^*}<U_2^{\mathrm{VC}^*}$ 成立，即 VC 控制比创业者控制占优，证明可得 $U_3(\alpha_3)<U_2^{\mathrm{VC}^*}$，即再谈判能改进合约的效率，$U_2^{\mathrm{VC}^*}$ 也随着先验概率 p 的增大而增大。

③项目成功的先验概率 p 满足 $p_0<p\leqslant p_1$ 的情形。由于 $p_0<p\leqslant p_1$，当创业者拥有控制权并且时刻 1 出现模糊信号 I_m 时，项目成功的后验概率满足 $p_0<p_m\leqslant p_1$，创业者将采取激进的投资策略 a_j，但是此时货币收入 $p_m\pi_j<K_1$，因此 VC 在时刻 2 将清算项目。为了能使 VC 继续投资，经过再谈判把控制权转移给 VC。类似于情形②的分析，创业者控制时 VC 的阶段投资决策以及企业的投资策略均能达到最优时合约的可行域为 $K_0\in\left(0,U_3^{\mathrm{E}^*}\right]$，其中 $U_3^{\mathrm{E}^*}=\mathrm{Prob}(I=I_g)(p_g\pi_j-K_1)$。VC 控制时所得的可行域与情形②一致，即 $K_0\in\left(0,U_2^{\mathrm{VC}^*}\right]$。类似地可得 $U_3^{\mathrm{E}^*}<U_2^{\mathrm{VC}^*}$，即 VC 控制比创业者控制占优。

由以上三种情形的分析结果可知，当项目成功的先验概率 p 满足 $p_0<p\leqslant p_3$，并且 VC 的股份比例较大时，VC 控制比创业者控制占优，并且再谈判能改进合约的效率。因此，以下命题成立。

命题 5-6：当项目发展前景的初始预期为一般，即项目成功的先验概率满足 $p_0<p\leqslant p_3$

时，若 VC 的投资额较大，则控制权的最优初始配置是 VC 控制，随着阶段时刻信息的揭示，通过阶段投资时刻的再谈判，企业的投资策略以及 VC 的阶段投资决策均能达到最优。

当 VC 的投资额较大时，要使 VC 参与投资，创业者给予 VC 的股份必须足够多，此时创业者的股份相对较少。因此，当创业者拥有控制权时，创业者将以损害 VC 的利益为代价而追求其私人利益，从而影响合约的效率。当 VC 拥有控制权时，VC 将忽略创业者的私人利益而仅仅追求项目的货币收入，在再谈判时刻，创业者无财富的特点又阻碍再谈判的进行以致影响合约的效率。研究结论表明，在项目发展前景初始预期为一般的情形下，若投资额较大，则初始合约的最优控制权配置是 VC 控制。该结论意味着，相对于命题 5-4 的情况，当 VC 对项目的信心不是很足，并且 VC 的投资额较大时，VC 将要求拥有控制权以对自己的利益进行保护。在时刻 1 信息揭示之后，VC 所采取的企业投资策略可能不是风险投资企业最优的投资策略，此时双方存在帕累托改进的机会，双方可以经过再谈判对控制权和股权进行重新调整以使 VC 的阶段投资决策以及企业的投资策略均达到最优。

推论 5-1：当项目成功的先验概率满足 $p_2 < p \leqslant p_3$ 时，若出现好信号或模糊信号，则双方进行再谈判，VC 把控制权让渡给创业者能使企业的投资策略达到最优；若出现差信号，则 VC 控制仍能使企业的投资策略达到最优。

在信息揭示之后，项目的期望收入均大于阶段投资额 K_1，因此，合约可以设置足够大的股份比例 α 以满足 VC 第二阶段投资的参与约束，即 VC 的阶段投资决策可以通过初始合约使之达到最优。在各种信号揭示之后，初始合约的控制权配置未必均能使企业的投资策略达到最优。风险投资企业若出现好信号或模糊信号，则双方对项目发展前景的初始预期进行贝叶斯更新，风险投资企业最优投资策略为激进的投资策略。然而，VC 控制不能使企业的投资策略达到最优，此时创业者能采取最优投资策略，因此，双方存在帕累托改进的机会①。为了能使企业的投资策略达到最优，双方需要进行再谈判以对控制权和股权进行重新调整。经过再谈判之后，VC 把控制权让渡给创业者，相应地，创业者必须给予 VC 足够多的股份以弥补 VC 丧失控制权所带来的损失。风险投资企业若出现差信号，则企业的最优投资策略为保守的投资策略，此时双方无须经过再谈判，VC 能采取企业的最优投资策略。

推论 5-2：当项目成功的先验概率满足 $p_0 < p \leqslant p_2$ 时，若出现好信号，则双方进行再谈判，VC 把控制权让渡给创业者能使企业的投资策略达到最优；若出现模糊信号，则 VC 控制仍能使企业的投资策略达到最优；若出现差信号，则 VC 在时刻 2 将清算项目，此时 VC 的阶段投资决策达到最优。

当出现好信号时，与推论 5-1 类似，双方需要进行再谈判以对控制权和股权进行重新调整，创业者为了得到控制权必须给 VC 让渡更多的股份，经过再谈判之后，创业者控制能使企业的投资策略达到最优。当出现模糊信号时，企业的最优投资策略为保守的投资策略，双方无须再谈判，VC 控制能使企业的投资策略达到最优。当出现差信号时，VC 将会清算项目，此时 VC 的阶段投资决策达到最优。

①企业投资策略没有达到最优，即社会福利没有达到最大，因此双方存在帕累托改进机会。

由命题 5-4 的证明可知，与命题 5-5 相比，经过再谈判之后，合约的可行域大于缺乏再谈判时合约的可行域，该结论说明了阶段投资时刻的再谈判能够改进合约的效率。当项目成功的先验概率 p 越大时，合约的可行域也越大，即项目发展前景的初始预期越好，VC 愿意投入更多的资金以支持风险投资企业的发展，相应地，风险投资企业融资所需的轮次就越少；若投资额固定，则满足 VC 参与约束的 α 越小，即项目发展前景的初始预期越好，VC 可以让渡更多的股份给创业者。

3. *初始发展前景预期较差的情况*

命题 5-7：当项目发展前景的初始预期较差，即项目成功的先验概率满足 $0 < p \leqslant p_0$ 时，VC 在初始时刻不进行投资或者进行投资时，控制权的最优初始配置是 VC 控制，随着阶段时刻信息的揭示，双方无须再谈判，VC 将采取最优的阶段投资决策以及企业的最优投资策略，合约的可行域为 $U_4^* \geqslant K_0$。

证明：由于项目成功的先验概率满足 $0 < p \leqslant p_0$，当时刻 1 出现差信号 I_b 或模糊信号 I_m 时，项目成功的后验概率 $p_b \leqslant p_m < p_0$，因此，VC 在时刻 2 将清算项目，VC 的阶段投资决策达到最优，此时项目的收入为 0。

当时刻 1 出现好信号 I_g 时，若项目成功的先验概率满足 $0 < p \leqslant p^*$，其中

$$p^* = \frac{p_0}{\Phi_0(1 - p_0) + p_0}$$ ①

则根据贝叶斯公式，项目的后验概率 $p_g \leqslant p_0$，VC 在时刻 2 仍然不会进行投资。因此，在项目成功的先验概率满足 $0 < p \leqslant p^*$ 时，VC 在初始时刻也不会进行投资。当项目成功的先验概率满足 $p^* < p \leqslant p_0$ 时，根据贝叶斯公式可得 $p_0 < p_g < p_2$，企业的最优投资策略为 a_0，类似于命题 5-5 的证明，VC 控制能使企业的投资策略达到最优。当且仅当 $\alpha(p_g\pi_0 + u) - K_1 > 0$ 时，VC 在时刻 2 继续投资。令 $U_4^* = \text{Prob}(I = I_g)(p_g\pi_0 + u - K_1)$，VC 在初始时刻投资的可行域为 $K_0 \in (0, U_4^*]$。

当项目发展前景的初始预期越差，即项目的先验概率 p 越小时，U_4^* 也越小。该结论说明项目发展前景的初始预期越差，VC 在初始时刻愿意投入的资金 K_0 也越小，相应地，风险投资企业融资所需的轮次就越多。在阶段投资时刻，项目若出现模糊信号或差信号，则 VC 将对项目进行清算；项目若出现好信号，则双方对项目发展前景的初始预期进行贝叶斯更新，拥有控制权的 VC 将采取企业的最优投资策略。若项目的先验概率足够小，即 $p \leqslant p^*$，$p^* < p_0$，则 VC 在初始时刻将不愿意进行投资。该结论解释了 Kaplan 和 Strömberg (2003, 2004) 的实证研究结论，即当项目发展前景较差，项目的失败风险较大时，VC 将停止投资或即使进行投资，VC 也将加紧对风险投资企业的控制。

5.2.3　小结

本节在阶段融资架构下，针对项目的不同初始发展前景预期，结合随阶段进程的信息

①由于 $\Phi_0 > 1$，显然 $p^* < p_0$。

揭示，讨论各种情况下的控制权最优初始配置以及随阶段进程的调整与再谈判。研究发现，控制权的最优初始配置不仅与项目发展前景的初始预期有关，而且与 VC 的投资额(相应地与股权配置)有关，项目发展前景的初始预期越好、VC 投资额越少，控制权的最优初始配置越倾向于授予创业者，否则相反；在阶段投资时刻，不同信号对项目发展前景预期的更新决定了 VC 的最优阶段投资决策以及阶段时刻控制权的最优调整，更新之后项目发展前景越差，VC 在阶段时刻越可能清算项目，即使进行第二阶段投资，控制权越倾向于转移给 VC。研究结论解释了 Kaplan 和 Strömberg（2003, 2004）关于项目发展前景与控制权动态配置的实证结果。

5.3 现金流权不一致、利益冲突与控制权的阶段转移

风险投资合约通常涉及对现金流权和控制权等各种权利的配置。已有研究主要通过创业者的私人利益体现合约双方的利益冲突，事实上，在 VC 持有可转换证券、创业者持有普通股的情况下，VC 相对于创业者具有优先的索取权，而双方这种现金流权的不一致也可能导致双方的利益冲突，也需要对相应的控制权配置问题进行研究。此外，已有研究的建模框架均是在一次性投资的假定下集中讨论控制权的初始配置问题。然而，Sahlman (1990)和 Gompers(1995)早已实证研究指出，项目的高度不确定性使得风险投资往往表现为分阶段投资，分阶段注入资本使得 VC 能够在项目信息揭示后获得更多、更准确的信息，进而不仅使得 VC 保持退出低值项目的权利，而且也提供了双方在阶段投资时刻[①]对现金流权和控制权进行再谈判的机会，而这一问题尚未在理论上得到解释。

针对已有理论研究的不足，本节以不完全合约理论为基础，考虑 VC 持有可转换证券、创业者持有普通股，以及双方现金流权不一致所导致的利益冲突，在阶段投资框架下分析 VC 在各个阶段的投资决策(即是否进行初始投资和是否继续后续投资)，以及双方在阶段投资时刻对现金流权和控制权的再谈判，进而揭示控制权在阶段投资时刻的转移过程及其影响因素。

5.3.1 模型建立

1. 模型框架及假设

考虑创业者拥有一个良好市场前景的新项目，由于创业者缺乏资金，需要向 VC 进行融资。在一个“资本追逐项目”的环境中，市场上有众多 VC，但有好项目的创业者相对较少，以致创业者具有很强的讨价还价能力，在此种情况下，创业者提供了一个“要么接受要么放弃”的合约给 VC，即 VC 的期望利润为其外部保留效用。不失一般性，假设外部保留效用为 0 [②]。由于风险投资企业的项目具有高度的不确定性，根据现有实证结果，假设资金的提供方(即 VC)持有可转换证券并且拥有初始控制权，而创业者持有普通股。初始合约需要确定双方的现金流权(即确定可转换证券以及普通股的股份)。与 Aghion 和

①VC 第二阶段决定是否继续投资所处的时刻，即下文模型中的时刻 2。

②这里指初始投资额以及阶段投资时刻投资额的保留效用，即在阶段投资时刻，项目受到外部行业状况、资本市场冲击等因素的影响时，模型分析思路以及主要结论均不会改变。

Bolton (1992)、Gebhardt 和 Schmidt (2006) 等利用不完全合约理论研究控制权配置的文献类似，假设双方均为风险中性并且不考虑货币的时间价值。

项目信号与风险投资企业的决策模型的基本架构如图 5-5 所示。在时刻 0，风险投资企业需要启动资金 I_0。经过第一阶段的发展，在时刻 1，项目的业绩信号 t 揭示。借鉴 GHM 不完全合约理论的假设，令 t 能被双方所观测但不能被第三方(如法庭)所证实，因此信号 t 不能作为合约变量。在信号 t 揭示之后，VC 在时刻 2 有清算项目或继续投资两种决策。若 VC 选择清算项目，则项目的清算价值为 0①。若 VC 在时刻 2 继续投资 I_1，则风险投资企业在时刻 3 需要决定项目的投资策略，其中投资策略 $a \in A = \{a_1, a_2\}$。a_1 表示保守投资策略，风险投资企业采取该种投资策略时其项目的货币收入至少为 u，即项目若失败，则其货币收入为 u，项目若成功，则其货币收入为 $\pi_1 + u$ (表 5-1)；a_2 表示激进投资策略，风险投资企业采取该种投资策略时，项目若失败，则其货币收入为 0，项目若成功，则其货币收入为 π_2。在时刻 4，确认项目成功与否的状况以及项目的收入实现。

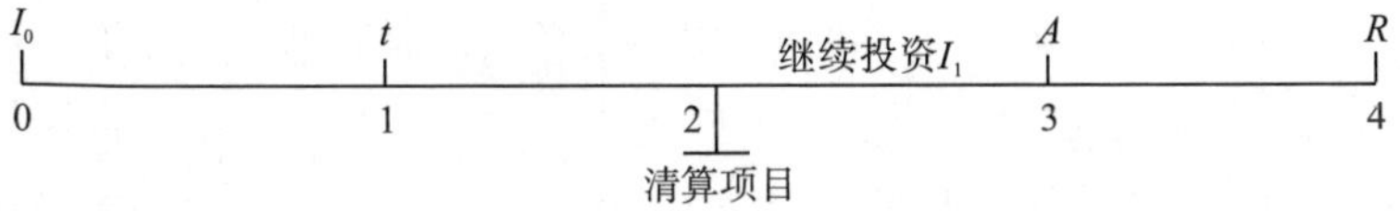

图 5-5　项目信号与风险投资企业的决策模型的基本架构(3)

表 5-1　项目投资策略与项目收入

投资策略	项目失败	项目成功
a_1	u	$\pi_1 + u$
a_2	0	π_2

根据阶段投资的特点，VC 在时刻 2 具有是否继续投资的权利，即 VC 在时刻 2 面临着清算项目或继续投资的决策，不妨称之为 VC 的阶段决策。在时刻 2 若 VC 继续投资的前提下，风险投资企业面临着选择保守投资策略或激进投资策略的问题，即需要决定项目的投资策略。根据 GHM 不完全合约理论，由于信号 t 的不可证实性，双方不能依据业绩信号 t 在合约中事先规定项目的最优投资策略，只能在业绩信号揭示之后风险投资企业决定相应的最优投资策略，因此拥有控制权的一方具有决定项目投资策略的权利。

假设项目成功的先验概率为 p_0，在信号 t 揭示之后，双方根据信号 t 对先验概率 p_0 进行贝叶斯更新，记后验概率为 p。当采取激进投资策略 a_2 时，项目的总期望收入为 $p\pi_2$；当采取保守投资策略 a_1 时，项目的总期望收入为 $p\pi_1 + u$。假设在项目成功的概率为 1 时，风险投资企业采取激进投资策略所得收入大于采取保守投资策略所得收入，即 $\pi_2 > \pi_1 + u$。假设采取保守投资策略并且项目失败，则项目的保守收入小于阶段投资额，即 $u < I_1$。

①风险投资企业往往需要经过多阶段的持续投资，最终才有自己的专利或产品，在第一阶段结束之后，若项目得不到资金的继续支持，则项目的清算价值往往很小，为了简化且不影响结论，假设其清算价值为 0。

2. 最优投资策略和最优阶段决策

若采取某种项目投资策略能使项目的期望收入(即双方期望收入之和)达到最大，则称该种项目投资策略为最优投资策略。为了得到项目的最优投资策略，需要对不同项目投资策略的期望收入进行比较。在信号t揭示之后，项目成功的后验概率为p。当采取激进投资策略a_2时，项目的期望收入为$p\pi_2$；当采取保守投资策略a_1时，项目的期望收入为$p\pi_1+u$。令$p\pi_1+u=p\pi_2$，可得后验概率的临界点为

$$p_I^*=\frac{u}{\pi_2-\pi_1} \tag{5-24}$$

由于$\pi_2>\pi_1+u$，当项目成功的后验概率$p<p_I^*$时，式$p\pi_1+u>p\pi_2$成立，即采取保守投资策略a_1时项目的期望收入大于采取激进投资策略a_2时的期望收入，此时项目的最优投资策略为保守投资策略a_1；当项目成功的后验概率$p\geqslant p_I^*$时，项目的最优投资策略为激进投资策略a_2。不妨称p_I^*为最优投资策略点。

当时刻3风险投资企业采取保守投资策略时，项目的期望收入为$p\pi_1+u$。由于时刻3项目的投资策略在时刻2 VC继续投资的条件下才有意义，假设在最优投资策略点p_I^*，项目的期望收入大于阶段投资额，即$p_I^*\pi_1+u>I_1$。令$p\pi_1+u=I_1$，可得后验概率的临界值为

$$p_L^*=\frac{I_1-u}{\pi_1} \tag{5-25}$$

显然，式$p_L^*<p_I^*$成立。当后验概率$p<p_I^*$时，项目的最优投资策略为保守投资策略a_1，然而若后验概率过小，即$p<p_L^*$，则项目期望收入$p\pi_1+u<I_1$，在时刻2，VC最优阶段决策为清算项目；若$p\geqslant p_L^*$，则项目的期望收入$p\pi_1+u\geqslant I_1$，在时刻2，VC最优阶段决策为继续投资。不妨称p_L^*为最优清算点。

综上所述，当项目成功的后验概率p较小，即$p<p_L^*$时，VC在时刻2的最优阶段决策为清算项目；当项目成功的后验概率p满足$p_L^*\leqslant p<p_I^*$时，VC在时刻2的最优阶段决策为继续投资且在时刻3项目的最优投资策略为a_1；当项目成功的后验概率p较大，即$p\geqslant p_I^*$时，VC在时刻2最优阶段决策为继续投资且在时刻3项目的最优投资策略为a_2。

由于风险投资企业的项目通常具有较高的失败风险，为了体现该特点，假设项目成功的先验概率$p_0<p_I^*$。

3. 信号的揭示

项目在时刻4成功的条件下，时刻1信号t的条件分布函数为$G(t|S)$，不妨简记为$G_S(t)$；项目在时刻4失败的条件下，时刻1信号t的条件分布函数为$G(t|F)$，不妨简记为$G_F(t)$，其中$t\in(0,+\infty)$。两者相应的密度函数分别记为$g_S(t)$和$g_F(t)$。令

$$\xi(t)\equiv\frac{g_S(t)}{g_F(t)} \tag{5-26}$$

假设密度函数满足单调似然率性质：$\xi(t)$关于t递增，其中$\xi(t)\in(0,+\infty)$。该假设的意义为，当项目在最后时刻将成功时，时刻1项目揭示好信号t(即t值较大)的可能性较

大[①]，相应地，当项目在最后时刻将失败时，时刻 1 项目揭示差信号 t（即 t 值较小）的可能性较大。

4. 融资工具

风险投资企业的融资工具为可转换证券，即 VC 持有可转换证券，而创业者持有普通股。可转换证券赋予 VC 以将其持有的债务或优先股按规定的价格和比例，在规定的时间内转换成普通股的选择权。初始时刻，合约确定可转换证券 (α, D)，转换期限为最后时刻，即项目成功与否实现之后，VC 将决定是否行使转换权。在最后时刻，若 VC 不行使转换权，则 VC 持有面值为 D 的优先股[②]；若 VC 行使转换权，则 VC 持有股份比例为 α 的普通股，相应地，创业者的股份比例为 $1-\alpha$。

在时刻 3，风险投资企业无论采取何种项目投资策略，项目在最后时刻成功时，假设 VC 均会行使转换权，即 $\alpha(\pi_1+u)>D$，$\alpha\pi_2>D$。由于 $(\pi_1+u)<\pi_2$，条件 $\alpha(\pi_1+u)>D$ 保证了项目成功之后，VC 均会行使转换权。在项目失败时，假设采取保守投资策略所得的保守收益 u 小于优先股的面值 D，即 $u \leqslant D$，为简化分析且不影响结论，不妨假设 $D=u$[③]。令 $\alpha_0=\dfrac{u}{\pi_b+u}$，因此，在 VC 的股份满足 $\alpha>\alpha_0$ 的条件下，VC 在项目成功之后均会行使转换权。初始时刻，合约需要确定可转换证券 (α, u) 的转换比例 α 以使双方能够参与项目的投资。若 VC 在初始时刻愿意投资，则 VC 的股份 α 必须满足 $\alpha>\alpha_0$，否则 VC 将不参与投资[④]，因此，在 VC 愿意投资的条件下，项目在时刻 4 成功之后，VC 均会执行可转换证券的转换权。

5.3.2　项目投资策略的选择

本模型涉及多阶段决策问题，初始时刻，VC 面临着是否对风险投资企业进行投资的决策；在初始资金已投入并且项目业绩信号揭示之后，VC 在时刻 2 需要决定是否继续投资；在 VC 继续提供资金的条件下，拥有控制权的一方在时刻 3 需要选择项目的投资策略。由于后一时刻的决策对前一时刻的决策有影响，因此，本节需要采用动态博弈的逆向归纳法对其进行分析。

本节分析时刻 3 风险投资企业该如何选择项目投资策略的问题。在业绩信号揭示之后，双方对项目成功的概率进行贝叶斯更新。由于双方的现金流权不一致，在各种信号揭示之后，双方未必偏好于相同的项目投资策略，即双方在项目投资策略的选择方面可能存

---

①不妨假设 $t\in(t_0,t_1)$，其中 t_0 和 t_1 均足够大，此时 $\xi(t)$ 足够大（大于 1），即 $g_S(t)>g_F(t)$，因此 $\int_{t_0}^{t_1} g_S(t)\mathrm{d}t>\int_{t_0}^{t_1} g_F(t)\mathrm{d}t$，即项目在最后时刻将成功时，出现好信号的可能性大于项目将失败时出现好信号的可能性。

②需要说明的是，其一，可转换证券中的 D 包括两部分，即优先股的面值以及优先股累计未付红利，为便于阐述，文中将 D 统称为可转换证券的面值；其二，由于本模型仅涉及可转换证券和普通股，若将可转换证券视为可转换债券对模型的分析无影响，此时将 D 视为债券的面值即可。

③若 $D>u$，则在项目失败时 VC 不行使转换权，即 VC 持有面值为 D 的优先股，VC 的收入为 u；在项目成功时 VC 行使转换权，VC 的收入与 D 的具体值无关。因此，在 $D \geqslant u$ 的条件下，令 $D=u$ 对结果无影响。

④原因如下：若 $\alpha \leqslant \alpha_0$，则 VC 在项目成功时，不会行使转换权，即项目无论成功与否 VC 的收入均为 u，根据 $u<I_1$，VC 在时刻 2 将不愿意投资，相应地，VC 在初始时刻也将不参与投资。

在利益冲突。因此，拥有控制权的 VC 未必会采取项目的最优投资策略(即双方利益之和最大的项目投资策略)，若存在帕累托改进的机会，则双方可以对现金流权和控制权进行再谈判①以使项目的投资策略达到最优，从而控制权在双方之间进行转移。

在初始时刻，双方对项目的评估，包括对项目成功概率的先验判断，可以体现双方对项目发展前景的初始预期。在信号 t 揭示之后，双方对项目发展前景的初始预期进行贝叶斯修正，即利用贝叶斯公式对先验概率 p_0 进行更新，可得项目的后验概率为

$$p = \frac{p_0\xi(t)}{p_0\xi(t) + (1 - p_0)} \tag{5-27}$$

根据单调似然性，$\xi(t)$ 关于 t 递增，可得项目的后验概率 p 也是关于 t 的增函数。第一阶段结束之后，信号 t 值越大，项目成功的后验概率也越大。项目的最优清算点和最优投资策略点分别为 p_L^* 和 p_I^*，利用式(5-27)，分别存在信号 t_L^* 和 t_I^*，使得后验概率满足 $p(t_L^*) = p_L^*$ 和 $p(t_I^*) = p_I^*$。由于 $p_L^* < p_I^*$，根据 p 关于信号 t 的递增性，$t_L^* < t_I^*$ 成立，其中 t_L^* 和 t_I^* 分别为项目最优清算点和最优投资策略点的信号临界值。

1. 双方利益冲突的探讨

由于 VC 持有可转换证券，项目若在最后时刻成功，则 VC 将行使可转换证券的转换权，即把可转换证券转换成股份比例为 α 的普通股，相应地，创业者的股份为 $1-\alpha$。下面分析拥有控制权的 VC 在时刻 3 采取不同项目投资策略时双方的期望收入。

当 VC 在时刻 3 采取保守投资策略 a_1 时，若项目在时刻 4 失败，则 VC 将不行使转换权，由于优先股的面值 $D = u$，VC 将得到全部的保守收入 u；若项目在时刻 4 成功，则 VC 将行使转换权，VC 的收入为 $\alpha(\pi_1 + u)$，创业者的收入为 $(1-\alpha)(\pi_1 + u)$。因此，VC 在时刻 3 采取保守投资策略 a_1 所得的期望收入为 $U_1^{\mathrm{VC}} = \alpha p(\pi_1 + u) + (1-p)u$，创业者的期望收入为 $U_1^{\mathrm{E}} = (1-\alpha)p\left(\pi_1 + u\right)$。

当 VC 在时刻 3 采取激进投资策略 a_2 时，若项目在时刻 4 失败，则项目的收入为 0，此时双方的收入均为 0；然而，若项目在时刻 4 成功，则 VC 将行使转换权并且其收入为 $\alpha\pi_2$，创业者的收入为 $(1-\alpha)\pi_2$。因此，VC 在时刻 3 采取激进投资策略 a_2 时，VC 的期望收入为 $U_2^{\mathrm{VC}} = \alpha p\pi_2$，相应地，创业者的期望收入为 $U_2^{\mathrm{E}} = (1-\alpha)p\pi_2$。

对于创业者而言，由于 $\pi_2 > \pi_1 + u$，式 $U_2^{\mathrm{E}} > U_1^{\mathrm{E}}$ 恒成立，即相对于保守投资策略 a_1，创业者更偏好于激进投资策略 a_2。为了分析 VC 所偏好的项目投资策略，需要比较 VC 选择两种不同项目投资策略所得的期望收入。令 $U_2^{\mathrm{VC}} = U_1^{\mathrm{VC}}$，可得 p 的临界值：

$$p_I^{\mathrm{VC}} = \frac{u}{(1-\alpha)u + \alpha(\pi_2 - \pi_1)} \tag{5-28}$$

如图 5-6 所示，横坐标表示项目成功的后验概率；纵坐标表示选择不同项目投资策略时 VC 的期望收入。U_1^{VC} 表示选择保守投资策略 a_1 时 VC 的期望收入，U_2^{VC} 表示选择激进投资策略 a_2 时 VC 的期望收入。图 5-6 中 B 点表示 VC 采取两种不同投资策略时所得的期

①双方在阶段投资时刻进行再谈判时，与初始时刻类似，假设创业者仍然具有很强的谈判能力，即创业者获得了谈判租金(再谈判所带来的期望收入增量)。

望收入相等，该点的横坐标为 p_I^{VC}，即后验概率为 p_I^{VC} 时，VC 选择两种不同项目投资策略无差异。若项目成功的后验概率满足 $p < p_I^{VC}$，如图 5-6 所示的 p_1，则 VC 选择保守投资策略所得的期望收入（D_1 的纵坐标）大于选择激进投资策略所得的期望收入（D_2 的纵坐标），因此，VC 将选择保守投资策略，此时 VC 和创业者所偏好的项目投资策略不一致，即双方现金流权的不一致使得双方在选择项目投资策略时存在利益冲突。相应地，当项目成功的后验概率 $p \geqslant p_I^{VC}$ 时，VC 将采取激进投资策略 a_2，双方都偏好激进投资策略，此时双方无利益冲突。

p_I^{VC} 为 VC 在时刻 3 选择不同项目投资策略的概率临界点，不妨称之为 VC 的项目投资策略点。根据式(5-24)，因为 $\pi_2 > \pi_1 + u$，所以 $p_I^{VC} > p_I^*$ 成立，即 VC 的项目投资策略点 p_I^{VC} 大于项目最优投资策略点 p_I^*。由贝叶斯公式，即式(5-27)可知，令 $p(t) = p_I^{VC}$，可得信号 t 的临界值为 t_I^{VC}。由于 p 关于 t 递增，因此，当信号 $t \geqslant t_I^{VC}$，即 $p \geqslant p_I^{VC}$ 时，VC 在时刻 3 将选择激进投资策略 a_2；相应地，当信号 $t < t_I^{VC}$ 时，VC 在时刻 3 将选择保守投资策略 a_1。信号 t_I^{VC} 为 VC 在时刻 3 选择不同项目投资策略的信号临界点。

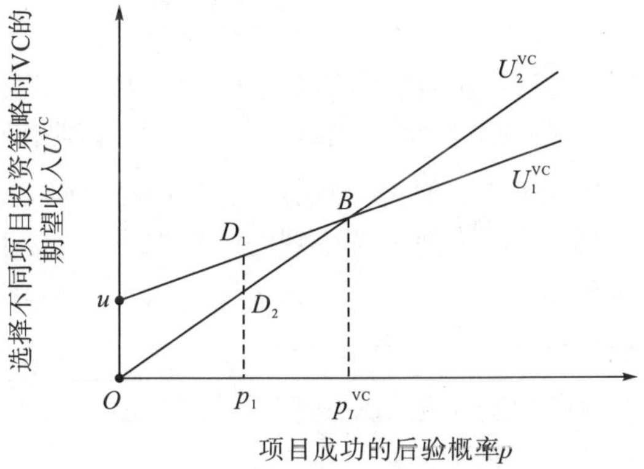

图 5-6　投资策略、VC 的期望收入与后验概率

2. 双方再谈判以及控制权的转移

再谈判的目的是能使双方的利益得到帕累托改进，因此，在项目的投资策略未达到最优，即双方期望收入之和未达到最大时，双方将进行再谈判。由于 VC 的项目投资策略点 p_I^{VC} 与项目最优投资策略点 p_I^* 不相等，即 $p_I^{VC} > p_I^*$，根据 p 关于 t 的递增性，可得式 $t_I^{VC} > t_I^*$ 成立。下面分析各种信号揭示之后双方的博弈情况。

当业绩信号 t 满足 $t < t_I^*$，即项目成功的后验概率满足 $p < p_I^*$ 时，由前面的分析可知，拥有控制权的 VC 将采取保守投资策略 a_1，该项目投资策略即为最优投资策略。此时，双方无须进行再谈判。

当业绩信号 t 满足 $t_I^* \leqslant t < t_I^{VC}$，即项目成功的后验概率满足 $p_I^* \leqslant p < p_I^{VC}$ 时，由前文的分析可知，VC 仍然选择保守投资策略 a_1，VC 的期望收入为 $\alpha p(\pi_1 + u) + (1-p)u$，创业者的期望收入为 $(1-\alpha)p(\pi_1 + u)$，此时项目的最优投资策略为激进投资策略 a_2。因此，双方存在帕累托改进的机会。又由于创业者偏好激进投资策略，若 VC 把控制权转移给创业者，

则项目投资策略能达到最优。双方需要对现金流权和控制权进行再谈判，即 VC 把控制权让渡给创业者，创业者将采取项目最优投资策略 a_2，谈判租金为 $p(\pi_2-\pi_1)-u$。由于创业者在阶段投资时刻具有绝对谈判能力，即创业者拥有全部谈判租金，经过再谈判之后，VC 新的股份比例 $\hat{\alpha}$ 满足 $\alpha p(\pi_1+u)+(1-p)u=\hat{\alpha}p\pi_2$，其中 $\hat{\alpha}>\alpha$ ①。VC 把控制权让渡给创业者，相应地，创业者必须给予 VC 足够多的股份(即 $\hat{\alpha}$)以弥补 VC 丧失控制权所带来的损失。VC 的期望收入为 $\alpha p(\pi_1+u)+(1-p)u$，创业者的期望收入为 $(1-\alpha)p(\pi_1+u)+[p(\pi_2-\pi_1)-u]$。

当信号 $t\geqslant t_I^{\mathrm{VC}}$，即项目成功的后验概率满足 $p\geqslant p_I^{\mathrm{VC}}$ 时，VC 和创业者均偏好激进投资策略，双方无利益冲突，此时无论是 VC 控制还是创业者控制，项目的投资策略均达到最优。

根据以上对各种不同信号情形下控制权的转移过程的分析，可知以下命题成立。

命题 5-8：当信号 $t<t_I^*$ 时，VC 能采取项目的最优投资策略；当信号 $t_I^*\leqslant t<t_I^{\mathrm{VC}}$ 时，双方需要经过再谈判，VC 把控制权让渡给创业者能使项目的投资策略达到最优；当信号 $t\geqslant t_I^{\mathrm{VC}}$ 时，双方无利益冲突，此时无论是创业者控制还是 VC 控制，项目的投资策略均能达到最优。

VC 持有可转换证券，而创业者持有普通股，因此，双方现金流权的不一致导致了双方在选择项目投资策略时存在利益冲突。当阶段投资时刻业绩信号较差，即 $t<t_I^*$ 时，双方无须进行再谈判，VC 仍然拥有控制权。然而，若阶段投资时刻业绩信号为一般，即满足 $t_I^*\leqslant t<t_I^{\mathrm{VC}}$ 时，双方需要进行再谈判。再谈判的结果如下：VC 向创业者释放控制权，相应地，创业者必须给予 VC 足够多的股份以弥补 VC 丧失控制权所带来的损失，此种情况即为 VC 有条件释放控制权的情形。当项目阶段投资时刻业绩信号较好，即 $t\geqslant t_I^{\mathrm{VC}}$ 时，双方无利益冲突，无论是 VC 控制还是创业者控制，项目的投资策略均会达到最优，此种情况为 VC 无条件释放控制权的情形。

由以上所得结论可知，由于 VC 和创业者的现金流权不一致，双方在控制权上的利益冲突主要体现在项目业绩信号较差或业绩信号为中等的情形。拥有控制权是 VC 规避损失的重要手段。在项目业绩信号较差的情况下，项目成功的概率较小，即 VC 面临失败的风险较高，相应地，VC 将不愿意释放控制权。而在风险投资企业的业绩信号为一般的情况下，VC 在索取更多股权进行补偿的前提下愿意向创业者释放控制权，此时 VC 的利益才得到保障。在项目业绩信号较好的情况下，项目成功的概率较大，相应地，VC 面临损失的风险较小，VC 和创业者的利益一致，此时 VC 愿意向创业者释放控制权。该结论从两个方面解释了 Kaplan 和 Strömberg(2003)关于风险投资企业控制权动态转移的实证结果。首先，Kaplan 和 Strömberg(2003)指出风险投资企业的控制权配置是一种依据财务或非财务业绩指标在双方之间进行动态转移的或有配置，而命题 5-8 证明了控制权或有配置的最优性，即控制权的或有配置能使风险投资企业的投资策略达到最优，此时双方的利益之和达到最大。其次，Kaplan 和 Strömberg(2003)对控制权的动态转移过程进行了实证研

① $\hat{\alpha}$ 满足 $\alpha p(\pi_1+u)+(1-p)u=\hat{\alpha}p\pi_2$，利用该式可得 $\hat{\alpha}=\alpha+\dfrac{(1-p)(1-\alpha)u}{p\pi_2}$，即 VC 新的股份比例 $\hat{\alpha}>\alpha$。

究，在一轮融资结束后，当项目净价值低于一个门槛值(threshold)时，VC 将会获得董事会权。而本模型中的项目业绩信号即可视为项目净价值的指标，即当项目业绩信号较差时，VC 拥有控制权，命题 5-8 的结论解释了控制权动态转移与项目业绩信号关系的实证结果。

3. 控制权转移的影响因素分析

由上节分析可知，信号区域$t<t_I^*$为 VC 控制的区域；$t_I^*\leqslant t<t_I^{\mathrm{VC}}$为双方再谈判，即 VC 有条件地向创业者释放控制权的区域；$t\geqslant t_I^{\mathrm{VC}}$为双方无利益冲突，即 VC 无条件释放控制权的区域。本节进一步分析项目发展前景的初始预期、第二阶段的不确定性等因素对 VC 控制权释放区域的影响。

推论 5-3：项目发展前景的初始预期越好，在再谈判时刻，VC 越倾向于释放控制权。

证明：利用贝叶斯公式，即式(5-27)，后验概率$p(t)$对p_0求偏导可得

$$\frac{\partial p(t)}{\partial p_0}=\frac{\xi(t)}{\left[p_0\xi(t)+(1-p_0)\right]^2}>0 \tag{5-29}$$

因此，后验概率$p(t)$关于先验概率p_0递增。根据式(5-24)，p_I^*的取值与先验概率p_0和信号值t均无关，又因为$p(t)$关于信号值t也递增，项目的先验概率p_0越大，相应地，满足条件$p(t_I^*)=p_I^*$所得的信号临界值t_I^*越小。根据命题 5-8，$t<t_I^*$为 VC 控制的区域，先验概率p_0越大，信号临界值t_I^*越小，即 VC 控制的区域越小，相应地，VC 释放控制权的区域$t\geqslant t_I^*$越大。因此，项目发展前景的初始预期越好，在阶段投资时刻，VC 越倾向于释放控制权。

项目发展前景的初始预期越好，即项目成功的先验概率p_0越大，VC 控制的区域$t<t_I^*$越小，相应地，VC 释放控制权的区域$t\geqslant t_I^*$越大。该结论说明若 VC 对项目初始预期越好，即 VC 对项目越有信心，则 VC 越倾向于释放控制权。

在第一阶段的信号揭示之后，信号t决定了阶段投资时刻双方的再谈判以及控制权的最优转移。以下分析信号的揭示程度对最优控制权配置的影响。借鉴 Dessein(2005)关于刻画信号揭示程度的方法，假设$G^1=(G_S^1,G_F^1)$，$G^2=(G_S^2,G_F^2)$为两个信息结构，G^1比G^2具有更精确的信息，则信息结构G^2可以表示为信息结构G^1与一个噪声信息之和，即存在噪声信息的密度函数$m(t)$以及$v\in(0,1)$，满足式(5-30)和式(5-31)：

$$g_S^2(t)=vg_S^1(t)+(1-v)m(t) \tag{5-30}$$

$$g_F^2(t)=vg_F^1(t)+(1-v)m(t) \tag{5-31}$$

对两种不同信息结构下 VC 释放控制权的区域进行比较，可得推论 5-4。

推论 5-4：第一阶段信号揭示越充分，相应地，项目第二阶段的不确定性越小，VC 在再谈判时刻越倾向于释放控制权。

证明：在信息结构为$G^1=(G_S^1,G_F^1)$的情形下，$\xi^1(t)$关于信号t单调递增且$\xi^1(t)\in(0,+\infty)$，则存在$t=t^*$，使式(5-32)成立：

$$\xi^1(t^*)=\frac{g_S^1(t^*)}{g_F^1(t^*)}=1 \tag{5-32}$$

由于项目的先验概率$p_0=p_I^*$，根据贝叶斯公式，即式(5-27)，在信息结构为G^1的情

形下，满足 $p(t_I^*)=p_I^*$ 的信号临界值为 $t_I^*(G^1)$，可得 $t_I^*(G^1)>t^*$；同理，在信息结构为 G^2 的情形下，满足 $p(t_I^*)=p_I^*$ 的信号临界值为 $t_I^*(G^2)$。下面证明 $t_I^*(G^2)>t_I^*(G^1)$ 成立。

利用两种信息结构下密度函数的关系并且整理可得

$$\xi^1(t)-\xi^2(t)=\frac{g_S^1(t)}{g_F^1(t)}-\frac{g_S^2(t)}{g_F^2(t)}=\frac{(1-v)m(t)\left[g_S^1(t)-g_F^1(t)\right]}{g_F^1(t)\left[vg_F^1(t)+(1-v)m(t)\right]} \tag{5-33}$$

由于 $t_I^*(G^1)>t^*$，在 $t\geqslant t^*$ 的条件下，式 $\xi^1(t)>1$ 成立，即 $g_S^1(t)-g_F^1(t)>0$ 成立。又因为 $v\in(0,1)$，所以 $\xi^2(t)<\xi^1(t)$ 成立。

根据贝叶斯公式，即式(5-27)，后验概率 p 随着 $\xi(t)$ 的增加而递增。因为 $\xi^2(t)<\xi^1(t)$，在两种信息结构下，满足条件 $p(t_I^*)=p_I^*$ 所得的信号临界值满足 $t_I^*(G^2)>t_I^*(G^1)$。

根据命题 5-8，$t<t_I^*$ 为 VC 控制的区域，$t\geqslant t_I^*$ 为 VC 释放控制权的区域。在信息结构为 G^1 的情形下，VC 释放控制权的区域 $t\geqslant t_I^*(G^1)$ 大于信息结构为 G^2 时的区域 $t\geqslant t_I^*(G^2)$。该结论意味着，第一阶段信号揭示越充分，第二阶段不确定性越小，VC 在阶段投资时刻越倾向于释放控制权。

在信息更为精确的信息结构 G^1 下，VC 释放控制权的区域 $t\geqslant t_I^*(G^1)$ 大于信息结构为 G^2 时 VC 释放控制权的区域 $t\geqslant t_I^*(G^2)$，即满足 $t_I^*(G^2)>t_I^*(G^1)$。因此，第一阶段信号揭示越充分，相应地，项目后续阶段的不确定性越小，VC 在再谈判时刻越倾向于释放控制权。Kaplan 和 Strömberg(2004)将风险投资企业的特征总结为三类风险要素，一类是由于信息不对称性所引起的内部风险；另一类是关于项目本身盈利能力不确定性所引起的外部风险；最后一类是企业执行任务时所面临的执行风险。他们对 11 个风险投资机构的 67 笔风险投资进行分析，研究发现，当项目的内部风险或外部风险越大时，VC 的董事会权也越大。而本推论正好说明了项目的外部风险与控制权配置的关系，项目的不确定性越大，即外部风险越大，VC 越倾向于拥有控制权。该结论为 Kaplan 和 Strömberg(2004)关于项目不确定性大小与控制权配置关系的实证结果提供了理论依据。

5.3.3　VC 的阶段决策

上节分析了在时刻 2 VC 继续投资的条件下，风险投资企业项目投资策略的选择问题及其控制权的最优转移过程。本节分析 VC 在时刻 2 的阶段决策问题。

1. VC 阶段决策与业绩的关系

在信号揭示之后，VC 在时刻 2 面临着清算项目或继续投资的决策。由于项目在时刻 2 的清算值为 0，VC 在时刻 2 继续投资所得的期望收入与阶段投资额 I_1 的大小关系是 VC 第二阶段是否继续投资的标准。若 VC 在时刻 2 的期望收入大于阶段投资额 I_1，VC 将继续投资，否则 VC 将清算项目。然而，VC 在时刻 2 所得的期望收入不仅与信号揭示之后项目成功的后验概率有关，而且与时刻 3 项目投资策略的选择有关。

由上节的分析可知，当时刻 3 风险投资企业采取不同项目投资策略时，VC 的期望收入分别为 $U_1^{\mathrm{VC}}=[\alpha(\pi_1+u)-u]p+u$ 和 $U_2^{\mathrm{VC}}=\alpha p\pi_2$。令 $U_1^{\mathrm{VC}}=I_1$，可得后验概率 $p=p_L^1$。该临界值的意义如下：若时刻 3 风险投资企业采取保守投资策略，则 VC 在时刻 2 的清算点

为 p_L^1，即后验概率 $p \geqslant p_L^1$，VC 在时刻 2 继续投资，否则将清算项目。令 $U_2^{\mathrm{VC}} = I_1$，可得后验概率 $p = p_L^2$。类似地，该临界值的意义如下：若时刻 3 风险投资企业采取激进投资策略，则 VC 在时刻 2 的清算点为 p_L^2，即后验概率 $p \geqslant p_L^2$，VC 在时刻 2 继续投资，否则将清算项目。因此，VC 在时刻 2 的清算点与风险投资企业在时刻 3 所采取的项目投资策略有关。

如图 5-7 所示，横坐标表示项目成功的后验概率，纵坐标表示选择不同投资策略时 VC 的期望收入。B_1 为直线 $U_1^{\mathrm{VC}} = [\alpha(\pi_1 + u) - u]p + u$ 上纵坐标为 I_1 的点，该点对应的横坐标为 p_L^1；类似地，B_2 为直线 $U_2^{\mathrm{VC}} = \alpha p \pi_2$ 上纵坐标为 I_1 的点，该点对应的横坐标为 p_L^2。B 点为直线 $U_1^{\mathrm{VC}} = [\alpha(\pi_1 + u) - u]p + u$ 与直线 $U_2^{\mathrm{VC}} = \alpha p \pi_2$ 的交点，由命题 5-1 的证明可知，B 点的横坐标即为 p_I^{VC}。VC 的股份比例 α 影响着 VC 的期望收入 U_1^{VC}、U_2^{VC}，即影响 OB_2 和 uB_1 的斜率，从而影响 p_L^1、p_L^2 和 p_I^{VC} 之间的大小关系。图 5-7(a) 和图 5-7(b) 分别表示两种不同的大小关系。记 p_L^{VC} 为 VC 在时刻 2 的清算点。

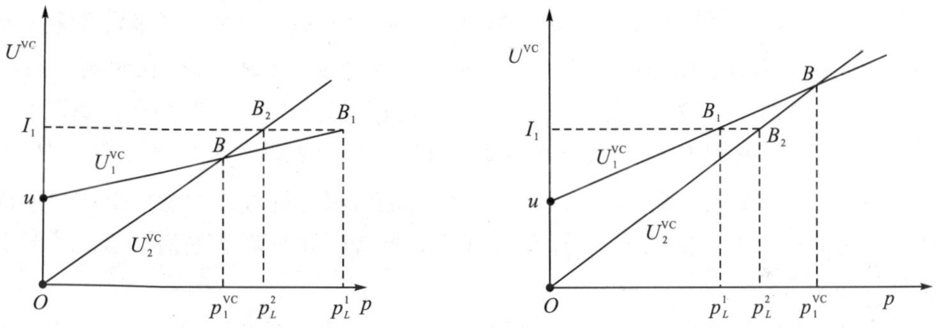

(a)VC的股份比例$\alpha < \alpha_1$　　(b)VC的股份比例$\alpha \geqslant \alpha_1$

图 5-7　项目投资策略、VC 期望收入与后验概率

命题 5-9：VC 在时刻 2 清算项目的信号临界值为 t_L^{VC}，其中 $t_L^{\mathrm{VC}} > t_L^*$，当信号 $t < t_L^*$ 时，VC 在第二阶段将清算项目；当信号 $t_L^* \leqslant t < t_L^{\mathrm{VC}}$ 时，双方需要对现金流权进行再谈判以使 VC 继续投资，从而 VC 的阶段决策达到最优；当信号 $t > t_L^{\mathrm{VC}}$ 时，双方无须再谈判，VC 在第二阶段将继续进行投资。

证明：在时刻 3 风险投资企业采取保守投资策略时，VC 的期望收入为 U_1^{VC}，令 $U_1^{\mathrm{VC}} = I_1$，可得后验概率的临界值为 p_L^1：

$$p_L^1 = \frac{I_1 - u}{\alpha(\pi_1 + u) - u} \tag{5-34}$$

在时刻 3 风险投资企业采取激进投资策略时，VC 的期望收入为 U_2^{VC}，令 $U_2^{\mathrm{VC}} = I_2$，可得后验概率的临界值为 p_L^2：

$$p_L^2 = \frac{I_1}{\alpha \pi_2} \tag{5-35}$$

记 p_L^{VC} 为 VC 在时刻 2 的清算点，由于 VC 清算点 p_L^{VC} 的取值与时刻 3 项目的投资策略有关，即与 VC 的项目投资策略点 p_I^{VC} 有关。如图 5-7 所示，VC 的股份比例 α 影响着

VC 的期望收入U_1^{VC}、U_2^{VC}，即影响OB_2和uB_1的斜率，从而影响p_L^1、p_L^2和p_I^{VC}之间的大小关系。令$p_L^2 = p_I^{\text{VC}}$①，可得$\alpha = \alpha_1$，其中，

$$\alpha_1 \equiv \frac{uI_1}{u\pi_2 - I_1(\pi_2 - \pi_1 - u)} \tag{5-36}$$

根据假设，项目的最优清算点p_L^*小于最优投资策略点p_I^*，可得$u\pi_2 - I_1(\pi_2 - \pi_1) > 0$，因此$0 < \alpha_1 < 1$成立。

当$\alpha < \alpha_1$时，可得式$p_I^{\text{VC}} < p_L^2 < p_L^1$成立，如图 5-7(a)所示。此种情况下，VC 在时刻 2 的清算点$p_L^{\text{VC}} = p_L^2$。当项目成功的后验概率满足$p \geqslant p_L^2$时，VC 在时刻 3 将采取激进投资策略②，VC 在时刻 2 将继续投资；相应地，当项目成功的后验概率$p < p_L^2$时，VC 在时刻 2 将清算项目。因此，VC 在时刻 2 的清算点$p_L^{\text{VC}} = p_L^2$。根据命题 5-8 可知，$p_I^{\text{VC}} > p_I^* > p_L^*$成立，此时 VC 的清算点$p_L^{\text{VC}}$满足$p_L^{\text{VC}} > p_I^{\text{VC}} > p_I^* > p_L^*$，即 VC 的清算点$p_L^{\text{VC}}$大于最优清算点$p_L^*$。

当$\alpha > \alpha_1$时，可得式$p_L^1 < p_L^2 < p_I^{\text{VC}}$成立，如图 5-7(b)所示。此种情况下，VC 在时刻 2 的清算点$p_L^{\text{VC}} = p_L^1$。当项目成功的后验概率$p \geqslant p_L^1$时，VC 在时刻 3 将采取保守投资策略，VC 在时刻 2 将继续投资；当项目成功的后验概率$p < p_L^2$时，VC 在时刻 2 将清算项目。因此，VC 在时刻 2 的清算点为$p_L^{\text{VC}} = p_L^1$。根据式(5-34)，p_L^{VC}关于α递减，即 VC 行使转换权之后的股份比例越大，VC 在时刻 2 清算项目的临界值p_L^{VC}越小。极端情况$\alpha = 1$时，可得$p_L^{\text{VC}} = p_L^*$，VC 行使转换权之后获得全部的股权，则 VC 的清算点即为最优清算点。因此，在$0 < \alpha < 1$的条件下，$p_L^{\text{VC}} > p_L^*$成立，即 VC 在时刻 2 的清算点p_L^{VC}大于项目的最优清算点p_L^*。

综上所述，VC 的清算点p_L^{VC}大于最优清算点p_L^*，且 VC 的清算点p_L^{VC}可表示如下：

$$p_L^{\text{VC}} = \begin{cases} p_L^1, & \alpha \geqslant \alpha_1 \\ p_L^2, & \alpha < \alpha_1 \end{cases} \tag{5-37}$$

根据贝叶斯公式，存在信号值t_L^{VC}使得后验概率$p(t_L^{\text{VC}}) = p_L^{\text{VC}}$成立。由于$p_L^{\text{VC}} > p_L^*$，根据$p$关于信号$t$的递增性，$t_L^{\text{VC}} > t_L^*$成立。

当信号$t < t_L^*$时，VC 在第二阶段将清算项目，即 VC 的阶段决策达到最优；当信号$t_L^* \leqslant t < t_L^{\text{VC}}$时，VC 将清算项目，VC 的阶段决策不能达到最优，因此，双方需要对现金流权进行再谈判以使 VC 继续投资；当信号$t \geqslant t_L^{\text{VC}}$时，双方无须经过再谈判，VC 在第二阶段将继续进行投资。

由于双方的现金流权不一致，阶段投资时刻信号揭示之后，VC 的阶段决策未必为最优阶段决策，VC 的清算点p_L^{VC}与最优清算点p_L^*不一致，其中$p_L^{\text{VC}} > p_L^*$。因此，当项目成功的后验概率p满足$p < p_L^*$，即信号t满足$t < t_L^*$时，VC 在时刻 2 将清算项目，VC 的阶段决策达到最优；当项目成功的后验概率p满足$p_L^* \leqslant p < p_L^{\text{VC}}$，即信号$t$满足$t_L^* \leqslant t < t_L^{\text{VC}}$时，

①当$p_L^2 = p_I^{\text{VC}}$时，意味着图 5-7 中B_1、B_2和B三点合一，即$p_L^2 = p_I^{\text{VC}} = p_L^1$成立。因为当且仅当$p = p_L^2$时，$U_2^{\text{VC}} = I_1$；当且仅当$p = p_I^{\text{VC}}$时，$U_2^{\text{VC}} = U_1^{\text{VC}}$。由$p_L^2 = p_I^{\text{VC}}$，可得$U_2^{\text{VC}} = U_1^{\text{VC}} = I_1$，此时$p_L^2 = p_I^{\text{VC}} = p_L^1$成立。

②此时后验概率同时满足$p > p_I^{\text{VC}}$，因此 VC 在时刻 3 将采取激进投资策略。

VC 在时刻 2 仍将清算项目，此时清算项目并非最优阶段决策，双方需要对现金流权进行再谈判以使 VC 继续投资，从而 VC 的阶段决策达到最优；当项目成功的后验概率 p 满足 $p \geqslant p_L^{\mathrm{VC}}$，即信号 t 满足 $t \geqslant t_L^{\mathrm{VC}}$ 时，VC 在时刻 2 将继续投资，此时双方无须再谈判，VC 的阶段决策达到最优。

上述结论说明了 VC 的阶段决策与项目业绩信号之间的关系。风险投资企业的高度不确定性使得银行等传统金融机构不愿向他们提供资金，而风险投资机构是他们所需资金的重要来源。Sahlman(1990)和 Gompers(1995)对风险投资的投资结构研究表明，风险投资的特点使得 VC 往往以阶段性注资的方式对项目进行投资，分阶段注入资本使得 VC 能够收集更多、更准确的信息以便能够保持退出低值项目的权利。本结论从两个方面解释了已有实证关于风险投资企业投资结构的安排问题。首先，Kaplan 和 Strömberg(2003)指出 VC 的投资决策(即是否继续进行后续投资)是依赖于财务或非财务业绩指标的一种或有投资，这些指标包括项目的业绩、项目技术研发的进展程度等，而本书论证了这种或有投资的最优性，即采取或有投资能使 VC 的阶段决策达到最优。另外，Kaplan 和 Strömberg (2003)对风险投资企业的投资结构进行研究表明，当项目的业绩较差、项目技术研发缺乏进展等情况出现时，VC 将会停止提供新一轮的资金，而本模型中的项目业绩信号即可视为 VC 是否继续投资的一个指标，即当项目业绩信号较好时，风险投资继续投资，否则 VC 将清算项目，该结论解释了 Kaplan 和 Strömberg(2003)关于风险投资企业投资结构的实证结果。

2. VC 阶段决策的影响因素分析

项目发展前景的初始预期以及项目第二阶段的不确定性对 VC 的阶段决策有何影响，下面对其进行逐一讨论。

推论 5-5：项目发展前景的初始预期越好，VC 在阶段投资时刻越倾向于继续投资。

证明：类似于推论 5-3 的证明，后验概率 $p(t)$ 关于先验概率 p_0 和信号值 t 均递增。项目的先验概率 p_0 越大，相应地满足条件 $p\left(t_L^{\mathrm{VC}}\right)=p_L^{\mathrm{VC}}$ 的信号临界值 t_L^{VC} 越小。由于 $t<t_L^{\mathrm{VC}}$ 为 VC 在时刻 2 清算项目的信号区域。因此，当先验概率 p_0 越大时，信号临界值 t_L^{VC} 越小，VC 清算项目的区域越小，即项目发展前景的初始预期越好，VC 在第二阶段也越倾向于继续投资。

随着信号的揭示，双方对项目发展前景的初始预期进行贝叶斯更新，不同信号对项目发展前景初始预期的更新决定了 VC 的阶段决策。即使在时刻 1 出现同样的信号，项目发展前景的初始预期越好，项目成功的后验概率越大。因此，若双方对项目发展前景的初始预期越好，则 VC 清算项目的信号临界点 t_L^{VC} 将越小，即 VC 在第二阶段越倾向于继续投资。

推论 5-6：第一阶段的信号揭示越充分，即项目第二阶段的不确定性越小，VC 在阶段投资时刻越倾向于继续投资。

证明：只需对两种不同信息结构下 VC 清算项目的区域进行比较。在信息结构为 G^1 的情形下，满足 $p\left(t_L^{\mathrm{VC}}\right)=p_L^{\mathrm{VC}}$ 的信号临界值为 $t_L^{\mathrm{VC}}(G^1)$；在信息结构为 G^2 的情形下，满足

$p\left(t_L^{\mathrm{VC}}\right)=p_L^{\mathrm{VC}}$ 的信号临界值为 $t_L^{\mathrm{VC}}(G^2)$。类似于推论 5-4 的证明，可得 $t_L^{\mathrm{VC}}(G^2)>t_L^{\mathrm{VC}}(G^1)$。$t<t_L^{\mathrm{VC}}$ 为 VC 清算的区域。因此，在信息结构为 G^1 的情形下，VC 清算项目的区域 $t<t_L^{\mathrm{VC}}(G^1)$ 小于信息结构为 G^2 时的区域 $t<t_L^{\mathrm{VC}}(G^2)$。

在信息更为精确的信息结构 G^1 下，VC 继续投资的区域 $t\geqslant t_L^{\mathrm{VC}}(G^1)$ 大于信息结构为 G^2 时 VC 继续投资的区域 $t\geqslant t_L^{\mathrm{VC}}(G^2)$，即满足 $t_L^{\mathrm{VC}}(G^2)>t_L^{\mathrm{VC}}(G^1)$。该结论意味着，第二阶段不确定性越大，即项目投资的风险越大，VC 在阶段投资时刻越倾向于清算项目。高度不确定性是风险投资企业的重要特点，而阶段投资是 VC 所能采用的最有力的控制机制。Kaplan 和 Strömberg（2004）对风险投资的投资结构进行研究表明，当项目外部风险越小，即项目不确定性越小时，VC 更倾向于继续投资，本推论为他们的实证结果提供了理论依据。

5.3.4　VC 的初始投资决策

前面分析了风险投资企业控制权的转移过程以及 VC 的阶段决策，本节探讨 VC 的初始投资决策以及初始合约双方现金流权的确定。由于 VC 的初始投资决策受后续阶段的阶段决策以及控制权的转移所影响，因此，需要综合考虑后续阶段双方的博弈情况对其进行分析。根据第 5.3.2 节的分析，项目的最优清算点 p_L^*、最优投资策略点 p_I^* 以及 VC 的投资策略点 p_I^{VC} 满足如下关系：$p_L^*<p_I^*<p_I^{\mathrm{VC}}$。再根据第 5.3.3 节，VC 清算点 p_L^{VC} 为 VC 股份比例 α 的减函数，且满足 $p_L^{\mathrm{VC}}(\alpha_1)=p_I^{\mathrm{VC}}$ 和 $p_L^{VC}(1)=p_L^*$。因此，存在 α_2 满足 $p_L^{\mathrm{VC}}(\alpha_2)=p_I^*$，其中 $\alpha_1<\alpha_2<1$。VC 的股份比例 α 影响 VC 清算点 p_L^{VC} 与最优投资策略点 p_I^* 以及 VC 投资策略点 p_I^{VC} 之间的大小关系。然而，它们之间的大小关系将影响 VC 的阶段决策、项目的投资策略以及双方的再谈判。因此，需要根据不同股份比例 α 分别对双方的博弈过程进行探讨。

1. VC 的股份比例 $\alpha\geqslant\alpha_2$ 的情况

当 VC 的股份比例满足 $\alpha\geqslant\alpha_2$ 时，根据 p_L^{VC} 关于 α 的递减性，可得 $p_L^{\mathrm{VC}}<p_I^*$。此时各临界值满足如下关系：$p_L^*<p_L^{\mathrm{VC}}<p_I^*\leqslant p_I^{\mathrm{VC}}$。以下分析在不同信号揭示之后，双方的博弈以及再谈判情况。

当信号 $t<t_L^*$，即项目成功的后验概率满足 $p<p_L^*$ 时，由于 $p<p_L^*<p_L^{\mathrm{VC}}$，因此，VC 在时刻 2 将清算项目，VC 的阶段决策达到最优。

当信号 $t_L^*\leqslant t<t_L^{\mathrm{VC}}$，即项目成功的后验概率满足 $p_L^*\leqslant p<p_L^{\mathrm{VC}}$ 时，VC 在时刻 2 将清算项目，此时清算项目并非最优阶段决策。由于 $p<p_L^{\mathrm{VC}}<p_I^*\leqslant p_I^{\mathrm{VC}}$，根据第 5.3.2 节的分析，在 VC 继续投资的条件下，VC 拥有控制权能使项目的投资策略达到最优。为了能使 VC 继续投资并且使项目的投资策略达到最优，双方需要对现金流权进行再谈判。再谈判之后，VC 继续投资并且拥有控制权，VC 采取保守投资策略，即项目的最优投资策略，谈判租金为 $p\pi_1+u-I_1$。令 VC 再谈判之后可转换证券的股份比例为 $\hat{\alpha}$，由于创业者在阶段投资时刻具有绝对的谈判能力，即创业者拥有全部的谈判租金，因此，VC 的新股份比例满足 $\hat{\alpha}p(\pi_1+u)+(1-p)u=I_1$，显然，VC 新的股份比例 $\hat{\alpha}>\alpha$ ①。相应地，创业者的股份比例

①由于 $t<t_L^{\mathrm{VC}}$，即 $p<p_L^{\mathrm{VC}}$，再谈判之前，持有可转换证券的 VC 期望收入 $\alpha p(\pi_1+u)+(1-p)u<I_1$，再谈判之后，VC 持

为$1-\hat{\alpha}$，其期望收入为$p\pi_1+u-I_1$。

当信号$t_L^{\mathrm{VC}}\leqslant t<t_I^*$，即项目成功的后验概率满足$p_L^{\mathrm{VC}}\leqslant p<p_I^*$时，VC 在时刻 2 继续投资，由于$p<p_I^*\leqslant p_I^{\mathrm{VC}}$，由命题 5-8 的分析可知，VC 在时刻 3 将采取保守投资策略，即项目的最优投资策略。在时刻 2，VC 的期望收入与阶段投资额I_1之差为$\alpha p(\pi_1+u)+(1-p)u-I_1$，创业者的期望收入为$(1-\alpha)p(\pi_1+u)$。

当信号$t_I^*\leqslant t<t_I^{\mathrm{VC}}$，即项目成功的后验概率满足$p_I^*\leqslant p<p_I^{\mathrm{VC}}$时，VC 在时刻 2 继续投资，由命题 5-8 的分析可知，VC 在时刻 3 将采取保守投资策略，该项目投资策略并非最优投资策略。为了能使项目的投资策略达到最优，双方需要对控制权和现金流权进行再谈判。再谈判之后，VC 将控制权让渡给创业者，创业者将采取项目的最优投资策略。由于创业者在阶段投资时刻具有绝对的谈判能力，即创业者拥有全部的谈判租金$p(\pi_2-\pi_1)-u$，创业者的期望收入为$(1-\alpha)p(\pi_1+u)+[p(\pi_2-\pi_1)-u]$，VC 的期望收入与阶段投资额$I_1$之差为$\alpha p(\pi_1+u)+(1-p)u-I_1$。

当信号$t\geqslant t_I^{\mathrm{VC}}$，即项目成功的后验概率满足$p\geqslant p_I^{\mathrm{VC}}$时，VC 在时刻 2 将继续投资，根据命题 5-8，此时双方无利益冲突。在时刻 2，VC 的期望收入与阶段投资额I_1之差为$\alpha p\pi_2-I_1$，创业者的期望收入为$(1-\alpha)p\pi_2$。

令$H(t)=p_0g_S(t)+(1-p_0)g_F(t)$，即$H(t)$为信号$t$的密度函数。综上所述，在初始时刻，VC 的期望收入与阶段投资额I_1之差为

$$U_{\mathrm{VC1}}=\int_{t_L^{\mathrm{VC}}}^{t_I^{\mathrm{VC}}}[\alpha p(\pi_1+u)+(1-p)u-I_1]H(t)\mathrm{d}t+\int_{t_I^{\mathrm{VC}}}^{+\infty}(\alpha p\pi_2-I_1)H(t)\mathrm{d}t \tag{5-38}$$

相应地，创业者在初始时刻的期望收入为

$$\begin{aligned}U_{\mathrm{E1}}=&\int_{t_L^*}^{t_L^{\mathrm{VC}}}(p\pi_1+u-I_1)H(t)\mathrm{d}t+\int_{t_L^{\mathrm{VC}}}^{t_I^*}(1-\alpha)p(\pi_1+u)H(t)\mathrm{d}t\\&+\int_{t_I^*}^{t_I^{\mathrm{VC}}}\{(1-\alpha)p(\pi_1+u)+[p(\pi_2-\pi_1)-u]\}H(t)\mathrm{d}t+\int_{t_I^{\mathrm{VC}}}^{+\infty}(1-\alpha)p\pi_2H(t)\mathrm{d}t\end{aligned} \tag{5-39}$$

2. VC 的股份比例$\alpha_1\leqslant\alpha<\alpha_2$的情况

VC 的股份比例满足$\alpha_1\leqslant\alpha<\alpha_2$时，根据$p_L^{\mathrm{VC}}$关于$\alpha$的递减性，可得 VC 的清算点$p_L^{\mathrm{VC}}$满足$p_I^*<p_L^{\mathrm{VC}}\leqslant p_I^{\mathrm{VC}}$。此时各临界值满足如下关系：$p_L^*<p_I^*<p_L^{\mathrm{VC}}\leqslant p_I^{\mathrm{VC}}$。与分析$\alpha\geqslant\alpha_2$的情形类似，以下分析在不同信号揭示之后，双方的博弈以及再谈判情况。

当信号$t<t_L^*$，即项目成功的后验概率满足$p<p_L^*$时，由于$p_L^*<p_L^{\mathrm{VC}}$，因此，VC 在时刻 2 将清算项目，即 VC 的阶段决策达到最优。

当信号$t_L^*\leqslant t<t_I^*$，即项目成功的后验概率满足$p_L^*\leqslant p<p_I^*$时，由于$p_I^*<p_L^{\mathrm{VC}}$，VC 在时刻 2 将清算项目，VC 的阶段决策不能达到最优。双方需要进行再谈判，经过再谈判之后，VC 的期望收入为I_1，创业者的期望收入为$p\pi_1+u-I_1$。

当信号$t_I^*\leqslant t<t_L^{\mathrm{VC}}$，即项目成功的后验概率满足$p_I^*\leqslant p<p_L^{\mathrm{VC}}$时，VC 在时刻 2 仍将清算项目。双方需要进行再谈判，再谈判之后，VC 继续投资并且创业者拥有控制权，创业者采取激进投资策略，即项目的最优投资策略。在时刻 2，VC 的期望收入为I_1，创业者

有的可转换证券为$(\hat{\alpha},D)$，此时期望收入为$\hat{\alpha}p(\pi_1+u)+(1-p)u=I_1$，显然$\hat{\alpha}>\alpha$。

的期望收入为 $p\pi_2 - I_1$。

当信号 $t_L^{VC} \leqslant t < t_I^{VC}$，即项目成功的后验概率满足 $p_L^{VC} \leqslant p < p_I^{VC}$ 时，VC 在时刻 2 继续投资，然而 VC 在时刻 3 将采取保守投资策略，该策略并非最优投资策略。经过再谈判之后，VC 的期望收入与阶段投资额 I_1 之差为 $\alpha p(\pi_1 + u) + (1-p)u - I_1$，创业者的期望收入为 $(1-\alpha)p(\pi_1 + u) + [p(\pi_2 - \pi_1) - u]$。

当信号 $t \geqslant t_I^{VC}$，即项目成功的后验概率满足 $p \geqslant p_I^{VC}$ 时，VC 在时刻 2 将继续投资，此时双方无利益冲突。在时刻 2，VC 的期望收入与阶段投资额 I_1 之差为 $\alpha p\pi_2 - I_1$，创业者的期望收入为 $(1-\alpha)p\pi_2$。

综上所述，在初始时刻，VC 的期望收入与阶段投资额 I_1 之差为

$$U_{VC2} = \int_{t_L^{VC}}^{t_I^{VC}} [\alpha p(\pi_1 + u) + (1-p)u - I_1] H(t)\mathrm{d}t + \int_{t_I^{VC}}^{+\infty} (\alpha p\pi_2 - I_1) H(t)\mathrm{d}t \tag{5-40}$$

相应地，创业者在初始时刻的期望收入为

$$\begin{aligned} U_{E2} = &\int_{t_L^*}^{t_I^*} (p\pi_1 + u - I_1) H(t)\mathrm{d}t + \int_{t_I^*}^{t_L^{VC}} (p\pi_2 - I_1) H(t)\mathrm{d}t \\ &+ \int_{t_L^{VC}}^{t_I^{VC}} \{(1-\alpha)p(\pi_1 + u) + [p(\pi_2 - \pi_1) - u]\} H(t)\mathrm{d}t + \int_{t_I^{VC}}^{+\infty} (1-\alpha)p\pi_2 H(t)\mathrm{d}t \end{aligned} \tag{5-41}$$

3. VC 的股份比例 $\alpha < \alpha_1$ 的情况

VC 的股份比例较小，即 $\alpha < \alpha_1$ 时，根据命题 5-9 的分析，VC 的清算点 $p_L^{VC} = p_L^2$，各临界值满足如下关系：$p_L^* < p_I^* < p_I^{VC} < p_L^{VC}$。类似地，以下分析在不同信号揭示之后，双方的博弈以及再谈判情况。

当信号 $t < t_L^*$，即项目成功的后验概率满足 $p < p_L^*$ 时，VC 在时刻 2 将清算项目，即 VC 的阶段决策达到最优。

当信号 $t_L^* \leqslant t < t_I^*$，即项目成功的后验概率满足 $p_L^* \leqslant p < p_I^*$ 时，由于 $p_I^* < p_L^{VC}$，VC 在时刻 2 将清算项目，VC 的阶段决策不能达到最优。经过再谈判之后，VC 继续投资并且拥有控制权，VC 采取保守投资策略，即项目的最优投资策略，谈判租金为 $p\pi_1 + u - I_1$。在时刻 2，VC 的期望收入为 I_1。创业者的期望收入为 $p\pi_1 + u - I_1$。

当信号 $t_I^* \leqslant t < t_L^{VC}$，即项目成功的后验概率满足 $p_I^* \leqslant p < p_L^{VC}$ 时，VC 在时刻 2 仍将清算项目。类似地，再谈判之后，VC 继续投资并且创业者拥有控制权，创业者采取激进投资策略，即项目的最优投资策略。VC 在时刻 2 时期望收入为 I_1，创业者在时刻 2 时期望收入为 $p\pi_2 - I_1$。

当信号 $t \geqslant t_L^{VC}$，即项目成功的后验概率满足 $p \geqslant p_L^{VC}$ 时，VC 在时刻 2 将继续投资，根据命题 5-8，此时双方无利益冲突，VC 的期望收入与阶段投资额 I_1 之差为 $\alpha p\pi_2 - I_1$，创业者的期望收入为 $(1-\alpha)p\pi_2$。

综上所述，在初始时刻，VC 的期望收入与阶段投资额 I_1 之差为

$$U_{VC3} = \int_{t_L^{VC}}^{+\infty} (\alpha p\pi_2 - I_1) H(t)\mathrm{d}t \tag{5-42}$$

相应地，创业者在初始时刻的期望收入为

$$U_{\mathrm{E3}}=\int_{t_L^*}^{t_I^*}(p\pi_1+u-I_1)H(t)\mathrm{d}t+\int_{t_I^*}^{t_L^{\mathrm{VC}}}(p\pi_2-I_1)H(t)\mathrm{d}t+\int_{t_L^{\mathrm{VC}}}^{+\infty}(1-\alpha)p\pi_2H(t)\mathrm{d}t \tag{5-43}$$

由于 VC 的清算点 p_L^{VC} 大于 VC 的投资策略点 p_I^{VC}，即 $p_L^{\mathrm{VC}}>p_I^{\mathrm{VC}}$，当项目的后验概率 $p\geqslant p_L^{\mathrm{VC}}$ 时，双方无利益冲突，VC 将无条件释放控制权；当项目的后验概率 $p<p_L^{\mathrm{VC}}$ 时，VC 将通过清算项目以保护自己的利益。因此，在这种情况下，阶段投资已经给予 VC 足够的保护，此时阶段投资对控制权具有替代性。

由前文的分析可知，VC 在项目成功之后均会行使转换权，即 $\alpha>\alpha_0$。根据式(5-36)中 α_1 的值以及 α_0 的表达式，因为 $u<I_1$，易得 $\alpha_1>\alpha_0$ 成立。因此，在此种情况下，VC 的股份比例满足 $\alpha_0<\alpha<\alpha_1$。

4. *初始投资决策以及双方现金流权的确定*

由前文的分析可知，在初始时刻，VC 的期望收入与阶段投资额 I_1 之差为

$$U_{\mathrm{VC}}(\alpha)=\begin{cases}U_{\mathrm{VC1}}, & \alpha\geqslant\alpha_2\\ U_{\mathrm{VC2}}, & \alpha_1\leqslant\alpha<\alpha_2\\ U_{\mathrm{VC3}}, & \alpha_0<\alpha<\alpha_1\end{cases} \tag{5-44}$$

创业者在初始时刻的期望收入为

$$U_{\mathrm{E}}(\alpha)==\begin{cases}U_{\mathrm{E1}}, & \alpha\geqslant\alpha_2\\ U_{\mathrm{E2}}, & \alpha_1\leqslant\alpha<\alpha_2\\ U_{\mathrm{E3}}, & \alpha_0<\alpha<\alpha_1\end{cases} \tag{5-45}$$

VC 的期望收入 $U_{\mathrm{VC}}(\alpha)$ 为股份比例 α 的分段函数，其中 $U_{\mathrm{VC}i}$ 关于 α 连续，$i=1,2,3$。又由 $U_{\mathrm{VC}i}$ 的表达式可得 $\lim\limits_{\alpha\to\alpha_2}U_{\mathrm{VC2}}=U_{\mathrm{VC1}}(\alpha_2)$，即 $U_{\mathrm{VC}}(\alpha)$ 在临界点 α_2 处连续，同理可得 $U_{\mathrm{VC}}(\alpha)$ 在临界点 α_1 处也连续，因此，$U_{\mathrm{VC}}(\alpha)$ 关于 α 在 $(\alpha_0,1)$ 上连续。U_{VC1} 对 α 求偏导并整理得

$$\frac{\partial U_{\mathrm{VC1}}}{\partial\alpha}=\int_{t_L^{\mathrm{VC}}}^{t_I^{\mathrm{VC}}}p(\pi_1+u)H(t)\mathrm{d}t+\int_{t_I^{\mathrm{VC}}}^{+\infty}p\pi_2H(t)\mathrm{d}t>0 \tag{5-46}$$

因此，U_{VC1} 关于 α 递增，即 VC 的股份比例 α 越大，VC 的期望收入 U_{VC1} 越大。同理可得，$U_{\mathrm{VC}i}$ 关于 α 也递增，其中 $i=2,3$。类似地，创业者的期望收入 $U_{\mathrm{E}}(\alpha)$ 关于 VC 的股份比例 α 连续且递减。

由于创业者提供合约，合约给予 VC 的股份比例为 α^*，其中 α^* 满足 VC 的参与约束 $U_{\mathrm{VC}}(\alpha^*)=I_0$。因此，VC 投入的初始资金 I_0 越大，创业者必须给予越多的股份 α^* 以使 VC 能参与投资。

在时刻 0，双方的期望收入之和 $U=U_{\mathrm{VC}}+U_{\mathrm{E}}$ 为

$$U=\int_{t_L^*}^{t_I^*}(p\pi_1+u-I_1)H(t)\mathrm{d}t+\int_{t_I^*}^{+\infty}(p\pi_2-I_1)H(t)\mathrm{d}t \tag{5-47}$$

根据创业者缺乏资金的特点，VC 参与投资的可行域为 $I_0\leqslant U$。U 对先验概率 p_0 求导可得其导数值为正，即项目成功的先验概率 p_0 越大，项目的总期望收入 U 越大，即合约的可行域越大。

由于创业者提供合约，合约给予 VC 的股份比例为 α^*，其中 α^* 满足 VC 的参与约束

$U_{VC}(\alpha^*) = I_0$。因此，VC 投入的初始资金 I_0 越大，创业者必须给予越多的股份 α^* 以使 VC 愿意参与投资。

项目的期望收入 U 分为两部分：一部分为 VC 的期望收入 $U_{VC}(\alpha)$，另一部分为创业者的期望收入 $U_E(\alpha)$。由于创业者缺乏资金，因此，VC 在初始时刻参与投资的可行域为 $I_0 \leqslant U$。项目发展前景的初始预期越好，即 p_0 越大，项目的期望收入 U 越大，此时合约的可行域也越大。因此，VC 在初始时刻愿意投入更多的资金以支持风险投资企业的发展，相应地，风险投资企业所需的投资轮次就越少。

正如 Gompers（1995）、Dessein（2005）所言，阶段投资和控制权是 VC 减少损失的两种重要方式，由以上分析可知，当 VC 的股份较少，即 $\alpha < \alpha_1$ 时，VC 的清算点 p_L^{VC} 大于 VC 的项目投资策略点 p_I^{VC}，即 $p_L^{VC} > p_I^{VC}$。当后验概率 $p \geqslant p_L^{VC}$ 时，双方无利益冲突，VC 将无条件释放控制权；当后验概率 $p < p_L^{VC}$ 时，VC 将通过清算项目以保护自己的利益。因此，在这种情况下，阶段投资已经给予 VC 足够的保护，VC 在初始时刻是否拥有控制权与 VC 的期望收入无关。该结论说明了在 VC 股份较少的情形下，阶段投资对控制权具有替代性。

5.3.5 小结

本节以不完全合约理论为基础，考虑 VC 持有可转换证券、创业者持有普通股，以及双方现金流权不一致所导致的利益冲突，在阶段投资框架下分析 VC 在各个阶段的投资决策，以及双方在阶段投资时刻对现金流权和控制权的再谈判，进而揭示控制权在阶段投资时刻的转移过程及其影响因素。研究结果表明，VC 的阶段决策以及控制权的转移过程与项目阶段投资时刻的业绩信号有关，当阶段投资时刻项目的业绩较好时，VC 将继续投资并向创业者转移控制权，否则，VC 将通过清算项目或掌握控制权以对自身利益进行保护；进一步，项目发展前景的初始预期越好以及后续阶段的不确定性越小，VC 在阶段投资时刻越倾向于继续投资并向创业者释放控制权。研究结论解释了 Kaplan 和 Strömberg（2003，2004）关于控制权动态转移与项目不确定性、业绩关系的实证结果。此外，研究发现，在 VC 持股较少的情形下，阶段投资足以对 VC 的利益提供保护，此时阶段投资对控制权具有替代性。

附录 5-1 命题 5-2 的证明

必要性：由于创业者具有控制权，创业者决策的临界点 $(1-\alpha)\theta_2$ 小于最优退出模式的临界点 θ_2。当创业者在时刻 3 选择决策 b_{IPO} 时，VC 的投资临界点为 $\bar{\theta} = 1 + \frac{\omega}{I_1}$①。

①在实际的风险投资中，第二阶段的投资额 I_1 相对于退出成本 ω 较大，即 $\bar{\theta} = 1 + \frac{\omega}{I_1}$ 相对于 θ_2 较小，为了便于分析，假设 I_1 足够大，使得 $\theta_2 > \max\{3\bar{\theta} - 2, \bar{\theta}^2\}$ 成立。

1. 双方的博弈

VC 的股份比例 $\alpha\in[0,1]$，当 α 取不同值时，创业者决策的临界点 $(1-\alpha)\theta_2$ 与最优融资临界点 1、VC 投资临界点 $\bar{\theta}$ 之间的大小关系不一致。然而它们之间的大小关系将影响双方的博弈情况。下面根据 α 的不同取值，分别对双方的博弈情况进行分析。

(1) VC 的股份满足 $1-\dfrac{1}{\theta_2}\leqslant\alpha\leqslant 1$，即 $(1-\alpha)\theta_2\leqslant 1$，双方的博弈过程如下。

当项目的盈利能力 $\theta<1$ 时，VC 继续投资时项目货币收益的最大值[①] θI_1 小于第二阶段的投资额 I_1，因此，VC 将停止投资。

当项目的盈利能力 $1\leqslant\theta<\bar{\theta}$ 时，$\theta\geqslant 1\geqslant(1-\alpha)\theta_2$，创业者在时刻 3 将选择决策 b_{IPO}，VC 在时刻 2 继续投资时所得的收益为 $\pi_{b_{\mathrm{IPO}}}^{\mathrm{VC}}=\alpha[(\theta-1)I_1-\omega]$。由于 $\theta<\bar{\theta}$，可得 $\pi_{b_{\mathrm{IPO}}}^{\mathrm{VC}}=\alpha[(\theta-1)I_1-\omega]<0$。因此，VC 在时刻 2 停止投资。然而，此时风险投资企业最优的融资策略为继续融资并且风险投资企业的最优退出模式为 b_{AC}。为了能达到帕累托最优，双方必须再谈判以对控制权和 VC 的支付进行重新配置。经过再谈判之后，控制权转移给 VC，VC 在时刻 3 能采取最优退出模式 b_{AC} 并且在时刻 2 会继续投资[②]。此时，再谈判的租金为 $(\theta-1)I_1$，因此，VC 的收益为 $\rho(\theta-1)I_1$。

同理，当项目的盈利能力满足 $\bar{\theta}\leqslant\theta<\theta_2$ 时，创业者在时刻 3 将选择决策 b_{IPO}。VC 的收益 $\pi_{b_{\mathrm{IPO}}}^{\mathrm{VC}}=\alpha[(\theta-1)I_1-\omega]$，由于 $\theta\geqslant\bar{\theta}$，因此 $\pi_{b_{\mathrm{IPO}}}^{\mathrm{VC}}\geqslant 0$，即 VC 在时刻 2 继续投资。然而，创业者在时刻 3 的决策 b_{IPO} 并非风险投资企业的最优退出模式，因此，双方进行再谈判，VC 控制能采取最优决策 b_{AC}。谈判租金为 $\omega-\theta k$，VC 所获得的谈判租金为 $\rho(\omega-\theta k)$。谈判之后，VC 的总收益为 $\alpha[(\theta-1)I_1-\omega]+\rho(\omega-\theta k)$，其新股份 $\hat{\alpha}$ 满足 $\alpha[(\theta-1)I_1-\omega]+\rho(\omega-\theta k)=\hat{\alpha}(\theta-1)I_1$。显然，当 VC 的初始股份比例 $\alpha=1$ 并且 VC 的谈判能力 $\rho=1$ 时，VC 的新股份比例 $\hat{\alpha}=\dfrac{(\theta-1)I_1-\theta k}{(\theta-1)I_1}<1$，即使 VC 的初始股份比例 $\alpha=1$ 并且 VC 具有绝对谈判能力，经过再谈判之后 VC 的新股份比例 $\hat{\alpha}<1$。因此，创业者无财富的特点不会阻碍再谈判的顺利进行。

当项目的盈利能力满足 $\theta\geqslant\theta_2$ 时，创业者在时刻 3 将采取最优退出模式 b_{IPO}，VC 的收益 $\pi_{b_{\mathrm{IPO}}}^{\mathrm{VC}}=\alpha[(\theta-1)I_1-\omega]>0$，即 VC 在时刻 2 将继续投资。

综上所述，在时刻 0，创业者拥有控制权并且 VC 的初始股份比例 α 满足 $1-\dfrac{1}{\theta_2}\leqslant\alpha\leqslant 1$，即 $(1-\alpha)\theta_2\leqslant 1$ 时，VC 的期望收益为

$$
\begin{aligned}
U_{\mathrm{VC1}}^{\mathrm{E}}(\alpha)=&\int_1^{\bar{\theta}}\rho(\theta-1)I_1 f(\theta)\mathrm{d}\theta+\int_{\bar{\theta}}^{\theta_2}\left\{\alpha\left[(\theta-1)I_1-\omega\right]+\rho(\omega-\theta k)\right\}f(\theta)\mathrm{d}\theta\\
&+\int_{\theta_2}^{M}\alpha\left[(\theta-1)I_1-\omega\right]f(\theta)\mathrm{d}\theta
\end{aligned}
$$

①当时刻 3 风险投资企业以被其他企业收购的模式进行退出时，项目的货币收益为 θI_1；当风险投资企业以 IPO 的模式进行退出时，项目的货币收益为 $\theta I_1-\omega$。

②当控制权转移给 VC 时，根据 VC 控制的情形，VC 在时刻 3 能采取最优退出模式并且在时刻 2 会继续投资。

(2) VC 的股份比例满足$1-\frac{\bar{\theta}}{\theta_2}\leqslant\alpha\leqslant1-\frac{1}{\theta_2}$时，类似于(1)的分析，可得 VC 的期望收益为

$$U_{\mathrm{VC2}}^{\mathrm{E}}(\alpha)=\int_1^{(1-\alpha)\theta_2}\alpha(\theta-1)I_1f(\theta)\mathrm{d}\theta+\int_{(1-\alpha)\theta_2}^{\bar{\theta}}\rho(\theta-1)I_1f(\theta)\mathrm{d}\theta$$
$$+\int_{\bar{\theta}}^{\theta_2}\left\{\alpha\left[(\theta-1)I_1-\omega\right]+\rho(\omega-\theta k)\right\}f(\theta)\mathrm{d}\theta+\int_{\theta_2}^{M}\alpha\left[(\theta-1)I_1-\omega\right]f(\theta)\mathrm{d}\theta$$

(3) 若 VC 的股份比例满足$0\leqslant\alpha\leqslant1-\frac{\bar{\theta}}{\theta_2}$，类似于(1)的分析，可得 VC 的期望收益为

$$U_{\mathrm{VC3}}^{\mathrm{E}}(\alpha)=\int_1^{(1-\alpha)\theta_2}\alpha(\theta-1)I_1f(\theta)\mathrm{d}\theta+\int_{(1-\alpha)\theta_2}^{\theta_2}\{\alpha[(\theta-1)I_1-\omega]+\rho(\omega-\theta k)\}f(\theta)\mathrm{d}\theta$$
$$+\int_{\theta_2}^{M}\alpha\left[(\theta-1)I_1-\omega\right]f(\theta)\mathrm{d}\theta$$

综上所述，VC 的期望收益$U_{\mathrm{VC}}^{\mathrm{E}}(\alpha)$为其股份比例$\alpha$的分段函数，其函数为

$$U_{\mathrm{VC}}^{\mathrm{E}}(\alpha)=\begin{cases}U_{\mathrm{VC1}}^{\mathrm{E}}(\alpha), & 1-\frac{1}{\theta_2}\leqslant\alpha\leqslant1\\ U_{\mathrm{VC2}}^{\mathrm{E}}(\alpha), & 1-\frac{\bar{\theta}}{\theta_2}\leqslant\alpha<1-\frac{1}{\theta_2}\\ U_{\mathrm{VC3}}^{\mathrm{E}}(\alpha), & 0\leqslant\alpha<1-\frac{\bar{\theta}}{\theta_2}\end{cases}$$

2. VC 的期望收益$U_{\mathrm{VC}}^{\mathrm{E}}(\alpha)$的连续性和单调递增性

下面证明各分段函数在各自定义域上单调递增。首先证明$U_{\mathrm{VC1}}^{\mathrm{E}}(\alpha)$在$1-\frac{1}{\theta_2}\leqslant\alpha\leqslant1$上关于$\alpha$单调递增。计算得

$$\frac{\partial U_{\mathrm{VC1}}^{\mathrm{E}}(\alpha)}{\partial\alpha}=\int_{\bar{\theta}}^{\theta_2}\left[(\theta-1)I_1-\omega\right]f(\theta)\mathrm{d}\theta+\int_{\theta_2}^{M}\left[(\theta-1)I_1-\omega\right]f(\theta)\mathrm{d}\theta>0$$

因此，VC 的期望收益$U_{\mathrm{VC1}}^{\mathrm{E}}(\alpha)$为其股份比例$\alpha$的增函数。

其次证明$U_{\mathrm{VC2}}^{\mathrm{E}}(\alpha)$在$1-\frac{\bar{\theta}}{\theta_2}\leqslant\alpha<1-\frac{1}{\theta_2}$上关于$\alpha$单调递增。VC 的期望收益$U_{\mathrm{VC2}}^{\mathrm{E}}(\alpha)$对其股份比例$\alpha$求偏导并整理得

$$\frac{\partial U_{\mathrm{VC2}}^{\mathrm{E}}(\alpha)}{\partial\alpha}=\left\{(\rho-\alpha)\theta_2\left[(1-\alpha)\theta_2-1\right]+\frac{1}{2}(1-\alpha)^2\theta_2^2-(1-\alpha)\theta_2+\frac{1}{2}+\frac{1}{2}(\theta_2-\bar{\theta})^2\right\}I_1f_2$$
$$+\int_{\theta_2}^{M}\left[(\theta-1)I_1-\omega\right]f_3\mathrm{d}\theta$$

令$K(\alpha)=(\rho-\alpha)\theta_2\left[(1-\alpha)\theta_2-1\right]+\frac{1}{2}(1-\alpha)^2\theta_2^2-(1-\alpha)\theta_2+\frac{1}{2}+\frac{1}{2}\left(\theta_2-\bar{\theta}\right)^2$。只需说明$K(\alpha)$为非负，式$\frac{\partial U_{\mathrm{VC2}}^{\mathrm{E}}(\alpha)}{\partial\alpha}>0$即可成立。由于$1-\frac{\bar{\theta}}{\theta_2}\leqslant\alpha<1-\frac{1}{\theta_2}$，因此式$(1-\alpha)\theta_2-1>0$成立。因此，只需说明$\rho=0$时，$K(\alpha)$为非负。当$\rho=0$时，$\frac{\partial K(\alpha)}{\partial\alpha}\equiv K'(\alpha)=3\theta_2^2\alpha+2\theta_2-2\theta_2^2$。

显然，当 α 取最小值 $\alpha_{\min}=1-\frac{\bar{\theta}}{\theta_2}$ 时，$K'(\alpha)$ 取到最小值 $K'(\alpha_{\min})=\theta_2(\theta_2+2-3\bar{\theta})$。由假设可知 $\theta_2+2-3\bar{\theta}>0$，因此，对于任意 $\alpha\in\left[1-\frac{\bar{\theta}}{\theta_2},1-\frac{1}{\theta_2}\right]$，$K'(\alpha)>0$ 成立。又因为 $K(\alpha_{\min})=\frac{1}{2}I_1f_2(\theta_2+1-2\bar{\theta})^2\geqslant 0$，所以，对于任意 $\alpha\in\left[1-\frac{\bar{\theta}}{\theta_2},1-\frac{1}{\theta_2}\right]$，$K(\alpha)$ 为非负数。因此，当 $\alpha\in\left[1-\frac{\bar{\theta}}{\theta_2},1-\frac{1}{\theta_2}\right]$ 时，VC 的期望收益 $U_{\mathrm{VC2}}^{\mathrm{E}}(\alpha)$ 为 VC 的股份比例 α 的增函数。

最后证明 $U_{\mathrm{VC3}}^{\mathrm{E}}(\alpha)$ 在 $0\leqslant\alpha<1-\frac{\bar{\theta}}{\theta_2}$ 上关于 α 单调递增。计算 $\frac{\partial U_{\mathrm{VC3}}^{\mathrm{E}}(\alpha)}{\partial\alpha}$ 并且简化得

$$\frac{\partial U_{\mathrm{VC3}}^{\mathrm{E}}(\alpha)}{\partial\alpha}=\frac{1}{2}I_1f_2(\theta_2+1-2\bar{\theta})^2+\int_{\theta_2}^{M}\left[(\theta-1)I_1-\omega\right]f_3\mathrm{d}\theta$$

显然，式 $\frac{\partial U_{\mathrm{VC3}}^{\mathrm{E}}(\alpha)}{\partial\alpha}>0$ 成立。因此，$U_{\mathrm{VC3}}^{\mathrm{E}}(\alpha)$ 在 $0\leqslant\alpha<1-\frac{\bar{\theta}}{\theta_2}$ 上关于 α 单调递增。

各分段函数 $U_{\mathrm{VC1}}^{\mathrm{E}}(\alpha)$、$U_{\mathrm{VC2}}^{\mathrm{E}}(\alpha)$ 以及 $U_{\mathrm{VC3}}^{\mathrm{E}}(\alpha)$ 在各自相应的定义域上单调递增。由各分段函数式可知，$\lim\limits_{\alpha\to 1-\frac{1}{\theta_2}}U_{\mathrm{VC2}}^{\mathrm{E}}(\alpha)=U_{\mathrm{VC1}}^{\mathrm{E}}\left(1-\frac{1}{\theta_2}\right)$，函数 $U_{\mathrm{VC}}^{\mathrm{E}}(\alpha)$ 在点 $1-\frac{1}{\theta_2}$ 处连续。同理可得，$U_{\mathrm{VC}}^{\mathrm{E}}(\alpha)$ 在点 $1-\frac{\bar{\theta}}{\theta_2}$ 处连续。因此，VC 的期望收益函数 $U_{\mathrm{VC}}^{\mathrm{E}}(\alpha)$ 在 $\alpha\in[0,1]$ 上连续且单调递增。

当 $\alpha=1$ 时，VC 的期望收益取到最大，最大期望收益为

$$\begin{aligned}U_{\mathrm{VC}^*}^{\mathrm{E}}=&\int_1^{\bar{\theta}}\rho(\theta-1)I_1f(\theta)\mathrm{d}\theta+\int_{\bar{\theta}}^{\theta_2}\left\{\left[(\theta-1)I_1-\omega\right]+\rho(\omega-\theta k)\right\}f(\theta)\mathrm{d}\theta\\&+\int_{\theta_2}^{M}\left[(\theta-1)I_1-\omega\right]f(\theta)\mathrm{d}\theta\end{aligned}$$

由于合约可行，因此 VC 的投资额 I_0 必须小丁 VC 的最大期望收益 $U_{\mathrm{VC}^*}^{\mathrm{E}}$。必要性成立。

充分性：由于 $U_{\mathrm{VC}}^{\mathrm{E}}(\alpha)$ 为连续的增函数。当 $\alpha=1$ 时，函数 $U_{\mathrm{VC}}^{\mathrm{E}}(\alpha)$ 取到最大值 $U_{\mathrm{VC}^*}^{\mathrm{E}}$；当 $\alpha=0$ 时，函数 $U_{\mathrm{VC}}^{\mathrm{E}}(\alpha)$ 取到最小值 0。因此，对于任意投资额 I_0 满足 $I_0\leqslant U_{\mathrm{VC}^*}^{\mathrm{E}}$，存在唯一的 $\alpha(I_0)\in[0,1]$，使得 $U_{\mathrm{VC}}^{\mathrm{E}}(\alpha(I_0))=I_0$。若 $\alpha(I_0)\in\left[0,1-\frac{\bar{\theta}}{\theta_2}\right]$ 时①，$U_{\mathrm{VC3}}^{\mathrm{E}}(\alpha(I_0))=I_0$ 成立。其中，

$$\begin{aligned}U_{\mathrm{VC3}}^{\mathrm{E}}(\alpha(I_0))=&\int_1^{(1-\alpha)\theta_2}\alpha(I_0)(\theta-1)I_1f(\theta)\mathrm{d}\theta+\int_{(1-\alpha)\theta_2}^{\theta_2}\left\{\alpha(I_0)\left[(\theta-1)I_1-\omega\right]+\rho(\omega-\theta k)\right\}f(\theta)\mathrm{d}\theta\\&+\int_{\theta_2}^{+\infty}\alpha(I_0)\left[(\theta-1)I_1-\omega\right]f(\theta)\mathrm{d}\theta\end{aligned}$$

下面证明在创业者拥有控制权的情况下，合约给予 VC 的股份比例为 $\alpha(I_0)$ 时，对于

---

①当 $\alpha(I_0)\in\left[1-\frac{\bar{\theta}}{\theta_2},1-\frac{1}{\theta_2}\right)$ 或 $\alpha(I_0)\in\left[1-\frac{1}{\theta_2},1\right]$ 时，证明类似。

不同的盈利能力θ，VC 在时刻 2 的投资决策以及风险投资企业在时刻 3 的退出模式均能达到最优并且合约可行。由于$\alpha(I_0)\in\left[0,1-\dfrac{\overline{\theta}}{\theta_2}\right)$，因此$\overline{\theta}<(1-\alpha(I_0))\theta_2\leqslant\theta_2$成立。

当项目的盈利能力$\theta<1$时，VC 继续投资时项目货币收益的最大值θI_1小于第二阶段的投资额I_1，因此，VC 将停止投资，即 VC 的投资决策达到最优。

当项目的盈利能力$1\leqslant\theta<\overline{\theta}$时，由于$\theta<\overline{\theta}<(1-\alpha(I_0))\theta_2$，拥有控制权的创业者在时刻 3 会采取最优的退出模式b_{AC}，VC 的收益$\pi_{b_{\mathrm{AC}}}^{\mathrm{VC}}=\alpha(I_0)(\theta-1)I_1>0$。因此，VC 在时刻 2 将会继续投资，即 VC 的投资决策也达到最优。

当项目的盈利能力$\overline{\theta}\leqslant\theta<(1-\alpha(I_0))\theta_2$时，与以上类似，创业者在时刻 3 将采取最优的退出模式b_{AC}，VC 的收益$\pi_{b_{\mathrm{AC}}}^{\mathrm{VC}}=\alpha(I_0)(\theta-1)I_1>0$，VC 将继续投资。

当项目的盈利能力$(1-\alpha(I_0))\theta_2\leqslant\theta<\theta_2$时，创业者在时刻 3 将采取决策$b_{\mathrm{IPO}}$，该决策并非风险投资企业的最优退出模式。双方存在帕累托改进的机会，谈判租金为$\omega-\theta k$。因此，VC 的收益为$\alpha(I_0)[(\theta-1)I_1-\omega]+\rho(\omega-\theta k)$。

当项目的盈利能力$\theta\geqslant\theta_2$时，创业者在时刻 3 将会采取最优退出模式b_{IPO}。VC 的收益$\pi_{b_{\mathrm{IPO}}}^{\mathrm{VC}}=\alpha(I_0)[(\theta-1)I_1-\omega]>0$，即 VC 在时刻 2 将继续投资。

综上所述，VC 的期望收益为

$$U_{\mathrm{VC}}^{\mathrm{E}}=\int_1^{(1-\alpha)\theta_2}\alpha(I_0)(\theta-1)I_1f(\theta)\mathrm{d}\theta+\int_{(1-\alpha)\theta_2}^{\theta_2}\left\{\alpha(I_0)\left[(\theta-1)I_1-\omega\right]+\rho(\omega-\theta k)\right\}f(\theta)\mathrm{d}\theta$$
$$+\int_{\theta_2}^{+\infty}\alpha(I_0)\left[(\theta-1)I_1-\omega\right]f(\theta)\mathrm{d}\theta$$

因为$U_{\mathrm{VC3}}^{\mathrm{E}}(\alpha(I_0))=I_0$成立，显然$U_{\mathrm{VC}}^{\mathrm{E}}(\alpha)=U_{\mathrm{VC3}}^{\mathrm{E}}(\alpha(I_0))=I_0$，即 VC 的收益满足参与约束。充分性得证。

附录 5-2　相关函数的性质

1. $\Pi(p)$ 的性质

将命题 5-1 中的$U_{\mathrm{VC}^*}^{\mathrm{VC}}$以及命题 5-2 中的$U_{\mathrm{VC}}^{\mathrm{E}}$代入式$\Pi=U_{\mathrm{VC}^*}^{\mathrm{VC}}-U_{\mathrm{VC}^*}^{\mathrm{E}}$。根据式(5-1)的密度函数$f(\theta)$以及$p=\mathrm{Prob}(\theta_2\leqslant\theta\leqslant M)$，可得$f_3=\dfrac{p}{M-\theta_2}$，$f_2=\dfrac{1-p}{\theta_2-1}$。将$f_2$及$f_3$代入$\Pi=U_{\mathrm{VC}^*}^{\mathrm{VC}}-U_{\mathrm{VC}^*}^{\mathrm{E}}$。$\Pi$为关于$p$和 VC 的谈判能力$\rho$的二元函数，记为$\Pi(p,\rho)$。下面证明对于任意的$\rho\in[0,1]$，$\Pi(p,\rho)$满足$\Pi(1,\rho)<0$、$\Pi(0,\rho)>0$且$\dfrac{\partial\Pi(p,\rho)}{\partial p}<1$。

（1）$\Pi(1,\rho)=-\left[1-\rho\left(1-\dfrac{1}{\theta_2}\right)\right]\dfrac{\omega}{(\theta_2-1)(M-\theta_2)}\displaystyle\int_{\theta_2}^{M}(\theta-\theta_2)\mathrm{d}\theta<0$对于任意的$\rho\in[0,1]$恒成立。

(2) $$\Pi(0,\rho)=\left[1-\rho\left(1-\frac{1}{\theta_2}\right)\right]\left\{\int_1^{\bar{\theta}}\left[1-\frac{\omega}{(\theta_2-1)I_1}\right]\frac{1}{(\theta_2-1)}(\theta-1)I_1\mathrm{d}\theta+\int_{\bar{\theta}}^{\theta_2}\frac{\omega(\theta_2-\theta)}{(\theta_2-1)^2}\mathrm{d}\theta\right\}-\rho k\left(\frac{1}{\omega}+\frac{1}{I_1}\right)\int_1^{\bar{\theta}}\frac{(\theta-1)}{(\theta_2-1)}I_1\mathrm{d}\theta$$

$\Pi(0,\rho)$ 为关于 ρ 的减函数①，因此，当 $\rho\in[0,1]$ 时，$\Pi(0,\rho)\geqslant\Pi(0,1)$。计算并化简可得 $\Pi(0,1)=\dfrac{\omega(\theta_2-\bar{\theta}^2)}{2(\theta_2-1)}$。根据假设可知 $\theta_2>\bar{\theta}^2>1$，所以 $\Pi(0,1)>0$ 成立。因此，当 $\rho\in[0,1]$ 时，$\Pi(0,\rho)\geqslant\Pi(0,1)>0$ 成立。

(3) 令 $\Pi_p'(p,\rho)=\dfrac{\partial\Pi(p,\rho)}{\partial p}$，计算并化简可得

$$\Pi_p'(p,\rho)=-\left[1-\rho\left(1-\frac{1}{\theta_2}\right)\right]\left\{\int_1^{\bar{\theta}}\left[1-\frac{\omega}{(\theta_2-1)I_1}\right]\frac{1}{(\theta_2-1)}(\theta-1)I_1\mathrm{d}\theta+\int_{\bar{\theta}}^{\theta_2}\frac{\omega(\theta_2-\theta)}{(\theta_2-1)^2}\mathrm{d}\theta\right\}-\left[1-\rho\left(1-\frac{1}{\theta_2}\right)\right]\frac{1}{M-\theta_2}\int_{\theta_2}^{M}\frac{\omega(\theta_2-\theta)}{(\theta_2-1)}\mathrm{d}\theta+\rho k\left(\frac{1}{\omega}+\frac{1}{I_1}\right)\int_1^{\bar{\theta}}\frac{(\theta-1)}{(\theta_2-1)}I_1\mathrm{d}\theta$$

$\Pi_p'(p,\rho)$ 为关于 ρ 的增函数，由上式可得 $\Pi_p'(p,0)<0$，且 $\Pi_p'(p,1)=\dfrac{k(\bar{\theta}^2-M)}{2(\theta_2-1)}$，由于 $\bar{\theta}^2<\theta_2<M$，所以 $\Pi_p'(p,1)<0$。当 $\rho\in[0,1]$ 时，$\Pi_p'(p,\rho)\leqslant\Pi_p'(p,1)<0$ 成立。

综上所述，$\Pi(p,\rho)$ 满足 $\Pi(1,\rho)<0$、$\Pi(0,\rho)>0$ 且 $\dfrac{\partial\Pi(p,\rho)}{\partial p}<1$。因此，存在 $p^*\in[0,1]$，使 $\Pi(p^*,\rho)=0$。当 $p\in[0,p^*)$ 时，$\Pi(p)>0$；当 $p\in[p^*,1]$ 时，$\Pi(p)<0$。

2. $p^*(\rho)$ 的性质

由以上可知，p^* 即为 $\Pi(p,\rho)=0$ 的解。显然，p^* 与谈判能力 ρ 有关。由 $\Pi(p,\rho)=0$ 可得 $p^*(\rho)-1-\dfrac{1}{1+z(\rho)}$，其中，

$$z(\rho)=\frac{\int_1^{\bar{\theta}}\left[1-\frac{\rho k\left(\frac{1}{\omega}+\frac{1}{I_1}\right)}{1-\rho\left(1-\frac{1}{\theta_2}\right)}-\frac{\omega}{(\theta_2-1)I_1}\right](\theta-1)I_1\mathrm{d}\theta+\int_{\bar{\theta}}^{\theta_2}\frac{\omega(\theta_2-\theta)}{(\theta_2-1)}\mathrm{d}\theta}{\int_{\theta_2}^{M}\frac{\omega(\theta-\theta_2)}{(\theta_2-1)}\mathrm{d}\theta}$$

显然 $z(\rho)$ 为关于 ρ 的减函数。计算得 $z(1)=\dfrac{1}{2}(\theta_2-1)\left(\theta_2-\bar{\theta}^2\right)>0$。因此，当 $\rho\in[0,1]$ 时，$z(\rho)\geqslant z(1)>0$。因此，当 ρ 增大时，$z(\rho)$ 变小，此时 $p^*(\rho)$ 变大，即 $p^*(\rho)$ 关于 ρ 递增。

---

①因为 $\theta_2>\bar{\theta}^2>1$，所以 $\theta_2>\bar{\theta}$，此时可得 $1-\dfrac{\omega}{(\theta_2-1)I_1}>0$。

第6章　风险投资进入与退出决策的实物期权分析

退出后实现投资收益是风险投资的主要目标，因而投资收益的大小也就成了衡量风险投资是否成功的重要标准。退出渠道不畅使得风险投资无法选择投资收益最高的退出方式，这对风险投资的长期发展是不利的。而投资机会的流失会加剧创业企业的融资困境，这对创业企业的长期发展也是不利的。

鉴于风险投资的退出在整个风险投资周期中占有十分重要的地位，本章希望通过建立模型刻画风险投资的退出决策，并进一步分析退出预期对风险投资进入决策的影响(凌骁，2014；李强和凌骁，2020)。由于创业企业的未来现金流具有高度不确定性，无论是进入还是退出决策，都可视作风险投资拥有的一种实物期权。本章试图回答以下几个问题：其一，能否从创业企业特征、退出特征和政策限制等角度出发，找到影响风险投资进入与退出决策的相关因素？其二，能否在一个统一的框架下分析风险投资的进入与退出决策的机制？其三，预期的不同退出方式对风险投资进入决策是否具有不同的影响？

6.1　风险投资的退出决策

6.1.1　基本假设与建模思路

风险投资的主要投资对象是具有高风险、高成长性特征的创业企业。就高风险特征而言，创业企业面临的风险既包括产品市场需求或价格波动的市场风险，也包括技术研发失败的技术风险，以及筹资不足的融资风险，其中技术风险和融资风险通常是创业企业早期面临的主要风险。风险投资入股创业企业的同时，也为创业企业提供了资金与管理方面的支持，降低了创业企业的融资风险，增强了其抵御技术风险的能力。Sahlman(1990)、刘湘琴和吴勇(2009)有关创业企业生命周期理论的研究支持了上述的观点。本节同时考虑因市场需求而导致的价格波动和因早期阶段技术或资金限制而导致企业死亡的风险。具体而言，受产品市场需求不确定性的影响，假设产品价格 P 服从几何布朗运动：

$$dP_t = \alpha P_t dt + \sigma P_t dz_t \tag{6-1}$$

其中，dz_t 是标准维纳过程增量；系数 α 和 σ 分别表示漂移率和标准差；初始价格水平 $P_0 = P$。

就高成长性特征而言，本节选用资本产出弹性予以刻画。直观来讲，风险和成长性特征随企业发展的变化通常具有如下特征：一方面，企业越处于发展的早期阶段，其所面临的技术或融资风险越大，进而企业死亡的可能性越大；另一方面，企业越处于发展的早期阶段，单位资本对产出的边际贡献(即资本产出弹性)越大。据此，引入代表创业企业所处的发展阶段的参数 h[①]，该参数既会影响 VC 进入前企业死亡的概率，又会影响 VC 参与企

①严格来讲，h 可设定为一个随时间逐渐递减的变量。但鉴于建模过于复杂，本书做出如此简化。

业投资期间的资本产出弹性。h 越大表示企业越处于早期发展阶段，h=0 表示企业进入成熟阶段。

进一步，采用柯布道格拉斯生产函数刻画企业单位产出品的利润流：

$$P_t L^a I_1^{b(1+h)} - wL$$

其中，L 为劳动投入；I_1 为资本投入；a、b 分别表示劳动和资本的产出弹性系数且有 $a<1$、$a+b>1$；w 为劳动力成本系数；h 表示企业所处发展阶段，其值越大表示企业越处于早期发展阶段，因此，VC 进入前企业死亡的概率越大，同时 VC 参与期间的资本产出弹性也越大。

由单位产品利润函数最大化可得到最优的劳动投入量为

$$L=\left(\frac{aI_1^{b(1+h)}P_t}{w}\right)^{\frac{a}{1-a}}$$

代入利润函数可得

$$\left(a^{\frac{a}{1-a}}-a^{\frac{1}{1-a}}\right)w^{\frac{-a}{1-a}}I_1^{\frac{b(1+h)}{1-a}}P_t^{\frac{1}{1-a}}\equiv \Pi(w,a)I_1^{\theta(1+h)}P_t^{\gamma}$$

其中，$\theta=b/(1-a)$；$\gamma=1/(1-a)$。

一旦企业进入成熟阶段，风险投资将退出企业，同时可能吸引新的资金注入，从而导致企业资本规模增加。假设新增资本规模为 I_2，扣除相关融资成本 fI_2，成熟阶段企业总的资本规模由 I_1 增加为 $I_1+(1-f)I_2$，同时资本产出弹性由 $b(1+h)$ 降低为 b。此时，风险投资退出的单位产品利润流可以表示为

$$P_t L^a[I_1+(1-f)I_2]^b - wL = \Pi(w,a)[I_1+(1-f)I_2]^{\theta}P_t^{\gamma}$$

除关注创业企业高风险、高成长性的特征外，风险投资对退出方式的选择也并不相同。据清科研究中心报告，2008～2012 年，IPO 退出是风险投资选择的主要退出方式；而在 IPO 暂停的 2013 年，并购退出成为风险投资的主要退出方式。基于这样的现实情况，本章还在 IPO 退出决策的基础上，扩展考虑并购退出的情形，对两种退出方式进行对比分析。盛立军(1999)发现风险投资 IPO 退出的回报倍数大约是 7.1，而通过并购退出的回报倍数为 1.7～2.0，房四海(2010)也认为 IPO 退出收益率大约是并购退出的 5 倍。综合来看，IPO 较之并购退出能给风险投资带来更高的退出回报。

就 IPO 退出而言，简化假设风险投资的 IPO 退出时机即为创业企业 IPO 上市的时机。张小成和周孝华(2011)指出，新股发行的询价制度使得 IPO 决策既要满足企业老股东价值最大化的要求，又要满足新进股东的外部投资者的利益最大化要求，双方共同决定 IPO 时机。本节假定老股东和新股东共同确定整体最优的 IPO 时机，而后确定 IPO 后各自所占的股份比例。

就并购退出而言，由于创业企业面临的谈判对象是少数具有并购意向的投资者，这使得企业的议价能力较弱，借鉴 Lambrecht(2004)关于敌意收购的做法：作为并购方的新股东确定并购后自己所占的股份比例，而后作为被并购方的老股东确定并购时机。

6.1.2　风险投资 IPO 退出的决策模型

无论是老股东还是新股东，企业的 IPO 决策都可以看作两者共同持有的一项实物期权，并最终共同决定 IPO 时机和股份比例。对于作为老股东的创业者和风险投资家，实物期权的标的资产为 IPO 前后所持股份的价值增量，执行价格为 IPO 所需的成本 fI_2；对于作为新股东的外部投资者而言，实物期权的标的资产为 IPO 后所能分享到的股权价值，执行价格为所提供的资金 I_2。接下来分别讨论老股东和新股东的 IPO 决策，使之与两者的整体最优决策一致来确定 IPO 时机和各自的股份比例，并根据 VC 的股份比例确定其价值，而 IPO 时机即为风险投资的最优退出时机。

1. 老股东的决策

记老股东的 IPO 临界值为 $P_{\text{IPO}}^{\text{Old}}$，即当单位产品价格大于等于该临界值时，老股东愿意上市，记老股东价值为 $\text{Old}(P)$。

当 $P_t < P_{\text{IPO}}^{\text{Old}}$ 时，老股东价值满足贝尔曼方程：

$$\rho \text{Old}(P_t)\mathrm{d}t = (\varPi I_1^{\theta(1+h)} P_t^{\gamma})\mathrm{d}t + E[\text{Old}(P_t + \mathrm{d}P_t) - \text{Old}(P_t)] \tag{6-2}$$

其中，ρ 表示贴现率，式(6-2)的经济含义是在连续的微小时间段 $\mathrm{d}t$，资产预期收益率应等于即期回报加上预期的资本收益，分别为 $(\varPi I_1^{\theta(1+h)} P_t^{\gamma})\mathrm{d}t$ 和 $E[\text{old}(P_t + \mathrm{d}P_t) - \text{Old}(P_t)]$。运用伊藤引理展开式(6-2)得

$$\frac{1}{2}\sigma^2 P^2 \text{Old}''(P) + \alpha P \text{Old}'(P) - \rho \text{Old}(P) + \varPi I_1^{\theta(1+h)} P^{\gamma} = 0 \tag{6-3}$$

微分方程的通解为

$$\text{Old}(P) = A_1 P^{\beta_1} + \frac{\varPi I_1^{\theta(1+h)} P^{\gamma}}{\rho - \alpha\gamma - \frac{1}{2}\sigma^2 \gamma(\gamma - 1)}$$

其中，$\beta_1 > 1$ 是二次方程 $\sigma^2 \beta(\beta - 1)/2 + \alpha\beta - \rho = 0$ 的正根；A_1 为待定系数；等式右边的第一部分表示老股东等待 IPO 退出的期权的价值，第二部分表示老股东利润流的折现值，为了保证利润流价值为正，要求 $\gamma < \beta_1$。

当 $P_t \geqslant P_{\text{IPO}}^{\text{Old}}$ 时，创业企业 IPO 上市，记老股东 IPO 后所占股份比例为 s_1，扣除 IPO 成本后老股东的价值为

$$\text{Old}(P) = s_1 \frac{\varPi [I_1 + (1 - f)I_2]^{\theta} P^{\gamma}}{\rho - \alpha\gamma - \frac{1}{2}\sigma^2 \gamma(\gamma - 1)} - fI_2$$

至此，老股东在 IPO 前后的价值可以综合表达为

$$\text{Old}(P) = \begin{cases} A_1 P^{\beta_1} + \dfrac{\varPi I_1^{\theta(1+h)} P^{\gamma}}{\rho - \alpha\gamma - \frac{1}{2}\sigma^2 \gamma(\gamma - 1)}, & P < P_{\text{IPO}}^{\text{Old}} \\ s_1 \dfrac{\varPi [I_1 + (1 - f)I_2]^{\theta} P^{\gamma}}{\rho - \alpha\gamma - \frac{1}{2}\sigma^2 \gamma(\gamma - 1)} - fI_2, & P \geqslant P_{\text{IPO}}^{\text{Old}} \end{cases} \tag{6-4}$$

在 $P = P_{\text{IPO}}^{\text{Old}}$ 处，式(6-4)还需分别满足如下的价值匹配和平滑粘贴条件：

$$A_1 P_{\mathrm{IPO}}^{\mathrm{Old}\,\beta_1} + \frac{\Pi I_1^{\theta(1+h)} P_{\mathrm{IPO}}^{\mathrm{Old}\,\gamma}}{\rho - \alpha\gamma - \frac{1}{2}\sigma^2\gamma(\gamma-1)} = s_1 \frac{\Pi[I_1 + (1-f)I_2]^{\theta} P_{\mathrm{IPO}}^{\mathrm{Old}\,\gamma}}{\rho - \alpha\gamma - \frac{1}{2}\sigma^2\gamma(\gamma-1)} - f I_2$$

$$A_1 \beta_1 P_{\mathrm{IPO}}^{\mathrm{Old}\,\beta_1 - 1} + \gamma \frac{\Pi I_1^{\theta(1+h)} P_{\mathrm{IPO}}^{\mathrm{Old}\,\gamma-1}}{\rho - \alpha\gamma - \frac{1}{2}\sigma^2\gamma(\gamma-1)} = s_1 \gamma \frac{\Pi[I_1 + (1-f)I_2]^{\theta} P_{\mathrm{IPO}}^{\mathrm{Old}\,\gamma-1}}{\rho - \alpha\gamma - \frac{1}{2}\sigma^2\gamma(\gamma-1)}$$

令 $M = \dfrac{\Pi I_1^{\theta(1+h)}}{\rho - \alpha\gamma - \frac{1}{2}\sigma^2\gamma(\gamma-1)}$ 和 $N = \dfrac{\Pi[I_1 + (1-f)I_2]^{\theta}}{\rho - \alpha\gamma - \frac{1}{2}\sigma^2\gamma(\gamma-1)}$，利用上述两个条件可以确定老股东的 IPO 临界值：

$$P_{\mathrm{IPO}}^{\mathrm{Old}} = \left[\frac{\beta_1}{(\beta_1 - \gamma)} \frac{f I_2}{(s_1 N - M)}\right]^{\frac{1}{\gamma}}$$

2. 新股东的决策

记新股东的 IPO 临界值为 $P_{\mathrm{IPO}}^{\mathrm{New}}$，这意味着当单位产品价格大于等于该临界值时，新股东愿意 IPO 注资入股，记新股东价值为 $\mathrm{New}(P)$。

当 $P_t < P_{\mathrm{IPO}}^{\mathrm{New}}$ 时，新股东价值满足如下贝尔曼方程：

$$\rho \mathrm{New}(P_t)\mathrm{d}t = E[\mathrm{New}(P_t + \mathrm{d}P_t) - \mathrm{New}(P_t)] \tag{6-5}$$

由于在 IPO 之前新股东没有利润流的产生，因此在连续的微小时间段 $\mathrm{d}t$，新股东的价值仅包括预期的资本利得 $E[\mathrm{New}(P + \mathrm{d}P) - \mathrm{New}(P)]$。运用伊藤引理展开得

$$\frac{1}{2}\sigma^2 P \mathrm{New}''(P) + \alpha P \mathrm{New}'(P) - \rho \mathrm{New}(P) = 0 \tag{6-6}$$

微分方程的通解为

$$\mathrm{New}(P) = A_2 P^{\beta_1}$$

其中，A_2 为待定系数；等式右边表示新股东等待 IPO 注资入股的实物期权价值。

当 $P_t \geqslant P_{\mathrm{IPO}}^{\mathrm{New}}$ 时，创业企业 IPO 上市，记新股东在 IPO 后所占股份比例为 s_2，扣除出资额后新股东的股份价值为

$$\mathrm{New}(P) = s_2 \frac{\Pi[I_1 + (1-f)I_2]^{\theta} P^{\gamma}}{\rho - \alpha\gamma - \frac{1}{2}\sigma^2\gamma(\gamma-1)} - I_2$$

至此，新股东在 IPO 前后的价值表达为

$$\mathrm{New}(P) = \begin{cases} A_2 P^{\beta_1}, & P < P_{\mathrm{IPO}}^{\mathrm{New}} \\ s_2 \dfrac{\Pi[I_1 + (1-f)I_2]^{\theta} P^{\gamma}}{\rho - \alpha\gamma - \frac{1}{2}\sigma^2\gamma(\gamma-1)} - I_2, & P \geqslant P_{\mathrm{IPO}}^{\mathrm{New}} \end{cases} \tag{6-7}$$

在 $P = P_{\mathrm{IPO}}^{\mathrm{New}}$ 处，式(6-7)还需分别满足如下的价值匹配和平滑粘贴条件：

$$A_2 P_{\mathrm{IPO}}^{\mathrm{New}\,\beta_1} = s_2 \frac{\Pi[I_1 + (1-f)I_2]^{\theta} P_{\mathrm{IPO}}^{\mathrm{New}\,\gamma}}{\rho - \alpha\gamma - \frac{1}{2}\sigma^2\gamma(\gamma-1)} - I_2$$

$$A_2\beta_1 P_{\mathrm{IPO}}^{\mathrm{New}\,\beta_1-1} = s_2\gamma \frac{\Pi[I_1+(1-f)I_2]^{\theta} P_{\mathrm{IPO}}^{\mathrm{New}\,\gamma-1}}{\rho-\alpha\gamma-\frac{1}{2}\sigma^2\gamma(\gamma-1)}$$

据此容易解得新股东的 IPO 临界值为

$$P_{\mathrm{IPO}}^{\mathrm{New}} = \left(\frac{\beta_1}{\beta_1-\gamma}\frac{I_2}{s_2 N}\right)^{\frac{1}{\gamma}}$$

3. 全体股东的决策

记全体股东的 IPO 临界值为 $P_{\mathrm{IPO}}^{\mathrm{All}}$，这意味着当单位产品价格大于等于该临界值时，新老股东都愿意 IPO 上市，记全体股东的价值为 $\mathrm{All}(P)$。

当 $P_t < P_{\mathrm{IPO}}^{\mathrm{All}}$ 时，全体股东的价值满足如下贝尔曼方程：

$$\rho \mathrm{All}(P_t)\mathrm{d}t = (\Pi I_1^{\theta(1+h)} P_t^{\gamma})\mathrm{d}t + E[\mathrm{All}(P_t+\mathrm{d}P_t)-\mathrm{All}(P_t)] \tag{6-8}$$

其中，等式右边第一项和第二项分别为在 dt 时间段内的即期回报和资本利得。

运用伊藤引理展开得

$$\frac{1}{2}\sigma^2 P^2 \mathrm{All}''(P) + \alpha P \mathrm{All}'(P) - \rho \mathrm{All}(P) + \Pi I_1^{\theta(1+h)} P^{\gamma} = 0 \tag{6-9}$$

微分方程的通解为

$$\mathrm{All}(P) = A_3 P^{\beta_1} + \frac{\Pi I_1^{\theta(1+h)} P^{\gamma}}{\rho-\alpha\gamma-\frac{1}{2}\sigma^2\gamma(\gamma-1)}$$

其中，A_3 为待定系数；等式右边的第一部分表示全体股东等待 IPO 的实物期权价值，第二部分表示企业利润流的现值。

当 $P_t \geqslant P_{\mathrm{IPO}}^{\mathrm{All}}$ 时，创业企业 IPO 上市，扣除新股东出资额 I_2 以及老股东 IPO 成本 fI_2 后全体股东的价值可以表示为

$$\mathrm{All}(P) = \frac{\Pi[I_1+(1-f)I_2]^{\theta} P^{\gamma}}{\rho-\alpha\gamma-\frac{1}{2}\sigma^2\gamma(\gamma-1)} - (1+f)I_2$$

至此，全体股东在 IPO 前后的价值表达为

$$\mathrm{All}(P) = \begin{cases} A_3 P^{\beta_1} + \dfrac{\Pi I_1^{\theta(1+h)} P^{\gamma}}{\rho-\alpha\gamma-\frac{1}{2}\sigma^2\gamma(\gamma-1)}, & P < P_{\mathrm{IPO}}^{\mathrm{All}} \\ \dfrac{\Pi[I_1+(1-f)I_2]^{\theta} P^{\gamma}}{\rho-\alpha\gamma-\frac{1}{2}\sigma^2\gamma(\gamma-1)} - (1+f)I_2, & P \geqslant P_{\mathrm{IPO}}^{\mathrm{All}} \end{cases} \tag{6-10}$$

当 $P = P_{\mathrm{IPO}}^{\mathrm{All}}$ 时，式(6-10)同样分别满足如下的价值匹配和平滑粘贴条件：

$$A_3 P_{\mathrm{IPO}}^{\mathrm{All}\,\beta_1} + \frac{\Pi I_1^{\theta(1+h)} P_{\mathrm{IPO}}^{\mathrm{All}\,\gamma}}{\rho-\alpha\gamma-\frac{1}{2}\sigma^2\gamma(\gamma-1)} = \frac{\Pi[I_1+(1-f)I_2]^{\theta} P_{\mathrm{IPO}}^{\mathrm{All}\,\gamma}}{\rho-\alpha\gamma-\frac{1}{2}\sigma^2\gamma(\gamma-1)} - (1+f)I_2$$

$$A_3\beta_1 P_{\text{IPO}}^{\text{All}\beta_1-1}+\gamma\frac{\Pi I_1^{\theta(1+h)}P_{\text{IPO}}^{\text{All}\gamma-1}}{\rho-\alpha\gamma-\frac{1}{2}\sigma^2\gamma(\gamma-1)}=\gamma\frac{\Pi[I_1+(1-f)I_2]^{\theta}P_{\text{IPO}}^{\text{All}\gamma-1}}{\rho-\alpha\gamma-\frac{1}{2}\sigma^2\gamma(\gamma-1)}$$

据此可以解得全体股东的 IPO 临界值为

$$P_{\text{IPO}}^{\text{All}}=\left[\frac{\beta_1}{(\beta_1-\gamma)}\frac{(1+f)I_2}{(N-M)}\right]^{\frac{1}{\gamma}}$$

4. 风险投资的 IPO 退出决策

创业企业的 IPO 决策需要是同时满足新老股东及全体股东利润最大化的决策，这要求 IPO 临界值 P_{IPO} 满足：

$$P_{\text{IPO}}=P_{\text{IPO}}^{\text{Old}}=P_{\text{IPO}}^{\text{New}}=P_{\text{IPO}}^{\text{All}} \tag{6-11}$$

联立求解可得到 IPO 后老股东和新股东的股份比例分别为

$$s_1=\frac{M+Nf}{(1+f)N}，\quad s_2=\frac{N-M}{(1+f)N}$$

显然 $s_1+s_2=1$，且容易证明 $\text{All}(P)=\text{Old}(P)+\text{New}(P)$。

进一步，由于风险投资也属于老股东，故其 IPO 临界值也为 P_{IPO}。记风险投资在老股东中的比例为 k，那么风险投资的价值可以表示为

$$\text{VC}_{\text{IPO}}(P)=k\text{Old}(P)=\begin{cases}kA_1P^{\beta_1}+k\dfrac{\Pi I_1^{\theta(1+h)}P^{\gamma}}{\rho-\alpha\gamma-\frac{1}{2}\sigma^2\gamma(\gamma-1)}, & P<P_{\text{IPO}}\\ ks_1\dfrac{\Pi[I_1+(1-f)I_2]^{\theta}P^{\gamma}}{\rho-\alpha\gamma-\frac{1}{2}\sigma^2\gamma(\gamma-1)}-kfI_2, & P\geqslant P_{\text{IPO}}\end{cases} \tag{6-12}$$

其中，$P_{\text{IPO}}=\left[\dfrac{\beta_1}{(\beta_1-\gamma)}\dfrac{(1+f)I_2}{(N-M)}\right]^{\frac{1}{\gamma}}$。

5. 模型扩展：考虑 IPO 政策限制的情形

考虑到暂停 IPO 等监管政策会影响企业的 IPO 时机，本节进一步扩展考虑政策限制如何影响风险投资的 IPO 退出决策。假设 $\mathrm{d}t$ 时间段内政策出台的速度为 $v\mathrm{d}t$，当政策出台时，创业企业可以在临界值 P_{IPO} 处进行 IPO；当政策未出台时，即使利润流达到 IPO 临界值，企业也只能选择继续等待。记考虑政策限制情形下风险投资的价值为 $VC_{\text{IPO}}^{v}(P)$，满足贝尔曼方程：

$$\begin{aligned}\rho\text{VC}_{\text{IPO}}^{v}(P_t)\mathrm{d}t=&k\Pi I_1^{\theta(1+h)}P_t^{\gamma}\mathrm{d}t+v\mathrm{d}tE[\text{VC}_{\text{IPO}}(P_t+\mathrm{d}P_t)-\text{VC}_{\text{IPO}}^{v}(P_t)]\\&+(1-v\mathrm{d}t)E[\text{VC}_{\text{IPO}}^{v}(P_t+\mathrm{d}P_t)-\text{VC}_{\text{IPO}}^{v}(P_t)]\end{aligned} \tag{6-13}$$

式(6-13)表明，在连续的微小时间段 $\mathrm{d}t$，风险投资的预期收益率等于即期回报加上其预期的资本利得，其中资本利得等于政策出台和政策未出台两种情形下依概率加权的资本利得。运用伊藤引理展开得

$$\frac{1}{2}\sigma^2 P^2 \mathrm{VC}_{\mathrm{IPO}}^{\nu}{}''(P)+\alpha P \mathrm{VC}_{\mathrm{IPO}}^{\nu}{}'(P)-(\rho+\nu)\mathrm{VC}_{\mathrm{IPO}}^{\nu}(P)$$
$$+k\Pi I_1^{\theta(1+h)}P^{\gamma}+\nu \mathrm{VC}_{\mathrm{IPO}}(P)=0 \tag{6-14}$$

当 $P<P_{\mathrm{IPO}}$ 时，企业等待 IPO，进而 $\mathrm{VC}_{\mathrm{IPO}}(P)$ 为式(6-12)的上半支，代入式(6-14)得到

$$\frac{1}{2}\sigma^2 P^2 \mathrm{VC}_{\mathrm{IPO}}^{\nu}{}''(P)+\alpha P \mathrm{VC}_{\mathrm{IPO}}^{\nu}{}'(P)-(\rho+\nu)\mathrm{VC}_{\mathrm{IPO}}^{\nu}(P)+k\Pi I_1^{\theta(1+h)}P^{\gamma}$$
$$+\nu\left[kA_1P^{\beta_1}+k\frac{\Pi I_1^{\theta(1+h)}P^{\gamma}}{\rho-\alpha\gamma-\frac{1}{2}\sigma^2\gamma(\gamma-1)}\right]=0 \tag{6-15}$$

微分方程的通解为

$$\mathrm{VC}_{\mathrm{IPO}}^{\nu}(P)=F_1P^{\xi_1}+kA_1P^{\beta_1}+k\frac{\Pi I_1^{\theta(1+h)}P^{\gamma}}{\rho-\alpha\gamma-\frac{1}{2}\sigma^2\gamma(\gamma-1)}$$

其中，$\xi_1>1$ 是二次方程 $\sigma^2\xi(\xi-1)/2+\alpha\xi-(\rho+\nu)=0$ 的正根；F_1 为待定系数；等式右边第一部分即为政策限制对风险投资等待 IPO 的实物期权价值的影响。

当 $P\geqslant P_{\mathrm{IPO}}$ 时，$\mathrm{VC}_{\mathrm{IPO}}(P)$ 取式(6-12)的下半支，代入式(6-14)得到

$$\frac{1}{2}\sigma^2 P^2 \mathrm{VC}_{\mathrm{IPO}}^{\nu}{}''(P)+\alpha P \mathrm{VC}_{\mathrm{IPO}}^{\nu}{}'(P)-(\rho+\nu)\mathrm{VC}_{\mathrm{IPO}}^{\nu}(P)+k\Pi I_1^{\theta(1+h)}P^{\gamma}$$
$$+\nu\left\{ks_1\frac{\Pi[I_1+(1-f)I_2]^{\theta}P^{\gamma}}{\rho-\alpha\gamma-\frac{1}{2}\sigma^2\gamma(\gamma-1)}-kfI_2\right\}=0 \tag{6-16}$$

微分方程的通解为

$$\mathrm{VC}_{\mathrm{IPO}}^{\nu}(P)=F_2P^{\xi_2}+k\left\{s_1\frac{\Pi[I_1+(1-f)I_2]^{\theta}P^{\gamma}}{\rho-\alpha\gamma-\frac{1}{2}\sigma^2\gamma(\gamma-1)}-fI_2\right\}$$
$$-k\left\{\frac{s_1\Pi[I_1+(1-f)I_2]^{\theta}P^{\gamma}-\Pi I_1^{\theta(1+h)}P^{\gamma}}{\rho+\nu-\alpha\gamma-\frac{1}{2}\sigma^2\gamma(\gamma-1)}-\frac{\rho fI_2}{\rho+\nu}\right\}$$

其中，$\xi_2<0$ 是二次方程 $\sigma^2\xi(\xi-1)/2+\alpha\xi-(\rho+\nu)=0$ 的负根；F_2 为待定系数；等式右边第一部分和第三部分共同表示政策限制对风险投资价值的影响。

至此，存在 IPO 政策限制的情形下，风险投资的价值可以表达为

$$
\mathrm{VC}_{\mathrm{IPO}}^{v}(p)=\begin{cases} F_1 P^{\xi_1}+kA_1P^{\beta_1}+k\dfrac{\Pi I_1^{\theta(1+h)}P^{\gamma}}{\rho-\alpha\gamma-\dfrac{1}{2}\sigma^2\gamma(\gamma-1)}, & P<P_{\mathrm{IPO}} \\ F_2P^{\xi_2}+k\left\{s_1\dfrac{\Pi[I_1+(1-f)I_2]^{\theta}P^{\gamma}}{\rho-\alpha\gamma-\dfrac{1}{2}\sigma^2\gamma(\gamma-1)}-fI_2\right\} & \\ -k\left\{\dfrac{s_1\Pi[I_1+(1-f)I_2]^{\theta}P^{\gamma}-\Pi I_1^{\theta(1+h)}P^{\gamma}}{\rho+\nu-\alpha\gamma-\dfrac{1}{2}\sigma^2\gamma(\gamma-1)}-\dfrac{\rho f I_2}{\rho+\nu}\right\}, & P\geqslant P_{\mathrm{IPO}} \end{cases} \tag{6-17}
$$

在 $P=P_{\mathrm{IPO}}$ 处，式(6-17)还需分别满足如下的价值匹配和平滑粘贴条件：

$$
\begin{aligned}
F_1P_{\mathrm{IPO}}^{\xi_1}+kA_1P_{\mathrm{IPO}}^{\beta_1}+k\frac{\Pi I_1^{\theta(1+h)}P_{\mathrm{IPO}}^{\gamma}}{\rho-\alpha\gamma-\dfrac{1}{2}\sigma^2\gamma(\gamma-1)}&=F_2P_{\mathrm{IPO}}^{\xi_2}+k\left\{s_1\frac{\Pi[I_1+(1-f)I_2]^{\theta}P_{\mathrm{IPO}}^{\gamma}}{\rho-\alpha\gamma-\dfrac{1}{2}\sigma^2\gamma(\gamma-1)}-fI_2\right\}\\
&\quad -k\left\{\frac{s_1\Pi[I_1+(1-f)I_2]^{\theta}P_{\mathrm{IPO}}^{\gamma}-\Pi I_1^{\theta(1+h)}P_{\mathrm{IPO}}^{\gamma}}{\rho+\nu-\alpha\gamma-\dfrac{1}{2}\sigma^2\gamma(\gamma-1)}-\frac{\rho f I_2}{\rho+\nu}\right\}
\end{aligned}
$$

$$
\begin{aligned}
F_1\xi_1P_{\mathrm{IPO}}^{\xi_1-1}+kA_1\beta_1P_{\mathrm{IPO}}^{\beta_1-1}+k\frac{\Pi I_1^{\theta(1+h)}\gamma P_{\mathrm{IPO}}^{\gamma-1}}{\rho-\alpha\gamma-\dfrac{1}{2}\sigma^2\gamma(\gamma-1)}&=F_2\xi_2P_{\mathrm{IPO}}^{\xi_2-1}+ks_1\frac{\Pi[I_1+(1-f)I_2]^{\theta}\gamma P_{\mathrm{IPO}}^{\gamma-1}}{\rho-\alpha\gamma-\dfrac{1}{2}\sigma^2\gamma(\gamma-1)}\\
&\quad -k\frac{s_1\Pi[I_1+(1-f)I_2]^{\theta}\gamma P_{\mathrm{IPO}}^{\gamma-1}-\Pi I_1^{\theta(1+h)}\gamma P_{\mathrm{IPO}}^{\gamma-1}}{\rho+\nu-\alpha\gamma-\dfrac{1}{2}\sigma^2\gamma(\gamma-1)}
\end{aligned}
$$

根据两个边界条件可解得待定系数 F_1、F_2；同时，如果政策出台速度足够快，则政策限制对风险投资价值的影响就会很小，因此式(6-17)还需满足：

$$
\lim_{\nu\to\infty}\mathrm{VC}_{\mathrm{IPO}}^{\nu}(P)=\mathrm{VC}_{\mathrm{IPO}}(P) \tag{6-18}
$$

6. 比较静态分析

对比式(6-11)和式(6-17)容易发现，无政策限制情形下的 IPO 退出的基础模型即是政策出台速度 $\nu\to\infty$ 的一种特殊情况。本小节通过比较静态来分析无政策限制情形下创业企业发展阶段 h 和 IPO 募集金额 I_2 对风险投资退出决策的影响。

首先，将风险投资退出临界值 P_{IPO}、IPO 后风险投资股份比例 ks_1、风险投资价值 $\mathrm{VC}_{\mathrm{IPO}}(P)$ 分别对 h 求导可得

$$
\frac{\mathrm{d}P_{\mathrm{IPO}}}{\mathrm{d}h}>0 \tag{6-19}
$$

$$
\frac{\mathrm{d}ks_1}{\mathrm{d}h}>0 \tag{6-20}
$$

$$
\frac{\mathrm{dVC}_{\mathrm{IPO}}(P)}{\mathrm{d}h}>0 \tag{6-21}
$$

上述结果表明，h 越大，企业越是处于早期阶段，IPO 临界值越大，风险投资退出时机越晚；换言之，创业企业越成熟，风险投资越可能退出。创业企业越是处于早期阶段，企业成长性越高，企业价值越高，从而风险投资退出所要求的回报越高，表现为风险投资越不愿意退出。

其次，将风险投资退出临界值 P_{IPO}、IPO 后风险投资股份比例 ks_1、风险投资价值 $VC_{\text{IPO}}(P)$ 分别对 I_2 求导可得

$$\frac{\mathrm{d}P_{\text{IPO}}}{\mathrm{d}I_2}<0 \tag{6-22}$$

$$\frac{\mathrm{d}ks_1}{\mathrm{d}I_2}<0 \tag{6-23}$$

$$\frac{\mathrm{dVC}_{\text{IPO}}(P)}{\mathrm{d}I_2}>0 \tag{6-24}$$

随着 IPO 募集金额的增大，风险投资 IPO 退出的临界值逐渐减小，可以发现风险投资所占的股份比例逐渐减小，同时 IPO 前风险投资的价值逐渐增大。这是因为，随着 IPO 募集金额的增大，全体股东等待 IPO 的期权价值逐渐增大，这使得整体股东的 IPO 时机更早，表现为 IPO 临界值的减小。从新股东的角度来看，IPO 募集金额也是其在 IPO 阶段付出的成本，随着成本的增加，新股东可以要求获得更大的股份比例，相应地，风险投资在 IPO 后所占的股份比例逐渐减小。从风险投资的角度来看，随着 IPO 募集金额的增大，风险投资持有的 IPO 退出期权的价值逐渐增大，进而放大了风险投资在 IPO 前的价值，因此风险投资在 IPO 前后价值的变动应该是同向增大的。

特别地，通过比较式(6-12)和式(6-17)，可以发现政策限制情形下风险投资价值 $\mathrm{VC}^{v}_{\text{IPO}}(P)$ 始终小于无政策限制情形下风险投资价值 $\mathrm{VC}_{\text{IPO}}(P)$，即

$$\mathrm{VC}^{v}_{\text{IPO}}(P)<\mathrm{VC}_{\text{IPO}}(P) \tag{6-25}$$

因此，可以认为政策限制对风险投资的价值具有负向影响。

7. 数值示例

设定模型基本参数如下：贴现率 $\rho=0.1$，漂移率和价格波动率分别为 $\alpha=0.05$ 和 $\sigma=0.4$，劳动力成本系数 $w=1$，劳动力和资本的产出弹性系数分别为 $a=0.1$ 和 $b=0.95$，老股东 IPO 成本系数 $f=0.2$，创业企业总资本 $I_1=2$，单位产品价格 $P=0.35$。

为了考察创业企业发展阶段 h 对风险投资 IPO 临界值和风险投资价值的影响，给定风险投资在创业企业的股份比例 $k=0.3$，IPO 募集金额 $I_2=8$ 和 12，图 6-1(a)给出了 IPO 前风险投资价值随着创业企业发展阶段 h 的变化。可以看出，给定 IPO 募资金额随着 h 的增大，风险投资价值逐渐增大。同时，IPO 募集金额 I_2 的增加会使风险投资的价值增加。

图 6-1(b)给出了风险投资 IPO 退出临界值随企业发展阶段 h 的变化关系。由图 6-1(b)可以看出：①随着 h 的增加，风险投资的 IPO 临界值 P_{IPO} 逐渐变大，即风险投资退出时机更晚；②IPO 募集金额 I_2 与创业企业发展阶段 h 对风险投资 IPO 退出决策具有相反的作用，表现为 $I_2=12$ 时风险投资退出临界值 P_{IPO} 的变化比 $I_2=8$ 的情形更加平缓。

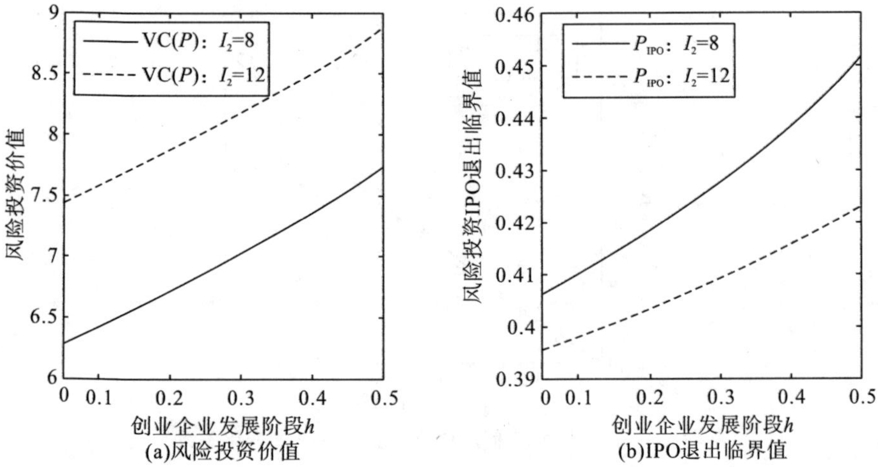

图 6-1　风险投资价值与 IPO 退出临界值随创业企业发展阶段 h 的变化关系

为了考察 IPO 募集金额 I_2 对风险投资价值和 IPO 退出临界值的影响，给定创业企业发展阶段 $h=0.2$，风险投资在创业企业所占股份比例 $k=0.3$ 和 0.4。图 6-2(a) 显示：随着 I_2 的增加，IPO 前风险投资价值逐渐增大；风险投资获得更大的价值，风险投资在老股东中所占股份比例 k 越大，其在进入创业企业后获得的价值越大。

图 6-2(b) 关于风险投资 IPO 退出临界值随 IPO 募集金额 I_2 的变化关系显示：IPO 募集金额 I_2 的增加会降低风险投资的 IPO 临界值。

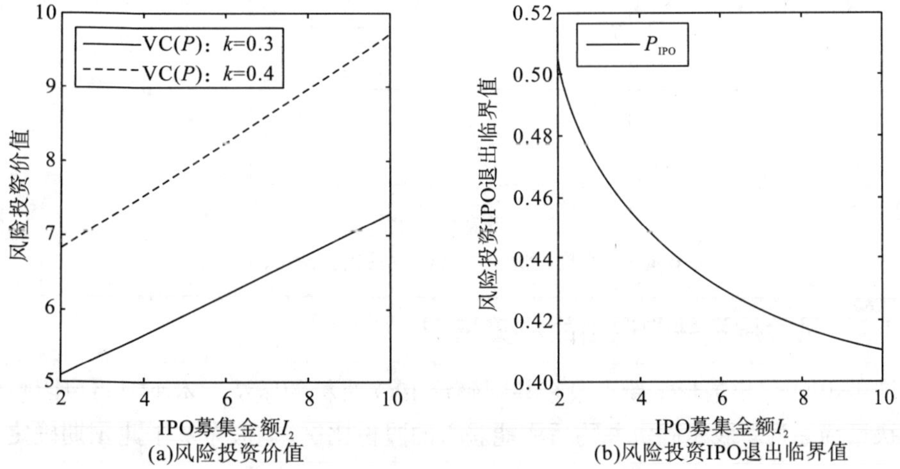

图 6-2　风险投资价值与 IPO 退出临界值随 IPO 募集金额 I_2 的变化关系

设定 IPO 政策出台速度 $v=0.2$，图 6-3 给出了风险投资价值随单位产品价格的变化关系。由图 6-3 可以看出：①对于任意的单位产品价格，政策限制情形下风险投资价值都小于无政策限制的风险投资价值；②随着单位产品价格的增大，政策限制对风险投资价值的负向影响也逐渐增大。简单来说，单位产品价格的增大无疑会使得风险投资在 IPO 后可以获得更大的价值，但一旦政策限制使风险投资无法及时 IPO 退出，风险投资损失的价值将随着单位产品价格的增大而增大。

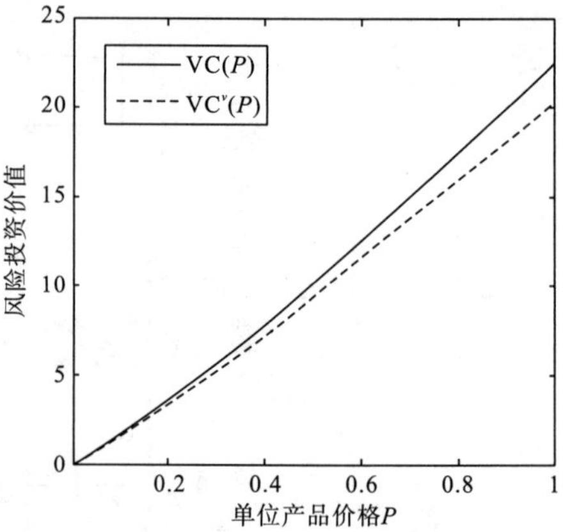

图 6-3　风险投资价值随单位产品价格 P 的变化关系

图 6-4 给出了风险投资价值随着 IPO 政策出台速度 v 的变化关系。由图 6-4 可以看出：①政策限制情形下的风险投资价值小于无政策限制的风险投资价值；②随着政策出台速度的增大，风险投资价值逐渐增大，并且趋向无政策限制情形下的价值。

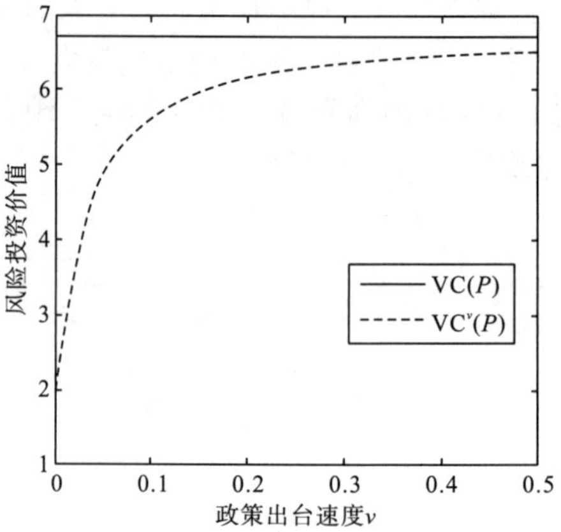

图 6-4　风险投资价值随 IPO 政策出台速度的变化

6.1.3　风险投资并购退出的决策模型

不同于 IPO 退出情形下新老股东共同确定 IPO 时机的做法，本小节将风险投资的并购退出决策描述为新股东确定并购后所能获得的股份比例，老股东基于此预期确定最优并购时机。

1. 老股东的决策

令老股东的并购临界值为 P_M，这意味着当单位产品价格大于等于该临界值时，老股东愿意进行并购，记老股东价值为 $\mathrm{Old}_M(P)$。

当 $P_t < P_M$ 时，老股东价值满足如下贝尔曼方程：

$$\rho \mathrm{Old}_M(P_t)\mathrm{d}t = (\Pi I_1^{\theta(1+h)} P_t^{\gamma})\mathrm{d}t + E[\mathrm{Old}_M(P_t + \mathrm{d}P_t) - \mathrm{Old}_M(P_t)] \tag{6-26}$$

运用伊藤引理展开得

$$\frac{1}{2}\sigma^2P^2\mathrm{Old}_M''(P)+\alpha P\mathrm{Old}_M'(P)-\rho\mathrm{Old}_M(P)+\Pi I_1^{\theta(1+h)}P^{\gamma}=0 \tag{6-27}$$

微分方程的通解为

$$\mathrm{Old}_M(P)=A_4P^{\beta_1}+\frac{\Pi I_1^{\theta(1+h)}P^{\gamma}}{\rho-\alpha\gamma-\frac{1}{2}\sigma^2\gamma(\gamma-1)}$$

其中，A_4 为待定系数；等式右边第一部分表示老股东等待并购的期权价值，第二部分表示老股东利润流的现值。

当 $P_t \geqslant P_M$ 时，创业企业完成并购，令老股东在并购后所占股份比例为 s_1'，老股东的价值等于利润流的现值减去并购成本：

$$\mathrm{Old}_M(P)=s_1'\frac{\Pi[I_1+(1-f)I_2]^{\theta}P^{\gamma}}{\rho-\alpha\gamma-\frac{1}{2}\sigma^2\gamma(\gamma-1)}-fI_2$$

至此，老股东在并购前后的价值表达为

$$\mathrm{Old}_M(P)=\begin{cases}A_4P^{\beta_1}+\dfrac{\Pi I_1^{\theta(1+h)}P^{\gamma}}{\rho-\alpha\gamma-\frac{1}{2}\sigma^2\gamma(\gamma-1)}, & P<P_M\\[2ex] s_1'\dfrac{\Pi[I_1+(1-f)I_2]^{\theta}P^{\gamma}}{\rho-\alpha\gamma-\frac{1}{2}\sigma^2\gamma(\gamma-1)}-fI_2, & P\geqslant P_M\end{cases} \tag{6-28}$$

在 $P=P_M$ 处，式(6-28)需要分别满足如下的价值匹配和平滑粘贴条件：

$$A_4{P_M}^{\beta_1}+\frac{\Pi I_1^{\theta(1+h)}{P_M}^{\gamma}}{\rho-\alpha\gamma-\frac{1}{2}\sigma^2\gamma(\gamma-1)}=s_1'\frac{\Pi[I_1+(1-f)I_2]^{\theta}{P_M}^{\gamma}}{\rho-\alpha\gamma-\frac{1}{2}\sigma^2\gamma(\gamma-1)}-fI_2$$

$$A_4\beta_1{P_M}^{\beta_1-1}+\gamma\frac{\Pi I_1^{\theta(1+h)}{P_M}^{\gamma-1}}{\rho-\alpha\gamma-\frac{1}{2}\sigma^2\gamma(\gamma-1)}=s_1'\gamma\frac{\Pi[I_1+(1-f)I_2]^{\theta}{P_M}^{\gamma-1}}{\rho-\alpha\gamma-\frac{1}{2}\sigma^2\gamma(\gamma-1)}$$

简便起见，令

$$M=\frac{\Pi I_1^{\theta(1+h)}}{\rho-\alpha\gamma-\frac{1}{2}\sigma^2\gamma(\gamma-1)} \text{ 和 } N=\frac{\Pi[I_1+(1-f)I_2]^{\theta}}{\rho-\alpha\gamma-\frac{1}{2}\sigma^2\gamma(\gamma-1)}$$

利用上述两个条件，则可解得并购临界值为

$$P_M=\left[\frac{\beta_1}{(\beta_1-\gamma)}\frac{fI_2}{(s_1'N-M)}\right]^{\frac{1}{\gamma}}$$

进一步，上式可重新表达为老股东股份比例 s_1 关于并购临界值 P_M 的函数：

$$s_1'=\frac{\beta_1}{\beta_1-\gamma}\frac{fI_2}{NP_M^{\gamma}}+\frac{M}{N} \tag{6-29}$$

2. 新股东的决策

一旦老股东决定了并购临界值 P_M，新股东可以确定并购后的股份比例，当单位产品价格大于等于并购临界值时，新股东愿意进行并购，记新股东价值为 $\mathrm{New}_M(P)$。

当 $P_t < P_M$，新股东价值满足如下贝尔曼方程：

$$\rho \mathrm{New}_M(P_t)\mathrm{d}t = E[\mathrm{New}_M(P_t+\mathrm{d}P_t) - \mathrm{New}_M(P_t)] \tag{6-30}$$

运用伊藤引理展开得

$$\frac{1}{2}\sigma^2 P^2 \mathrm{New}_M''(P) + \alpha P \mathrm{New}_M'(P) - \rho \mathrm{New}_M(P) = 0 \tag{6-31}$$

微分方程的通解为

$$\mathrm{New}_M(P) = A_5 P^{\beta_1}$$

其中，A_5 为待定系数；等式右边表示新股东等待并购的期权价值。

当 $P_t \geqslant P_M$ 时，新股东并购创业企业，新股东在并购后所占股份比例为 s_2'，新股东的现值等于利润流的价值减去并购出资额：

$$\mathrm{New}_M(P) = s_2' \frac{\varPi[I_1+(1-f)I_2]^{\theta} P^{\gamma}}{\rho - \alpha\gamma - \frac{1}{2}\sigma^2\gamma(\gamma-1)} - I_2$$

综合起来可以得到新股东在并购前后的价值表达为

$$\mathrm{New}_M(P) = \begin{cases} A_5 P^{\beta_1}, & P < P_M \\ s_2' \dfrac{\varPi[I_1+(1-f)I_2]^{\theta} P^{\gamma}}{\rho - \alpha\gamma - \frac{1}{2}\sigma^2\gamma(\gamma-1)} - I_2, & P \geqslant P_M \end{cases} \tag{6-32}$$

类似地，式(6-32)在 $P = P_M$ 处还需分别满足如下的价值匹配和平滑粘贴条件，同时注意到 $s_2' = 1 - s_1'$ 是关于 P_M 的函数：

$$\begin{aligned} A_5 P_M^{\beta_1} &= (1-s_1')\frac{\varPi[I_1+(1-f)I_2]^{\theta} {P_M}^{\gamma}}{\rho - \alpha\gamma - \frac{1}{2}\sigma^2\gamma(\gamma-1)} - I_2 \\ &= (N-M){P_M}^{\gamma} - \frac{\beta_1}{\beta_1-\gamma} f I_2 - I_2 \end{aligned}$$

$$A_5 \beta_1 P_M^{\beta-1} = \gamma (N-M) {P_M}^{\gamma-1}$$

根据两个条件，可解得并购临界值为

$$P_M = \left(\frac{\beta_1}{\beta_1-\gamma} \frac{\frac{\beta_1}{\beta_1-\gamma} f I_2 + I_2}{N-M} \right)^{\frac{1}{\gamma}}$$

最后，得到风险投资在并购前后的价值相应为

$$\mathrm{VC}_M(P) = k\mathrm{Old}_M(P) = \begin{cases} kA_4 P^{\beta_1} + kMP^{\gamma}, & P < P_M \\ \dfrac{kf(N-M)}{\frac{\beta_1}{\beta_1-\gamma} f + 1} P^{\gamma} + kMP^{\gamma} - kf I_2, & P \geqslant P_M \end{cases} \tag{6-33}$$

对比 6.1.2 小节 IPO 退出决策，容易证明：

$$P_M > P_{\mathrm{IPO}}$$

$$ks_1' < ks_1$$

$$\text{VC}_{\text{IPO}}(P) > \text{VC}_M(P)$$

因此，相对于 IPO 的情形，并购退出使得风险投资在并购后获得的股份比例更低，进而降低了风险投资的价值，这也很好地印证了风险投资通常更愿意采用 IPO 退出而非并购退出。针对两种退出方式，沿袭前面所用参数设定，图 6-5 给出了风险投资价值随单位产品价格 P 的变化关系，可以看出：对于任意的单位产品价格，风险投资选择 IPO 退出的价值确实都大于并购退出的价值，且两者的差额随着单位产品价格的增大而增大。

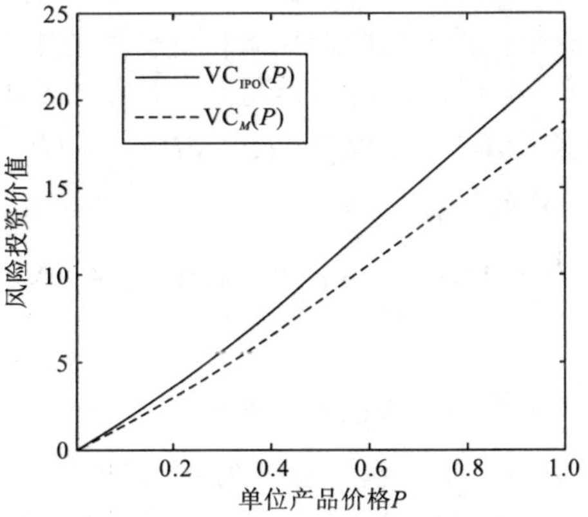

图 6-5　两种退出方式下风险投资价值随单位产品价格 P 的变化

此外，图 6-6 给出了 IPO 退出和并购退出临界值随企业发展阶段 h 的变化关系。可以看出，IPO 退出临界值始终小于并购退出临界值，即风险投资更愿意采用 IPO 退出而非并购退出。

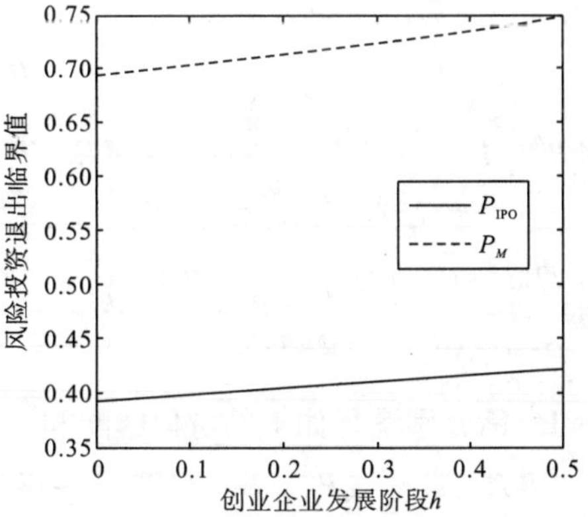

图 6-6　风险投资退出临界值随创业企业发展阶段 h 的变化

6.2　退出预期对风险投资进入决策的影响

风险投资的进入决策也可以看作其持有的本质为看涨期权的一种实物期权，标的资产为进入后所能分享到的企业价值，执行价格为所提供的资金。分别针对 IPO 和并购两种退出方式，本节进一步建立考虑退出预期的风险投资进入决策模型，并得到风险投资最优的进入时机。

6.2.1　IPO 退出预期下的进入决策

1. 基础模型

记风险投资的进入临界值为 P_{ENTRY}，这意味着当单位产品价格大于等于该临界值时，风险投资愿意进入创业企业，记风险投资的价值为 $\mathrm{VC}(P)$。

当 $P_t < P_{\mathrm{ENTRY}}$ 时，风险投资的价值满足如下贝尔曼方程：

$$\rho \mathrm{VC}(P_t)\mathrm{d}t = h\mathrm{d}tE[0-\mathrm{VC}(P_t)] + (1-h\mathrm{d}t)E[\mathrm{VC}(P_t+\mathrm{d}P_t)-\mathrm{VC}(P_t)] \tag{6-34}$$

式中，等式右边体现了创业企业外部风险对风险投资价值的影响，即当风险事件发生时，风险投资价值变为 0，从而在 $\mathrm{d}t$ 时间段内的预期资本利得为 $E[0-\mathrm{VC}(P_t)]$；风险事件没有发生时，$\mathrm{d}t$ 时间段内的预期资本利得为 $E[\mathrm{VC}(P_t+\mathrm{d}P_t)-\mathrm{VC}(P_t)]$。

运用伊藤引理将式(6-34)展开有

$$\frac{1}{2}\sigma^2P^2\mathrm{VC}''(P) + \alpha P\mathrm{VC}'(P) - (\rho+h)\mathrm{VC}(P) = 0 \tag{6-35}$$

微分方程的通解为

$$\mathrm{VC}(P) = B_1P^{\lambda_1}$$

其中，$\lambda_1 > 1$ 是二次方程 $\sigma^2\lambda(\lambda-1)/2 + \alpha\lambda - (\rho+h) = 0$ 的正根；B_1 为待定系数。

当 $P_{\mathrm{IPO}} > P_t \geqslant P_{\mathrm{ENTRY}}$ 时，风险投资进入创业企业并且等待 IPO，记 ukI_1 为风险投资的进入出资额并且有 $u>1$，此时风险投资的价值可以表示为

$$\mathrm{VC}(P) = \mathrm{VC}_{\mathrm{IPO}}(P) - ukI_1$$

当 $P_t \geqslant P_{\mathrm{IPO}}$ 时，创业企业 IPO 上市，此时风险投资的价值同样可以表示为

$$\mathrm{VC}(P) = \mathrm{VC}_{\mathrm{IPO}}(P) - ukI_1$$

至此，风险投资从进入退出阶段的价值表达为

$$\mathrm{VC}(P) = \begin{cases} B_1P^{\lambda_1}, & P < P_{\mathrm{ENTRY}} \\ kA_1P^{\beta_1} + k\dfrac{\varPi I_1^{\theta(1+h)}P^{\gamma}}{\rho - \alpha\gamma - \dfrac{1}{2}\sigma^2\gamma(\gamma-1)} - ukI_1, & P_{\mathrm{ENTRY}} \leqslant P < P_{\mathrm{IPO}} \\ ks_1\dfrac{\varPi[I_1+(1-f)I_2]^{\theta}P^{\gamma}}{\rho - \alpha\gamma - \dfrac{1}{2}\sigma^2\gamma(\gamma-1)} - kfI_2 - ukI_1, & P \geqslant P_{\mathrm{IPO}} \end{cases} \tag{6-36}$$

在 $P = P_{\mathrm{ENTRY}}$ 处，式(6-36)需分别满足如下的价值匹配和平滑粘贴条件：

$$B_1P_{\mathrm{ENTRY}}^{\lambda_1} = kA_1P_{\mathrm{ENTRY}}^{\beta_1} + kMP_{\mathrm{ENTRY}}^{\gamma} - ukI_1 \tag{6-37}$$

$$B_1\lambda_1P_{\mathrm{ENTRY}}^{\lambda_1-1} = kA_1\beta_1P_{\mathrm{ENTRY}}^{\beta_1-1} + kM\gamma P_{\mathrm{ENTRY}}^{\gamma-1} \tag{6-38}$$

联立式(6-37)和式(6-38)可解得风险投资的进入临界值 P_{ENTRY} 和待定系数 B_1。此外，在 IPO 临界值处，风险投资和新股东的投资回报倍数可分别表示为

$$R_{\mathrm{VC}}(P_{\mathrm{IPO}}) = \frac{\mathrm{VC}(P_{\mathrm{IPO}})}{kfI_2 + ukI_1}$$

$$R_{\mathrm{New}}(P_{\mathrm{IPO}}) = \frac{\mathrm{New}(P_{\mathrm{IPO}})}{I_2}$$

2. 模型扩展：考虑 IPO 政策限制的情形

在考虑 IPO 政策限制的情形下，记风险投资的进入临界值为 P_{ENTRY}^{ν}，风险投资的价值为 $\text{VC}^{\nu}(P)$。根据 P_{ENTRY}^{ν} 与 P_{ENTRY} 大小关系的不同，下面分为两种情况展开讨论。

(1) 情况 1：$P_{\text{IPO}} \geqslant P_{\text{ENTRY}}^{\nu} \geqslant P_{\text{ENTRY}}$。

当 $P < P_{\text{ENTRY}}$ 时，风险投资的价值满足如下贝尔曼方程：

$$\begin{aligned}\rho \text{VC}^{\nu}(P_t)\text{d}t = & h\text{d}t \times \nu \text{d}t E[0 - \text{VC}^{\nu}(P_t)] \\ & + (1 - h\text{d}t)\nu \text{d}t E[\text{VC}(P_t + \text{d}P_t) - \text{VC}^{\nu}(P_t)] \\ & + h\text{d}t(1 - \nu \text{d}t)E[0 - \text{VC}^{\nu}(P_t)] \\ & + (1 - h\text{d}t)(1 - \nu \text{d}t)E[\text{VC}^{\nu}(P_t + \text{d}P_t) - \text{VC}^{\nu}(P_t)]\end{aligned} \tag{6-39}$$

式 (6-39) 右边同时体现了创业企业外部风险和 IPO 政策限制对风险投资价值的影响，包括四种相互独立的情况：当风险事件发生且 IPO 政策出台时，在 $\text{d}t$ 时间段内的预期资本利得为 $E[0 - \text{VC}^{\nu}(P_t)]$；当风险事件没有发生且 IPO 政策出台时，在 $\text{d}t$ 时间段内的预期资本利得为 $E[\text{VC}(P_t + \text{d}P_t) - \text{VC}^{\nu}(P_t)]$；当风险事件发生同时政策没有出台时，在 $\text{d}t$ 时间段内的预期资本利得为 $E[0 - \text{VC}^{\nu}(P_t)]$；当风险事件没有发生同时政策没有出台时，在 $\text{d}t$ 时间段内的预期资本利得为 $E[\text{VC}^{\nu}(P_t + \text{d}P_t) - \text{VC}^{\nu}(P_t)]$。值得注意的是，式 (6-39) 右边第一项 $h\text{d}t \times \nu \text{d}t E[0 - \text{VC}^{\nu}(P_t)]$ 中，$h\text{d}t \times \nu \text{d}t$ 是关于 $\text{d}t$ 的高阶项。

运用伊藤引理将式 (6-39) 展开有

$$\frac{1}{2}\sigma^2 P^2 \text{VC}^{\nu\prime\prime}(P) + \alpha P \text{VC}^{\nu\prime}(P) - (\rho + \nu + h)\text{VC}^{\nu}(P) + \nu \text{VC}(P) = 0 \tag{6-40}$$

将 $\text{VC}(P < P_{\text{ENTRY}}) = B_1 P^{\lambda_1}$ 代入式 (6-40)，得到

$$\frac{1}{2}\sigma^2 P^2 \text{VC}^{\nu\prime\prime}(P) + \alpha P \text{VC}^{\nu\prime}(P) - (\rho + \nu + h)\text{VC}^{\nu}(P) + \nu B_1 P^{\lambda_1} = 0 \tag{6-41}$$

微分方程的通解为

$$\text{VC}^{\nu}(P) = D_3 P^{\varphi_1} + B_1 P^{\lambda_1}$$

其中，φ_1 是方程 $\sigma^2\varphi(\varphi - 1)/2 + \alpha\varphi - (\rho + \nu + h) = 0$ 的正根；D_3 为待定系数；等式右边第一项即为 IPO 政策限制对风险投资进入期权价值的影响。

当 $P_{\text{ENTRY}}^{\nu} > P \geqslant P_{\text{ENTRY}}$ 时，

$$\text{VC}(P_{\text{ENTRY}} \leqslant P \leqslant P_{\text{IPO}}) = kA_1 P^{\beta_1} + k\frac{\Pi I_1^{\theta(1+h)} P^{\gamma}}{\rho - \alpha\gamma - \frac{1}{2}\sigma^2\gamma(\gamma - 1)} - ukI_1$$

代入式 (6-40) 得

$$\begin{aligned}&\frac{1}{2}\sigma^2 P^2 \text{VC}^{\nu\prime\prime}(P) + \alpha P \text{VC}^{\nu\prime}(P) - (\rho + \nu + h)\text{VC}^{\nu}(P) \\ &+\nu\left[kA_1 P^{\beta_1} + k\frac{\Pi I_1^{\theta(1+h)} P^{\gamma}}{\rho - \alpha\gamma - \frac{1}{2}\sigma^2\gamma(\gamma - 1)} - ukI_1\right] = 0\end{aligned} \tag{6-42}$$

微分方程的通解为

$$\mathrm{VC}^{\nu}(P)=D_1P^{\varphi_1}+D_2P^{\varphi_2}+\frac{\nu}{h+\nu}kA_1P^{\beta_1}$$
$$+k\frac{\Pi I_1^{\theta(1+h)}P^{\gamma}}{\rho-\alpha\gamma-\frac{1}{2}\sigma^2\gamma(\gamma-1)}\frac{\nu}{\rho+\nu+h-\alpha\gamma-\frac{1}{2}\sigma^2\gamma(\gamma-1)}$$
$$-\frac{\nu ukI_1}{\rho+\nu+h}$$

其中，D_1和D_2为待定系数。

当$P_{\mathrm{IPO}}>P\geqslant P_{\mathrm{ENTRY}}^{\nu}$时，风险投资进入创业企业并且等待IPO，此时风险投资的价值可以表示为

$$\begin{aligned}\mathrm{VC}^{\nu}(P)&=\mathrm{VC}_{\mathrm{IPO}}^{\nu}(P_{\mathrm{IPO}}>P)-uI_1\\&=F_1P^{\xi_1}+kA_1P^{\beta_1}+k\frac{\Pi I_1^{\theta(1+h)}P^{\gamma}}{\rho-\alpha\gamma-\frac{1}{2}\sigma^2\gamma(\gamma-1)}-uI_1\end{aligned}$$

当$P\geqslant P_{\mathrm{IPO}}$时，风险投资的价值可以表示为

$$\begin{aligned}\mathrm{VC}^{\nu}(P)&=\mathrm{VC}_{\mathrm{IPO}}^{\nu}(P\geqslant P_{\mathrm{IPO}})-uI_1\\&=F_2P^{\xi_2}+k\left\{s_1\frac{\Pi[I_1+(1-f)I_2]^{\theta}P^{\gamma}}{\rho-\alpha\gamma-\frac{1}{2}\sigma^2\gamma(\gamma-1)}-fI_2\right\}\\&\quad-k\left\{\frac{s_1\Pi[I_1+(1-f)I_2]^{\theta}P^{\gamma}-\Pi I_1^{\theta(1+h)}P^{\gamma}}{\rho+\nu-\alpha\gamma-\frac{1}{2}\sigma^2\gamma(\gamma-1)}-\frac{\rho fI_2}{\rho+\nu}\right\}-ukI_1\end{aligned}$$

综合上述几种情况，风险投资从进入退出阶段的价值表达为

$$\mathrm{VC}^{\nu}(P)=\begin{cases}D_3P^{\varphi_1}+B_1P^{\lambda_1}, & P<P_{\mathrm{ENTRY}}\\[2ex] D_1P^{\varphi_1}+D_2P^{\varphi_2}+\frac{\nu}{h+\nu}kA_1P^{\beta_1}-\frac{\nu ukI_1}{\rho+\nu+h}\\ +k\frac{\Pi I_1^{\theta(1+h)}P^{\gamma}}{\rho-\alpha\gamma-\frac{1}{2}\sigma^2\gamma(\gamma-1)}\frac{\nu}{\rho+\nu+h-\alpha\gamma-\frac{1}{2}\sigma^2\gamma(\gamma-1)}, & P_{\mathrm{ENTRY}}\leqslant P<P_{\mathrm{ENTRY}}^{\nu}\\[2ex] F_1P^{\xi_1}+kA_1P^{\beta_1}+k\frac{\Pi I_1^{\theta(1+h)}P^{\gamma}}{\rho-\alpha\gamma-\frac{1}{2}\sigma^2\gamma(\gamma-1)}-ukI_1, & P_{\mathrm{ENTRY}}^{\nu}\leqslant P<P_{\mathrm{IPO}}\\[2ex] F_2P^{\xi_2}+k\left\{s_1\frac{\Pi[I_1+(1-f)I_2]^{\theta}P^{\gamma}}{\rho-\alpha\gamma-\frac{1}{2}\sigma^2\gamma(\gamma-1)}-fI_2\right\}\\ -k\left\{\frac{s_1\Pi[I_1+(1-f)I_2]^{\theta}P^{\gamma}-\Pi I_1^{\theta(1+h)}P^{\gamma}}{\rho+\nu-\alpha\gamma-\frac{1}{2}\sigma^2\gamma(\gamma-1)}-\frac{\rho fI_2}{\rho+\nu}\right\}-ukI_1, & P\geqslant P_{\mathrm{IPO}}\end{cases}$$

利用 $\mathrm{VC}^{\nu}(P)$ 在 $P=P_{\mathrm{ENTRY}}$ 和 $P=P_{\mathrm{ENTRY}}^{\nu}$ 两个临界值处的价值匹配和平滑粘贴条件，可以解得待定系数 D_1、D_2、D_3 和进入临界值 P_{ENTRY}^{ν}。

(2) 情况 2：$P_{\mathrm{IPO}} \geqslant P_{\mathrm{ENTRY}} \geqslant P_{\mathrm{ENTRY}}^{\nu}$。

当 $P < P_{\mathrm{ENTRY}}^{\nu}$ 时，风险投资的价值满足如下贝尔曼方程：

$$
\begin{aligned}
\rho \mathrm{VC}^{\nu}(P_t)\mathrm{d}t = & h\mathrm{d}t \times \nu \mathrm{d}t E[0-\mathrm{VC}^{\nu}(P_t)] \\
& +(1-h\mathrm{d}t)\nu\mathrm{d}t E[\mathrm{VC}(P_t+\mathrm{d}P_t)-\mathrm{VC}^{\nu}(P_t)] \\
& +h\mathrm{d}t(1-\nu\mathrm{d}t)E[0-\mathrm{VC}^{\nu}(P_t)] \\
& +(1-h\mathrm{d}t)(1-\nu\mathrm{d}t)E[\mathrm{VC}^{\nu}(P_t+\mathrm{d}P_t)-\mathrm{VC}^{\nu}(P_t)]
\end{aligned} \tag{6-43}
$$

运用伊藤引理将式(6-43)展开有

$$
\frac{1}{2}\sigma^2 P^2 \mathrm{VC}^{\nu''}(P)+\alpha P \mathrm{VC}^{\nu'}(P)-(\rho+\nu+h)\mathrm{VC}^{\nu}(P)+\nu \mathrm{VC}(P)=0 \tag{6-44}
$$

将 $\mathrm{VC}(P<P_{\mathrm{ENTRY}})=B_1 P^{\lambda_1}$ 代入式(6-44)，得到微分方程的通解为

$$
\mathrm{VC}^{\nu}(P)=D_4 P^{\varphi_1}+B_1 P^{\lambda_1}
$$

其中，D_4 为待定系数。

当 $P_{\mathrm{IPO}} > P \geqslant P_{\mathrm{ENTRY}}^{\nu}$ 时，风险投资进入创业企业并等待 IPO，此时风险投资的价值可以表示为

$$
\begin{aligned}
\mathrm{VC}^{\nu}(P) &= \mathrm{VC}_{\mathrm{IPO}}^{\nu}(P_{\mathrm{IPO}}>P)-ukI_1 \\
&= F_1 P^{\xi_1}+kA_1 P^{\beta_1}+k\frac{\Pi I_1^{\theta(1+h)}P^{\gamma}}{\rho-\alpha\gamma-\frac{1}{2}\sigma^2\gamma(\gamma-1)}-ukI_1
\end{aligned}
$$

当 $P \geqslant P_{\mathrm{IPO}}$ 时，风险投资的价值可以表示为

$$
\begin{aligned}
\mathrm{VC}^{\nu}(P) &= \mathrm{VC}_{\mathrm{IPO}}^{\nu}(P \geqslant P_{\mathrm{IPO}})-ukI_1 \\
&= F_2 P^{\xi_2}+k\left\{s_1\frac{\Pi[I_1+(1-f)I_2]^{\theta}P^{\gamma}}{\rho-\alpha\gamma-\frac{1}{2}\sigma^2\gamma(\gamma-1)}-fI_2\right\} \\
&\quad -k\left\{\frac{s_1\Pi[I_1+(1-f)I_2]^{\theta}P^{\gamma}-\Pi I_1^{\theta(1+h)}P^{\gamma}}{\rho+\nu-\alpha\gamma-\frac{1}{2}\sigma^2\gamma(\gamma-1)}-\frac{\rho f I_2}{\rho+\nu}\right\}-ukI_1
\end{aligned}
$$

综合以上三种情况，风险投资从进入退出阶段的价值表达为

$$\mathrm{VC}^{\lambda}(p)=\begin{cases} D_4P^{\varphi_1}+B_1P^{\lambda_1}, & P<P^{\nu}_{\mathrm{ENTRY}} \\ F_1P^{\xi_1}+kA_1P^{\beta_1}+k\dfrac{\varPi I_1^{\theta(1+h)}P^{\gamma}}{\rho-\alpha\gamma-\frac{1}{2}\sigma^2\gamma(\gamma-1)}-ukI_1, & P^{\nu}_{\mathrm{ENTRY}}\leqslant P<P_{\mathrm{IPO}} \\ F_2P^{\xi_2}+k\left\{s_1\dfrac{\varPi[I_1+(1-f)I_2]^{\theta}P^{\gamma}}{\rho-\alpha\gamma-\frac{1}{2}\sigma^2\gamma(\gamma-1)}-fI_2\right\} & \\ -k\left\{\dfrac{s_1\varPi[I_1+(1-f)I_2]^{\theta}P^{\gamma}-\varPi I_1^{\theta(1+h)}P^{\gamma}}{\rho+\nu-\alpha\gamma-\frac{1}{2}\sigma^2\gamma(\gamma-1)}-\dfrac{\rho fI_2}{\rho+\nu}\right\}-ukI_1, & P\geqslant P_{\mathrm{IPO}} \end{cases}$$

利用 $\mathrm{VC}^{\nu}(P)$ 在 $P=P^{\nu}_{\mathrm{ENTRY}}$ 处的价值匹配和平滑粘贴条件，可以解得待定系数 D_4 和进入临界值 P^{ν}_{ENTRY}。

针对以上两种情况，可以根据 $\nu=0$ 的极端情形来排除其中一种情况。当 $\nu=0$ 时，允许创业企业 IPO 的政策永远不可能出台，从而风险投资无法通过 IPO 退出。在此特殊情形下，记风险投资的价值为 $\mathrm{VC}_*(P)$，进入临界值为 P'_{ENTRY}。当 $P_t<P'_{\mathrm{ENTRY}}$ 时，风险投资的价值满足如下贝尔曼方程：

$$\rho\mathrm{VC}_*(P_t)\mathrm{d}t=h\mathrm{d}tE[0-\mathrm{VC}_*(P_t)]+(1-h\mathrm{d}t)E[\mathrm{VC}_*(P_t+\mathrm{d}P_t)-\mathrm{VC}_*(P_t)] \tag{6-45}$$

运用伊藤引理将式(6-45)展开有

$$\frac{1}{2}\sigma^2P^2\mathrm{VC}''_*(P)+\alpha P\mathrm{VC}'_*(P)-(\rho+h)\mathrm{VC}_*(P)=0 \tag{6-46}$$

微分方程的通解为

$$\mathrm{VC}_*(P)=B_2P^{\lambda_1}$$

其中，B_2 为待定系数。

当 $P_t\geqslant P'_{\mathrm{ENTRY}}$ 时，风险投资进入创业企业，此时风险投资的价值等于利润流的现值减去风险投资出资额 ukI_1：

$$\mathrm{VC}_*(P)=k\frac{\varPi I_1^{\theta(1+h)}P^{\gamma}}{\rho-\alpha\gamma-\frac{1}{2}\sigma^2\gamma(\gamma-1)}-ukI_1$$

至此，不允许 IPO 的特殊情形下，风险投资进入阶段的价值可以表达为

$$\mathrm{VC}_*(P)=\begin{cases} B_2P^{\lambda_1}, & P<P'_{\mathrm{ENTRY}} \\ k\dfrac{\varPi I_1^{\theta(1+h)}P^{\gamma}}{\rho-\alpha\gamma-\frac{1}{2}\sigma^2\gamma(\gamma-1)}-uI_1, & P\geqslant P'_{\mathrm{ENTRY}} \end{cases} \tag{6-47}$$

在 $P=P_{\mathrm{ENTRY}}$ 处，式(6-47)同样满足如下的价值匹配和平滑粘贴条件：

$$B_2P'^{\lambda_1}_{\mathrm{ENTRY}}=kMP'^{\gamma}_{\mathrm{ENTRY}}-ukI_1 \tag{6-48}$$

$$B_2\lambda_1P'^{\lambda_1-1}_{\mathrm{ENTRY}}=kM\gamma P'^{\gamma-1}_{\mathrm{ENTRY}} \tag{6-49}$$

据此容易解得风险投资的进入临界值为

$$P'_{\text{ENTRY}} = \left[\frac{\lambda_1}{(\lambda_1 - \gamma)} \frac{ukI_1}{kM} \right]^{\frac{1}{\gamma}}$$

3. 数值示例

下面分析创业企业发展阶段 h、IPO 募集金额 I_2 和风险投资出资额比例 u 三个关键参数对风险投资进入决策的影响。

为了考察创业企业发展阶段 h 对风险投资进入决策的影响，给定风险投资在创业企业中的股份比例 $k=0.3$，风险投资出资额比例 $u=1.1$，IPO 募集金额 $I_2=8$ 和 12。图 6-7 给出了风险投资进入与 IPO 退出临界值随创业企业发展阶段 h 的变化关系①。由图 6-7 可以看出：①随着 h 的增加，风险投资的进入临界值 P_{ENTRY} 逐渐减小，这是因为，从风险的角度来看，h 的增加降低了风险投资在进入前持有进入期权的价值，从成长性的角度来看，h 的增加使风险投资进入创业企业后所能获得的现金流价值增大，两个角度共同的作用最终使得风险投资更早进入创业企业；②IPO 募集金额 I_2 的增加使风险投资更早进入创业企业，这是因为 I_2 增加使得风险投资在进入创业企业后能够获得更大的价值。

图 6-8 给出了风险投资与新股东在 IPO 退出临界值处的投资回报倍数随创业企业发展阶段 h 的变化趋势。可以看出，风险投资的投资回报倍数 $R_{\text{VC}}(P_{\text{IPO}})$ 始终大于新股东的投资回报倍数 $R_{\text{new}}(P_{\text{IPO}})$，这很好地印证了风险投资的投资逻辑：在初创期就参与投资的风险投资在初创企业 IPO 时与新股东(指后期投资的股东)相比，其获得的回报更高。同时，还发现随着 h 的增大，$R_{\text{VC}}(P_{\text{IPO}})$ 较之 $R_{\text{new}}(P_{\text{IPO}})$ 随投资回报倍数增大的变化更为明显，这是由于 h 对 $R_{\text{new}}(P_{\text{IPO}})$ 两个相反方向的影响：一方面，通过影响 IPO 退出临界值 P_{IPO}，h 增大会使新股东价值增加；另一方面，通过影响新股东股份比例 s_2，h 增加会降低新股东价值。

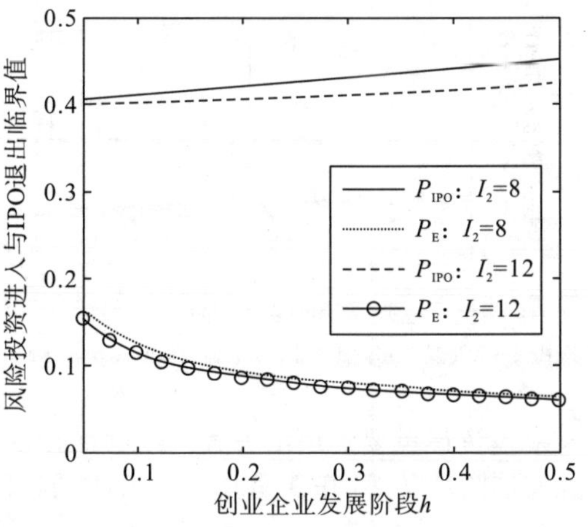

图 6-7　风险投资进入和 IPO 退出临界值随创业企业发展阶段 h 的变化

①由于风险投资不会进入一个非常成熟的企业，此处忽略 h=0(即创业企业非常成熟)的情况。

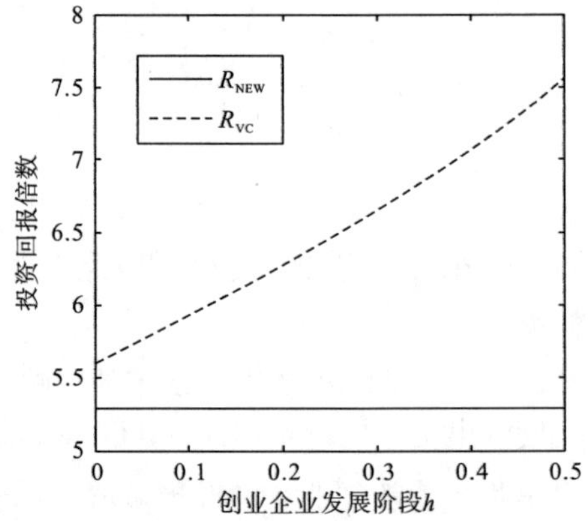

图 6-8　投资回报倍数随创业企业发展阶段 h 的变化

结合图 6-7 和图 6-8 的结论，发现风险投资更愿意投资于早期的创业企业，因为投资于早期的创业企业可以使风险投资在 IPO 退出时获得更大的收益。

为了考察 IPO 募集金额 I_2 对风险投资进入决策的影响，给定创业企业发展阶段 $h = 0.2$，风险投资出资比例 $u = 1.1$ 和 1.2。图 6-9 给出了风险投资进入和 IPO 退出临界值随 IPO 募集金额 I_2 的变化关系。可以看出：①IPO 募集金额 I_2 的增大会降低风险投资的进入临界值和 IPO 退出临界值；②风险投资出资额比例 u 的变化不会影响 IPO 退出临界值，这是因为 u 的大小不会影响老股东整体的决策结果；③随着风险投资出资额比例 u 的增大，风险投资的进入临界值逐渐增大，这是因为，如果给定风险投资的投入资金 kuI_1，u 越大意味着风险投资获得的股份比例 k 越小，从而风险投资的进入时机更晚。

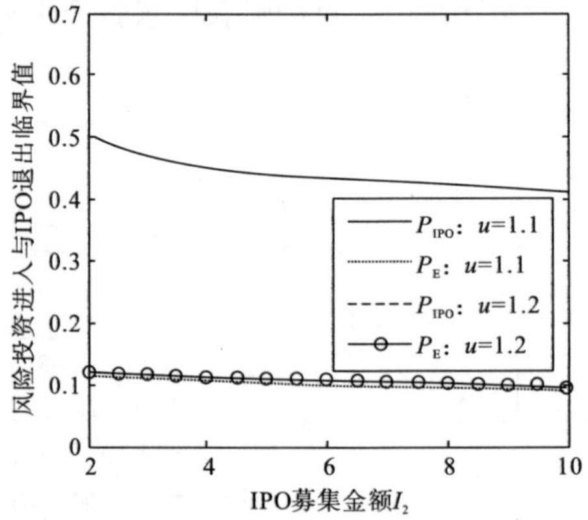

图 6-9　风险投资进入和 IPO 退出临界值随 IPO 募集金额 I_2 的变化关系

此外，由于 IPO 是风险投资最重要的退出方式，针对有 IPO 和无 IPO 市场两种情形，我们进一步分析创业企业发展阶段 h 和 IPO 募集金额 I_2 对两种情形下风险投资进入决策的影响，并进行对比分析。

图 6-10(a)给出了风险投资进入临界值 P_{ENTRY} 和 P'_{ENTRY} 随创业企业发展阶段 h 的变化关系。可以看出，无 IPO 市场情形下风险投资的进入临界值 P'_{ENTRY} 始终大于有 IPO 市场的进入临界值 P_{ENTRY}，即 IPO 市场的存在有助于激励风险投资更早进入创业企业。图 6-10(b)

给出了风险投资进入临界值 P'_{ENTRY} 和 P_{ENTRY} 之差随创业企业发展阶段 h 的变化关系。可以看出，IPO 退出预期对风险投资进入决策的影响随着 h 的增大而逐渐减弱，这是因为，在创业企业的早期阶段，风险投资 IPO 退出的时机相对较晚，从而其进入决策主要受现金流价值而非 IPO 政策的影响。

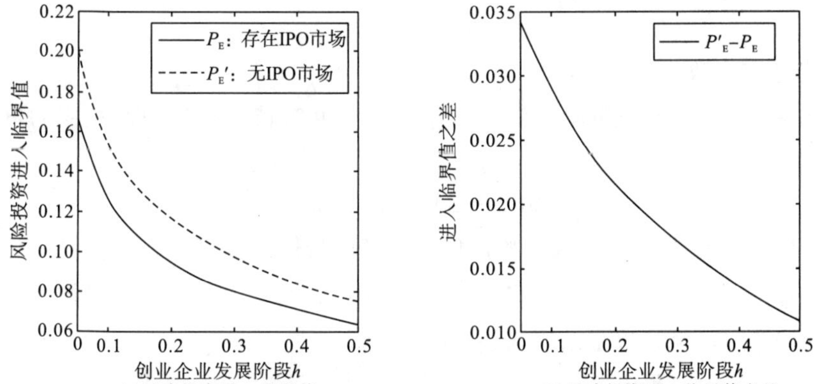

(a)风险投资进入临界值　　(b)风险投资进入临界值之差

图 6-10　风险投资进入临界值及其差值随创业企业发展阶段 h 的变化

图 6-11(a)给出了风险投资进入临界值 P_{ENTRY} 和 P'_{ENTRY} 随 IPO 募集金额 I_2 的变化关系。可以看出，无 IPO 市场的情形下，风险投资进入临界值 P'_{ENTRY} 与 I_2 的大小无关，并且始终大于存在 IPO 市场的进入临界值。图 6-11(b)关于两种情形下进入临界值 P'_{ENTRY} 与 P_{ENTRY} 之差随 IPO 募集金额 I_2 的变化趋势表明，IPO 退出预期对风险投资进入决策的影响随着 I_2 的增大而增强。

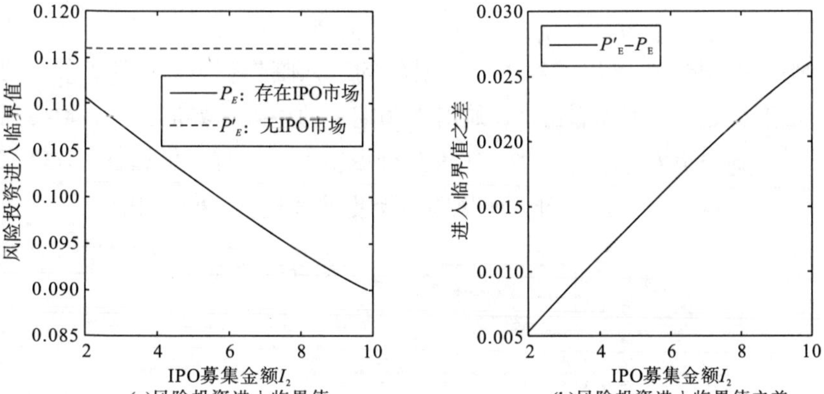

(a)风险投资进入临界值　　(b)风险投资进入临界值之差

图 6-11　风险投资进入临界值及其差值随 IPO 募集金额 I_2 的变化

6.2.2　并购退出预期下的进入决策

考虑并购退出预期的情况下，记风险投资的进入临界值为 P^{M}_{ENTRY} 和风险投资价值为 $\overline{\mathrm{VC}}(P)$ 。

当 $P_t < P^{m}_{\mathrm{ENTRY}}$ 时，风险投资的价值满足如下贝尔曼方程：

$$\rho\overline{\mathrm{VC}}(P_t)\mathrm{d}t = h\mathrm{d}tE[0-\overline{\mathrm{VC}}(P_t)]+(1-h\mathrm{d}t)E[\overline{\mathrm{VC}}(P_t+\mathrm{d}P_t)-\overline{\mathrm{VC}}(P_t)] \tag{6-50}$$

运用伊藤引理将式(6-50)展开有

$$\frac{1}{2}\sigma^2P^2\overline{\mathrm{VC}''}(P)+\alpha P\overline{\mathrm{VC}'}(P)-(\rho+h)\overline{\mathrm{VC}}(P)=0 \tag{6-51}$$

微分方程的通解为

$$\mathrm{VC}(P)=B_3P^{\lambda_1}$$

其中，B_3 为待定系数。

当 $P_M > P_t \geqslant P_{\mathrm{ENTRY}}^M$ 时，风险投资进入创业企业并等待并购退出，相应的价值可以表示为

$$\overline{\mathrm{VC}}(P)=\mathrm{VC}_M(P)-ukI_1$$

当 $P_t \geqslant P_M$ 时，创业企业完成并购，风险投资的价值同样可以表示为

$$\overline{\mathrm{VC}}(P)=\mathrm{VC}_M(P)-ukI_1$$

综合三种情况，风险投资从进入退出阶段的价值表达为

$$\overline{\mathrm{VC}}(P)=\begin{cases} B_3P^{\lambda_1}, & P<P_{\mathrm{ENTRY}}^M \\ kA_4P^{\beta_1}+k\dfrac{\Pi I_1^{\theta(1+h)}P^{\gamma}}{\rho-\alpha\gamma-\dfrac{1}{2}\sigma^2\gamma(\gamma-1)}-ukI_1, & P_{\mathrm{ENTRY}}^M\leqslant P<P_M \\ \dfrac{kf(N-M)}{\dfrac{\beta_1}{\beta_1-\gamma}f+1}P^{\gamma}+kMP^{\gamma}-kfI_2-ukI_1, & P_M\leqslant P \end{cases} \tag{6-52}$$

类似地，利用 $\overline{\mathrm{VC}}(P)$ 在 $P=P_{\mathrm{ENTRY}}^M$ 处的价值匹配和平滑粘贴条件，可以解得待定系数 B_3 和进入临界值 P_{ENTRY}^M。

沿袭前面所用基本参数，分别针对 IPO 和并购两种退出方式，图 6-12 给出了两种方式下的退出临界值和相应退出预期下风险投资的进入临界值 P_{ENTRY} 和 P_{ENTRY}^M 随创业企业发展阶段 h 的变化趋势。可以看出，并购退出预期下的进入临界值 P_{ENTRY}^M 始终高于 IPO 退出预期下的进入临界值 P_{ENTRY}，因此，如果两种退出方式同时可供选择，IPO 退出预期会激励风险投资更早进入企业，同时说明风险投资更愿意选择 IPO 退出。

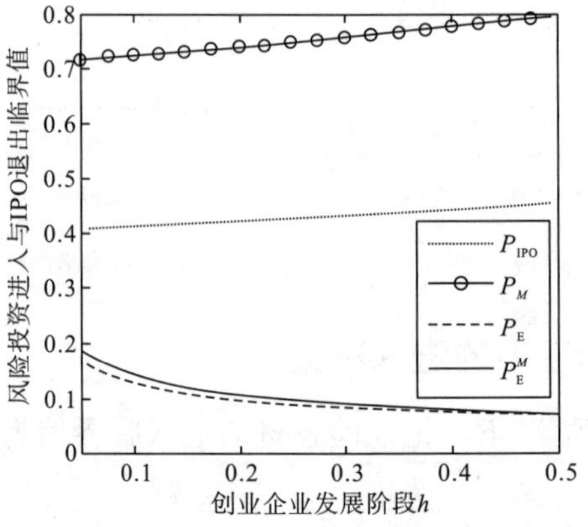

图 6-12　风险投资进入和退出临界值随创业企业发展阶段 h 的变化

第 7 章　风险投资对创业绩效的影响

科学发展和社会进步使人们的生活处在极具变革的环境之中，这也给创业企业带来了空前的机遇，使它们有更多的机会在全新的领域或行业提供创新性的产品和服务。然而，在企业更替速度逐步加快和专业化分工不断细化的现代市场经济社会中，创业活动在产品创新、市场创新及其与之相适应的创业管理等一系列环节都充满了比以往任何时期都多的不确定性，这使得传统的银行等金融机构不愿意，也不可能为风险巨大的创业活动投资，为此，追求高风险高回报、主要面向具有发展潜力的创业企业提供资本支持的风险投资应运而生。

事实上，风险投资对于创业企业尤其是科技型中小企业的支持，不仅在于其能够提供创业资本帮助企业起步和发展，而且在于其能够向创业企业提供专业的增值服务，进而弥补创业者尤其是技术出身的创业者在经营管理方面的不足。在风险投资机构资金支持和管理咨询的帮助下，成功的创业活动在催生著名创业企业家的同时，还将使得风险投资机构积累大量的资金与技术力量、宝贵的创业经验，以及建立良好的市场声誉，并最终正反馈推动风险投资产业的蓬勃发展。因此，创业企业与风险投资机构的合作可以实现技术、资金和人力等各类资本的良性循环，并为个人和社会创造出更多的财富。

本章以在创业板上市的企业为研究对象，首先实证检验风险投资的参与对企业 IPO 抑价的影响（谢媛，2012）；然后检验风险投资所支持的企业在 IPO 上市后的市场表现（汪逸潇，2018）；最后本章以 450 家未上市的高科技创业企业为样本，实证检验风险投资及其参与特征和创业者及其参股情况对创业企业投资绩效、获利性和成长绩效的影响（侯建仁等，2009）。

7.1　风险投资对创业板 IPO 抑价的影响

截至 2011 年 12 月，在创业板上市的 281 家创业企业中，有 124 家企业获得了风险投资的支持，那么风险投资对所支持的创业企业的 IPO 效率是否有影响？一方面，在参与创业板的风险投资中不乏深圳创新投、红杉资本、深圳达晨创投、赛富基金等实力雄厚的大型风险投资机构，这些风险投资具备新兴行业领域的人才、丰富的经营管理经验以及广泛的行业关系网络，他们不仅可以帮助所支持的企业成长壮大，还可通过信号传递对企业的 IPO 抑价起到积极的“认证”作用。另一方面，由于我国实行核准制的上市审查制度，上市资源十分稀缺，上市能给企业和股东带来十分丰厚的回报。高额退出回报的驱使，使得风险投资可能更加在乎企业能否顺利上市，这反而可能降低严格意义上风险投资所具有的“认证”作用。此外，我国风险投资行业发展相对较晚，对于这些缺乏经验的年轻风险投资机构而言，尽快建立成功 IPO 案例将有助于树立行业口碑以获得下一轮投资资金，因而可能存在“逐名动机”，进而对创业板 IPO 抑价产生负向影响。

7.1.1　研究假设

作为一种特殊的金融中介，风险投资的自身特征及其运作方式决定了其比较熟悉和了解所支持的创业企业，从而能够在企业 IPO 过程中起到信号传递的作用。首先，风险投资是一种追求高风险高回报的股权投资。为了获取高质量的投资项目以降低逆向选择风险，VC 通常会积极收集有关创业企业质量的信息。其次，风险投资是资金与经营管理相结合的一种投资方式，风险投资家通常会通过阶段投资(Gompers，1995)、董事会席位(Lerner，1995)、可转换优先股(Kaplan and Strömberg，2003)，以及必要时甚至解雇公司经理并亲自接管公司(Macmillan，1989)等合约治理技术来监督创业企业的发展。

Welch(1989)的信号传递理论指出，发行人较之潜在投资者更加了解企业的当前价值和未来前景，因而两者之间存在关于企业真实质量的非对称信息，而 IPO 抑价正是高质量企业将其与低质量企业予以区别的一种信号。对于风险投资参与的 IPO 而言，VC 事前积极的信息收集以及事中的严格监控使得其所参与的企业自身可能具有较高质量，并且 VC 较之其他潜在投资者拥有更多关于企业质量的信息。因此，风险投资的参与可起到传递企业高质量的信号，导致所支持的企业表现出较低的 IPO 抑价率。Barry 等(1990)利用美国 1978～1987 年 433 家风险投资支持企业和 1123 家匹配样本，实证研究发现，风险投资在 IPO 前持有较高股份(平均持有 34%)、占有 1/3 左右的董事会席位、长期的参与和监控最终将有助于降低风险投资支持企业的 IPO 抑价程度。

此外，出于对声誉的考虑，风险投资参与对于企业 IPO 也具有一定的认证作用。风险投资大多采取有限合伙的形式，每隔一段时间需要重新募集资金，良好的声誉是其能够吸引到新一轮投资资金的重要保证，因为传递虚假消息获得的一次性回报将低于其声誉价值的损失(Sahlman，1990)。Meggison 和 Weiss(1991)利用美国 1983～1987 年上市的 320 家风险投资支持公司和 320 家匹配样本数据研究发现，风险投资支持的创业企业 IPO 抑价率较低，相应的承销商和审计机构信誉更为良好，发行费用更低，吸引了更多的机构投资者，并首次将风险投资对企业 IPO 抑价的这种正向作用称作认证效应；锁定期机制下风险投资通常在 IPO 之后还将持有上市企业的股份，这将进一步加强风险投资在 IPO 过程中的认证作用。

与此同时，一些新兴市场国家如德国、新加坡的实证证据显示，风险投资对所支持企业 IPO 抑价具有负向影响，相应的解释主要包括逆向选择和“逐名动机”两个角度。Amit 等(1990)认为，创业企业与风险投资机构之间存在关于企业真实质量的非对称信息，并因此导致严重的逆向选择问题。具体而言，风险投资机构由于无法准确分辨创业企业质量而倾向于用平均水平对创业企业估价，其结果是优质企业选择内源融资的方式，而寻求风险投资支持的企业通常是相对劣质的企业，其结果是，风险投资参与的创业企业因其自身质量差会表现出更高的 IPO 抑价和更差的后市表现。Franzke(2003)利用 1997～2000 年德国新兴市场 58 家风险投资支持企业与 108 家无风险投资支持企业的 IPO 数据，实证发现有风险投资参与企业的抑价率更高、发行量更大和上市前盈利能力更差，并认为是风险投资参与企业的低资质和高发行量导致了高抑价。Wang 等(2003)针对新加坡市场的实证结果也表明，逆向选择问题导致风险投资参与的创业企业资质更差，而低资质自然会伴随高的 IPO 抑价。

风险投资对创业企业 IPO 抑价会有负向作用的另外一种解释是 Gompers(1996)提出的“逐名动机”假说。该假说认为，为了尽快积累市场声誉，缺乏声誉的年轻的 VC 有将企业尽早包装上市的动机，而过早 IPO 的企业因经营年限过短而具有相对较高的不确定性以及与外部投资者间具有较严重的非对称信息，这也会导致较高的 IPO 抑价。Wang 等(2003)将有风险投资参与的企业分为两组，发现年轻的 VC 所支持的创业企业的确具有更高的抑价率和更短的企业寿命，支持“逐名动机”假说。Lee 和 Wahal(2004)利用 1980～2000 年 2208 家企业 IPO 的数据，同样发现 VC 的“逐名动机”致使其支持的企业具有更高的 IPO 抑价。值得注意的是，我国的风险投资尚处于起步阶段，缺乏具有高度专业素质的风险投资人才①，有限的项目筛选能力很有可能导致前述的逆向选择现象。与此同时，我国多数风险投资机构规模较小②，没有太多成功的 IPO 案例，加之创业板的上市门槛相对主板较低，风险投资更倾向于在创业板进行 IPO 以积累业绩，即创业板市场的风险投资极可能具有“逐名动机”。

需要特别指出的是，我国与成熟市场的 IPO 制度及市场环境也存在重要差异。在 IPO 制度方面，美国等市场化程度较高的国家实行的新股发行审查制度是注册制。在这种制度下，上市企业的资质可能存在较大区别，因而成熟市场的风险投资机构需要积极收集企业相关信息以便选择资质优良的企业进行早期投资。而国内实行的是核准制的审查制度，不仅要求披露相应的发行所需信息，同时还必须符合证券管理机构制定的若干适于发行的实质条件。即使符合上市条件的公司，也必须在获得证券管理机构批准后方可获得发行资格。因而在核准制下，只有那些业绩好、有发展前景的公司才能获得上市资格，所以相对于庞大的中国创业企业数量，上市资格显得十分稀缺。

在上述制度背景和市场环境下，上市本身即意味着较高的回报，这自然会激励风险投资机构积极参与，但这些风险投资机构所关心的重点是企业能否尽快成功上市，而不甚关心较之高额退出回报而言相对低的 IPO 抑价③。从这个意义上讲，尽快顺利上市及高额退出回报的市场状况可能使得我国风险投资在 IPO 过程中难以起到真正的信号传递和认证作用。与此同时，上市后高额回报的诱惑固然会激励风险投资机构积极参与，但同时也会激励风险投资选择上市可能性相对较大的后期项目，而不像成熟市场上严格意义的风险投资那样，主要投资具有发展潜力和前景的早期阶段，其结果便是，偏好后期项目的我国风险投资对创业企业的参与程度(如参股比例和参与期限等)可能整体会偏低，进而大大降低其信号传递和认证作用。更为甚者，由于我国风险投资整体起步较晚，不少 VC 在项目遴选方面的经验尚较为缺乏，以及部分年轻 VC 缺乏帮助企业成功上市的经历，这些现实状况无疑会增加我国 VC 逆向选择和逐名的可能，进而对 IPO 抑价产生负向影响。基于前述分析，提出假设 7-1。

---

①2010 年风险投资年鉴的数据显示，专业投资经理中学士及以下学历的比例高达 43.61%。

②2008 年统计数据显示，注册资本规模在 5000 万以下的风险投资机构所占比重最大，为 39.44%。

③据 CVSource 数据统计显示，截至 2011 年 10 月，参股已上市创业板公司的 173 家 VC/PE 机构的退出账面回报为 469 亿元，退出获得的平均账面回报率为 10.82 倍。

假设 7-1：风险投资参与对创业企业 IPO 抑价率具有负向(正向)影响。

进一步，从参与程度来看，持股比例越高、参与期限越长，风险投资的投资回报与企业业绩的关联度越高，VC 越有激励对创业企业实施监控和提供增值服务，以及更加能够全面掌握有关企业质量的真实信息，这不仅降低了项目筛选过程中的逆向选择问题，还将有利于风险投资信号传递作用的发挥。此外，持股比例越高、参与期限越长，风险投资所支持的创业企业的 IPO 表现对其声誉的影响也就越大，这将更加能够使得风险投资在 IPO 过程中发挥认证作用。因此，提出假设 7-2 和假设 7-3。

假设 7-2：风险投资持股比例越高，其参与企业的 IPO 抑价率越低。

假设 7-3：风险投资参与期限越长，其参与企业的 IPO 抑价率越低。

7.1.2　研究设计

1. 数据来源与样本选择

本章以 2011 年 12 月 31 日前在深交所创业板上市的 281 家企业为样本，实证考察风险投资参与及其参与程度对创业企业 IPO 抑价的影响。所用数据主要根据创业板信息披露平台公布的《首次公开发行股票并在创业板上市招股说明书》《发行人关于公司设立以来股本演变情况的说明及其董事、监事、高级管理人员的确认意见》《首次公开发行股票并在创业板上市公告书》、投资界、巨潮信息网和深交所官方网站公布的信息，以及国泰安研究数据库“中国上市公司首次公开发行研究数据库(A 股)”的部分补充数据。

2. 变量选取与定义

关于被解释变量，采用通常的做法，利用样本企业的 IPO 首日收益率，即 IPO 的首日收盘价与发行价之差除以发行价来测度 IPO 抑价率。

关于解释变量，主要包括用以衡量是否有风险投资参与的 0/1 虚拟变量和进一步衡量风险投资参与程度的风险投资持股比例、牵头风险投资的参与期限及其年龄。具体而言，首先通过《首次公开发行股票并在创业板上市招股说明书》和《发行人关于公司设立以来股本演变情况的说明及其董事、监事、高级管理人员的确认意见》逐家考察样本企业上市前的股东结构。

其次，按照清科创业投资中心公布的 2011 年《中国创业投资暨私募股权投资名录》(简称《名录》)判断样本企业的股东中是否有风险投资或私募股权，并根据清科研究中心发布的中国企业上市月度统计报告中公布的创业板上市公司 VC/PE 参与情况对《名录》中未包括的样本进行补充识别，并最终根据样本企业是否获得风险投资或私募股权的支持，定义 0/1 虚拟变量。

最后，利用如下持股比例和参与期限两类指标度量风险投资的参与程度：其一，样本企业上市前所有风险投资的持股比例之和，以及将持股比例最大和参股期限最长的风险投资定义为牵头风险投资，测度其持股比例；其二，计算持股比例最大和参股期限最长的风险投资从其入股至企业 IPO 的年限，用以度量牵头风险投资的参与期限。此外，为了考察年轻和年老风险投资机构对企业 IPO 抑价的影响差异，利用持股比例最大的风险投资机构从其设立至企业 IPO 的年限度量其年龄。

在控制变量方面，选取承销商质量、发行规模、净利润增长率、企业寿命、网上中签率和样本企业上市当月市场状况六个指标。Carter 和 Manaster(1990)、Meggison 和 Weiss(1991)、Booth 和 Chua(1996)实证指出，具有较高声誉的承销商能够降低发行人与投资者间的非对称信息程度，从而也能通过认证效应而降低 IPO 抑价。为此，利用国泰安“中国上市公司首次公开发行研究数据库”中 1990 年 12 月至 2009 年 9 月承销商承销企业家数占整个期间所有承销商承销的企业总数的比例，测度样本企业承销商的市场份额，用以度量承销商的声誉，该比例越大，说明承销商声誉越好，越能降低样本企业的 IPO 抑价率。

Ritter(1984)、Ritter 和 Zhao(1996)等的研究指出，企业的发行规模越大、企业寿命越长，有关企业质量的信息越容易获取，进而使得知情与非知情投资者间的非对称信息也越低，并最终表现出越低的 IPO 抑价，即发行规模与企业寿命和 IPO 抑价间呈负相关关系。为此，利用募集资金总额的自然对数和企业或其前身注册成立至 IPO 之间的年数分别来测度样本企业 IPO 的发行规模和企业寿命。Beatty 和 Ritter(1986)的研究也早已指出，企业价值的不确定性与 IPO 抑价之间存在正相关关系。对于高风险高成长的创业企业而言，成长性高无疑是创业企业高质量的一个重要指标，有助于降低 IPO 抑价率，但成长性高同时也意味着企业发展前景越具有不确定性，而高不确定性会导致高的 IPO 抑价率。为此，利用样本企业 IPO 前一年的净利润增长率度量企业成长性，作为影响 IPO 抑价率的因素。

此外，由于 IPO 抑价实证检验的假设前提在于首日价格是有效的，然而，行为金融学的相关研究认为，投资者情绪会影响二级市场上股票的交易价格，包括首日收盘价，这对 IPO 抑价率也有着重要影响。周孝华等(2008)指出中签率越低，投资者对该股票的乐观情绪越高，越可能抬高二级市场交易价格，从而导致较高的 IPO 抑价率。此外，Rajan 和 Servaes(1997)的研究表明，当市场状况较好时，投资者整体上对股市持乐观情绪，同样可能推动该期间上市新股交易价格的上涨，从而导致较高的 IPO 抑价。因此，利用网上发行股数除以网上申购股数的比例以及样本企业 IPO 当月的创业板月底平均市盈率分别测度中签率和市场状况，将两者作为投资者情绪的替代变量。所有被解释变量、解释变量和控制变量的具体指标定义和说明详见表 7-1。

表 7-1　变量定义及说明

类型	名称及符号	定义及说明
被解释变量	IPO 首日抑价率(Up)	IPO 首日收盘价减去发行价再除以发行价
解释变量	是否有风险投资参与(VC)	企业上市前的股东结构中有风险投资机构或私募股权，则定义为 1；否则定义为 0
	风险投资持股比例(VC_Share)	上市前所有风险投资对样本企业的持股比例之和
	(持股比例最大的)牵头风险投资参与期限(VC1_Dur)	上市前持股比例最大的风险投资从其入股样本企业至样本企业上市之间的年数
	(参股期限最长的)牵头风险投资参与期限(LVC1_Dur)	上市前参股期限最长的风险投资从其入股样本企业至样本企业上市之间的年数
	(持股比例最大的)牵头风险投资的年龄(VC1_Age)	上市前持股比例最大的风险投资从其成立至样本企业上市之间的年数

续表

类型	名称及符号	定义及说明
控制变量	(持股比例最大的)牵头风险投资的账面退出回报(VC1_Return)	持股比例最大的风险投资所持股份按创业企业上市年度年末收盘价计算的价值除以当初的投资额
	承销商声誉(Rep)	1990年12月至2009年9月，样本企业承销商承销的企业家数占整个期间所有承销商承销的企业总数的比例
	发行规模(Fund)	IPO募集资金总额的自然对数
	企业成长性(Growth)	企业上市前一年的净利润减去上市前两年的净利润再除以前两年的净利润的比例
	企业寿命(Life)	企业或其前身注册成立至IPO之间的年数
	中签率(Lotrate)	网上发行股数除以网上申购股数的比例
	市场状况(Market)	企业上市当月创业板所有企业月底的按流通盈利加权平均的市盈率

7.1.3　实证结果及分析

1. 描述性统计

表 7-2 给出了创业板 281 家企业以及同期主板和中小板上市企业的 IPO 特征。可以看出，我国创业板市场存在严重的 IPO 抑价，样本企业的 IPO 抑价率均值和中位数分别高达 37.85%和 27.43%，有风险投资支持的创业企业抑价率为 44.57%，无风险投资支持的为 32.55%(表 7-2)，两者都分别远高于 Meggison 和 Weiss(1991)相关研究中 20 世纪 80 年代美国创业企业的抑价水平(有风险投资支持的创业企业抑价率为 7.1%，无风险投资支持的为 11.9%)，也高于 Wang 等(2003)研究的新加坡市场创业企业的抑价水平(有风险投资支持的创业企业为 23.4%，无风险投资支持的为 31.6%)。

此外，创业板的平均抑价率高于主板，但与中小板没有太大差异。在承销商质量方面，创业板样本企业的主承销商在 1990 年 12 月至 2009 年 9 月的市场份额均值为 2.6%，即每 100 家 IPO 企业中由其作为主承销商或副承销商的有 2～3 家，市场份额最大者为国泰君安证券股份有限公司，约占 13%，市场份额最小者为东兴证券股份有限公司等 5 家在创业板推出之前从未承销企业上市。主板及中小板样本企业的承销商质量均高于创业板。此外，创业板样本企业的网上中签率均值为 1.13%，最大为 18.69%，最小为 0.29%。在企业寿命方面，创业板样本企业的平均寿命为 7.89 年，低于同期主板的 8.40 年和中小板的 8.87 年。

表 7-2　创业板及同期主板和中小板上市企业 IPO 特征的描述性统计结果

变量		Up(%)	Fund	Rep(%)	Lotrate(%)	Life	Growth	样本数
创业板	均值	37.85	20.10	2.60	1.13	7.98	52.01	281
	中位数	27.43	20.08	2.03	0.73	8.12	40.47	
	最大值	209.73	22.33	13.01	18.69	24.43	384.83	
	最小值	−16.68	17.57	0.00	0.29	0.50	−17.56	
主板	均值	23.70	21.62	3.98	2.05	8.40	—	72
	中位数	13.72	21.57	3.58	1.64	7.98	—	

续表

变量		Up (%)	Fund	Rep (%)	Lotrate (%)	Life	Growth	样本数
	最大值	227.33	24.80	13.01	24.69	18.94	—	
	最小值	−23.16	18.01	0.00	0.19	0.05	—	
中小板	均值	37.47	20.42	3.12	1.34	8.87	—	346
	中位数	27.67	20.38	2.28	0.70	8.53	—	
	最大值	275.33	22.29	13.01	65.52	26.74	—	
	最小值	−15.55	10.85	0.00	0.02	0.98	—	

表 7-3 进一步给出是否有风险投资参与分类下相关变量的描述性统计及差异性检验。整体而言，有风险投资参与的创业企业的抑价率要显著高于无风险投资参与的创业企业。有风险投资参与的创业企业的发行规模相对较大、承销商质量相对较高，并都通过了显著性检验。发行规模较大，使得投资者与发行企业信息不对称相对较小，承销商质量越高，对所参与的创业企业的认证作用也越强，因而这些都显示了风险投资对所支持企业可能的正向影响；尽管均值和中位数的差异性检验未通过显著性检验，但是有风险投资参与的创业企业的寿命还是低于无风险投资参与的创业企业，这可能是风险投资尽早包装企业上市的“逐名动机”所致，进而风险投资参与对创业企业 IPO 抑价具有负向影响。

表 7-3　是否有风险投资参与分类下的描述性统计及差异性检验

变量	风险投资参与企业		无风险投资参与企业		差异性检验	
	中位数	均值	中位数	均值	中位数	均值
Up (%)	35.13	44.57	23.76	32.55	11.37^{**} (2.5023)	12.03^{***} (2.5966)
Fund	20.20	20.24	19.99	19.99	0.21^{**} (2.8527)	0.25^{***} (3.3238)
Rep (%)	2.28	2.89	1.42	2.38	0.86^{*} (1.8991)	0.51^{*} (1.6627)
Lotrate (%)	0.71	1.08	0.76	1.17	−0.05 (0.7843)	−0.09 (0.4753)
Life	7.78	7.60	8.38	8.28	−0.60 (1.1783)	−0.68 (1.2075)
Growth (%)	41.25	52.48	39.94	50.94%	1.31 (0.03341)	1.54 (0.2989)
样本数	124		157		—	

注：均值和中位数差异性检验分别采用 t 检验和威尔科克森/曼-惠特尼检验，括号中的值即为相应的统计量值，***、**、*分别表示在 1%、5%和 10%的水平上显著，下同。

在创业板的整个样本中，有 124 家创业企业至少有　家风险投资机构的支持。表 7-4 进一步给出 124 家子样本企业中风险投资参与特征的描述性统计结果。结果表明，无论是持股比例，还是参股期限，我国创业板企业风险投资的参与程度都要低于成熟的美国市场，这可能会影响 IPO 过程中风险投资信号传递和认证作用的发挥。具体而言，子样本企业上市前风险投资持股比例之和(VC_Share)的均值为 9.96%，分别远低于 Meggison 和 Weiss(1991)26.83%和 Wang 等(2003)12.5%的平均水平。

表 7-4　风险投资参与特征的描述性统计结果

变量	均值	中位数	最大值	最小值	样本数
VC_Share(%)	9.96	8.04	43.12	0	122
VC3_Share(%)	5.73	4.41	40.48	0	124
VC5_Share(%)	8.36	6.96	40.48	0	124
VC10_Share(%)	9.66	7.76	43.12	0	124
VC1_Share(%)	6.84	5.51	34.79	0	124
LVC1_Dur	2.43	1.99	13.44	0.35	113
VC1_Dur	2.13	1.68	13.44	0.35	120
VC1_Age	6.09	3.76	24.41	0.68	115
VC1_Return	13.90	9.04	94.51	1.41	118

分别利用参股期限最长和持股比例最大定义牵头风险投资机构，可以发现，牵头风险投资机构的持股比例均值约为 7%，远小于 Barry 等(1990)中的 19.1%；参股期限平均为 2～2.5 年，与 Wang 等(2003)研究中 92 家样本企业的平均参股期限 2.09 年较为接近，但仍低于 Barry 等(1990)①的平均水平。另外，我国的风险投资起步相对较晚，风险投资机构较为年轻，124 家子样本企业中牵头风险投资机构的年龄均值为 6.09 年，中位数为 3.76 年，也分别远低于 Wang 等(2003)研究中新加坡市场的 9.28 年和 8 年。

2. 多元回归分析

在控制相关变量的基础上，进一步考察风险投资参与与否及其参与程度对所支持创业企业的 IPO 抑价的影响。参照 Carter 和 Manaster(1990)、Beatty 和 Ritter(1986)等文献，选取承销商质量(Rep)、发行规模(Fund)、企业寿命(Life)、企业成长性(Growth)、网上发行中签率(Lotrate)、企业上市时的市场状况(Market)6 个指标为控制变量。

在进行多元回归分析之前，表 7-5 给出了相关变量间的相关系数，可以发现：控制变量两两间的相关系数都较小，然而考虑到多个变量间仍可能存在多重共线性，我们在进行逐步回归的基础上，最终选定承销商质量(Rep)、发行规模(Fund)、企业成长性(Growth)、网上发行中签率(Lotrate)、企业上市时的市场状况(Market)共 5 个变量作为控制变量。以 IPO 首日抑价率(Up)为被解释变量，以是否有风险投资参与的虚拟变量、风险投资持股比例和参与期限等为解释变量，利用经 White 调整的 OLS 回归模型对影响创业企业 IPO 抑价率的因素进行多元回归分析。

①牵头风险投资参与董事会的平均年限为 2.92 年，那么，可以推测其平均参股期限将大于 2.92 年。

表 7-5　变量间的相关系数

变量	Up	Rep	Life	Fund	Lotrate	Growth	Market	VC_Share	VC1_Dur
Up	1.00								
Rep	−0.13	1.00							
Life	0.00	0.01	1.00						
Fund	−0.31	−0.04	−0.19	1.00					
Lotrate	−0.27	−0.04	0.13	0.30	1.00				
Growth	0.04	−0.03	−0.01	0.14	0.04	1.00			
Market	0.55	0.03	−0.07	−0.16	−0.22	−0.09	1.00		
VC_Share	−0.01	−0.09	0.15	−0.12	−0.10	−0.13	−0.03	1.00	
VC1_Dur	−0.08	−0.15	0.19	−0.06	0.09	−0.14	0.01	0.58	1.00

表 7-6 中模型 1 的回归结果显示：风险投资参与企业的 IPO 抑价率在 5%的水平上显著高于无风险投资参与的企业，即风险投资的参与反而显著地增加了企业 IPO 的抑价程度，说明风险投资的参与对创业企业的 IPO 并未起到信号传递或认证作用，反而因可能存在的风险投资与拟上市企业的利益合谋行为、“逐名动机”及逆向选择等问题增加了企业的 IPO 抑价率。此外，我们也注意到，承销商质量(Rep)与 IPO 抑价率在 1%的水平上显著负相关，很好地支持了已有研究中关于承销商认证作用的观点；发行规模对 IPO 抑价的显著负向影响也支持了非对称信息理论对 IPO 抑价的解释；中签率与 IPO 抑价率显著负相关，与此同时，市场状况与 IPO 抑价显著正相关，两者均支持了投资者情绪理论的观点。此外，成长性与 IPO 抑价间的显著正相关说明，尽管高成长性会通过传递企业高质量的信号而对 IPO 抑价具有正向作用，但是与高成长性相伴的高不确定性最终也使得样本企业反而具有高的 IPO 抑价。

表 7-6　创业企业 IPO 抑价率影响因素的多元回归结果

因变量	模型 1	模型 2	模型 3
C	3.4551*** (4.1268)	3.7666*** (3.2858)	3.8718** (2.5666)
Rep	−1.8505*** (−2.6518)	−1.9908* (−1.6713)	−2.0399 (−1.6518)
Fund	−0.1846*** (−4.3854)	−0.1972*** (−3.5095)	−0.1962*** (−2.6797)
Lotrate	−2.6130** (−2.0231)	−3.3678** (−2.0001)	−3.3802** (−2.0577)
Growth	0.1434*** (3.4821)	0.0690 (1.3771)	0.1380** (2.1816)
Market	0.0088*** (8.6821)	0.0086*** (6.2476)	0.0082*** (5.4486)
VC	0.0831** (2.0759)		
VC1_Return		0.0065* (1.9195)	
VC1_Age			−0.0042 (−0.7066)
Adj-R^2	0.3596	0.4097	0.3380
样本数	281	118	115

注：括号中的值为 t 统计量值。

结合我国的现实状况，VC 对 IPO 抑价具有负向影响的可能原因包括：风险投资与拟上市企业间可能的利益合谋行为和风险投资可能的“逐名动机”及逆向选择问题。具体而言，在我国当前的 IPO 审核制度下，企业创业板上市的需求远大于供给，一旦上市企业便可获得丰富的资金资源，拟上市企业为了顺利获取上市资格，倾向于选择能够帮助其通过审查的机构投资者，而一些风险投资机构或是具备政府背景或是与大型券商保持良好关系，能够推进企业上市进程，因此，拟上市企业有动机寻找风险投资的参与①。对于风险投资机构而言，他们也倾向于选择已进入上市日程的企业，因为只要所投资的企业能够上市，便能获得高额回报。截至 2011 年 12 月，参股创业板企业并且所持股份比例最大的牵头风险投资的账面退出回报②的均值高达 13.90 倍，广州科技创业投资有限公司投资阳普医疗(300030)更是达到了最高的 94.51 倍，最低的是由达晨创业投资有限公司投资的恒泰艾普(300157)，其账面回报也达到了 1.41 倍。如此高的回报自然会使得风险投资关注的重点是所支持企业能否尽快顺利上市，因为上市便意味着高额回报，而对 IPO 抑价不甚关心。

进一步，企业上市后的高额回报不仅使得 VC 对 IPO 抑价的正向作用难以发挥，而且高额回报驱使企业和 VC 合谋，共同寻求企业尽快顺利上市。高回报诱惑下可能的利益合谋最终将通过如下两种途径作用于企业 IPO 抑价。其一，利益合谋使得 VC 更多地选择投资于相对成熟、上市可能性大的企业，而不像严格意义上的风险投资那样，主要投资一些风险大、前景好的早期项目，而参与后期项目会大大降低 VC 对企业的监督和支持等作用，并因此使得 IPO 过程中 VC 的信号传递和认证作用大大降低。其二，利益合谋会进一步放大 VC 在项目遴选过程中的逆向选择风险，以及部分年轻风险投资机构的“逐名动机”。为了进一步考察风险投资退出回报与所支持企业 IPO 抑价的关系，表 7-6 模型 2 利用 124 家有风险投资参与的创业企业子样本，回归发现风险投资的账面退出回报与所支持企业的 IPO 抑价水平呈正相关关系，并且通过了 10%水平下的显著性检验，这为高额回报驱使下企业与 VC 间可能的利益合谋提供了一定的间接证据。

已有关于风险投资对所支持企业 IPO 抑价负向影响的解释主要有逆向选择和“逐名动机”两个视角。由于难以获取企业上市前相关数据进而判断其资质，加之在当前国内的 IPO 审批制度下，能够上市的创业企业大多通过了监管部门和保荐机构的审核，很难有显性直接的证据区别企业资质。因此，接下来主要从“逐名动机”的角度揭示 VC 对 IPO 抑价负向作用的经验证据。

在我国，风险投资起步相对较晚，风险投资机构整体上较之成熟市场更为年轻，这将可能致使其具有尽早将企业包装上市，进而建立和积累市场声誉的激励，并因此导致较高的 IPO 抑价率。Wang 等(2003)、Loughram 和 Ritter(2004)也都明确指出，与美国成熟的风险投资市场相比，新兴资本市场中许多风险投资机构是新成立的，没有太多成功上市的案例，资金募集的压力反而使其“逐名动机”更加严重。如表 7-4 所述，我国参与创业

①与之相伴的一个典型特征是，样本企业中多数风险投资是以中后期投资为主，即倾向于参与即将或准备上市的企业。在 124 家有风险投资参与的样本企业中，持股比例最大和参股期限最长的牵头风险投资的参股期限在 3 年以上的占比分别仅为 9.9%和 16.67%。

②按照创业企业上市年度年末收盘价计算的牵头风险投资所持股份的价值与当初的投资额的比率。

板的风险投资机构的年龄均值仅为 6.09 年，远低于同是新兴市场的新加坡市场的 9.28 年。我国的创业板刚刚推出，不少风险投资机构除希望通过创业板顺利退出之外，它们更希望能够通过其“处女作”建立市场声誉、树立行业口碑和吸引已在上市日程的拟上市企业，这无疑也会加大“逐名”的可能。

表 7-6 的模型 3 以牵头风险投资年龄作为解释变量进行多元回归，变量 VC1_Age 负的回归系数说明，风险投资年龄越小，IPO 抑价率越高，这为年轻风险投资机构可能的“逐名动机”提供了一定的证据。此外，按照 115 家企业牵头风险投资机构年龄的中位数，将其分为年龄大于和小于 3.76 年的两组样本，对其 IPO 抑价率、IPO 特征和风险投资参与程度进行描述性统计和差异性检验，结果见表 7-7。

表 7-7 的结果表明，年轻 VC 参与的企业具有较高的抑价率和较短的寿命，而且无论是持股比例 VC_Share、VC5_Share 和 VC1_Share，还是牵头风险投资的参与期限 VC1_Dur，年轻 VC 参与创业企业的程度都显著低于年老 VC。年轻 VC 低的参与程度不仅使得其信号传递和认证的正向影响十分有限，而且，出于尽快建立和积累市场声誉的需要，年轻 VC 具有尽早将企业包装上市的激励。与此同时，本书也发现，年轻 VC 参与企业的承销商质量较低，这也可能是由于年轻 VC 缺乏良好声誉和 IPO 经验而无法吸引到优质承销商，进而也将间接致使其参与的企业表现出较高的抑价率。因此，总体而言，实证结果一定程度上支持年轻 VC 存在“逐名动机”的行为①。

表 7-7　风险投资年龄分组下的描述性统计及差异性检验

变量	年老 VC 参与企业		年轻 VC 参与企业		差异性检验	
	中位数	均值	中位数	均值	中位数	均值
Up (%)	30.88	41.76	37.19	48.56	−6.32 (0.9873)	−6.80 (0.8653)
Life	8.10	8.09	6.11	6.96	1.99 (1.1495)	1.12 (1.2367)
Fund	20.22	20.24	20.26	20.30	−0.04 (0.4391)	−0.06 (0.5501)
Rep (%)	2.28	2.98	2.03	2.76	0.25 (0.0587)	0.22 (0.4704)
Growth (%)	40.42	51.01	42.10	49.76	−1.68 (0.9274)	1.25 (0.1228)
Lotrate (%)	0.77	1.19	0.65	1.02	0.13 (1.1831)	0.17 (0.6792)
VC_Share (%)	11.25	12.30	7.09	8.32	4.16*** (2.9611)	3.98*** (3.1954)
VC5_Share (%)	7.50	10.29	6.00	6.96	1.50** (2.0572)	3.32*** (2.6345)
VC1_Share (%)	6.45	8.27	5.13	5.73	1.32%** (2.2159)	2.54*** (2.7664)
VC1_Dur	1.99	2.71	1.52	1.62	0.47*** (3.4485)	1.09*** (3.3383)
样本数	58		57		—	

①Gompers (1996) 还通过比较风险投资参与董事会的时间、此次 IPO 距离风险投资下一次募集资金的时间和数目等指标的比较来检验“逐名动机”。

尽管高额退出回报驱使下 VC 与所投企业可能的利益合谋和年轻 VC“逐名动机”的存在使得我国 VC 对创业板 IPO 抑价整体表现为负向影响。但是，随着风险投资参与程度的提高，不仅有助于其发挥信号传递和认证作用，还将权衡尽早 IPO 带来的声誉资本以及最终的抑价损失，进而有助于降低“逐名动机”的可能。例如，长的风险投资参与期限意味着其所投企业被参股时多处于初创期或成长期，这时选择企业多考虑其未来前景，而非急功近利地追逐上市后的暴利，这将降低风险投资项目选择时可能的逆向选择问题。又如，长的参与期限使得风险投资可以利用自身资源和优势(包括在 IPO 过程也会寻求高质量的承销商与审计师来减少企业与投资者的非对称信息)、专业的技术以及经营战略方面的咨询来切实帮助、监控企业发展，甚至在帮助质量原本不甚高的企业成长的过程中与企业一起成长直至上市。再如，参股比例越大，风险投资监控并协助企业发展的激励越大，同时拥有的股东权利也越大，越有可能通过董事会席位等方式监控督促企业发展。与此同时，风险投资参与程度越高，其因企业过早上市对其直接分担的抑价损失越多，过早上市造成的声誉损失也越大，因此，提高风险投资参与程度最终还有降低其“逐名动机”的可能，进而对 IPO 抑价具有降低作用。

表 7-8　风险投资参与程度对 IPO 抑价影响的多元回归结果

因变量	模型 4	模型 5	模型 6	模型 7
C	4.1149*** (3.5759)	4.1407*** (3.5622)	4.3700*** (3.8437)	3.8307*** (3.1786)
Rep	−2.0802* (−1.7596)	−2.1519* (−1.7712)	−2.3211* (−1.9812)	−2.4322* (−1.9703)
Fund	−0.2109*** (−3.7820)	−0.2123*** (−3.7552)	−0.2221*** (−4.0074)	−0.1948*** (−3.2603)
Lotrate	−3.5655** (−2.1229)	−3.5296** (−2.0875)	−2.6400 (−1.5778)	−3.1250 (−0.9293)
Growth	0.0533 (1.0068)	0.0554 (1.0598)	0.0322 (0.6098)	0.0290 (0.4209)
Market	0.0084*** (5.8184)	0.0083*** (5.9953)	0.0084*** (6.1923)	0.0083*** (6.0337)
VC1_Return	0.0075* (1.9579)	0.0076* (1.9730)	0.0092** (2.4332)	0.0080*** (2.6857)
VC_Share	−0.5500 (−1.2281)			
VC5_Share		−0.5539 (−1.2073)		
VC1_Dur			−0.0446*** (−3.2896)	
LVC1_Dur				−0.0291* (−1.7552)
Adj-R^2	0.4119	0.4119	0.4345	0.3961
样本数	118	118	118	111

注：括号中的值为 t 统计量值。

表 7-8 中模型 6 和模型 7 以有风险投资参与的 124 家企业为子样本，分别以持股比例最大和参股期限最长定义牵头风险投资，将其参股期限 VC1_Dur 和 LVC1_Dur 引入回归模型，两者的回归系数均为负，且两者分别在 1%和 10%的水平上显著，说明随着牵头风险投资参股期限的增加，创业企业的 IPO 抑价率将显著降低。与此同时，表 7-8 中模型 4 和模型 5 中所有风险投资机构的持股比例之和 VC_Share、样本企业前五大股东中的风险投资机构持股比例之和 VC5_Share 负的回归系数也说明，随着风险投资机构持股比例的增加，样本企业的 IPO 抑价率也会有所降低；然而，由于风险投资机构的持股比例整体上还较低，持股比例对 IPO 抑价的正向影响不足以抵消或弥补利益合谋行为和“逐名动机”共同产生的负向影响，回归系数并未通过显著性检验。

7.1.4　小结

本节以 2011 年 12 月之前在创业板上市的 281 家创业企业为样本，通过识别是否有风险投资参与，以及风险投资机构持股比例和参股期限等参与特征，实证考察了风险投资及其参与程度对 IPO 抑价的影响。研究结果表明，由于风险投资对创业企业的参与程度整体相对较低，很难起到信号传递和认证的正向作用；相反，在上市本身就有高额退出回报的驱使下，受风险投资与拟上市企业可能的利益合谋行为和年轻风险投资机构“逐名动机”的共同影响，创业板企业中有风险投资参与的企业反而具有较高的 IPO 抑价。但是，随着风险投资参与程度的提高，信号传递与认证作用将逐步凸显，并最终有助于降低创业板企业的 IPO 抑价。

7.2　风险投资对创业板股票表现的影响

据清科创业投资与私募股权数据库 PEdata 数据显示，2017 年 6 月之前上市的 680 家创业板企业中，其上市前累计发生 1297 起风险投资事件，共涉及 394 家创业板企业和 555 家风险投资机构，其中数码科技(300079)、创业慧康(300451)、康泰生物(300601)、长川科技(300604)等企业 IPO 前曾获得多达 7 轮次的风投支持，华大基因(300676)获得多达 18 家风投机构的青睐，理工光科(300557)则受到深圳市新产业创业投资有限公司长达 16 年的长期支持。本节以 2015 年 12 月 31 日前上市的 442 家创业板企业为样本，通过收集 IPO 前各企业风险投资的参与特征，从企业 IPO 后股票的(相对)估值和收益表现两个方面，实证考察风险投资参与，以及风险投资轮次、参股比例和参与期限等参与特征对创业板股票市场表现的影响。

7.2.1　研究假设

已有针对风险投资影响企业经营绩效和 IPO 抑价的证据表明，得益于风险投资事前对项目的严格筛选和事中的监督治理，具有风险投资背景的企业上市后的财务业绩往往更好(Guo et al.，2015；金永红等，2016；Bosworth and Rogers，2001)，风险投资的认证作用也有助于降低企业的 IPO 抑价率(Megginson and Weiss，1991；Wang et al.，2003)。然而，针对我国创业板的一些研究表明，风险投资支持的企业反而具有更差的绩效(李永平和苟成娟，2017），可能的原因是创业板企业的高创新、高成长特征往往难以被 ROA 和 ROE 等财务绩效指标反映，而 IPO 抑价表现又会受到新股配售、发行政策和市场环境等的影响。相反，IPO 后较长一段时间内的股票市场估值和收益表现，将能够更好地体现风险投资参与的作用。

从风险投资周期的角度来看，风险投资参与的积极作用可以概括为三点：①风险投资对创业项目事前的严格遴选可以确保所投企业的成长与发展；②包括现金流权与控制权相分离、或有控制权配置与激励和分阶段投资等在内的一系列风险投资合约治理机制可以提升企业价值；③高额的退出回报尤其是 IPO 后解禁期结束才能退出的预期，可以激励风险投资在 IPO 之后的一段时间内依然支持所投企业。因此，提出假设 7-4。

假设 7-4：IPO 前风险投资的参与对创业板企业的股票市场估值和收益表现具有正向影响。

进一步，对于较早就投资入股企业的风险投资而言，一方面，长期参与使得其能够动态、深入地掌握企业发展状况，进而发挥管理支持和监督治理等积极功效（Gorman and Sahlman，1989；Hellman and Puri，2000）；另一方面，相对于希望尽早推动企业上市以积累声誉的风险投资机构，参与时间长的风险投资的“逐名动机”相对较弱（Bottazzi，2008），帮助企业持续增长和提高企业市场估值是其获得高额回报的根本。因此，提出假设 7-5。

假设 7-5：IPO 前风险投资的轮次越多，平均的参与期限越长，企业的市场估值越高、股票的收益表现也越好。

现实中，不少创业企业成长过程中会获得多个轮次的资金支持。对于早期阶段就参与投资的牵头风险投资而言，参与程度越深，高的风险承担使得其越有动力帮助企业吸引后续轮次风险投资。与此同时，牵头风险投资的参与程度越深（越早参与和持股比例越高），高的风险承担致使其越有动力与企业一起成长（Wright and Lockett，2003）。因此，提出假设 7-6。

假设 7-6：IPO 前牵头风险投资的持股比例越高、参与期限越长，企业的市场估值越高、股票的收益表现也越好。

此外，多家风险投资机构联合投资一家创业企业是风险投资共担投资风险、弥补资金不足、获取及整合更多资源或服务的一种有效手段（Liu，2014），同样对企业市场表现有提升作用。因此，提出假设 7-7。

假设 7-7：IPO 前参与投资的风险投资的数目越多，企业的市场估值越高、股票的收益表现也越好。

7.2.2 实证设计

1. 数据来源与样本选择

本节的样本包括 2015 年 12 月 31 日前在深交所创业板上市的 442 家企业 IPO 后三年内共 1192 个企业-年度观测值为样本。此外，由于 IPO 是风险投资最重要的退出方式，针对有 IPO 和无 IPO 市场两种情形，我们进一步分析创业企业发展阶段 h 和 IPO 募集金额 I_2 对两种情形下风险投资进入决策的影响。剔除了 IPO 前三个月内具有突击入股嫌疑、投资金额数据不完整的投资事件和创业板企业财务数据不完整的样本，最终各年度的样本分布情况见表 7-9。

表 7-9　各年度的样本分布情况

年份	无风险投资参与的样本数	有风险投资参与的样本数	合计
2010	12	24	36
2011	72	80	152
2012	135	144	279
2013	150	165	315
2014	90	111	201
2015	45	76	121
2016	32	56	88
合计	536	656	1192
其中，			
IPO 后一年	195	247	442
IPO 后二年	194	246	450
IPO 后三年	169	200	369

2. 变量定义与指标测度

在 IPO 前风险投资及其参与特征的识别与测度方面，针对每家企业利用 PEdata 数据收录的曾参与创业板企业的投资事件，针对每家企业，首先识别 IPO 前是否有风险投资参与，据此定义 0/1 虚拟变量，有风险投资参与定义为 1，否则为 0。其次，针对有风险投资参与的子样本，结合数据的可获得情况，定义如下几个方面的参与特征：①风险投资轮次(VCround)；②所有轮次风险投资的平均参与期限(VCduration)，其中每家风险投资的参与期限定义为其首次投资入股至企业 IPO 之间的天数除以 365；③牵头风险投资的持股比例和参与期限(First_Share 和 First_Duration)，其中牵头风险投资定义为最早入股的所有的风险投资，持股比例为所有持股比例之和，参与期限为入股日期至 IPO 日期间的天数除以 365；④风险投资数目(VCnum)，IPO 前参与投资的风险投资机构的数目。

在企业股票市场估值方面，借鉴文献的通常做法(贾明琪和朱建华，2010)，利用 IPO 后 1～3 年的市值账面比(M/B)予以度量。多元回归分析中的相关控制变量包括账面资产规模(取自然对数)、盈利波动率、是否支付股利、财务杠杆、当前及预期的净资产收益率、股票预期收益率和资本支出强度等。

在股票收益表现方面，借鉴关于 IPO 后股票长期弱势表现的经典文献(Ritter，1991)，针对 IPO 后的 3 个月、6 个月、12 个月和 36 个月等不同时间窗口，分别利用未调整、经市场调整的累积超额收益率(cumulative abnormal return，CAR)与买入持有收益率(buy-and-hold abnormal return，BHAR)，以及 Fama-French 三因素调整的超额收益率，比较是否有风险投资两组子样本和相关参与特征高低分组下不同子样本的股票收益表现。所有变量的具体指标测度及定义详见表 7-10。

表 7-10　变量定义及说明

类别	名称及符号	定义及说明
市场估值	市值账面比（*M/B*）	IPO 之后年末股票总市值和年末所有者权益之比的自然对数，其中考察窗口包括 IPO 之后 1 年和 3 年
收益表现	超额收益率（CAR/BHAR）	IPO 之后经市场调整的累计超额收益率 CAR 和买入持有超额收益率 BHAR，其中考察窗口包括 3 个月、6 个月、12 个月和 36 个月；CAR 和 BHAR 的计算参见 Ritter（1991）和朱滔（2006）等的相关成果
风险投资参与特征	风险投资（VC）	IPO 之前是否有风险投资参与的 0/1 虚拟变量：有风险投资参与的取值为 1；否则取 0
	风险投资轮数（VCround）	IPO 之前 A 轮、B 轮等风险投资轮次总数
	最早风险投资参与期限（First_Duration）	IPO 之前参与的所有风险投资机构中，投资最早的一家或多家机构入股日期至 IPO 日期间的天数除以 365
	风险投资平均参与期限（VCduration）	IPO 之前所有参与的风险投资机构参与期限的均值，其中每家机构的参与期限为其首次投资日期至 IPO 日期间的天数除以 365
	最早风险投资持股比例（First_Share）	IPO 之前参与的所有风险投资机构中，入股投资最早的一家（或多家）机构入股之时的股权比例（或比例之和）
	风险投资数目（VCnum）	IPO 之前参与的风险投资机构的数目
控制变量	资产规模（LNBA）	年末账面总资产的自然对数
	盈利波动率（VOLP）	样本期内各年度 ROE 的标准差
	是否支付股利（DIV）	企业是否支付现金或股票股利的 0/1 虚拟变量：支付股利为 1；否则为 0
	财务杠杆（LEV）	年末总负债与总资产之比
	净资产收益率（ROE）	净利润与年末所有者权益之比
	预期净资产收益率（ROE1）	下一年度的净资产收益率，作为预期盈利水平的代理变量
	股票预期收益率（RET1）	下一年度的股票年度收益率；作为预期收益率进而折现率的代理变量
	资本支出强度（CAPEX）	*t* 年末资本支出除以总资产，其中资本支出为购建固定资产、无形资产以及其他长期资产所支付的现金

7.2.3　风险投资影响企业市场估值的检验

1. 描述性统计

表 7-11 给出了有无风险投资参与两组子样本下，IPO 后三年内市场估值及相关变量的描述性统计及均值差异性检验结果。可以看出，有无风险投资参与两组子样本的市值账面比（*M/B*）均值为 4.656 和 4.244，在 5%的水平上存在显著差异，即 IPO 前具有风险投资背景的创业板企业的市场估值相对更高。此外，有风险投资参与的子样本的资产规模更大、盈利波动更低。

利用有风险投资参与的子样本，表 7-12 进一步给出了参与特征相关变量的描述性统计。可以看出，多数创业板上市公司 IPO 前曾获得了 1 轮次和 1 家风险投资机构的支持，最多的曾获得 7 轮次、8 家风险投资的支持；风险投资平均的参与期限为 2.83 年，最早的牵头风险投资首次入股时的持股比例平均为 12.29%，其直至 IPO 前的参与期限为 3.38 年，其中风险投资参与期限最长达 15 年。

表 7-11　是否有风险投资参与分组下相关变量的均值及差异性检验

变量	无风险投资参与(VC=0)	有风险投资参与(VC=1)	均值差异
M/B	4.244	4.656	0.412** (2.187)
LNBA	20.843	20.992	0.149*** (4.27)
VOLP	0.045	0.039	−0.005* (−1.903)
DIV	0.879	0.862	−0.016 (−0.585)
LEV	0.238	0.235	−0.003 (−0.365)
ROE	0.072	0.078	0.006 (1.489)
ROE1	0.074	0.066	0.008* (1.75)
RET1	0.296	0.323	0.027 (0.638)
CAPEX	0.075	0.072	−0.004 (−0.993)
样本数	536	656	—

表 7-12　风险投资参与特征相关变量的描述性统计及相关系数

变量	VCround	First_Duration	VCduration	First_Share	VCnum
面板 A：描述性统计					
均值	1.559	3.383	2.832	0.123	2.178
中位数	1.000	2.584	2.338	0.100	1.000
最小值	1.000	0.258	0.258	0.014	2.000
最大值	7.000	15.493	12.668	0.600	8.000
样本数	247	247	247	201	247
面板 B：相关系数					
VCround	1.000				
First_Duration	0.641	1.000			
VCduration	0.396	0.908	1.000		
First_Share	0.138	0.231	0.251	1.000	
VCnum	0.648	0.268	0.123	0.181	1.000

从风险投资参与特征相关变量的相关性来看，风险投资轮次和数目之间的相关系数高达 0.648，最早的风险投资参与期限和风险投资平均参与期限的相关系数高达 0.908。此外，所有变量的相关系数均为正，说明相关参与特征变量可以反映风险投资的参与程度。

2. 多元回归分析

利用 IPO 后三年内的相关数据[①]，表 7-13 中模型 1 以市值账面比（*M*/*B*）为被解释变量，以是否有 VC 参与的 0/1 虚拟变量为解释变量，控制相关变量和年度与行业效应，进行 OLS 回归。实证发现，风险投资参与对企业市场估值具有显著的正向影响，很好地支持研究假设 7-4，并与 Brav 和 Gompers（1997）的风险投资参与可以提升企业长期价值的结论一致。

进一步利用风险投资参与的子样本，表 7-13 中模型 2～模型 6 利用风险投资参与的子样本，依次以风险投资轮次（VCround）、风险投资平均参与期限（VCduration）、牵头风险投资持股比例（First_Share）、牵头风险投资参与期限（First_Duration）和风险投资数目（VCnum）几个参与特征变量为解释变量，分别进行回归。实证发现，风险投资轮次越多、参与期限越长，企业市场估值越高，很好地支持研究假设 7-5；同时，最早入股的牵头风险投资的持股比例和参与期限也分别在 1%和 5%的水平上对企业估值具有显著的正向影响，支持研究假设 7-6。模型 6 中 VCnum 回归系数为正，但并不显著，尚不足以支持研究假设 7-7。

表 7-13　风险投资参与及参与特征影响企业市场估值的回归结果

变量	模型 1	模型 2	模型 3	模型 4	模型 5	模型 6
LNBA	−1.439*** (−11.580)	−1.678*** (−9.310)	−1.656*** (−9.310)	−1.637*** (−9.180)	−1.728*** (−7.890)	−1.651*** (−9.130)
VOLP	11.596*** (7.480)	9.952*** (3.790)	9.892*** (3.790)	9.755*** (3.730)	10.030*** (3.110)	9.624*** (3.660)
DIV	−0.128 (−0.950)	−0.205 (−1.270)	−0.219 (−1.360)	−0.206 (−1.280)	−0.201 (−1.170)	−0.200 (−1.230)
LEV	2.546*** (5.150)	2.835*** (3.690)	2.987*** (3.900)	2.928*** (3.810)	2.791*** (3.230)	2.875*** (3.730)
ROE	11.456*** (8.860)	12.518*** (3.870)	12.109*** (5.680)	12.065*** (5.630)	12.583*** (5.060)	12.461*** (5.800)
ROE1	6.199*** (5.890)	5.232* (1.907)	5.387*** (3.220)	5.440*** (3.230)	6.216** (3.220)	5.158*** (3.060)
RET1	−0.997*** (−9.030)	−1.154*** (−7.080)	−1.153*** (−7.110)	−1.149*** (−7.070)	−1.317*** (−7.160)	−1.147*** (−7.020)
CAPEX	0.872 (0.820)	1.843 (1.150)	1.888 (1.180)	1.801 (1.130)	2.265 (1.240)	1.793 (1.120)
VC	0.276** (2.170)					
VCround		0.189* (1.820)				

①针对 IPO 后一年的市场估值，变量 VC、VCround 和 First_Share 的回归系数符号为正，但未通过显著性检验；而变量 VCduration 和 First_Duration 的回归系数分别在 10%和 5%的水平上显著为正。限于篇幅，具体回归结果从略。

续表

变量	模型 1	模型 2	模型 3	模型 4	模型 5	模型 6
First_Duration			0.104** (2.910)			
VCduration				0.118** (2.190)		
First_Share					3.327*** (2.650)	
VCnum						0.045 (0.660)
截距项	30.935*** (11.940)	35.468*** (9.330)	34.989*** (9.280)	34.604*** (9.150)	36.256*** (7.790)	35.057*** (9.200)
观测值	1160	636	636	636	514	636
行业效应	控制	控制	控制	控制	控制	控制
年度效应	控制	控制	控制	控制	控制	控制
R^2	0.650	0.650	0.653	0.651	0.650	0.648
Adj-R^2	0.628	0.628	0.631	0.629	0.624	0.626

3. 稳健性检验

利用托宾 Q 测度企业市场估值，对是否有风险投资参与和风险投资参与特征的影响进行稳健性检验。由表 7-14 可知，与市账比作为估值变量的结果类似，有风险投资参与的企业市场估值在 5%的水平上显著高于没有风险投资参与的企业，即风险投资参与对企业估值具有显著的正向影响；而且，风险投资轮次越多、平均参与期限越长，企业市场估值越高；牵头风险投资的持股比例和参与期限也均在 1%的水平上对企业估值具有显著的正向影响。

表 7-14　风险投资参与及参与特征影响企业托宾 Q 的稳健性检验结果

变量	模型 7	模型 8	模型 9	模型 10	模型 11	模型 12
LNBA	−1.128*** (−11.610)	−1.314*** (−9.380)	−1.294*** (−9.360)	−1.277*** (−9.220)	−1.362*** (−7.980)	−1.281*** (−9.100)
VOLP	8.985*** (7.410)	7.302*** (3.570)	7.243*** (3.570)	7.135*** (3.510)	7.095*** (2.820)	6.951*** (3.390)
DIV	−0.113 (−1.080)	−0.168 (−1.330)	−0.180 (−1.440)	−0.169 (−1.350)	−0.152 (−1.130)	−0.162 (−1.280)
LEV	−2.911*** (−7.530)	−2.908*** (−4.870)	−2.768*** (−4.650)	−2.817*** (−4.720)	−3.105*** (−4.600)	−2.877*** (−4.800)
ROE	8.049*** (7.960)	9.292*** (5.580)	8.915*** (5.380)	8.850*** (5.320)	9.263*** (4.780)	9.205*** (5.500)
ROE1	5.142*** (6.240)	4.034** (3.090)	4.176** (3.210)	4.246** (3.250)	4.882*** (3.240)	3.969** (3.030)
RET1	−0.761*** (−8.820)	−0.854*** (−6.730)	−0.853*** (−6.770)	−0.850*** (−6.730)	−0.972*** (−6.780)	−0.844*** (−6.630)
CAPEX	0.958 (1.150)	1.862 (1.500)	1.903 (1.540)	1.824 (1.470)	2.085 (1.460)	1.810 (1.450)
VC	0.227** (2.280)					

续表

变量	模型 7	模型 8	模型 9	模型 10	模型 11	模型 12
VCround		0.175** (2.170)				
First_Duration			0.095*** (3.430)			
VCduration				0.117*** (2.800)		
First_Share					2.573*** (2.620)	
VCnum						0.021 (0.390)
截距项	25.283*** (12.530)	29.318*** (9.910)	28.872*** (9.860)	28.502*** (9.700)	30.310*** (8.350)	28.828*** (9.710)
观测值	1160	636	636	636	514	636
行业效应	控制	控制	控制	控制	控制	控制
年度效应	控制	控制	控制	控制	控制	控制
R^2	0.605	0.638	0.642	0.640	0.640	0.635
Adj-R^2	0.590	0.615	0.620	0.617	0.613	0.612

7.2.4　风险投资影响股票收益率表现的检验

针对 IPO 之后的 3 个月、6 个月、12 个月和 36 个月共四个不同窗口期，利用综合 A 股市场指数，分别估计样本年企业的累计超额收益率和买入持有超额收益率，利用 Fama-French 三素调整估计超额收益率，用以衡量 IPO 后股票的收益表现，并基于此考察风险投资及其参与特征的影响。

表 7-15 给出了有无风险投资参与两组子样本 IPO 后超额收益率的均值及其差异性检验。可以看出，整体而言，无论何种考察窗口，有风险投资参与的子样本的股票累计超额收益率和买入持有收益率都要更高，其中有风险投资参与的企业 IPO 之后 6 个月和 1 年经 Fama-French 三因素调整的超额收益率在 5%和 10%的水平上高于无风险投资参与的子样本，很好地支持研究假设 7-4。

表 7-15　是否有风险投资参与分组下 IPO 后股票超额收益率的均值及差异性检验

期限	市场收益率调整						Fama-French 三因素调整的 CAR		
	CAR			BHAR					
	VC=0	VC=1	差异	VC=0	VC=1	差异	VC=0	VC=1	差异
3 个月	0.486	0.560	−0.074 (−1.218)	0.730	0.835	−0.105 (0.742)	0.020	0.024	−0.004 (−1.538)
6 个月	0.536	0.596	−0.060 (−0.870)	0.885	0.973	−0.088 (0.471)	0.010	0.014	−0.004** (−1.995)
12 个月	0.652	0.719	−0.067 (−0.852)	0.904	1.054	−0.153 (0.811)	0.005	0.008	−0.003* (−1.789)
36 个月	0.937	0.945	−0.008 (−0.101)	1.428	1.399	0.029 (−0.131)	0.002	0.004	−0.002 (−1.168)

进一步利用有风险投资参与的子样本，表 7-16 根据风险投资参与轮次、数目、平均参与期限、牵头风险投资持股比例和参与期限等参与特征分别进行参与程度高低分组，比较 IPO 后两组股票超额收益率的差异。其中，平均参与期限、牵头风险投资持股比例和参与期限的分组标准为中位数，而风险投资参与轮次和风险投资机构数目的分组标准分别为 1 轮与多轮和 1 家与多家。可以看出，除风险投资数目高低分组外，无论利用何种特征反映风险投资参与程度，风险投资参与程度越高，IPO 后三年内的股票超额收益率越高。

具体而言，在风险投资轮次方面，风险投资参与轮次多的企业 IPO 后 6 个月和 1 年经 Fama-French 三因素调整的超额收益率显著高于风险投资参与轮次少的企业。在参与期限方面，无论是经市场调整的买入持有和累计超额收益率，还是经 Fama-French 三因素调整的超额收益率，风险投资平均参与期限长的企业都在超过 5%的水平上高于参与期限短的企业，牵头风险投资参与期限长的企业的经市场调整的买入持有和累计超额收益率都在 1%的水平上显著更高。需要说明的是，风险投资数目多的企业反而具有低的超额收益率，一定程度上推翻了研究假设 7-7，与利用企业估值的回归检验结果并不一致。

表 7-16 风险投资参与程度高低分组下 IPO 股票超额收益率的均值及差异性检验

期限	市场收益率调整						Fama-French 三因素调整的 CAR		
	BHAR			CAR					
	低	高	差异	低	高	差异	低	高	差异
面板 A：风险投资轮次(VCround)									
3 个月	0.854	0.801	0.053 (0.259)	0.589	0.507	0.082 (0.939)	0.026	0.020	0.006 (1.346)
6 个月	1.049	0.838	0.211 (0.820)	0.626	0.542	0.085 (0.851)	0.015	0.012	0.003 (1.099)
12 个月	1.092	0.986	−0.108 (0.422)	0.734	0.694	0.040 (0.343)	0.009	0.007	−0.002 (0.656)
36 个月	1.448	1.311	0.029 (0.462)	0.951	0.934	0.016 (0.141)	0.004	0.004	0.000 (0.179)
面板 B：牵头风险投资参与期限(First_Duration)									
3 个月	0.320	1.346	−1.026*** (−5.509)	0.376	0.743	−0.367*** (−4.545)	0.022	0.026	−0.005 (−1.123)
6 个月	0.324	1.618	−1.294*** (−5.566)	0.394	0.797	−0.403*** (−4.389)	0.012	0.016	−0.004 (−1.301)
12 个月	0.416	1.688	−1.272*** (−5.503)	0.499	0.940	−0.441*** (−4.170)	0.007	0.009	−0.002 (−0.742)
36 个月	1.513	1.254	0.259 (0.900)	0.982	0.898	0.083 (0.752)	0.004	0.004	0.000 (−0.149)
面板 C：风险投资平均参与期限(VCduration)									
3 个月	0.312	1.354	−1.042*** (−5.609)	0.366	0.752	−0.386*** (−4.791)	0.020	0.028	−0.008** (−2.112)
6 个月	0.310	1.632	−1.322*** (−5.699)	0.379	0.812	−0.433*** (−4.752)	0.010	0.017	−0.007** (−2.262)

续表

期限	市场收益率调整						Fama-French 三因素调整的 CAR		
	BHAR			CAR					
	低	高	差异	低	高	差异	低	高	差异
12 个月	0.408	1.696	−1.289*** (−5.684)	0.487	0.952	−0.465*** (−4.410)	0.006	0.010	−0.004 (−1.561)
36 个月	1.475	1.302	0.173 (0.602)	0.983	0.896	0.0870 (0.783)	0.003	0.005	−0.002 (−0.925)
面板 D：牵头风险投资持股比例(First_Share)									
3 个月	0.765	1.022	−0.257 (−1.082)	0.510	0.609	−0.107 (−1.009)	0.023	0.025	−0.002 (−0.446)
6 个月	0.848	1.201	−0.353 (−1.194)	0.521	0.653	−0.132 (−1.204)	0.013	0.015	−0.002 (−0.783)
12 个月	0.931	1.266	−0.335 (−1.190)	0.721	0.769	−0.048 (−0.389)	0.007	0.009	−0.002 (−0.758)
36 个月	1.534	1.526	0.009 (0.027)	1.038	0.964	0.074 (0.613)	0.004	0.005	−0.001 (−0.553)
面板 E：风险投资数目(VCnum)									
3 个月	0.818	0.846	−0.028 (−0.139)	0.602	0.532	0.070 (0.815)	0.028	0.022	0.006 (1.409)
6 个月	1.060	0.916	0.144 (0.572)	0.667	0.549	0.118 (1.215)	0.016	0.013	0.003 (1.047)
12 个月	1.082	1.036	0.046 (0.186)	0.744	0.704	0.041 (0.362)	0.009	0.007	0.001 (0.418)
36 个月	1.306	1.460	−0.154 (−0.527)	0.910	0.968	−0.058 (−0.516)	0.004	0.004	0.000 (0.004)

7.2.5　小结

本节以 2015 年 12 月 31 日前在深交所创业板 IPO 上市的 442 家企业为样本，实证考察 IPO 前是否有风险投资参与、风险投资轮次、风险投资参与期限，以及牵头风险投资持股比例与参与期限等对 IPO 后企业市场估值和股票收益表现的影响，得到风险投资参与尤其是长期参与对企业市场表现具有正向影响的证据。相对于无风险投资参与的企业，具有风险投资参与背景的企业在 IPO 后 1～3 年具有高的市场估值，而且风险投资平均的参与期限越长、牵头风险投资的持股比例越高和参与期限越长，企业的市场估值越高。同时，无论是利用市场调整的累计超额收益率和买入持有超额收益率，还是利用 Fama-French 三因素调整的超额收益率衡量 IPO 后股票的超额收益率越高，尤其是所有风险投资平均参与期限和牵头风险投资的参与期限，对 IPO 后 3 个月、6 个月和 12 个月的股票收益表现具有显著的正向作用。

7.3　风险投资、股权结构与创业绩效

由于创业能否成功事关创业企业的存亡，且直接决定着参与投资的风险投资机构的投资业绩，进而影响社会经济的发展，正确衡量创业绩效和识别创业绩效影响因素显得至关

重要。这不仅有利于深入了解我国创业企业的创业绩效情况，而且对我国本土中小企业的发展和风险投资机构遴选创业项目具有实践指导意义。然而，由于我国风险投资起步较晚，加之创业企业主要是非上市的中小企业，研究所需相关数据的收集难度较大，因此，关于非上市创业企业创业绩效及其影响因素的实证研究整体较为缺乏。本节利用我国某产业基金 2002～2005 年初审合格的申报企业的项目申报书信息，以及网络手工收集的补充数据，以 450 家创业企业为样本，从投资回报、获利性和成长性三个方面，实证考察风险投资及其参与特征和创业者及其参股情况对创业绩效的影响。

7.3.1　理论评述与研究假设

创业绩效是衡量创业是否成功的重要指标，有效地评价和测度创业绩效是进一步识别创业活动影响因素的前提。企业绩效的衡量指标大致可以分为财务指标(销售增长率、利润率和资产报酬率等)和非财务指标(市场占有率、顾客满意度和顾客忠诚度等)两类，两者各有优劣，主要体现为三点：其一，前者根据企业财务报表计算而来，数据获取相对容易，后者则更多地依赖于问卷调查、实地访谈等调研方式，数据获取难度较大；其二，前者所依赖的财务报表遵循财务会计制度编制，且需经审计机构审计，其数据的可靠性比较强，后者获取数据的质量则很大程度上取决于调研问题的设计、被调研者对问卷或访谈问题的理解程度，以及调研问卷的回收率等，其数据主观性、片面性相对较为严重；其三，相对于非财务指标，财务指标更多的是对企业短期绩效进行衡量，而无法很好地反映企业放弃短期利益而着眼于长远打算的情形，从而不能全面反映企业绩效。既然财务和非财务指标各有优劣，那么，理想的企业绩效评价指标应该综合考虑财务指标和非财务指标。

Murphy 等(1996)将企业绩效分为投资回报、成长性、获利性和市场占有率等八个层面，对 1987～1993 年 71 篇有关中小企业或新创企业绩效的实证文献所用绩效指标进行统计发现，资产报酬率、销售增长率或员工增长率、利润率或净利润率三类分别衡量企业投资回报率、成长性和获利性的绩效指标最常被使用。

到底哪些因素影响或决定了创业绩效呢？李乾文(2004)将创业绩效影响因素的研究视角归为生态决定论、个体认知论、资源论和战略适应论四个角度，并对四种理论的观点进行了定性评价和比较①。从研究历程来看，该领域较早的研究主要关注创业者创业经历、工作经验、受教育背景和年龄等可观测的个人特质对创业绩效的影响；而后，创业学的研究焦点从单个创业者的特征转移到创业过程本身。其中，结合社会学和心理学的研究成果，组织行为学领域的研究者更加关注创业者创业能力与创业动机等不可观测的人力资本对创业绩效的影响。

Lerner 等(1992)以以色列 550 家女性创业企业为样本，利用利润率和企业规模等四个指标度量创业绩效，检验了受教育程度、从业经验和创业经历等个体特质和创业动机等因素对创业绩效的影响。Chandler 和 Jansen(1992)则以美国犹他州的 134 家创业企业为样

①生态决定论认为创业机会、区位差异、风险投资和创业文化等环境是创业企业生存与否的决定因素；个体认知论认为创业经历、创业能力和创业动机等创业者个体特征是创业绩效的重要解释变量；资源论则认为创业组织内部的各种资源及其利用与整合是创业绩效的决定因素；战略适应论则从战略管理的角度强调创业导向和战略权变等对创业环境适应的重要性，即只有战略与环境相适应的企业才能获得很高的业绩水平。

本，实证检验了创业能力、管理能力和技术能力对企业获利性和成长性的影响。Durand 和 Coeurderoy (2001) 同时考察了领先、跟随、后动三种行业进入次序和成本领先、创新差异化、市场差异化三种战略导向，利用资产报酬率、销售增长率和盈利性度量企业绩效，以法国银行数据库的 582 家中小企业为样本，实证检验了行业进入次序和战略导向对企业绩效的影响。

首先，尽管以上多门学科从不同视角考察了创业绩效的影响因素，但由于数据来源的局限性和研究角度的独特性，该类研究存在如下两点不足：就数据来源而言，这些研究主要针对特定地区采用问卷调查的方式获取数据，实证检验的样本量一般不大，甚至可能缺乏代表性。其次，无论是战略管理的视角，还是组织行为学的视角，上述研究并未考察作为企业重要创业资源的风险投资，以及创业者股权持有情况等关键变量对创业绩效的影响。事实上，对于创业企业，尤其是处于创业初期的创业企业而言，资金和管理能力直接决定着企业能否存活、能否快速增长和能否获得高的投资回报。风险投资不仅能够为创业企业提供创业资本或后续资金支持，还能为企业提供包括战略规划、组织设计、市场开拓和人力资源开发等一系列的管理支持与服务，从而对企业的创业绩效产生重要影响。

根据数据来源和相应绩效衡量指标的不同，关于风险投资对创业绩效影响作用的研究大致可以分为三类。第一类研究主要采用问卷调查和实地访谈的方式收集主观评价数据，实证检验风险投资对企业市场表现和管理能力等主观绩效指标的影响。Hellman 和 Puri (2000，2002) 利用硅谷 173 家创业企业的问卷调查数据，研究发现，风险投资参与创业企业能够显著地提高企业将新产品成功推向市场的概率，能够为企业内部组织的构建和组织高层的设计提供专业化的服务与决策建议。Stubner 等 (2007) 以 106 家德国创业企业为样本，进一步深入实证检验了风险投资提供管理支持的质量对创业目标实现和管理支持两个主观绩效指标的影响。

第二类研究主要从监管部门、行业协会或中介服务机构获取一些档案数据，检验风险投资对企业成长性和存活概率的影响。Lerner (1999)、Engel 和 Keilbach (2007) 分别利用美国小企业创新研究项目和德国某信用评级机构与德国风险投资协会的创业企业数据，实证检验了风险投资对于促进企业成长的正向作用，即风险投资参与能够显著地提高企业的员工增长率和销售增长率。Manigart 等 (2002) 结合会计报表和风险投资公司出版物收集整理二手数据，实证检验了比利时风险投资对企业存活概率(即未被兼并收购或破产的概率)的影响，然而，其结果并不支持风险投资能够提高企业存活概率的假设。

第三类研究直接以上市企业为研究对象，利用其上市前和上市过程中的相关数据，主要考察风险投资参与对企业 IPO 的影响。Wang 等 (2003) 以 1987～2001 年在新加坡股票交易所上市的企业为研究对象，通过考察风险投资参与的 92 家创业企业的 IPO 表现发现，风险投资参与能够显著地降低创业企业 IPO 抑价率。陈玉罡和王苏生 (2007) 则以 1993～2006 年在香港主板和创业板上市的 133 家 H 股公司为研究对象，实证同样表明，风险投资支持的企业的 IPO 偏低定价程度要显著低于无风险投资支持的企业。综合前述风险投资对创业绩效影响作用的三类研究，提出假设 7-8。

假设 7-8：风险投资参与对于创业绩效具有显著的正向作用。

进一步来看，风险投资能否真正地起到提高创业绩效的作用还受如下两个方面因素影响：一方面，风险投资对企业的了解程度有助于其掌握创业企业的真实经营状况，从而提出符合企业现状和发展趋势的管理支持与决策建议；另一方面，一家创业企业往往会涉及多方利益相关者，各利益相关者可能关于创业目标、经营理念和战略选择等存在差异甚至分歧，此时，风险投资提供的、能给企业带来增值的管理建议能否最终被采纳还需取决于各利益相关方在企业中话语权的大小。基于两个方面的考虑，提出假设 7-9 和假设 7-10。

假设 7-9：风险投资参与的时间越长，企业创业绩效越好。

假设 7-10：风险投资的相对持股比例越高，企业创业绩效越好。

如前所述，由于创业项目多是源于创业者开创性的思维、方法和技术，因此，创业者的创新思维、市场洞察力、技术专长及其社会网络资源等对于创业活动能否开展、能否吸引风险投资，以及创业最终能否成功都有着非常重要的影响。已有关于创业者可观测的个人特质、创业能力与创业动机等不可观测的人力资本和创业绩效关系的研究揭示了创业者对于创业企业的重要性。然而，在我国，很多创业企业创立之时的创业资本主要靠个人财富或者个人借贷来获取；与此同时，企业运营过程中，市场的开拓、融资资金的获取，甚至政府扶持政策的争取等无不依赖于创业者的社会网络资源。基于这些特殊事实，有理由认为，在我国的创业活动中，创业者个人财富或经济资本和社会资本对于创业企业的重要性十分明显。通常而言，创业者年龄越大，其个人财富和社会资源的积累也越多，因此，提出假设 7-11。

假设 7-11：创业者年龄越大，企业创业绩效越好。

一方面，尽管已有研究明确了创业者对于创业企业的重要作用，但是它们还未涉及对创业者的激励机制与创业绩效之间的关系。事实上，既然创业者对于创业企业如此重要，那么，作为一种激励手段，给予创业者必要的股权对于激发其创业能力和强化其创业动机，对于创业绩效有着积极的促进作用。另一方面，Leland 和 Pyle（1977）指出，在企业与外部投资者关于项目价值存在非对称信息的条件下，作为内部人的经理持有股份可以向外部投资者传递项目价值信息的有效信号，经理持股比例越高，表明其对项目前景和项目质量更看好。此外，当创业者拥有企业的控制权时，其会有追求私人利益的动机和可能，然而，随着创业者持股比例的增加，创业者个人利益将与企业全体股东利益更加趋于一致，这对于减轻创业者对私人利益的追求，从而提高创业绩效有着积极的作用。因此，综合三个方面的作用，提出假设 7-12。

假设 7-12：创业者持股比例越高，企业创业绩效越好。

此外，由于创业者和风险投资之间存在控制权的争夺，这将严重影响企业的绩效，而赋予创业者一定控制权从某种程度上可以减轻控制权之争造成的不利影响；同时，在创业者和风险投资间存在关于项目质量的非对称信息时，让控制权掌握在拥有信息优势的创业者一方有利于决策失误的减少，因此，提出假设 7-13。

假设 7-13：相对于创业者并非大股东的企业，创业者作为大股东的企业创业绩效更好。

7.3.2　研究设计

1. 数据来源与样本选择

本节以某产业基金项目 2002～2005 年初审合格的申报企业为研究对象。该基金的主要资助范围包括软件和集成电路等高科技产业的研发、产业化及应用，而且申报企业多数为非上市企业，因此将 962 家申报企业视为高科技创业企业，并剔除数据异常、数据严重不完整的样本，最终以 2002 年 46 家、2003 年 115 家、2004 年 146 家、2005 年 143 家共 450 家申报企业作为研究样本。所使用的数据来自基金申报书中的项目可行性报告、申报前一年和前两年的财务报表与主要股东资料，以及利用网络手工收集的部分补充数据。

2. 变量选取与定义

关于创业绩效的测度指标众多，既有财务指标，也有非财务指标，既有主观指标，也有客观指标。结合数据收集情况和 Murphy 等(1996)关于创业绩效指标的分类，采用常见的投资回报率、获利性和成长性三类指标度量企业创业绩效。其中，投资回报率用总资产收益率(ROA)度量，获利性用主营业务利润率(MProfit)度量，成长性用销售收入增长率(Growth)度量。三个指标作为被解释变量，从投资回报、获利能力和成长性三个方面反映企业的创业绩效。

一方面，基于风险投资及其参与情况，利用项目申报书中主要股东及其入股时间信息，将前五大股东中有创业投资公司、创业投资基金、投资管理公司与信托投资公司等参与的企业界定为有风险投资机构参与的企业，并通过比较有无风险投资参与两组子样本的创业企业绩效差异考察风险投资对创业绩效的影响。进一步，将风险投资机构入股至所考察年份的时限作为风险投资参与企业的期限，利用风险投资持股比例与其余股东持股比例之比测度风险投资相对持股比例，将两者分别作为解释变量进一步检验风险投资程度对创业绩效的影响。

与此同时，考虑到创业者对创业活动和创业企业的重要性，本节根据样本企业第一大股东的性质，将创业类型分为个人创业和组织创业(如果第一大股东为自然人，则企业属于个人创业；反之为组织创业)，考察两者创业绩效的差异。其次，由于创业企业的创业者本人可能出于对企业控制权的掌握，或者企业出于对高层管理人员的激励，创业者或企业高管人员往往会持有较高的股权；然而，由于无法从有关资料中获取企业创业者的信息，因此，根据企业股权结构资料中企业负责人或者财务、技术等主要负责人的持股情况和项目可行性报告中对这些人员的简介，将企业负责人是否为前五大股东、是否为第一大股东，以及负责人持股比例及其年龄作为解释变量，进一步考察个人与组织创业绩效存在差异的深层原因。

此外，诸如资产杠杆率、资产运营能力和获取现金能力等都会影响企业经营绩效，因此，在回归模型中引入这些变量作为控制变量。所有变量的指标定义及说明详见表 7-17。

表 7-17　变量定义及说明

类型	名称及符号	定义及说明
被解释变量	总资产收益率(ROA)	息税前利润除以平均总资产，用于衡量企业的投资绩效
	主营业务利润率(MProfit)	主营业务利润除以销售收入，用于衡量企业的获利性
	销售增长率(Growth)	销售收入除以上一年的销售收入，用于衡量企业的成长性
控制变量	资产负债率(Gleve)	总负债除以总资产，用于衡量企业的债务负担情况
	资产周转率(Assturn)	主营业务收入除以平均总资产，用于衡量企业的营运能力

续表

类型		名称及符号	定义及说明
		现金净流量占比(Cfa)	经营性活动现金净流量除以平均总资产，用于衡量企业的获现能力
		企业寿命(Life)	最早的股东入股时间至考察时间之间的年数
		是否有风险投资参与(VC)	如果有创业投资公司、创业投资基金与投资管理公司等参与，则定义为 1；否则为 0
	风险投资及其参与情况	风险投资相对持股比例(VcZ)	风险投资机构持股比例与其余股东持股比例之比
		风险投资参与期限(VcDur)	风险投资机构入股时间至考察时间之间的年数
解释变量		是否为个人创业(Type)	如果第一大股东为自然人，则定义为 1；否则为 0
		负责人是否为前五大股东(EnFive)	如果企业负责人为前五大股东，则定义为 1；否则为 0
	创业类型及创业者特征	负责人是否为第一大股东(EnFirst)	如果企业负责人为第一大股东，则定义为 1；否则为 0
		企业负责人持股比例(EnShare)	企业负责人持股数占总股数的百分比
		企业负责人年龄(EnAge)	截止于考察年份之时企业负责人的年龄

7.3.3　实证结果

1. 描述性统计

表 7-18 给出了全样本下相关变量的描述性统计结果。可以看出，样本企业平均的投资回报率、利润率和销售增长率分别为 15%、28%和 190%左右，杠杆率水平为 37%左右，资产周转率为 100%左右，企业经营性活动现金净流量占企业平均资产的 4%，而创业企业的平均寿命为 4 年左右。

表 7-18　相关变量的描述性统计

变量	均值	中位数	最大值	最小值
ROA(%)	14.01	10.16	98.94	0.01
MProfit(%)	27.57	24.36	96.00	−27.21
Growth(%)	190.56	38.35	6359.43	−90.95
Gleve(%)	38.07	37.01	160.79	0.39
Assturn(%)	111.63	83.98	1358.46	1.30
Cfa(%)	4.65	4.00	139.65	−276.26
Life	4.45	3.79	27.83	0
样本数			450	

根据创业企业的前五大股东中是否有创业投资公司、创业投资基金、证券投资基金与信托公司等参与，对全样本分类发现，450 家样本企业中有 95 家有风险投资参与，355 家无风险投资参与。两类样本的描述性统计及其差异性检验结果见表 7-19。由表 7-19 可知，有风险投资参与的企业 ROA 在 1%的水平上显著地比无风险投资参与的企业低 4%左

右，即风险投资参与的企业投资绩效反而要差；有无风险投资参与的企业成长绩效和获利性都无统计意义上的差异；由于，风险投资一般选择企业运营一段时间后参股企业，它们参股企业的期限一般为企业寿命的 70%～80%，为 2～3 年；风险投资相对持股比例平均约为 63%，对创业企业拥有相当的控制权，在 95 家有风险投资参与的创业企业中，风险投资作为前两大股东的有 65 家，作为第一大股东的有 26 家。

表 7-19　是否有 VC 参与分组下相关变量的描述性统计及差异性检验

变量	VC 参与企业		无 VC 参与企业		差异性检验	
	中位数	均值	中位数	均值	中位数	均值
ROA (%)	7.98	10.78	11.08	14.88	-3.10^{***} (2.6060)	-4.10^{***} (2.6065)
MProfit (%)	27.82	30.25	25.22	28.67	2.60 (0.7168)	1.58 (0.7332)
Growth (%)	32.45	251.49	38.13	146.22	−5.68 (0.6382)	105.27^{*} (1.7765)
Gleve (%)	39.00	38.64	36.69	37.92	2.31 (0.3793)	0.72 (0.2795)
Assturn (%)	63.73	73.89	92.58	121.73	-28.85^{***} (3.8620)	-47.84^{***} (3.4430)
Cfa (%)	4.13%	1.57	3.97	5.48	0.16 (1.2089)	−3.91 (1.3910)
Life	3.25	3.90	3.92	4.59	-0.67^{*} (1.7374)	-0.69^{*} (1.8811)
VcDur	2.42	2.97				
VcZ (%)	25.00	63.14				
样本数	95		355			

注：中位数和均值差异性检验分别采用 *t* 检验和威尔科克森/曼-惠尼特检验；第六和第七列括号中的值即为相应的统计量值。

如已有研究指出的那样，创业者可观测和不可观测的个人特质、能力与动机等对创业绩效有着重要的影响，那么可以推断，由创业者个人发起的创业活动的创业绩效也与企业、科研院所等组织机构发起的创业活动的绩效有所不同。因此，根据创业企业第一大股东是否为自然人将 450 个样本分为个人和组织创业两类子样本，两者分别包括 210 家和 240 家创业企业，表 7-20 中的描述性统计及其差异性检验结果显示，个人创业的投资绩效和获利能力均要显著好于组织创业的绩效，而两类子样本的成长性无显著差异。此外，在 210 家个人创业的创业企业中，企业负责人年龄为 40 岁左右，其持股比例也高达 40%左右，这可能是由两个方面的原因造成的：如果企业负责人即为创业者本人，则高的持股比例利于其掌握控制权；如果企业负责任人并非创业者之一，而仅仅是企业聘用的高管人员，则高的持股比例也利于激励其努力工作。因此，无论企业负责人是创业者还是高管，高的持股比例都会激励他们全心投入企业经营管理，同时也利于减轻所有权和经营权分离导致的委托代理问题。

表 7-20　创业类型分类下相关变量的描述性统计及差异性检验

变量	个人创业		组织创业		差异性检验	
	中位数	均值	中位数	均值	中位数	均值
ROA(%)	13.25	17.29	8.06	11.14	5.19*** (5.2892)	6.15*** (4.8704)
MProfit(%)	28.69	31.43	24.42	26.87	4.27** (2.5565)	4.56*** (2.5976)
Growth(%)	43.21	152.80	27.10	182.13	16.11* (1.7402)	−69.33 (0.6033)
Gleve(%)	32.18	34.69	40.86	41.03	−8.68*** (3.2242)	−6.34*** (3.0499)
Assturn(%)	97.14	125.12	72.90	99.84	24.24*** (3.7604)	25.28** (2.2069)
Cfa(%)	5.33	7.61	2.82	2.07	2.51*** (2.5892)	5.54** (2.4252)
Life	4.00	4.32	3.58	4.58	0.42 (0.4494)	−0.26 (0.8482)
EnAge	40.00	42.09				
EnShare(%)	40.00	42.51				
样本数	210		240			

2. 风险投资参与及参与特征影响创业绩效的多元回归分析

以 450 家创业企业为样本，分别将 ROA、MProfit 和 Growth 作为被解释变量，将虚拟变量 VC 作为解释变量进行回归。由表 7-21 中模型 1 回归结果中 VC 的回归系数可知，有风险投资机构参与的企业投资绩效在 10%的水平上显著差于没有风险投资参与的企业；而风险投资参与与否对企业的获利能力和成长性无显著影响。但是，我们也注意到与张炜等(2007)的实证结果一致，投资绩效(和获利能力)与成长性的回归系数符号相反，说明风险投资对于企业成长性具有一定的正向作用。事实上，与普通的股东相比，风险投资参股企业的最终目标是通过 IPO、协议转让等方式退出企业并获利，它们更加注意对企业成长性的培育，而并不过分追求短期的投资回报和获利水平；然而，成长绩效回归系数为正但未通过显著性检验的结果又同时说明①，风险投资对企业成长绩效的促进作用也十分有限。

总体来看，本节未能发现风险投资统计意义上显著提升创业企业绩效的证据，这可能与我国风险投资起步较晚和创业环境不完善等现实情况有关。一方面，我国风险投资尚处于起步阶段，风险投资从业人员的企业管理经验还不足，他们未能为被投资企业提供全方位的增值服务。另一方面，在我国，包括个人信用体系、企业家声誉机制、企业资信与资产评估、知识产权保护等在内的诸多创业环境与国外差距甚大，这无疑将加重创业者(或创业企业)与风险投资之间的非对称信息，进而严重的逆向选择问题使得一些发展前景并

①当然，Growth 作为被解释变量时回归结果不显著还可能与控制变量的选取有关。关于创业企业成长绩效的已有研究多是采用样本匹配技术考察风险投资对企业成长绩效的影响，它们通常将创业企业所处区域、区域人口密度和区域科技设施等作为样本匹配标准，但是，由于数据限制，我们无法将这些成长绩效的关键影响因素作为多元回归的控制变量，因此，仅将 Gleve、Cfa 和 Assturn 等财务指标作为控制变量。

不良好的创业企业或项目获得风险投资支持，这也是我国风险投资很难提升高科技创业企业绩效的可能原因之一①。此外，尽管由于资金短缺创业者不得不寻求风险投资的资金支持，但是风险投资参股创业企业自然会稀释创业者的股权比例②，可能在很大程度上削弱创业者的决策自主权，这将导致创业者的努力程度下降和企业绩效下滑。

为了进一步明确风险投资对企业创业绩效的影响，从 450 家样本中筛选出 95 家有风险投资参与的创业企业，考察参与期限 VcDur 和相对持股比例 VcZ 两个关键参与特征对创业绩效的影响。由模型 2 的回归结果可以看出③，参与期限和相对持股比例对三个创业绩效指标都具有相反的影响作用；风险投资参与创业企业的时间越长，企业的投资绩效和获利性反而越差，而成长绩效则有所提升。这是因为风险投资参与创业企业更加关注企业的长期绩效，因此，风险投资参与企业的时间越长，表明其对企业未来前景越看好，从而它们愿意以牺牲利润为代价来培育企业的成长性，以求将来退出并获利。与此同时，考虑我国风险投资起步较晚的事实，不少风险投资机构都很年轻，根据 Gompers(1996)提出的“逐名动机”(grandstanding motivation)假说，年轻的风险投资机构在市场上尚未建立品牌和声誉，因此，它们会急于并过早包装企业上市以向市场传递其“成功”的业绩表现。模型 2 中风险投资的相对持股比例越大，企业的投资绩效和获利性越好，成长绩效则越差的回归结果一定程度上证实了“逐名动机”，即风险投资相对持股比例越大，其对企业的控制权越大、从而对企业经营和发展的决策权也越大，这将使得风险投资“逐名动机”得以实施，即支持企业获得高的投资回报和获利水平等短期绩效，以便于尽早包装企业上市，而不太关心企业上市后的长远发展④。

表 7-21 风险投资及其参与特征对创业绩效的影响

因变量	模型 1			模型 2		
	ROA	MProfit	Growth	ROA	MProfit	Growth
C	0.1572*** (8.9773)	0.4331*** (19.2491)	2.4828*** (4.1364)	0.0643** (2.2854)	0.4288*** (8.1245)	5.1239*** (2.8433)
Gleve	−0.1039*** (−3.8046)	−0.1379*** (−3.5979)	−1.6039 (−1.1341)	−0.0756 (−1.5223)	−0.1718** (−2.1163)	−9.7597 (−1.6464)

①以无形资产占总资产的比例为例，高科技产业企业的无形资产占比一般要高于传统产业企业，这必然要求有更高水平的资产评估技术和更大力度的知识产权保护，因此，高科技创业企业家和风险投资之间的非对称信息、逆向选择问题也要更为严重一些。在 450 家全样本创业企业中，无形资产占比的均值和中位数分别为 5.5%和 0.09%，而有风险投资参与的 95 家创业企业的无形资产占比均值和中位数都要高一些，分别为 6.6%和 2.4%。

②以 250 家创业者股权数据完整的创业企业为子样本，我们将其分成有、无风险投资参与两组，通过比较两组样本中创业者持股比例，我们发现，38 家有风险投资参与的创业企业创业者持股比例均值(30.66%)和中位数(26.75%)均在 1%的水平上低于 212 家无风险投资参与的创业企业(均值和中位数分别为 45.41%和 42%)。

③模型 2 中未包括企业寿命变量 Life 进行回归是因为 Life 和 VcDur 间有非常强的相关性，我们利用 VcDur/Life 来刻画风险投资参与创业的时机，求得其均值为 0.8，且统计上无法拒绝 VcDur/Life 不等于 0.8 的原假设(t 值为 0.1383)，说明风险投资参与的 95 家样本企业中，风险投资参与企业的时机表现出明显的趋同性。

④我们对部分样本企业的调研确实表明，创业者与风险投资方经营理念的冲突往往表现在技术研发与短期财务业绩的冲突上，风险投资方急于见效的心态比较严重。如果数据允许，我们可以从如下两个角度对此推断进行进一步实证：其一，按照风险投资相对持股比例将样本企业分成两组，比较两组样本中风险投资从业时间或经营期限的差异；其二，利用有风险投资支持的企业上市后的业绩表现，根据风险投资从业时间分组考察上市后企业业绩的差异。

续表

因变量	模型 1			模型 2		
	ROA	MProfit	Growth	ROA	MProfit	Growth
Assturn	0.0392*** (4.2606)	−0.0422*** (−5.2539)	0.2995* (1.7766)	0.1133*** (4.0412)	−0.0382 (−1.0156)	−0.3411 (−0.4244)
Cfa	0.1226*** (3.0789)	0.1207*** (2.6013)	−5.0764 (−1.2703)	0.1640*** (3.8780)	0.2409*** (3.0593)	3.9690*** (2.1473)
Life	−0.0051*** (−3.2907)	−0.0107*** (−4.3358)	−0.1087 (−1.4194)			
VC	−0.0204* (−1.6784)	−0.0064 (−0.3053)	0.9361 (1.0894)			
VcDur				−0.0005** (−2.1609)	−0.0009 (−1.6504)	0.0305 (0.5713)
VcZ				0.0040** (2.5740)	0.0009 (0.4365)	−0.1297* (−1.8439)
Adj-R^2	0.2139	0.1481	0.0728	0.3903	0.0841	0.0543
样本数		450			95	

注：括号中的值为 t 统计量值。

综上，很难明确接受或拒绝假设 7-8～假设 7-11，但是，前述回归结果与解释的重要经济预示在于：一方面，和大多数的风险投资一样，我国风险投资支持创业企业的动机和动力仍在于培育企业的成长性，以求将来退出并获利；另一方面，由于我国风险投资起步晚，不乏有些年轻的风险投资机构出于声誉考虑会追求短期企业绩效，过早将企业包装上市，而且这种现象在风险投资掌握控制权的情况下更易发生。

3. 创业类型及创业者参股情况影响创业绩效的多元回归分析

为了考察创业者及其参股情况对创业绩效的影响，首先通过考察个人创业与组织创业两种创业类型下创业绩效的差异，初步揭示创业者对于创业活动的重要性和对创业绩效的影响作用。表 7-22 中模型 3 引入反映创业类型的 0/1 虚拟变量 Type，其回归系数说明，个人创业的投资绩效和获利性要明显好于组织创业的绩效，而两种类型创业企业的成长绩效无显著差异。导致这一结果可能的原因在于：相对于组织创业企业，个人创业企业中创业者更有激励代表股东利益监管企业，从而一定程度上减轻所有权和经营权分离导致的委托代理问题；而且，当创业者兼为企业经营者时，创业者也更有动力去经营企业，因此，个人创业类型的企业投资绩效和获利性要好于组织创业企业。事实上，即便创业者不是作为第一大股东或者企业经营者，能否给予企业高管激励也对创业绩效有着非常重要的作用。

表 7-22 创业类型对创业绩效的影响

变量	模型 3			模型 4		
	ROA	MProfit	Growth	ROA	MProfit	Growth
C	0.1295*** (8.5670)	0.4088*** (19.1611)	2.8805*** (4.3440)	0.1315*** (8.8166)	0.4145*** (17.3406)	2.6526*** (4.2731)

续表

变量	模型 3			模型 4		
	ROA	MProfit	Growth	ROA	MProfit	Growth
Gleve	−0.0975*** (−3.4655)	−0.1241*** (−3.2725)	−1.6147 (−1.2110)	−0.0965*** (−3.5436)	−0.1309** (−3.4221)	−1.4896 (−1.1087)
Assturn	0.0378*** (4.4153)	−0.0435*** (−5.0733)	0.2592 (1.3584)	0.0387*** (4.3565)	−0.0433*** (−5.1044)	0.2417 (1.2531)
Cfa	0.1142*** (2.7859)	0.1107** (2.3741)	−5.1062 (−1.2966)	0.1209*** (3.0695)	0.1183** (2.5878)	−5.1832*** (−1.3182)
Life	−0.0047*** (−3.1359)	−0.0105*** (−4.3307)	−0.1202* (−1.6655)	−0.0055*** (−3.0993)	−0.0104*** (−4.2653)	−0.1175 (−1.6188)
Type	0.0382*** (3.1087)	0.0394** (2.3080)	−0.2110 (−0.4699)			
EnFive				0.0295** (2.5632)	0.0249 (1.4389)	0.1625 (0.3355)
Adj-R^2	0.2289	0.1586	0.0678	0.2213	0.1521	0.0676
样本数		450			450	

虽然无法确切获知样本企业中创业者及其相关信息，但是，对于创业企业而言，创业者一般都会担任企业的负责人，或者几个创业者分工担任企业主要相关部门的负责人(如财务负责人、技术总工等)，因此，根据企业负责人、财务和技术负责人是否为前五大股东，表 7-22 中模型 4 引入虚拟变量 EnFive①，其正的回归系数再次说明，创业者和企业高管人员对于取得良好的创业绩效起着至关重要的作用。

值得注意的是，比较模型 3 和模型 4 中关于成长绩效 Growth 的回归结果可以发现，同样作为体现创业者或企业高管重要性的 Type 和 EnFive 回归系数符号截然相反，这使得很难就创业者或高管对企业成长绩效的影响给予明确的论断。因此，进一步从 257 家企业负责人为前五大股东的创业企业中选择负责人持股比例数据完整的 250 家创业企业，表 7-23 模型 5 和模型 6 分别引入企业负责人是否为第一大股东和负责人持股比例两个解释变量进行回归。

可以发现，企业负责人作为第一大股东的投资绩效和获利性明显要好一些，并且负责人持股比例越高，创业企业投资绩效和获利性越好。首先，对于企业负责人而言，作为第一大股东和持有高的股权比例都会激励负责人努力工作和监管企业经营活动，从而有效地减轻股东与高管之间的委托代理冲突；其次，企业负责人持有高的股权比例可以向市场传递企业和项目质量的有利信号；最后，负责人作为第一大股东或持有高的股权比例一定程度上有利于企业股权的集中，进而对股东控制权争夺可能造成的不利影响起到抑制作用。沈超红和罗良(2006)指出，在中国集权文化背景下，创业者作为大股东，能迅速地做出投资决策，且决策的成败与大股东的利益密切相关，符合责权利对等的原则，更有利于创业

①EnFive=1 代表企业高管为前五大股东，模型 4 中包括 257 家该类企业；EnFive=0 代表企业高管不是前五大股东，模型 4 中包括 193 家该类企业。

企业的发展。

表 7-23　创业者是否为第一大股东及持股比例对创业绩效的影响

因变量	模型 5			模型 6		
	ROA	MProfit	Growth	ROA	MProfit	Growth
C	0.1359*** (6.0052)	0.4399*** (16.3652)	3.5417*** (3.9732)	0.1384*** (5.8758)	0.4546*** (16.4587)	3.9894*** (3.8310)
Gleve	−0.1050*** (−2.7482)	−0.2071*** (−4.2415)	−2.4484 (−1.1561)	−0.1115*** (−2.9021)	−0.2166*** (−4.3559)	−2.4241 (−1.1159)
Assturn	0.0405*** (5.1328)	−0.0570*** (−7.8806)	0.0171 (0.0754)	0.0407*** (5.0931)	−0.0562*** (−7.7996)	0.0334 (0.1509)
Cfa	0.0849* (1.9236)	0.0737* (1.6533)	−6.5638 (−1.3307)	0.0919** (2.0664)	0.0845* (1.8662)	−6.5725 (−1.3472)
Life	−0.0052* (−1.7127)	−0.0094** (−2.3690)	−0.0575 (−0.3427)	−0.0051 (−1.6484)	−0.0090** (−2.1671)	−0.0500 (−0.2902)
EnFirst	0.0486*** (2.6885)	0.0689*** (3.2849)	−0.3256 (−0.5020)			
EnShare				0.0708* (1.9551)	0.0712* (1.7654)	−1.6752* (−1.7036)
Adj-R^2	0.1796	0.2450	0.0981	0.1718	0.2238	0.1030
样本数		250			250	

需要特别说明的是，由于企业负责人是否为第一大股东和企业负责人持股比例对成长绩效的回归系数为负使得本书不能完全接受假设 7-12 和假设 7-13。其可能的原因在于，不少创业企业在创业过程由于缺乏专业管理知识与经验，难免过于追求投资回报和获利水平等短期绩效，而忽略对企业的长远战略规划，这也正是创业企业需要大力引进风险投资，尤其是声誉良好和经验丰富的风险投资的初衷之一。

直观来讲，创业者个人的财富、社会网络资源和创业经历等诸多因素也会影响创业绩效。因此，从企业负责人为第一大股东的 250 家创业企业中进一步筛选出负责人年龄数据完整的 160 家企业，模型 7 和模型 8 将企业负责人年龄作为创业者年龄的替代变量，表 7-24 的回归结果表明，无论是从投资回报率和获利性的角度，还是从成长性的角度，创业者年龄均未对创业绩效产生显著影响，这可能与样本变异程度不够或替代变量不准确有关。然而，创业者年龄对 ROA 及 MProfit 和对 Growth 的回归系数符号相反，即创业者年龄越大，企业的投资绩效和获利性越好，但成长绩效越差。事实上，尽管随着创业者年龄的增加，其个人财富、社会资源和工作经验会不断积累，但是，他们创业的目的也可能仅仅是抓住稍纵即逝的投资机会（高科技产业表现得尤为明显），尽快实现投资回报和分得利润，而没有精力、时间和耐心逐步培育企业来获得长期、更高的回报。

表 7-24　创业者年龄对创业绩效的影响

变量	模型 7			模型 8		
	ROA	MProfit	Growth	ROA	MProfit	Growth
C	0.7514 (1.0844)	0.3763*** (5.0660)	2.8873*** (2.6533)	0.0509 (0.7522)	0.3570*** (4.4972)	2.6301** (2.3754)
Gleve	−0.170** (−2.3098)	−0.2362*** (3.6813)	−0.9341 (−0.8251)	−0.1295*** (−2.6273)	−0.2525*** (−3.9380)	−0.9474 (−0.8478)
Assturn	0.0549*** (4.6828)	−0.0664*** (−5.3522)	−0.6317 (−0.5149)	0.0536*** (4.5695)	−0.0667*** (−5.3216)	−0.0934 (−0.6940)
Cfa	0.0855 (1.5085)	0.0414 (0.4756)	0.4660 (0.2983)	0.1064* (1.8512)	0.0702 (0.8129)	0.4631 (0.3150)
Life	−0.0066* (−1.9169)	−0.0083* (−1.8250)	−0.1190*** (−2.9089)	−0.0069** (−2.0299)	−0.0083* (−1.7213)	−0.1254*** (−3.1557)
EnFirst	0.00584*** (3.0208)	0.0272*** (3.3819)	−0.2184 (−0.4337)			
EnShare				0.1056** (2.3648)	0.1152** (2.3906)	0.5507 (0.9644)
EnAge	0.0011 (0.7555)	0.0015 (0.9214)	−0.0179 (2.7031)	0.0017 (1.2102)	0.0023 (1.4802)	−0.0194 (−0.8737)
Adj-R^2	0.2006	0.2950	0.0006	0.2017	0.2677	0.0025
样本数		160			160	

4. 稳健性检验

为了检验实证结果的稳健性，利用权益报酬率(ROE)、净利润率(NProfit)和管理费用占比(MafeeRatio)分别度量企业的投资绩效、获利性和成长性①。其中，权益报酬率为净利润与平均权益之比，净利润率为净利润与销售收入之比，管理费用占比为管理费用与销售收入之比。表 7-25 给出了风险投资及其参与特征对创业绩效影响的稳健性检验结果。

由表 7-25 可知，风险投资对于企业的投资绩效和获利性的回归结果与表 7-21 的结果一致，很好地通过了稳健性检验，即风险投资对创业企业的投资绩效和获利性具有负向效应。而风险投资及其参与期限对企业成长绩效的影响作用未能通过稳健性检验，其回归系数符号与表 7-21 的结果相反，且模型 9 中 VC 对成长绩效指标 MafeeRatio 的回归结果在 10%的水平上显著为负，因此不能接受前述风险投资对企业成长性有一定促进作用的研究假设。然而，风险投资相对持股比例 VcZ 对三类绩效指标的回归系数符号与表 7-21 中模型 2 的结果一致，尤其是对成长绩效的作用在 10%的水平上仍然显著为负再次印证了 Gompers(1996)的“逐名动机”假说，即在我国风险投资的起步阶段，不少年轻的风险投资机构缺乏支持企业成功上市的市场表现，由于急于向市场展示其实力和获得美誉，它们会在享有控制权(即高的持股比例)的情况下选择尽早将企业包装上市，而不太关心

①创业企业一般会在创业初期投入大量的研发费用，研发费用投入量可以用来衡量企业技术实力的大小，从而一定程度上反映企业未来的成长性。但是，由于缺乏企业研发投入的准确数据，而会计制度规定，研发过程中发生的费用都计入管理费用，因此此处以管理费用支出占销售收入的比例作为替代指标，对创业成长绩效回归结果进行稳健性检验。此外，也利用权益增长率、主营业务利润增长率和总资产增长率等指标作为成长性的代理变量，对回归结果进行了稳健性检验，其结果与表 7-25 和表 7-26 的结果一致。

上市后企业的业绩。

表 7-25 风险投资及其参特征影响创业绩效的稳健性检验

变量	模型 9			模型 10		
	ROE	NProfit	MafeeRatio	ROE	NProfit	MafeeRatio
C	0.1466*** (6.2026)	0.2177*** (11.2031)	0.2345*** (8.8596)	0.0919** (2.3791)	0.1901*** (4.73425)	0.2685*** (7.8490)
Gleve	0.0937** (2.3191)	−0.1236*** (−4.0035)	−0.0607* (−1.7617)	0.0238 (0.3532)	−0.1235* (−1.8776)	−0.1769*** (−3.0899)
Assturn	0.0484*** (3.8336)	−0.0209*** (−4.1069)	−0.0365*** (−4.2283)	0.0780 (1.6282)	−0.0133 (−0.5003)	−0.0314 (−1.3180)
Cfa	0.1417** (2.5154)	0.1138*** (3.0057)	−0.0019 (−0.0500)	0.2277*** (4.0405)	0.1538*** (3.6111)	0.0801 (1.5630)
Life	−0.0078*** (−3.3377)	−0.0050*** (−4.3358)	−0.0014 (−0.4598)			
VC	−0.0448** (−2.5377)	−0.0170 (−1.0824)	−0.0285* (1.7976)			
VcDur				−0.0005 (−1.5387)	−0.0006* (−1.9305)	−0.0005 (−1.2705)
VcZ				0.0018 (0.7874)	0.0011 (0.8559)	−0.0013* (−1.6824)
Adj-R^2	01502	0.0961	0.0696	0.1922	0.0900	0.1254
样本数		450			95	

表 7-26 给出了创业者参股特征对创业绩效影响的稳健性检验结果。对比表 7-23 和表 7-26 的结果可知，除 EnFirst 和 EnShare 对成长性指标 MafeeRatio 回归系数因符号改变未通过稳健性检验外，创业者作为第一大股东和创业者持有多的股权利于提高企业投资绩效和获利性的结论依然成立。进一步，即便以 160 家企业负责人年龄数据完整的企业为样本，在模型 11 和模型 12 的基础上加入创业者年龄替代变量，该结果依然稳健。同时，与表 7-24 的结果一致，创业者年龄对创业绩效仍无显著影响，但是对投资绩效与获利性和成长绩效仍具有相反的影响。

表 7-26 创业者是否为第一大股东及其参股特征影响创业绩效的稳健性检验

变量	模型 11			模型 12		
	ROE	NProfit	MafeeRatio	ROE	NProfit	MafeeRatio
C	0.1119*** (3.8842)	0.1894*** (7.8237)	0.2493*** (8.8576)	0.1123*** (3.7254)	0.1934*** (7.5360)	0.2582*** (8.7839)
Gleve	0.1007** (2.0073)	−0.1323*** (−3.4444)	−0.0831** (−2.0431)	0.0913* (1.8267)	−0.1378*** (−3.5786)	−0.0858** (−2.0497)
Assturn	0.0446*** (4.1145)	−0.0219*** (−4.6551)	−0.0831*** (−4.6463)	0.0448*** (4.0616)	−0.0216*** (−4.5914)	−0.0358*** (−4.6096)
Cfa	0.0899 (1.5619)	0.0746* (1.8962)	−0.0013 (−0.0254)	0.1000* (1.7248)	0.0806** (2.0374)	−0.0021 (−0.0414)

续表

变量	模型 11			模型 12		
	ROE	NProfit	MafeeRatio	ROE	NProfit	MafeeRatio
Life	-0.0076* (-1.7890)	-0.0040* (-1.6631)	-0.0063** (-2.1093)	-0.0074* (-1.7464)	-0.0039 (-1.5613)	-0.0061** (-2.0312)
EnFirst	0.0720*** (2.8355)	0.0410** (2.3158)	0.0186 (0.9570)			
EnShare				0.1134** (2.2505)	0.0546 (1.6341)	0.0065 (-0.1830)
Adj-R^2	0.1324	0.1190	0.0965	0.1262	0.1090	0.0933
样本数		250			250	

7.3.4 小结

本节以 450 家非上市的高科技创业企业为样本，实证检验了风险投资及其参与特征和创业者及其参股情况对创业企业投资绩效、获利性和成长绩效的影响。

针对风险投资及其参与特征的研究结果表明，由于我国风险投资起步较晚，从业经验和专业管理与服务能力还相对欠缺，创业项目遴选机制也尚不健全，因此，风险投资总体上并未起到提升创业绩效的作用：有风险投资参与的创业企业投资绩效和获利性反而都较差，而且风险投资参与企业的时间越长，企业投资绩效和获利性表现得越差；同时，随着风险投资相对持股比例的增加，对企业控制权的掌握使得风险投资可通过提升资产回报和获利能力等短期财务指标来尽早包装企业上市成为可能，这反而造成企业成长性显著下降。

创业者作为企业大股东和持有高的股权比例有助于减轻委托代理问题和缓解控制权争夺，以及向市场传递企业质量的有利信号，从而高的创业者持股比例能够显著地提升企业的投资绩效和获利性。但是，由于专业管理经验和长远战略规划的缺乏，创业者作为大股东和持有高的股权比例对企业成长性并无显著影响。此外，创业者年龄对创业绩效也无明显的影响。

第 8 章　风险投资减持退出影响因素的实证研究

我国于 2009 年 10 月推出了以服务高科技中小企业及高科技企业为主的创业板，该市场的设立丰富了资本市场的层次结构，不仅为暂时无法在主板市场上市的创业企业拓宽了融资渠道，促进企业发展壮大，同时也能够通过营造一个通畅的退出机制带动风险投资市场的繁荣。选择在创业板发行新股上市的企业，大多是具有高风险、高成长性以及高不确定性的创业型企业，这类企业在公开发行上市前往往都会引入风险投资。

由于风险投资资金需要反复投资不同的创业企业，而退出决策是整个投资周期中极其重要的一环，成功的退出不仅可以帮助风险投资获得高额的投资回报进而吸引投资者参与其下一轮筹资，还能进一步影响风险投资产业和创业企业的发展(Sirri and Tufano，1998；Chevalier and Ellison，1997)。在风险投资的诸多退出方式中，IPO 上市因为具有示范效应并且回报倍数较高，被多数研究者认为是风险投资最理想的退出渠道(Gompers，1996；Isaksson，2000)。

现有关于风险投资 IPO 退出的国内外研究，通常将创业企业成功上市作为风险投资实现退出的时刻，但事实上，风险投资通常需要在 IPO 后数年内才能完全实现从创业企业退出(Paeglis and Veeren，2013；Cumming and MacIntoch，2003)。我国的法律也对上市前原始股东设置了限售股锁定条款[①]，使得风险投资持有的创业企业股票并不能在上市后立即减持退出，通常必须公开承诺继续持有股票 1～3 年，待锁定期结束后，他们才被允许自由选择通过大宗交易平台或者二级市场对其持有的股票进行公开出售。更为重要的是，本章所用样本发现大部分风险投资并没有在锁定期结束后立刻减持所有股份实现套现，而是继续持有上市企业的股票。因此，关于创业板风险投资后续退出行为及其影响因素还有待考察。

风险投资的参与虽然可以缓解投资者与上市企业的信息不对称，规范企业经营，从而促进高科技产业发展，但风险投资也可能存在投机行为，表现为并不关注企业上市的后市表现，而只追求上市后的高额回报并尽快减持套现，而这种减持行为将向市场传递负面信号，导致投资者情绪低迷和造成创业板股价持续走低，进而不利于创业板市场长期发展。据此，本章希望在第 6 章理论研究的基础上，进一步实证考察风险投资的参与是否仅为获得高额回报并及早减持退出、风险投资在减持时是否会考虑股票流动性、哪些因素会影响其减持退出行为等一系列问题(靳楠，2015)。

---

① 《中华人民共和国公司法》第一百四十二条规定，首次公开发行前所有股东自公司股票在证券交易所上市交易之日起一年内不得转让，深圳证券交易所创业板股票上市规则对控股股东和实际控制人还规定，自发行人股票上市之日起三十六个月内，不得转让或委托他人管理其已直接和间接持有的发行人股份，也不可由发行人收购该部分股份；针对在发行人刊登招股说明书之前十二个月内通过增资扩股方式而突击入股的新股东，《深圳证券交易所创业板股票上市规则》同时规定，自发行人完成增资扩股工商变更登记手续之日起三十六个月内，不得转让其持有的该部分新增股份。

8.1 研究设计

8.1.1 数据来源与样本选择

结合 CVSource 数据库以及手工搜集的 355 家创业板上市企业招股说明书，初步筛选前十大股东中具有“风险投资”“创业投资”“创新投资”等字样的企业，再根据股东背景介绍确定风险投资参与投资的创业企业 199 家，考虑到作为上市前原始股东，风险投资持股需满足 1～3 年的锁定期，本节将研究样本最终定为 2009 年 10 月至 2012 年底的上市公司。为进一步研究减持行为，需利用创业板信息披露平台搜集具体的减持时间和比例，剔除持股 5%以下的风险投资，得到满足条件的 144 家上市公司。关于账面退出回报、年龄、联合投资、参与期限等风险投资参与特征，数据来自 CVSource 数据库，企业财务特征和市场交易数据来自国泰安数据库。

8.1.2 变量选取与指标定义

本章涉及的变量主要包含被解释变量(是否减持、减持间隔、减持规模)、解释变量(退出回报、股票流动性、风险投资年龄)和控制变量。关于被解释变量，在是否退出方面，利用招股说明书中披露的锁定期限，计算风险投资持有限售股份的锁定结束期，并在随后的不同期限设定下识别风险投资是否进行首次减持，减持则 $Y_{it}=1$，未减持则 $Y_{it}=0$。在具体的减持退出行为方面，包括减持退出的时间间隔和退出规模两个方面：时间间隔是当次减持距离最近一次减持之间的时间，如果是首次减持，则定义为距离限售股解禁日之间的时间；退出规模则是当次减持股份占上市初期风险投资所持企业股份数的比值。

关于解释变量，首先是退出回报变量，是否退出的检验采用账面退出回报(BR)作为衡量标准，在减持退出行为的检验中，因为可以获得具体的减持价格，所以利用复权价计算的实际退出回报(ER)来衡量。第二个解释变量是股票流动性，选择换手率(Turnover)和非流动比率(ILLIQ)两个指标予以度量。第三个解释变量是风险投资年龄(VC_age)，定义为风险投资成立至所考察时间点之间的时间。

关于控制变量的选择，参考有关风险投资特征的研究以及国内学者对 IPO 限售股解禁后大股东减持影响因素的研究，包括如下六个变量。

(1) VC_num：风险投资数量。联合投资是风险投资用于分散投资风险和提升企业价值的重要投资方式(Bygrave and Timmons，1992；Lerner，1994b)。

(2) Duration：参与期限，即风险投资首次入股至所考察时间点之间的时间。Manigart 等(2006)认为较长的参与期限可以向市场传递企业质量好坏的信号，参与期权越长说明风险投资越看好创业企业的长期发展前景。

(3) Share：第一大股东持股比例。高彭冲(2008)利用 197 家发生减持的公司为样本，发现第一大股东的持股比例越高，出于对大股东利用控制权获取超额收益和进行关联交易等情况的担忧，其余股东会显著增加限售股解禁后的减持比例。

(4) ROE：净资产收益率，即期末净利润与股东权益的比值。楼瑛和姚铮(2008)从财务绩效角度出发，发现公司财务绩效与股东减持比例之间存在负相关关系，因此利用该变量代表公司财务绩效。

(5) EPS：每股收益，即税后净利润与股本总数的比值。该指标用于衡量创业企业的盈利能力，比值越高说明企业为投资者创造的利润越多，说明风险投资是否愿意继续留在企业与该企业能否为其带来丰厚的回报密切相关。

(6) BM：账面市值比，即每股净资产与每股股价的比值。Bondt 和 Thaler (1987) 认为低账面市值比的公司基本面表现良好，投资者通常会非理性高估其股票价值。袁渊 (2010) 认为大股东的行为符合效用最大化，所以其会利用信息优势选择减持时机，通常在公司股价被高估时进行减持。主要变量的定义及说明详见表 8-1。

表 8-1　变量的定义及说明

名称	符号	定义及说明
被解释变量		
是否退出	Exit	虚拟变量，若风险投资在解禁期结束后给定的期限内退出，则为 1；否则为 0
减持退出间隔	*T*	当次减持退出距上次减持退出的时间 (天)
减持退出规模	Resize	当次减持股份占上市时风险投资持有的公司股份数的比例 (%)
解释变量		
账面退出回报	BR	按新股发行价和初始投资额计算的账面退出回报 (倍)
实际退出回报	ER	按风险投资减持价格和初始累计投资额折算的入股价格计算的实际账面退出回报 (倍)
月换手率	Turnover	每月的交易股数除以每月的流通股数，用于衡量交易频率
月非流动比率	ILLIQ	当月的日绝对收益率与日交易股数之比的平均值
风险投资年龄	VC_age	从风险投资成立至考察时间点之间的期限 (年)
控制变量		
机构数量	VC_num	创业企业上市时参与该企业投资的风险投资机构的总数 (家)
参与期限	Duration	从风险投资首次入股创业企业至考察时间之间的期限 (年)
股权集中度	Share	第 t-1 年公司第一大股东持股比例 (%)
财务绩效	ROE	第 t-1 年的净利润除以平均股东权益 (%)
盈利能力	EPS	第 t-1 年的税后净利润除以股东总数
成长性	BM	第 t-1 年的股东权益除以流通股数与期末股价的乘积 (%)

8.2　风险投资是否减持退出的检验

8.2.1　研究假设

截至 2013 年底，我国创业板共有 355 家创业企业上市，其中具有风险投资支持背景的共有 199 家。作为创业企业的孵化器，风险投资在帮助企业成长和推动企业发展的过程中却被披露存在“突击入股”的套现现象，如爱尔眼科、机器人和金亚科技等首批创业板企业，均在限售股解禁次日便披露了风险投资股东的减持公告。作为参与企业管理并提供增值服务的内部投资人，锁定期结束便即刻减持往往会给二级市场投资者传递负面信息。Gompers 和 Lerner(2004)指出基金管理人的协议报酬取决于该基金获得的投资回报，基金有限的存续期和特殊的组织形式，决定了在短期内获得高额回报将是其运作的首要目标。

此外，声誉在风险投资后续轮次融资和降低风险投资与有限合伙人之间的信息不对称等方面有着不可替代的作用(Gompers，1996)。相对而言，年轻的风险投资缺乏可以向外部投资人证明其能力的业绩指标，为了缓解与外部投资人之间的信息不对称，尽快建立或积累行业声誉，更可能及早减持套现，用为投资人赚取的第一桶金向市场证明自己的投资管理能力。据此，提出假设 8-1。

假设 8-1：账面退出回报越高，风险投资解禁后减持的可能性越大；而且，风险投资年龄越小，其在短期内减持套现的可能性越大。

Amihud 和 Mendelson(1986)发现，由于流动性溢价的存在，所以流动性低的股票往往具有更高的期望收益率，同时低的股票流动性会通过加大外部投资者的逆向选择风险而增加风险投资退出的成本。因此，在一个流动性好的市场，风险投资能够以合理的价格在较短的时间内实现退出，且退出对企业股票价格的负向冲击也相对较低。鉴于股票流动性对股票定价和交易成本的可能影响，提出假设 8-2。

假设 8-2：股票流动性越高，风险投资减持套现的可能性越大。

8.2.2　实证结果及分析

1. 描述性统计

表 8-2 根据限售股解禁后 3 个月内风险投资是否减持退出，对相关变量进行了描述性统计和差异性检验。就面板 A 部分的解释变量来看，无论是均值还是中位数，风险投资减持的股票换手率小于未被减持的股票，但统计不显著；利用 ILLIQ 衡量股票流动性时，减持样本的平均值低于未减持样本。从退出回报来看，进行减持的风险投资获得的账面退出回报均值为 11.10 倍，在 5%的水平上显著高于未发生减持样本的 9.13 倍。

表 8-2　限售股解禁 3 个月内风险投资是否减持分组下的描述性统计及差异性检验

变量	减持样本		未减持样本		差异性检验	
	平均值	中位数	平均值	中位数	平均值	中位数
面板 A 解释变量						
Turnover	0.57	0.43	0.61	0.48	−0.04 (−0.6060)	−0.05 (−0.4047)
ILLIQ	0.20	0.19	0.24	0.17	−0.04 (−1.1327)	0.02 (0.2564)
BR	11.10	7.33	9.13	5.48	1.97** (1.7491)	1.85*** (2.6233)
VC_age	8.64	8.99	7.69	6.13	0.95 (1.0262)	2.86* (1.6846)

续表

变量	减持样本		未减持样本		差异性检验	
	平均值	中位数	平均值	中位数	平均值	中位数
面板 B 控制变量						
VC_num	2.44	2.00	1.84	2.00	0.60*** (2.8410)	0.00** (2.5258)
Duration	3.45	3.39	3.09	3.03	0.36* (1.2231)	0.37* (1.7566)
Share	32.67	31.76	33.55	32.67	−0.87 (−0.4100)	−0.91 (0.1526)
ROE	5.96	5.37	5.53	5.35	0.43 (0.6138)	0.03 (0.4556)
EPS	0.38	0.26	0.31	0.28	0.07 (1.4029)	−0.02 (0.1314)
BM	34.34	32.87	44.20	43.85	−9.86*** (−3.5595)	−10.98*** (3.3712)
样本数	48		96		—	

注：均值和中位数差异性检验分别采用 t 检验和威尔科克森检验，括号中的值为相应的统计量值，***、**、*分别代表在 1%、5%、10%的水平上统计显著，下同。

在风险投资参与特征方面，进行减持的风险投资年龄比未减持的风险投资大 0.95 年左右；减持退出样本中参与联合投资的风险投资机构数量显著高于未减持样本，且这种差异在 1%的水平上显著。此外，减持退出样本中风险投资的参与期限为 3.45 年，略高于未减持样本中的 3.09 年。

在企业特征方面，减持退出子样本的 Share、ROE、EPS、BM 的均值分别为 32.67%、5.96%、0.38、34.34%，而未减持样本相应的均值分别为 33.55%、5.53%、0.31、44.20%，其中，账面市值比（BM）的差异性检验在 1%的水平上显著为负。该结果初步表明，风险投资会选择在企业价值相对高估时进行减持，同时选择财务指标较好的时刻进行减持，可以减缓风险投资与外部投资者之间的信息不对称，进而降低减持对股价的冲击。

为了初步考察账面退出回报（BR）和股票流动性对解禁后不同期限内风险投资是否减持的影响，利用账面退出回报（BR）和不同期限内的股票流动性分别进行高、中、低分组，表 8-3 统计了每组子样本中发生减持的样本占比情况。

从表 8-3 中面板 A 部分的二维分组结果来看，在控制换手率（Turnover）以后，风险投资减持退出的样本占比与账面退出回报（BR）呈现一致的变化趋势，即高 BR 组的风险投资减持样本占比均高于低 BR 组，该现象在解禁后 3 个不同的期限内均成立。具体来看，以解禁后 3 个月为例，风险投资减持样本占比从低 BR 组的 0.182 增加到高 BR 组的 0.353，说明获得越高账面退出回报的风险投资在解禁后减持的可能越大。从解禁后不同期限的样本减持情况来看，高低 BR 组的减持占比在解禁之后 3 个月的区间内差异最大（0.689），而在解禁之后 1 年的区间内该差异最小（0.489），说明退出回报越高，风险投资短期内进行减持套现的可能性越大。

表 8-3　账面退出回报和不同期限内股票流动性二维分组下的减持样本占比情况

面板 A	Min			←	Turnover		→	Max		
	解禁之后 3 个月				解禁之后 6 个月			解禁之后 1 年		
	低	中	高		低	中	高	低	中	高
低 BR 组	0.182	0.250	0.190		0.385	0.438	0.211	0.400	0.400	0.278
中	0.350	0.400	0.308		0.389	0.533	0.333	0.550	0.400	0.385
高 BR 组	0.353	0.529	0.429		0.412	0.588	0.429	0.538	0.500	0.529
高组—低组	0.171	0.279	0.239		0.027	0.150	0.218	0.138	0.100	0.251
面板 B	Max			←	ILLIQ		→	Min		
	解禁之后 3 个月				解禁之后 6 个月			解禁之后 1 年		
	低	中	高		低	中	高	低	中	高
低 BR 组	0.077	0.222	0.263		0.267	0.467	0.278	0.357	0.471	0.235
中	0.444	0.250	0.353		0.444	0.333	0.333	0.500	0.353	0.444
高 BR 组	0.471	0.500	0.417		0.533	0.556	0.467	0.563	0.571	0.538
高组—低组	0.394	0.278	0.154		0.266	0.089	0.189	0.206	0.100	0.303

注：在解禁后不同期限，本书分别按账面退出回报和股票流动性将样本分为高、中、低三组，并统计相应组别中风险投资减持样本占比，并对高低组进行对比分析。面板 A 和面板 B 分别用换手率（Turnover）和非流动比率（ILLIQ）代表流动性，因为 ILLIQ 越低表示股票流动性越高，所以面板 B 中 ILLIQ 值从高到低代表流动性从低到高。

表 8-3 中面板 B 部分以 ILLIQ 衡量股票流动性。结果显示：不论是在解禁之后 3 个月、6 个月，还是 1 年，账面退出回报（BR）高组风险投资减持的样本占比始终高于低组，并且解禁之后 3 个月的高低组差异为 0.826，大于解禁之后 1 年的 0.609，说明账面退出回报越大，风险投资减持的可能越大，并且这种影响在解禁后的短期期限内更加明显。此外，控制账面退出回报（BR）以后，不论是使用换手率（Turnover），还是使用非流动比率（ILLIQ），均发现流动性和减持占比没有太多关联。一种合理的推测在于，流动性作为股票交易成本的度量指标，可能在风险投资计划具体的减持策略时才会显得更加重要。

Sahlman（1990）关于风险投资组织结构和治理的研究指出，风险投资与有限合伙人之间存在委托代理关系。在基金募资前，有限合伙人因为信息不对称，无法对风险投资的资本管理运作能力做出准确判断，根据以往业绩进行评估的做法会导致风险投资具有“逐名动机”（Gompers，1996）。年轻的 VC 成功投资项目的经历、事件较少，因此对“声誉”的追求更加强烈，其结果是，一旦所支持企业上市后的账面退出回报较高，年轻的 VC 更加可能进行减持退出。为了考察这一影响，表 8-4 分别以账面退出回报（BR）和风险投资年龄（VC_age）进行高、中、低分组，统计不同组别的风险投资减持样本占比。

表 8-4 的结果显示，在控制风险投资年龄的基础上，高 BR 组的减持占比同样高于低 BR 组，并且在不同的风险投资年龄分组下均成立。然而，如果控制账面退出回报，减持占比与风险投资年龄（VC_age）并不存在明显关系。值得注意的是，高低组减持占比差异较大的样本均处于低年龄组和中年龄组，说明相对于成熟的高年龄组，年轻 VC 是否减持退出受到账面退出回报的影响更大。

表 8-4　账面退出回报和风险投资年龄二维分组下的减持样本占比情况

分组	Min			← VC_age →			Max		
	解禁之后 3 个月			解禁之后 6 个月			解禁之后 1 年		
	低	中	高	低	中	高	低	中	高
低 BR 组	0.174	0.111	0.313	0.348	0.222	0.375	0.348	0.222	0.438
中	0.286	0.300	0.500	0.357	0.400	0.500	0.429	0.450	0.500
高 BR 组	0.526	0.364	0.389	0.364	0.526	0.500	0.455	0.579	0.500
高组—低组	0.352	0.253	0.076	0.016	0.304	0.125	0.107	0.579	0.062

注：在解禁后不同期限，分别按账面退出回报和风险投资年龄分高、中、低三组，统计相应组别中风险投资减持样本占比，并对高低组进行对比分析。

2. 多元回归分析

以解禁后不同期限内风险投资减持与否的 0/1 虚拟变量为被解释变量，以账面退出回报(BR)、风险投资年龄(VC_age)为解释变量，控制联合投资(VC_num)、参与期限(Duration)、大股东持股比例(Share)、每股收益(EPS)和账面市值比(BM)的影响，利用二元 Logit 模型进行多元回归分析。其中，模型 1～模型 3 中的被解释变量以锁定期结束后 3 个月作为观测窗口，根据披露的减持数据逐一判断风险投资是否在该时间段进行首次减持，如减持，则 Y_{it}=1，否则 Y_{it}=0。模型 4～模型 6 的被解释变量则以锁定期结束后 1 年为观测窗口进行同样的判断。回归结果见表 8-5。

表 8-5 模型 1 关于控制变量的回归结果与楼瑛和姚铮(2008)、高彭冲(2008)、袁渊(2010)等国内学者分别从股权结构、财务绩效、市场时机等方面探究限售股东减持影响因素的实证结果一致。可以看出，账面市值比(BM)与风险投资减持的概率呈显著的负相关关系，即风险投资在企业市值较高时会进行减持套现；联合投资的机构数量(VC_num)与风险投资减持的可能呈显著的正相关关系，该结果符合 Widding(2005)认为联合投资具有提升企业价值的已有结论；参与期限(Duration)与减持可能呈正相关关系，一种可能的解释是，投资期限较长可以作为向市场传递公司质量的信号，降低信息不对称问题，通过让潜在投资者认可企业价值而便于风险投资进行减持退出。

表 8-5 中模型 2 和模型 4 引入账面退出回报(BR)，探究其对解禁后不同期限内风险投资减持决策的影响。结果表明，不论是选择解禁后 3 个月，还是选择解禁后 1 年的窗口期来判断是否减持，正的回归系数均说明账面退出回报与风险投资是否减持之间存在正相关关系，并且系数仅在解禁后 3 个月内的回归系数统计上显著，说明账面退出回报(BR)越高，解禁后风险投资减持的可能越大。

模型 3 和模型 6 中引入交互项(BR×VC_age)，而交互项(BR×VC_age)与账面退出回报(BR)相反的回归系数符号说明，年轻 VC 做出是否减持决策时受退出回报的影响更大，并且在锁定期结束后较短时期内(3 个月)受到的影响结果更显著。同时，控制交互项(BR×VC_age)以后，账面退出回报(BR)的回归系数大小有所提高，说明账面退出回报高确实会促使年轻 VC 减持套现，以便尽快建立或积累声誉。

表 8-5　账面退出回报和年龄对风险投资是否减持影响的回归结果

解释变量	被解释变量					
	解禁之后 3 个月内是否减持			解禁之后 1 年内是否减持		
	模型 1	模型 2	模型 3	模型 4	模型 5	模型 6
VC_num	0.5531*** (3.11)	0.5714*** (3.16)	0.5907*** (3.33)	0.5387*** (2.89)	0.5423*** (2.93)	0.5355*** (2.94)
Duration	0.1206 (1.02)	0.0627 (0.46)	0.1982 (1.17)	0.0618 (0.44)	0.0231 (0.14)	0.0609 (0.34)
Share	0.3883 (0.23)	0.5750 (0.34)	0.5987 (0.35)	0.6721 (0.42)	0.6817 (0.43)	0.6550 (0.41)
EPS	0.7155 (1.01)	0.7382 (1.03)	0.7692 (1.02)	1.0400 (1.43)	1.1163 (1.49)	1.1435 (1.49)
BM	−4.9283*** (−3.61)	−4.8971*** (−3.58)	−4.8659*** (−3.44)	−4.6783*** (−3.67)	−4.7520*** (−3.65)	−4.6921*** (−3.58)
BR		0.0504* (1.75)	0.0835** (1.98)	0.0118 (0.75)	0.0471 (1.56)	0.0822* (1.81)
VC_age			0.0894 (1.53)			0.0731 (1.23)
BR×VC_age			−0.0070* (−1.68)		−0.0030 (−1.16)	−0.0065 (−1.50)
C	−0.7140 (−0.77)	−0.7623 (−0.81)	−2.0846* (−1.74)	0.5371 (0.59)	1.1808 (0.19)	−0.5451 (−0.48)
Adj-R^2	0.1382	0.1421	0.1658	0.1398	0.1508	0.1589
Obs.	144					

注：括号内为 *t* 值，***、**、*分别代表在 1%、5%、10%的水平上统计显著，下同。

为了考察股票流动性对风险投资减持与否的影响，表 8-6 在控制相关变量的基础上，分别利用对应期限上的换手率(Turnover)和非流动比率(ILLIQ)测度股票流动性。回归结果显示，无论选择何种时间窗口，换手率(Turnover)和非流动比率(ILLIQ)与风险投资是否减持的回归系数均不显著。造成该结果可能与解禁后较短期限内的平均股票流动性有关：作为一种周期性的活动，风险投资在解禁初期的减持还是以套现和逐名动机为主，而流动性对解禁后具体减持行为的影响，还需结合风险投资的参与程度进一步予以探讨。

表 8-6　股票流动性对风险投资是否减持影响的回归结果

解释变量	被解释变量			
	解禁之后 3 个月内是否减持		解禁之后 1 年内是否减持	
	模型 7	模型 8	模型 9	模型 10
VC_num	0.6066*** (3.40)	0.5954*** (3.31)	0.5684*** (3.03)	0.5218*** (2.87)
Duration	0.1787 (1.05)	0.2332 (1.33)	0.0483 (0.27)	0.0623 (0.35)
Share	0.7884 (0.45)	0.6125 (0.35)	−0.2922 (−0.18)	−0.5215 (−0.32)

续表

解释变量	被解释变量			
	解禁之后 3 个月内是否减持		解禁之后 1 年内是否减持	
	模型 7	模型 8	模型 9	模型 10
EPS	0.7765 (1.03)	0.9278 (1.20)	1.0839 (1.43)	1.2850 (1.64)
BM	−5.0499*** (−3.51)	−4.6589*** (−3.31)	−4.6903*** (−3.50)	−4.6561*** (−3.57)
BR	0.0783* (1.84)	0.0854** (2.01)	0.0823* (1.79)	0.0863* (1.86)
VC_age	0.0854 (1.46)	0.0887 (1.50)	0.0646 (1.08)	0.0771 (1.26)
BR×VC_age	−0.0069* (−1.56)	−0.0070* (−1.72)	−0.0071 (−1.51)	−0.0074 (−1.53)
Turnover	−0.5449 (−0.92)		−1.2350* (−1.82)	
ILLIQ		−1.7926 (−1.29)		−1.3787 (−1.00)
C	−1.6798 (−1.31)	−1.9657 (−1.64)	0.0694 (0.07)	−0.3919 (−0.35)
Adj-R^2	0.1706	0.1763	0.1775	0.1643
Obs.	144			

8.3 风险投资减持间隔和减持规模的检验

8.3.1 研究假设

持股比例(Inshare)可以反映风险投资对创业企业的参与程度,持股比例越高说明风险投资越看好企业未来的发展前景,同时高的持股比例能够确保风险投资在董事会中有较强话语权，提高参与企业经营管理的动力，进而对企业 IPO 后的长期业绩表现产生正面影响(Luo，2005)。因此，持股比例高的风险投资通过 IPO 前突击入股套现的可能性较低，同时也没必要在解禁后急于套现离场,更可能会在上市后期根据实际情况实施进一步的减持退出。

尽管持股比例高的风险投资不急于减持套现,但风险投资对企业的长期投资并非以获取最终控制权为目的，最终还是要通过退出实现收益。根据 Gompers 和 Lerner(2004)提出的风险投资周期理论，风险投资需要不断退出成功项目来将高额收益返还投资人，而后吸引下轮融资。这种有限的生命周期使风险投资在制定退出策略时必须考虑能否成功兑现收益或实现收益的难易程度。如果在企业上市并且股权可以自由出售后，仍然持有较差流动性的股票，将会延长投资回收期，同时加剧资金运作风险。

据此逻辑，风险投资定会根据市场状况权衡投资收益和退出成本来做出减持决策。作为企业上市后除创始人以外最大的内部股东，风险投资若肆意减持，势必会对原始股东和潜在投资者带来负面影响，从而冲击股票价格。当持股比例较低时，通过少数几次减持便能彻底退出，因此风险投资可以忽略价格影响，尽快减持套现获取投资收益；相反，当持股比例较高时，则需要更多地考虑自己手上的头寸能否全部安全变现。因此，提出假设 8-3。

假设 8-3：当风险投资持股比例较低时，退出回报对减持规模具有显著影响，并且回报倍数越高，减持规模越大。

流动性作为衡量股票能否在合理价格顺利变现的交易指标，对风险投资的退出成本具有重要影响，进而影响减持行为。在长期流动性较高的市场中，交易行为对股票的价格影响通常较低，这包含两层意思：①长期活跃的交易市场允许风险投资通过增加减持频次和减持数量择机实现退出；②由于风险投资存续期的需要，当有正常减持需求时，它们可以在市场随时找到交易对手，而不必担心缺乏流动性带来的退出风险。据此，提出假设 8-4。

假设 8-4：长期流动性越高，风险投资减持间隔越短、减持规模越大。

此外，股票流动性临时性变化或冲击也会对风险投资的减持决策带来新的影响。Cumming 和 MacIntosh(2003)关于风险投资 IPO 退出的研究结论指出，当预期股票流动性降低时，风险投资对现金的偏好增加。由于突击入股套现的风险投资会在预期能否顺利变现的前提下决定自己在现金头寸和股票资产之间的配置，所以当流动性出现临时性的负向冲击时，会增加其对未来变现的担忧，从而在现金偏好驱使下出现更加活跃的减持套现行为。据此，本节提出假设 8-5。

假设 8-5：当风险投资参与程度较低时，瞬时流动性越低，风险投资减持间隔越短、减持规模越大。

长期流动性较好的股票交易较为活跃，可以降低减持行为造成的股价冲击，从而节约交易成本，本节利用减持当月及前 3 个月的月均流动性衡量股票长期流动性。考虑股票流动性的趋势变化，当出现临时性的负面变化时，风险投资更加担心未来减持股票所面临的流动性风险，从而加速减持行为，本节利用减持当月的股票流动性减去长期流动性来度量流动性的瞬时变化(表 8-7)。

表 8-7　参与程度、长期流动性和瞬时流动性的定义与测度

名称	符号	定义及说明
参与程度	Inshare	当次减持退出前风险投资对创业企业的持股比例(%)
长期流动性	Turn_L	风险投资减持当月和前 3 个月的股票月均换手率的均值
	ILLIQ_L	风险投资减持当月和前 3 个月的股票月均非流动比率的均值
瞬时流动性	Turn_T	风险投资减持当月的月均换手率减去长期换手率
	ILLIQ_T	风险投资减持当月的月均非流动比率减去长期非流动比率

8.3.2　实证结果及分析

1. 描述性统计

为了直观地考察主要变量在限售股解禁后随时间的变化趋势，以风险投资首次减持的交易日期距离解禁日的时间间隔为分组标准，将减持样本分为短、中、长三组，分别计算组内各变量的均值和中位数，见表 8-8。可以发现，处于第 1 组的样本数为 53 例，说明绝大多数风险投资选择的首次减持时间都是解禁后 3 个月内，在距离解禁日半年以上才发生首次减持的样本为仅为 12 例，占比为 16.67%。

表 8-8　首次减持距解禁时间间隔分组下主要变量的描述性统计

变量	首次减持距解禁间隔时间分组①					
	短(<3 个月)		中(3～6 个月)		长(>6 个月)	
	均值	中位数	均值	中位数	均值	中位数
减持特征						
T	23.717	15.000	111.286	115.000	308.167	291.500
Resize	12.562	11.220	12.504	12.205	15.506	11.253
实际退出回报						
ER	16.799	10.190	6.117	5.050	14.015	10.455
控制变量						
VC_age	6.559	4.560	7.948	5.970	9.964	10.540
VC_num	2.66	2.00	1.71	2.00	1.92	2.00
Share	31.460	30.660	36.290	39.380	25.385	22.850
BM	0.648	0.649	0.660	0.6984	0.640	0.712
样本数	53		7		12	

在减持特征方面，首次减持发生在解禁后半年以上的风险投资进行减持的规模最高，均值为 15.506%，中位数为 11.253%。同时，减持规模在距离解禁日半年内的组别内最低，造成该现象的原因与风险投资是创业企业的大股东有关，解禁初期的大规模减持会对企业造成负面影响，同时也会影响其他投资者对企业的投资判断。

在控制变量方面，实际退出回报(ER)并没有明显变化趋势，但减持平均能为风险投资带来 5 倍以上的退出回报。在风险投资年龄(VC_age)方面，首次减持发生在限售股解禁 3 个月内的风险投资年龄最小，平均为 6.56 年，而在解禁后 6 个月以上才发生首次减持的风险投资平均年龄为 9.96 年，这与 Gompers(1996)提出的“逐名动机”假说一致，即年轻的风险投资确实存在及早减持以建立或积累声誉的动机。风险投资联合参与投资方面，在解禁后半年之内进行首次减持的案例所涉及的机构数量(VC_num)最多(平均达 2.66 家)。Bygrave(1987)指出，联合投资能够分散风险和对创业企业质量进行信号传递，因此较多专业机构共同参与能够及时缓解投资者与企业之间的信息不对称，进而风险投资可以选择在解禁后较短时间内进行减持退出。

此外，在限售股解禁后较短时间内被风险投资家进行减持退出的企业往往是第一股东持股比例(Share)最大，每股收益(EPS)最高，账面市值比(BM)最小的公司，说明风险投

①以风险投资持有的限售股解禁当天为初始时刻，按照减持退出距离初始时刻的时间间隔将样本分为短、中、长 3 组，分别表示距离限售股解禁的时间在半年之内、0.5～1 年、1 年以上。

资往往在企业财务状况较好和市值较高时选择减持套现。

接下来首先利用风险投资减持前的参与程度(Inshare)将样本分为低组和高组两个组别，然后在各个组别中按减持间隔(*T*)分为短、中、长三组，分别统计减持退出特征、股票流动性和退出回报，结果见表 8-9。可以发现，股票流动性以及退出回报对减持间隔(*T*)的影响与参与程度(Inshare)存在密切关系，在参与程度(Inshare)高组，减持间隔短组的长期换手率(Turn_L)显著高于减持间隔长组；长期非流动比率(ILLIQ_L)显著低于减持间隔长组，这些结果一致说明参与程度高的风险投资在减持间隔的决策上会受长期流动性的显著影响，长期流动性越高，减持间隔越短。在参与程度(Inshare)低组，减持间隔短组的实际退出回报(ER)显著高于减持间隔长组，说明持股比例较低的风险投资在减持间隔的决策上会受退出回报的显著影响，实际退出回报较高时，风险投资会缩短减持间隔。

表 8-9　参与程度高低和减持间隔长短二维分组下的相关变量的描述性统计及均值差异性检验

参与程度分组	变量	减持间隔分组			差异性检验(短组—长组)
		短	中	长	
低组	*T*	1.16	6.62	114.56	−113.40***
高组		1.36	8.45	134.05	−132.70***
低组	Turn_L	0.5759	0.5409	0.5422	0.0337
高组		0.5875	0.5403	0.4201	0.1675**
低组	ILLIQ_L	0.2217	0.2276	0.1871	0.0346
高组		0.2021	0.2166	0.2752	−0.0731***
低组	Turn_T	−0.0385	0.0024	−0.0214	−0.0171
高组		0.1230	0.0474	−0.0393	0.1622***
低组	ILLIQ_T	−0.0131	0.0072	−0.0160	0.0029
高组		−0.0359	−0.0365	0.0121	−0.0480*
低组	ER	14.40	12.91	9.45	4.96***
高组		15.67	16.18	16.41	−0.74

注：***、**、*分别代表在 1%、5%、10%的水平上统计显著；最后一列的差异性检验为 *t* 检验，下同。

类似地，再次按照参与程度(Inshare)将样本分为低组和高组，在每个组别内按减持规模(Resize)将样本分为低、中、高三组，统计相关变量见表 8-10。可以看到，在参与程度(Inshare)低组，不同减持规模组之间的长期流动性和瞬时流动性均没有显著差异，而在参与程度(Inshare)高组，减持规模高组的长期换手率(Turn_L)显著高于减持规模低组，长期非流动比率(ILLIQ_L)显著低于减持规模小组，说明股票长期流动性较好时，风险投资减持规模更大；而从瞬时流动性角度来看，减持规模大组的瞬时换手率(Turn_T)及瞬时非流动比率(ILLIQ_T)分别显著低于和高于减持规模小组，表明流动性的临时负向冲击会使风险投资进行更大规模的减持。

创业板上市企业主要有创业者和风险投资两类大股东，因此作为原始股东，风险投资持有的大量股权必然会阻碍股票流动性，而如何增强股票流动性和减缓信息不对称将会是风险投资进行减持决策时必须考虑的问题。Field 和 Hanka(2001)检验了 1948 只具有锁定条款的股票在锁定期结束后的交易情况，发现具有风险投资参与的企业在锁定期结束后股票流动性的增加更加显著，从而猜测风险投资通过减持可以增加股票流动性。Paeglis 和 Veeren(2013)认为，在缺乏流动性的市场，风险投资利用分阶段减持可以逐步增加股票流动性，从而将剩余股份以更高价格出售，最大化投资收益。

表 8-10　参与程度高低和减持规模大小二维分组下的描述性统计及均值差异性检验

参与程度分组	变量	减持规模(Resize)分组			差异性检验(大组—小组)
		小	中	大	
低组	Resize	0.4039	3.1312	15.4113	15.0075***
高组		0.4445	3.0844	14.6939	14.2494***
低组	Turn_L	0.5197	0.6186	0.5207	0.001
高组		0.4620	0.5634	0.5211	0.0592*
低组	ILLIQ_L	0.2247	0.2043	0.2074	−0.0173
高组		0.2768	0.2270	0.1901	−0.0867***
低组	Turn_T	−0.0562	0.0190	−0.2020	−0.1458
高组		0.1064	0.0376	−0.0133	−0.1196**
低组	ILLIQ_T	−0.0219	−0.0153	0.0153	0.0372
高组		−0.0466	−0.0131	−0.0003	0.0463*
低组	ER	13.54	11.47	11.75	−1.79
高组		14.59	16.76	16.91	2.32

风险投资在限售股解禁后通常不会一次性出售股权，是否会选择在股票长期流动性较高的市场通过多频次的减持行为完成退出？为了探究该问题，依据当次减持所属的轮次为划分依据，表 8-11 对风险投资减持退出前的股票流动性进行了描述性统计，选择的统计窗口包括减持前 1 个月、3 个月和 5 个月。可以发现，对于少轮次组，减持前平均的 ILLIQ 更高，即流动性更差；相反，对于多轮次组，减持前平均的股票流动性更好，说明在长期流动性较好的市场确实存在风险投资的多频次减持行为。

表 8-11　不同减持轮次下风险投资减持前的股票长期流动性的描述性统计

指标	Turnover_Month			ILLIQ_Month		
	−1 个月	−1～−3 个月	−1～−5 个月	−1 个月	−1～−3 个月	−1～−5 个月
A. Round 1(*N*=112)						
平均值	0.5669	0.6233	0.6930	0.2577	0.2570	0.2593
中位数	0.3727	0.4836	0.5582	0.1734	0.2266	0.2219
标准差	0.5015	0.4383	0.4728	0.2243	0.1809	0.1632
B. Round 2(*N*=85)						
平均值	0.5500	0.5720	0.6053	0.2473	0.2489	0.2489
中位数	0.3779	0.3957	0.4507	0.1686	0.2104	0.2170
标准差	0.4961	0.4455	0.4431	0.2629	0.1745	0.1541

续表

指标	Turnover_Month			ILLIQ_Month		
	−1 个月	−1～−3 个月	−1～−5 个月	−1 个月	−1～−3 个月	−1～−5 个月
C. Round 3 (*N*=59)						
平均值	0.4994	0.4894	0.5165	0.2231	0.2365	0.2338
中位数	0.3225	0.3792	0.3794	0.1881	0.2127	0.2024
标准差	0.4432	0.3605	0.3777	0.1458	0.1465	0.1308
D. ≥Round 4 (*N*=286)						
平均值	0.5366	0.4879	0.4984	0.1603	0.1898	0.1959
中位数	0.3906	0.4114	0.4326	0.1335	0.1626	0.1635
标准差	0.4966	0.3335	0.3056	0.1184	0.1146	0.1058

注：该表对 542 个 VC-Firm-obs 样本按当次减持退出所属轮次进行了细分，共有 VC-Firm 投资组合 112 个，其中 85 个进行过第 2 轮减持，59 个进行过第 3 轮减持，当次减持属于第 4 轮及以上的样本有 286 个。

进一步，为了考察风险投资能否通过多次减持主动增强股票长期流动性从而降低减持成本，利用发生多次减持的退出案例，表 8-12 对风险投资减持前后的股票流动性进行了对比。可以发现，当使用换手率作为衡量指标时，股票流动性均在风险投资减持后上升，并且这种差异统计意义显著。鉴于我国股票市场投资者非理性交易行为明显，投资者炒作及交易频率远远高于欧美发达国家市场，所以不能仅以换手率作为衡量股票流动性的指标，在综合考虑交易价格和交易量的前提下，利用非流动性比率 ILLIQ 衡量股票流动性的统计结果可以发现，该比率在 1 个月期、3 个月期以及 5 个月期的窗口分别在风险投资减持退出后降低 0.0260、0.0522 和 0.0669，说明风险投资减持退出之后，股票的长期流动性确实显著增加。对于参与程度较高的风险投资而言，通过这种多频次的减持行为，能够主动增强股票流动性，为接下来的减持创造有利时机。

表 8-12　风险投资减持前后股票长期流动性的比较

指标 (*N*=367)	Turnover_Month			ILLIQ_Month		
A. 减持前	−1 个月	−1～−3 个月	−1～−5 个月	−1 个月	−1～−3 个月	−1～−5 个月
平均值	0.5261	0.4922	0.5127	0.1804	0.2094	0.2124
中位数	0.3892	0.3792	0.4302	0.1467	0.1745	0.1791
标准差	0.4934	0.3527	0.3416	0.1294	0.1289	0.1151
B. 减持后	+1 个月	+1～+3 个月	+1～+5 个月	+1 个月	+1～+3 个月	+1～+5 个月
平均值	0.5911	0.5506	0.5713	0.1544	0.1572	0.1455
中位数	0.4781	0.4576	0.5436	0.1262	0.1183	0.1168
标准差	0.5521	0.3845	0.3302	0.1149	0.1218	0.1149
C. 差异性检验 (A—B)						
平均值	−0.0650*** (−3.88)	−0.0584*** (−4.22)	−0.0586** (−2.23)	0.0260*** (2.70)	0.0522*** (5.31)	0.0669*** (7.46)
中位数	−0.0889*** (3.20)	−0.0784*** (4.09)	−0.1134*** (4.47)	0.0205*** (2.95)	0.0562*** (6.57)	0.0623*** (10.01)

注：该表对截至 2012 年 12 月 31 日进行过多次减持退出的样本进行了分析，对减持前后的流动性差异进行了对比，A 部分和 B 部分分别是减持交易发生之前、之后的股票流动性，C 部分为两者之间的差异性检验。

表 8-13 分别以风险投资减持退出间隔和减持退出规模为标准分组统计长期流动性、瞬时流动性及相关变量。根据减持间隔的分组结果显示，风险投资在长期流动性较高时会缩短退出间隔，同时流动性出现临时负向冲击时（瞬时换手率较低），也会促使风险投资更加频繁地进行减持。具体来看，随着相邻两次减持间隔（T）缩短，长期换手率（Turn_L）的均值和中位数均呈上升趋势，长期非流动比率（ILLIQ_L）的均值和中位数则均呈下降趋势；与之不同，在瞬时流动性的变化趋势上，瞬时换手率（Turn_T）和瞬时非流动比率（ILLIQ_T）的均值和中位数均出现下降趋势，并不能得到关于瞬时流动性影响的一致结论。

根据退出规模的分组结果显示，随着减持退出规模（Resize）增大，瞬时换手率（Turn_T）的均值和中位数均呈下降趋势，瞬时非流动比率（ILLIQ_T）的均值和中位数均呈上升趋势，说明流动性出现临时负向冲击，将促使风险投资增加减持规模；同时减持规模（Resize）较高的退出样本中风险投资能够获得的实际退出回报（ER）较高，年龄（VC_age）也较大，说明风险投资的减持行为确实与其自身参与特征有关。

表 8-13　减持间隔和减持规模分组下相关变量的描述性统计

减持间隔分组	统计量	T	Resize	长期流动性		瞬时流动性		ER	VC_age	Share	BM
				Turn_L	ILLIQ_L	Turn_T	ILLIQ_T				
短(146)	Mean	1.23	3.25	0.5660	0.2160	−0.0336	8.0273	16.12	0.6475	31.88	0.6210
	p50	1.00	1.03	0.4667	0.1743	−0.0635	7.0150	12.10	0.1300	30.20	0.6139
中(146)	Mean	7.45	6.73	0.5610	0.2165	0.0259	8.4975	13.55	1.2118	30.27	0.6167
	p50	6.00	2.06	0.4433	0.1877	−0.0088	7.0550	11.01	0.1850	27.22	0.6121
长(147)	Mean	124.42	8.63	0.4836	0.2321	0.0466	10.4244	12.87	1.2352	29.63	0.6600
	p50	83.00	6.88	0.3772	0.1956	0.0058	11.1000	8.54	0.4700	26.97	0.6984
差异性检验(短—长)	Mean	−123.2***	−5.38***	0.0824**	−0.0161*	−0.0802**	−2.3971***	3.25**	−0.5876**	2.25*	−0.0390*
	p50	−82.00***	−5.85***	0.0661**	−0.0213*	−0.0693***	−4.0850***	3.56***	−0.3400***	3.23*	−0.0845*

减持规模分组	统计量	T	Resize	长期流动性		瞬时流动性		ER	VC_age	Share	BM
				Turn_L	ILLIQ_L	Turn_T	ILLIQ_T				
低(146)	Mean	21.32	0.42	0.4945	0.1978	0.0271	−0.0357	13.99	8.2808	31.47	0.6062
	p50	2.50	0.39	0.4365	0.1642	−0.0436	−0.0401	9.01	7.0000	26.97	0.6139
中(146)	Mean	48.55	3.11	0.5373	0.2180	0.0266	−0.0132	14.17	8.5116	29.81	0.6642
	p50	5.00	2.49	0.4175	0.1955	−0.0319	−0.0139	9.85	7.6150	30.20	0.7072
高(147)	Mean	63.65	15.03	0.5781	0.2486	−0.0148	−0.0126	14.38	10.1587	30.50	0.6275
	p50	28.00	12.21	0.4590	0.2104	−0.0419	−0.0140	12.14	10.7700	28.52	0.6576
差异性检验(高—低)	Mean	42.34***	14.61***	0.0836**	0.0509	−0.0419**	0.0230*	0.39	1.8779	−0.96	0.0213
	p50	25.50***	11.82***	0.0225	0.0462**	−0.0073	0.0261**	3.13**	3.7700*	1.55	0.0437

注：均值和中位数差异性检验分别采用 t 检验和威尔科克森/曼-惠尼特检验，***、**和*分别表示在 1%、5%和 10%的水平上显著，下同。

在进行回归分析之前，为了进一步了解变量间的相关程度，表 8-14 给出了相关系数矩阵。减持间隔 T 与减持规模 Resize 的相关系数为 37.66%，与长期换手率 Turn_L、长

表 8-14　主要变量的相关系数矩阵

变量	T	Resize	Turn_L	ILLIQ_L	Turn_T	ILLIQ_T	ER	VC_age	Share	BM	Inshare
T	1.0000										
Resize	0.3766*** (8.4873)	1.0000									
Turn_L	−0.1046** (−2.1969)	0.0164 (0.3419)	1.0000								
ILLIQ_L	0.0264 (0.5513)	0.1367*** (2.8808)	−0.3928*** (−8.9181)	1.0000							
Turn_T	−0.0991** (−2.0794)	−0.0504 (−1.0546)	−0.0841* (−1.7629)	−0.0424 (−0.8863)	1.0000						
ILLIQ_T	0.0801* (1.6778)	0.0721 (1.5103)	0.1342*** (2.8285)	−0.2317*** (−4.9729)	−0.5552*** (−13.940)	1.0000					
ER	−0.1098** (−2.3068)	−0.0488 (−1.0208)	0.0204 (0.4266)	0.0595 (1.2444)	−0.0212 (−0.4420)	−0.1074** (−2.2549)	1.0000				
VC_age	0.2349*** (5.0450)	0.1088** (2.2858)	−0.0338 (−0.7066)	−0.0091 (−0.1890)	0.0606 (1.2685)	−0.0924* (−1.9367)	0.2165*** (4.6310)	1.0000			
Share	−0.0849* (−1.7786)	−0.0030 (−0.0632)	0.0671 (1.4033)	0.0034 (0.0715)	−0.0365 (−0.7627)	0.0581 (1.2143)	−0.0108 (−0.2262)	−0.2301*** (−4.9375)	1.0000		
BM	0.0808* (1.6919)	0.0130 (0.2713)	0.0898* (1.8829)	0.0023 (0.0488)	−0.0876* (−1.8356)	0.2474*** (5.3318)	−0.6109*** (−16.112)	−0.0089 (−0.1852)	0.2208*** (4.7270)	1.0000	
Inshare	0.0180 (0.3769)	−0.0352 (−0.7346)	−0.2165*** (−4.6308)	0.1842*** (3.9142)	0.0603 (1.2608)	−0.0857* (−1.7963)	0.1763*** (3.7392)	−0.0323 (−0.6745)	−0.1994*** (−4.2484)	−0.2796*** (−6.0814)	1.0000

期非流动比率 ILLIQ_L、瞬时换手率 Turn_T、瞬时非流动比率 ILLIQ_T 以及实际退出回报 ER 的相关系数分别为-10.46%、2.64%、-9.91%、8.01%、10.98%；与风险投资年龄 VC_age 和账面市值比 BM 正相关，相关系数分别为 23.49%和 8.08%。减持规模 Resize 与 Turn_L、ILLIQ_L、Turn_T、ILLIQ_T、ER 的相关系数分别为 1.64%、13.67%、-5.04%、7.21%、-4.88%，与 VC_age 以及 BM 的相关系数分别为 10.88%和 1.30%。同时，长期换手率 Turn_L 和长期非流动比率 ILLIQ_L、瞬时换手率 Turn_T 和瞬时非流动比率 ILLIQ_T 之间的高度负相关也说明两类指标在反映股票流动性方面具有一致性。

此外，长期换手率 Turn_L 分别与瞬时换手率 Turn_T 和瞬时非流动比率 ILLIQ_T 分别在 10%和 1%的水平上显著负(正)相关，说明股票流动性在长、短期之间存在自调整趋势，当长期流动性较为充足时，瞬时流动性则有降低的可能。风险投资年龄 VC_age 与退出回报 ER 高度正相关，相关系数为 21.65%，与股东持股比例(Share)高度负相关，相关系数为-23.01%，说明获得较高回报及回笼资金的通常是较为成熟的风险投资机构，他们参与投资的企业中股东持股比例也相对较低。参与程度 Inshare 与长期换手率 Turn_L、长期非流动比率 ILLIQ_L 高度相关，相关系数分别为-21.65%和 18.42%，这与 Brockman 等(2009)的研究结果一致，即当风险投资作为大股东的确会阻碍股票流动性；同时参与程度较高的 VC 往往能够获得较高的退出回报，其参与投资的创业企业也能获得较大的成长，表现为 Inshare 与 BM 的负相关系数达-27.96%。

2. 多元回归分析

表 8-15 利用控制机构数量、风险投资年龄、第一大股东持股比例、账面市值比和已减持股权比例等因素，多元回归检验实际退出回报、参与程度与减持间隔和减持规模的关系。

表 8-15　退出回报和参与程度影响风险投资减持行为的回归结果

解释变量	被解释变量					
	减持间隔(T)			减持规模(Resize)		
	模型 1	模型 2	模型 3	模型 4	模型 5	模型 6
VC_num	-10.2133*** (-2.65)	-10.2944*** (-2.65)	-7.5988* (-1.79)	-0.8643** (-2.49)	-0.8500** (-2.44)	-1.1469*** (-3.01)
VC_age	3.9330*** (3.94)	3.8702*** (3.74)	3.6126*** (3.46)	0.1896** (2.11)	0.2007** (2.16)	0.2290** (2.44)
Share	-0.3359 (-0.75)	-0.3552 (-0.78)	-0.3057 (-0.67)	0.0154 (0.38)	0.0188 (0.46)	0.0134 (0.33)
BM	0.3555 (1.44)	0.3963 (1.32)	0.4470* (1.68)	-0.0166 (-0.74)	-0.0238 (-0.88)	-0.0294 (-1.08)
Scale	-0.2565 (-0.96)	-0.2517 (-0.93)	-0.1716 (-0.63)	-0.0705*** (-2.93)	-0.0714*** (-2.95)	-0.0802*** (-3.27)
ER		0.0988 (0.24)	-0.8569* (-1.86)		-0.0174 (-0.47)	0.0784* (1.81)
Ins×ER			0.0993* (1.76)			-0.0101* (-1.95)

续表

解释变量	被解释变量					
	减持间隔（*T*）			减持规模（Resize）		
	模型 1	模型 2	模型 3	模型 4	模型 5	模型 6
C	25.6924 (1.07)	22.9598 (0.86)	13.6938 (0.50)	8.4413*** (3.91)	8.9236*** (3.73)	9.9495** (4.07)
Obs.	439	439	439	439	439	439
Adj-R^2	0.0512	0.0513	0.0567	0.0377	0.0382	0.0463

模型 1 和模型 4 是仅包括控制变量的基准回归结果，可以发现，减持间隔的回归结果中，机构数量（VC_num）和风险投资年龄（VC_age）的回归系数符号分别为负和正，且均在 1%的水平上显著相关，说明采用联合投资的风险投资减持间隔更短，同时年轻的 VC/PE 也会缩短减持间隔，尽早兑现收益用于建立关于自身投资能力的市场声誉。账面市值比（BM）的回归系数为正，说明市值较大的上市企业更可能被风险投资更快地减持退出，侧面反映了我国风险投资在减持退出时的择时动机。针对减持规模的回归结果中，机构数量（VC_num）和风险投资年龄（VC_age）的回归系数符号分别为负和正，同时账面市值比（BM）的回归系数为负，说明市值较大的企业被风险投资减持的规模也较大。

模型 2 在回归模型中加入退出回报（BM），发现结果不显著。模型 3 进一步将参与程度（Inshare）和退出回报（ER）的交互项加入模型，发现交互项（Ins×ER）回归系数显著为正，同时退出回报显著为负，说明退出回报对风险投资减持间隔的影响与参与程度相关，当参与程度较低时，退出回报越高，风险投资减持间隔越短。

模型 5 以减持规模为被解释变量，同样发现退出回报（ER）的回归结果并不显著，但在模型 6 中引入交互项（Ins×ER），发现交互项回归系数显著为负、退出回报回归系数显著为正，说明当参与程度较低时，退出回报对减持规模有显著影响，回报越高，减持规模越大，该结论与前文关于持股比例较低的风险投资具有突击套现的推断一致，支持研究假设 8-3。

表 8-16 在控制相关变量的基础上，进一步考察股票长期流动性对风险投资减持行为的影响。模型 7 和模型 8 中分别利用长期换手率（Turn_L）和长期非流动比率（ILLIQ_L）作为股票长期流动性的代理变量加入模型，考察股票长期流动性与减持间隔之间的关系。模型 7 的结果显示，长期换手率（Turn_L）的回归系数为负，表明长期流动性较好时，风险投资减持间隔更短，但统计意义上并不显著。模型 8 的回归结果显示，长期非流动比率与减持间隔正相关，即长期流动性越高，风险投资减持间隔更短。模型 9 中加入交互项（Ins×Turn_L），发现交互项回归系数不显著，说明长期流动性对风险投资减持间隔的影响与参与程度无关。

模型 10～模型 12 利用长期换手率（Turn_L）和长期非流动比率（ILLIQ_L）考察长期流动性对减持规模的影响。模型 10 的结果显示，长期换手率（Turn_L）的回归系数在 1%的水平上显著为正、长期非流动性比率（ILLIQ_L）的回归系数显著为负，一致说明长期流动性越高，风险投资减持规模越大。

表 8-16　长期流动性影响风险投资减持行为的回归结果

解释变量	被解释变量					
	减持间隔(*T*)			减持规模(Resize)		
	模型 7	模型 8	模型 9	模型 10	模型 11	模型 12
VC_num	−8.4364** (−1.98)	−10.0934** (−2.57)	−5.7066 (−1.22)	−1.5175*** (−4.03)	−0.7412** (−2.11)	−1.8907*** (−4.61)
VC_age	3.7516*** (3.61)	3.8631*** (3.74)	3.7169*** (3.58)	0.2433*** (2.65)	0.1968** (2.13)	0.2480*** (2.72)
Share	−0.3648 (−0.80)	−0.3322 (−0.72)	−0.3510 (−0.77)	0.0223 (0.56)	0.0313 (0.76)	0.0204 (0.51)
BM	0.3935 (1.31)	0.3896 (1.29)	0.4264 (1.42)	−0.0228 (−0.86)	−0.0275 (−1.02)	−0.0273 (−1.06)
Scale	−0.2657 (−0.99)	−0.2212 (−0.78)	−0.1885 (−0.69)	−0.0663*** (−2.79)	−0.0549** (−2.17)	−0.0768*** (−3.19)
ER	0.1326 (0.32)	0.0804 (0.1932)	0.1356 (0.32)	−0.0296 (−0.81)	−0.0274 (−0.73)	−0.0300 (−0.82)
Turn_L	−0.1319 (−1.04)		−0.3808* (−1.79)	0.0474*** (4.24)		0.0814*** (4.34)
ILLIQ_L		0.1187 (0.35)			−0.0643** (−2.11)	
Ins×Turn_L			0.0285 (1.45)			−0.0039** (−2.26)
C	27.0346 (1.01)	19.3281 (0.68)	18.4012 (0.67)	7.4596*** (3.14)	6.9566*** (2.72)	8.6400*** (3.57)
Obs.	439	439	439	439	439	439
Adj-R^2	0.0537	0.0516	0.0583	0.0767	0.0481	0.0875

在结合控制机构数量(VC_num)、机构年龄(VC_age)、大股东持股比例(Share)、账面市值比(BM)和已减持规模(Scale)等因素的基础上，表 8-17 给出了瞬时流动与对风险投资减持行为的影响。模型 13 中瞬时换手率(Turn_T)的回归系数为正，且在 10%的水平上统计显著。同时，交互项(Ins×Turn_T)的回归系数显著为负，表明低的持股比例会加强瞬时换手率(Turn_T)与减持间隔的正向关系。模型 14 和模型 15 分别进一步控制长期换手率(Turn_L)和参与程度(Inshare)，瞬时流动性及其与参与程度交互项的回归系数依然显著。该结果说明流动性的临时负向冲击对风险投资减持间隔存在影响，而较低的持股比例会增加瞬时流动性对减持间隔的影响，即瞬时流动性降低，出于对未来流动性风险的担忧，持股比例较低的风险投资会缩短减持退出的时间间隔。

模型 16～模型 18 考察了瞬时流动性对减持规模(Resize)的影响。其中，模型同样加入了参与程度(Inshare)和瞬时换手率(Turn_T)的交互项(Ins×Turn_T)，回归结果显示，瞬时换手率(Turn_T)的回归系数为负，但未通过显著性检验，交互项的系数同样并不显著，仅长期换手率(Turn_L)的回归系数显著为正。因而未得到瞬时流动性影响风险投资减持规模的证据，但较低的持股比例会增加瞬时流动性对减持间隔的影响效果。

表 8-17　瞬时流动性影响风险投资减持行为的回归结果

解释变量	被解释变量					
	减持间隔(*T*)			减持规模(Resize)		
	模型 13	模型 14	模型 15	模型 16	模型 17	模型 18
VC_num	−8.8053** (−2.19)	−5.2567 (−1.18)	−5.2765 (−1.13)	−0.6802* (−1.88)	−1.3912*** (−3.53)	−1.6090*** (−3.90)
VC_age	3.8563*** (3.75)	3.6219*** (3.50)	3.6212*** (3.49)	0.2036** (2.19)	0.2506*** (2.73)	0.2429*** (2.65)
Share	−0.4205 (−0.92)	−0.4429 (−0.97)	−0.4442 (−0.96)	0.0112 (0.27)	0.0157 (0.39)	0.0008 (0.02)
BM	0.3096* (1.03)	0.2874 (0.95)	0.2868 (0.94)	−0.0304** (−1.12)	−0.0260 (−0.97)	−0.0325 (−1.21)
Scale	−0.1603 (−0.59)	−0.1622 (−0.60)	−0.1631 (−0.59)	−0.0664*** (−2.72)	−0.0660*** (−2.76)	−0.0760*** (−3.10)
ER	0.0171 (0.04)	0.0658 (0.16)	0.0671 (0.16)	−0.0244 (−0.66)	−0.0342 (−0.93)	−0.0201 (−0.53)
Turn_L		−0.2436* (−1.83)	−0.2438* (−1.82)		0.0488*** (4.14)	0.0467*** (3.95)
Turn_T	0.6627* (1.77)	0.8899** (2.27)	0.8919** (2.13)	−0.0194 (−0.58)	−0.0261 (−0.74)	−0.0042 (−0.11)
Ins×Turn_T	−0.0928** (−2.23)	−0.1187*** (−2.71)	−0.1189** (−2.54)	−0.0046 (−1.23)	0.0005 (0.14)	−0.0020 (−0.48)
Inshare			−0.0236 (−0.01)			−0.2582* (−1.76)
C	26.3080 (0.99)	34.5425 (1.29)	34.8722 (0.98)	9.1631*** (3.83)	7.5131*** (3.15)	11.1263** (3.54)
Obs.	439	439	439	439	439	439
Adj-R^2	0.0632	0.0705	0.0705	0.0461	0.0827	0.0893

8.4　小结

本章首先以 2013 年底前在创业板上市、具有风险投资参与且满足解禁要求的企业为样本，利用 Logit 模型检验了账面退出回报、股票流动性对解禁后不同期限内风险投资减持与否的影响。实证结果表明，账面退出回报对风险投资是否减持的决策具有正向影响，而且在年轻风险投资中这种正向影响更强。

进一步，利用风险投资减持案例为样本，考察退出回报和股票流动性，以及两者与风险投资参与程度对风险投资减持间隔和减持规模的影响。实证结果表明，参与程度较低时，退出回报对风险投资的减持行为具有显著影响；在股票长期流动性较好的市场，风险投资的减持行为具有减持间隔短、减持规模大的特点；当风险投资参与程度较低时，流动性出现负向冲击会促使风险投资缩短减持间隔。

第 9 章　海外风险投资机构的合约设计

海外风险投资机构进入中国有两次投资高潮。第一次是 1992 年，许多欧美的风险投资公司在“1992 年邓小平南方谈话”后纷纷进入中国。太平洋优联、华登风险投资基金、华诚资产等世界著名风险投资公司都是在这个时期进入中国的。海外风险投资第二次大规模地涌入是 1999 年，美国的 IDG 技术创业投资基金（IDG Capital）、华登国际、赛博基金，日本的野村和软银，欧洲的霸菱投资，中国香港的苏伊士亚洲和上实-所罗门等国际著名的专业风险投资机构纷纷进入中国内地（张孝德，2002）。本章首先介绍蒙牛如何借助海外风险投资机构实现海外上市的案例，生动和具体地展现了海外风险投资的合约治理①；其次，介绍了雅虎在投资阿里巴巴的过程中设计的各种合约治理安排（汪逸潇，2018；李强等，2020）。

9.1　蒙牛借助风险投资实现海外上市

9.1.1　蒙牛公司上市发展历程

1999 年 1 月 13 日，牛根生（1958 年出生于内蒙古呼和浩特）等成立“蒙牛”，当时注册资本只有 100 万元人民币。此前，牛根生在当时的乳业老大伊利集团工作，从基层干起，直至担任伊利集团生产经营副总裁。

1999 年 8 月 18 日，内蒙古蒙牛乳业股份有限公司成立，股份制改造后的“蒙牛股份”注册资本达到 1398 万元人民币。此后，经过两次增资扩股，到 2002 年初，“蒙牛股份”的注册资本已增至 4598 万元人民币。此时，“蒙牛股份”总股本为 4000 多万股，其中蒙牛的发起人和管理层持有“蒙牛股份”73.5%的股份，其他股东持有 26.5%的股份。蒙牛没有政府性投资和国内投资机构入股，是一家 100%完全由自然人控股的纯民营的股份制企业，并制定了 3 年上市的规划。

1999 年，创业第一年，蒙牛实现销售收入 0.37 亿元人民币，在全国乳业仅排名第 119 位。2000 年 2 月 21 日，中国第一袋利乐枕在蒙牛下线，蒙牛进入快速成长期。2001 年，蒙牛销量快速上升至国内第 5 位，实现销售收入 7.24 亿元人民币，2002 年达到 16.687 亿元人民币。高速扩张的业务需要蒙牛投入更多的资金修建更多的生产基地，构建更广阔的营销网络。

牛根生成立“蒙牛股份”最初的想法就是希望公司能公开上市，特别是希望“蒙牛股份”在国内创业板市场上市。有报道指出，在牵手国际资本之前，牛根生在创业板上市的迷途中与光大证券打了 3 年的交道。然而，在创业板推出延期之后，“蒙牛股份”国内上

①案例信息来源：蒙牛乳业招股说明书和蒙牛乳业 2004～2006 年年报。

市之路搁浅。正在此时，牛根生巧遇了摩根士丹利中国投资经理，这既是巧合也是机遇。

2002 年 10 月，国际风险投资公司摩根士丹利(在开曼群岛注册)、鼎辉投资(在英属开曼群岛注册)、英联投资(在毛里求斯注册)向蒙牛一次性注资 2600 多万美元，占增资后约 6000 万“蒙牛股份”总股本的 32%，进入成本为 10.1 元/股(溢价 2 倍，之前“蒙牛股份”的价格约为 5 元/股)。

2003 年 10 月，摩根士丹利等三家外资投资机构再次向蒙牛注资 3523 万美元，进一步加速了蒙牛的发展，使蒙牛当年的销售收入高达 40.715 亿元人民币。

2004 年 6 月 10 日，“蒙牛乳业”正式在香港联交所主板上市，股票代码为 2319 HK，成为第一家在香港上市的中国乳制品企业。公司此次 IPO 取得了很大的成功。以每股 3.925 港币的价格公开出售 3.5 亿股(总股本为 10 亿股)，公司筹集资金额达 13.74 亿港币(约 14.578 亿元人民币)。2005 年，在《全球财经观察》组织的评选中，蒙牛获得 2004 年香港股市“年度最佳 IPO”的殊荣。

9.1.2　第一轮海外融资

2002 年 6 月 5 日，“蒙牛乳业”在开曼群岛注册成立(在开曼群岛注册，国际公司 20 年内免税)，注册股本 1000 股，注资 1 美元，每股面值 0.001 美元，这也是对“蒙牛股份”投资的主体公司和“蒙牛股份”将来在香港上市的壳公司。2002 年 6 月 14 日，“蒙牛乳业”在另外一个“免税天堂”毛里求斯设立全资子公司——中国乳业毛里求斯公司(简称毛里求斯公司)，这是直接对境内“蒙牛股份”投资的壳公司。

2002 年 9 月 23 日，“蒙牛股份”在同样可以免税的英属维京群岛(BVl)注册了两家新公司：Jinniu Milk lndustry Ltd.（金牛公司)和 Yinniu Milk lndustry Ltd.（银牛公司)，两家公司注册股本 5 万股，注册资金 5 万美元，每股面值 1 美元。“蒙牛股份”成立金牛与银牛两家投资性壳公司的真实目的是，通过股权划转、直接出资入股等方式，将“蒙牛股份”的管理层、雇员、其他投资者、业务联系人员的利益悉数注入两家公司中。其中，金牛的股份由 15 位自然人持有，他们全部为蒙牛乳业的高管人员，牛根生、郑九强、卢俊、孙玉斌、杨文俊、孙先红和邱连军 7 位“蒙牛股份”主要高管控股金牛 87.4%。银牛的股份则由 16 位自然人控制，除郑九强是“蒙牛”的董事之外，其他人均为“蒙牛股份”自身或与业务相关的公司中的高层管理人员，其中谢秋旭一人便控制了 63.5%的股份。金牛与银牛成立后，即以面值购得了全部的“蒙牛乳业”股权 1000 股，总代价为 1 美元，两家各持有 50%。

2002 年 9 月 24 日，扩大股份，重新发行 5102 股(含 1000 股旧股)A 类股票(一股拥有十票投票权)和 48980 股 B 类股票(一股只有一票投票权)，总计 54082 股股票，10 万股投票权。根据开曼群岛的公司法，允许同股不同权(中国当时不允许)。

2002 年 10 月 17 日，金牛与银牛以 1 美元/股的价格，分别投资 1134 美元、2968 美元，认购了 1134 股和 2968 股 A 类股票，加上以前各自持有的 500 股旧股，金牛与银牛合计持有 A 类股票 5102 股，虽然持股比例只有 9.4%，但拥有“蒙牛乳业”51%的投票权。

随后，摩根士丹利等三家外资机构以 530 美元/股的价格，分别注资 17332705 美元、5500000 美元、3141007 美元，认购了 32685 股、10372 股、5923 股 B 类股票，合并持有

B 类股票 48980 股，摩根士丹利等三家外资机构总计为“蒙牛乳业”注入资金 2597.3712 万美元。三家外资机构虽然持股比例高达 90.6%，但只拥有“蒙牛乳业”49%的投票权。图 9-1 描述了这轮融资的各方权益配置。

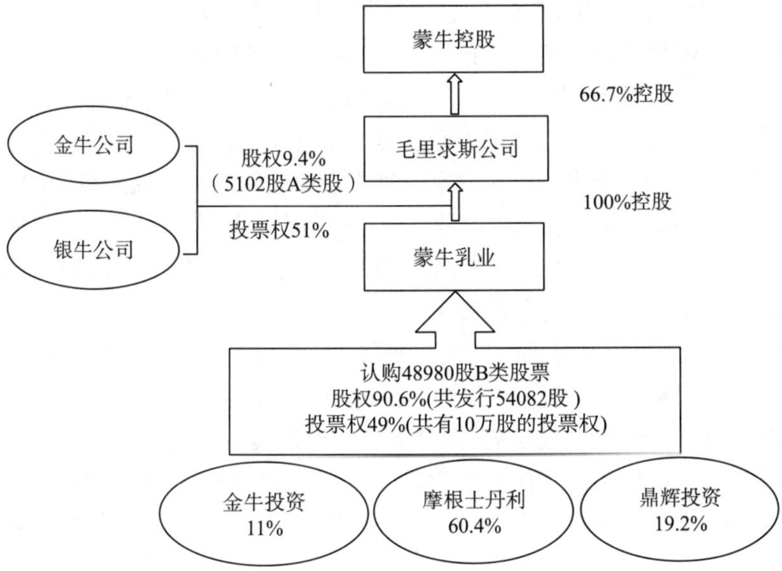

图 9-1　蒙牛首轮融资的各方权益配置

完成扩股募资之后，“蒙牛乳业”将募集的 2597.3712 万美元全部注入其全资子公司——毛里求斯公司，通过毛里求斯公司对境内“蒙牛股份”投资，间接持有“蒙牛股份”66.7%的股份。至此，“蒙牛股份”完成首轮海外融资的全部操作。

在首轮融资中，三家海外投资机构与蒙牛管理层签订了一个“对赌协议”：若“蒙牛股份”管理层在未来一年(2003 年)能够达到协议规定的业绩目标(具体目标未公开透露)，A 类股票将自动按照一股换十股的比例转换为 B 类股票，否则，A 类股票不能转换为 B 类股票。为了强化激励效果，三家海外投资机构还承诺，假如“蒙牛股份”管理层能够完成协议规定的业绩目标，金牛和银牛股东在将 A 类股票转化为 B 类股的同时，可以获得以面值认购新的 B 类股票股的权利，新认购的股份数量上限是金牛和银牛的合计持股数量不能超过“蒙牛乳业”总股本的 66%。

2003 年 9 月，超额完成协议业绩目标的“蒙牛股份”管理层在“蒙牛乳业”将所持的 5102 股 A 类股票转换为 51020 股 B 类股票，同时按面值 0.001 美元新认购了 43141 股 B 类股票。此时，“蒙牛乳业”的总股本为 142885 股，金牛和银牛在“蒙牛乳业”中的股权份额达到 65.9%，而三家海外投资机构合并持有余下的 34.1%。

为了换取牛根生 5 年内不加入竞争对手和创办同类企业的承诺(除非外资减持到 25%以下)，牛根生与三家海外投资机构签订协议：以 1 美元的价格从摩根士丹利购买 5816 股普通股；以 1 美元的价格从鼎辉投资购买 1846 股普通股；以 1 美元的价格从英联投资购买 1054 股普通股。三家海外投资机构总计转让 8716 股(相当于“蒙牛乳业”6.1%的股份)给牛根生，外资在“蒙牛乳业”中的持股比例从34.1%下降到28%。

9.1.3 第二轮海外融资

2003年10月，鉴于金牛公司和银牛公司持有的“蒙牛乳业”的A股已经兑现转股，因此，再划分A股和B股实际意义不大。“蒙牛乳业”将已发行的B类股票全部转换为普通股，同时发行一定数额的可换股债券。三家海外投资机构认购“蒙牛乳业”发行的可转换债券，共计3523万美元。随后，“蒙牛乳业”通过全资子公司毛里求斯公司向“蒙牛股份”注入出售可换股债券募集的全部美元资金，增持境内“蒙牛股份”股权至81.1%。

根据“蒙牛乳业”次轮融资协议，三家海外投资机构购买的可转换债券的30%可在“蒙牛乳业”股票公开上市半年后转换为股票，一年后可全部转换为股票。按照披露当时双方商定的转换价格每股0.096美元计算，三家海外投资机构购买的可转换债券全部转换之后，可增持上市后“蒙牛乳业”3.68亿的股份。

此外，金牛公司还与三家海外投资机构签署了一份被媒体称之为“对弈国际投资巨头，牛根生豪赌7千万股权”的协议。协议的大致内容是，如果“蒙牛股份”今后三年的复合增长率(以税后利润计算)超过设定的目标(未公开透露具体数值)，三家海外投资机构将赔偿金牛公司不超过7830万股已上市的“蒙牛乳业”股份或等值现金(2004年上市拟发行10亿股，赔偿的股票占7.8%)，否则，金牛公司要向三家海外投资机构赔偿同样数量的股份(或等值的资金)。

2004年3月22日，金牛、银牛公司扩大法定股本，由5万股扩至10万股，面值1美元/股。同日，为了酬谢金牛、银牛的管理层人员、非高级管理人员、供应商和其他投资者对蒙牛集团发展做出的贡献，金牛、银牛公司推出第一份“公司权益计划书”。每份“公司权益计划”的股份数量不定，但价格均为1美元，受益者将其转换成对应金牛、银牛股权时，每股转换价格是金牛238美元，银牛112美元。

2005年3月，“蒙牛乳业”表现超出预期，三家海外投资机构提前终止“豪赌”协议，并无偿转让一批价值约为598.8万美元的可转换债券(约6260万股“蒙牛乳业”股票)给金牛公司作为终止条件。

9.1.4 谁是赢家？

三家海外投资机构分别于2002年10月和2003年9月两次共投入约6100万美元(约4.77亿港元)，最终获得现金26亿多港元(余100万股)，增值近6倍。具体套现情况如下：①2004年6月，“蒙牛乳业”IPO时，出售1亿股，套现3.925亿港元；②2004年12月，行使第一轮可转换证券转换权，增持1.105亿股，随后抛售1.68亿股套现10.2亿港元；③2005年6月，行使全部剩余可转换证券转换权，换得股份2.15亿股后套现近12亿港元。最终三家海外投资机构持有上市公司的股份仅剩100万股。

“蒙牛乳业”的成功上市，也让蒙牛的管理层成为中国身价最高的团队，金牛和银牛持股总市值达16亿港元，较之2002年初的3380万元人民币(当时蒙牛的管理层在蒙牛股份中持股73.5%，注册资金为4598万)，增值了约47倍。

9.1.5　蒙牛引资成功原因分析

三家海外投资机构在不断注资“蒙牛股份”的过程中始终未参与“蒙牛股份”的经营管理，正是因为他们设计了一套独特的激励约束机制，迫使“蒙牛股份”的创业者必须努力工作。

1. 对赌协议的基本架构

第一轮对赌协议实际上包含了依业绩获得股份的条款，以及控制权可能转移的条款。首轮融资时，A、B 类股的设置，拥有“蒙牛乳业”投票权 51%的金牛和银牛公司仅仅拥有 9.4%的股份，这就激励“蒙牛股份”管理者要想获得其他的股份，以及继续保持控股权的话，必须满足经营业绩的要求。

第二轮融资时包括了可转换债权和赎回权设计，以及依业绩获得股份的条款。次轮融资时，三家海外投资机构认购了全部可转换债券，如果“蒙牛股份”业绩不佳，三家海外投资机构可以强行要求管理层赎回可转换债券。豪赌 7830 万股“蒙牛乳业”的股票协议就是依业绩获得股份的条款。

第二轮融资合约中也隐含了控制权转移的可能性，因为业绩如果未达到要求，蒙牛不能偿还可转债，则该企业可能被三家海外投资机构接管。

2. 可转债和赎回权的联合设计

“蒙牛股份”通过海外壳公司“蒙牛乳业”发行可转换债券达到融资的目的。这个可转债包括自动转换条款，并搭配了赎回权。

可转换债券是一种更有利于投资者控制投资风险的金融工具，同时可与企业的自身利益相结合，产生极强的激励作用。

在当时，法律的限制使国内的私有企业不能发行可转换债券，而业绩好的上市公司可以。2018 年新的公司法使得可转换优先股和可转债能够实施。

3. 依业绩获得股权的激励体系

金牛公司和银牛公司的股东全部为“蒙牛股份”的管理层、原始投资者以及相关利益者。“蒙牛乳业”的股本结构设计将“蒙牛股份”的内部人员全部变成了公司股东，将投资者、管理层和相关利益者三者之间的利益紧密联系在一起。

在两轮融资过程中，三家海外投资机构都为“蒙牛股份”的管理层设计了与公司经营业绩相关联的股份奖惩制度。例如，在第一轮融资时，金牛和银牛仅持有 9.4%的“蒙牛乳业”股份，但如果达到了业绩条件，包括金牛和银牛股东在股份转化为普通股的同时可以获得以面值认购新的普通股的权利，牛根生还获得了 6.1%的奖励股份，在这轮融资结束后，管理团队合计持有 72%的股份。

第二轮融资时，7830 万股的“对赌协议”将股权激励与“蒙牛股份”管理层和利益相关者的贡献大小紧密联系在一起，强化了激励效果。

为换取牛根生 5 年内不加入竞争对手和创办同类企业的承诺，上市前三家海外投资机构转让 8716 股给牛根生。这是用奖励计划来实施“反竞争条款”。

4. 公司权益计划

金牛和银牛公司于 2004 年 3 月 22 日设计的“公司权益计划”，实质是解决骨干持有的股份及期权奖励的一种制度安排。除了酬谢已有的骨干，也为新的骨干留下了激励空间，进而保证了公司的可持续发展。

9.1.6　小结

回顾整个案例，可以发现，蒙牛在引进境外风险投资机构实现海外上市的过程中采用的路径如下：首先在海外设立离岸壳公司，然后通过协议控制模式将境内企业资产或权益注入壳公司，最后以壳公司的名义在境外证券市场上市。所谓协议控制(variable interest entities，简称 VIE 模式)，是指通过境外的离岸控股公司，与境内运营的实体企业签订贷款、股权质押、独家顾问服务、资产运营、认股权等一系列协议，获得境内实体公司实际或潜在经济收益的同时对其资产实现实际控制。此后，新浪、百度、新东方、携程、阿里巴巴等公司也通过 VIE 模式实现了海外上市。

9.2　阿里与雅虎的缘起缘落：风险投资合约治理

1999 年，马云带领“十八罗汉”创办阿里巴巴。经历了专注对外贸易的 B2B(business to business，企业对企业)阶段、以淘宝天猫为代表的 C2C(consumer to consumer，个人对个人)阶段，以及一系列的资产重组剥离，阿里巴巴集团于 2014 年 9 月 19 日在纽约证券交易所整体上市，首次公开发行(initial public offering，IPO 上市)价格为 68 美元/股，市值近 5000 亿美元，马云个人也一度登顶亚洲首富。

清科旗下 PEdata 数据库显示，截至 IPO 上市，阿里先后至少获得 19 家风险投资机构共 12 轮的资金支持，其中综合性风险投资公司软件银行集团(简称软银)和作为战略投资者的雅虎，不仅手笔大，而且时间久，对阿里的腾飞更是功不可没。人们也不禁会问：阿里成长和增值的过程中，除“雪中送炭”或“锦上添花”的资金支持外，雅虎和软银还起到了什么样的重要作用？特别是雅虎战略入股之时，现金流权与控制权的分离设计、或有控制权的配置、发行可转换优先股、对关键创业者的锁定和雅虎分阶段退出等一系列风险投资合约安排，被淋漓尽致地使用，这些合约治理机制到底对合作共赢与价值共创起到什么作用？

9.2.1　案例背景：阿里集团的发展概况

1. 初创与成长期：B2B

1999 年 3 月，马云带领“十八罗汉”筹资 50 万元人民币，在杭州湖畔花园创建阿里巴巴。同年 6 月，创业团队在开曼群岛注册阿里巴巴网络技术有限公司(Alibaba.com Corporation，后更名为 Alibaba Group Holding Limited，简称阿里集团)①。

①在开曼群岛，除银行、保险、军事等特殊行业的注册需申请外，开曼对注册申请的业务范围无限制，且注册只需一位股东和一位董事即可(股东董事可同为一人)，并还允许同股不同权。与此同时，根据开曼群岛的税收规定，岛内税种只有进口税、工商登记税、旅游者税等几个简单税种，一直不征收个人所得税、公司所得税、资本利得税等。

注册不久，阿里巴巴便有了自己的网站，定位于 B2B 电子商务站点，面向注册为会员的中小企业提供对外贸易服务。通过阿里网站，用户可以快速获取行业资讯、市场动态、潜在贸易伙伴等信息；同时，注册会员还可以通过网站发布企业信息和进行产品展示，会员支付费用还能得到专业的技术指导和更高质量的服务。仅仅半年的时间，阿里巴巴的会员数就达到 41000 名。不断增加的会员使得公司的成本越来越高，资金问题开始显现，马云不得不开始去见一些投资者，并在奔波之余结识了尔后助力阿里一马平川的蔡崇信①。

正是在蔡崇信的引荐和努力下，1999 年 10 月，阿里获得一笔由高盛、富达投资(Fidelity Capital)、新加坡政府科技发展基金和 Investor AB 等联合投资的 500 万美元。更为重要的是，第一笔资金不仅解决了阿里的燃眉之急，马云也进入日本软件银行董事长孙正义的视野。2000 年 2 月，软银中国和富达亚洲联合投资 2500 万美元，其中软银投资 2000 万美元②，占 20%的股份。按照该笔投资，阿里市场估值已达 1 亿美元，也正是因为此轮融资，阿里非但扛过了 2000 年互联网泡沫破灭的打击，还于 2002 年 2 月获得第三轮的风险投资资金——日本亚洲投资的 500 万美元。

2. 扩张期：从 B2B 到 C2C

2003 年，全球最大的 C2C 平台 eBay 斥资 1.5 亿美元，全资收购当时中国最大的 C2C 网站——易趣网，一举占领了当时中国 90%的个人电商市场。eBay 的大举进入加之互联网泡沫的教训，让阿里做出了主动出击 C2C 市场、正面迎战 eBay 的重大决定，先后分别在香港和开曼注册了淘宝中国控股有限公司(Taobao China Holding Limited，简称香港淘宝)和淘宝控股有限公司(Taobao Holding Limited，简称开曼淘宝)。其中，开曼淘宝注册资本为 1 亿元人民币，系开曼阿里的全资子公司，而香港淘宝则是开曼淘宝的全资子公司，即阿里集团的全资孙公司。

2003 年 5 月 10 日，浙江淘宝网络有限公司(简称淘宝网)正式上线，成为香港淘宝协议控制的境内实体。与资本雄厚的 eBay 的收费模式不同，阿里把赌注压在了未来用户的增长上，淘宝网采取免费模式，马云对外公开承诺 3 年内免收服务费。免费模式在短期内的扩张效果马上得到显现，仅上线 20 天，注册用户就达 1 万名；淘宝网的年交易额也由 2003 年的 2271 万飞速增长为 2004 年的 10 亿。即便如此，相对于当时的 eBay，淘宝网依然差一个档次，如何利用更多资金支持“烧钱模式”成为阿里新的难题。

幸运的是，2004 年 2 月，阿里获得由软银、富达投资、Granite Global Ventures 和 TDF 投资共计 8200 万美元的投资，是当时中国互联网业募集的最大的一笔私募资金③。截至 2004 年底，阿里集团发行股票达 323204026 股，其中马云及创业团队合占 47%的股份，软银约占 20%，富达(斯道资本)约占 18%，其他股东合计约占 15%。据美国著名财经杂志

---

①当时蔡崇信供职于北欧地区最大工业控股公司——Investor AB。在与马云经过几次谈话之后，蔡崇信果断放弃了 Investor AB 70 万美元的年薪，主动投向阿里并担任 CFO，月薪只有区区 600 美元。

②据传孙正义本来打算投资 3000 万美元，占 30%的股份，但是马云担心股份被过分稀释，为保证对公司的控制权，最终只接受了 2000 万美元的投资。

③软银投资的 6000 万美元中的 5000 万美元通过阿里集团最终投向淘宝网。2004 年 7 月和 2005 年 10 月，阿里集团先后两次利用自有资金向淘宝网分别追加投资 3.5 亿元人民币和 10 亿元人民币，并继续施行免费模式。

Forbes 报道，截至 2005 年 3 月底，淘宝网和 eBay 分别占据中国 C2C 市场销售的 41%和 53%，淘宝网开始具备了与 eBay 竞争的实力。淘宝网官网数据显示，2006 年淘宝网的在线拍卖(C2C)领域的市场份额高达 72%，至此基本上赢得了与 eBay 在中国市场的竞争。

与 eBay 厮杀的经历不仅体现了资本角逐的重要性，更是让马云及团队深刻意识到：要想取得真正的成功，除了资金，还需拥有自己的搜索引擎，进而通过有效的宣传与推广让更多用户了解自己。2005 年 8 月，当时作为欧美第一门户网站的雅虎，以战略投资者的身份，以 10 亿美元现金和雅虎中国的全部资产，获得阿里集团 40%的股权，成为阿里第一大股东。软银和雅虎的先后加入，使得阿里快速扩张，2005 年阿里巴巴网站上注册的卖家与买家均超过千万。阿里集团 B2B 业务子公司——阿里巴巴网络有限公司(Alibaba.com Limited，简称阿里 B2B)于 2007 年 11 月在香港上市。淘宝网也全面击败 eBay，成为国内最大的 C2C 网站。

3. 整合重组与整体上市

B2B 和 C2C 两块业务领域的快速发展，不仅使阿里成为当之无愧的综合性电商平台，旗下知名品牌包括淘宝、一淘、天猫、聚划算、阿里巴巴 B2B 和阿里云。更重要的是，2004 年 12 月成立旨在内部服务淘宝的支付宝，一气呵成，帮助阿里集团衍生出包括小贷、保险、基金等多达 14 张经营牌照的金融版图(即“小微金服”，后正式更名“蚂蚁金服”)。接下来，雅虎、软银和马云及创业团队需要共同考虑的重要问题是资本市场上市，既为阿里寻求和搭建新的发展平台，又为诸多风险投资的退出提供渠道。为此，阿里集团开始了一系列的资产重组与业务整合，为集团整体上市扫清障碍。

2011 年 7 月，阿里与雅虎、软银正式达成协议，阿里集团旗下的支付宝所有权转移到了当时由马云和谢世煌直接控股的公司——浙江阿里巴巴电子商务有限公司，当时马云和谢世煌持股比例分别为 80%和 20%①。随后的几年里，集团陆续将中小企业贷款等金融业务从拟上市实体中剥离，出售给小微金服。双方补偿协议约定：阿里集团每年可分享小微金服税前利润的 37.5%，而当小微金服或支付宝 IPO 时，只要监管环境许可，阿里巴巴集团随时有权以零代价获得小微金服 33%或国内监管机构所允许的最低收购比例②。

2012 年 2 月，阿里集团向阿里 B2B 董事会提出私有化要约，以每股 13.5 港元的价格(近 60 个交易日的平均收盘价，溢价率达 60.4%)，耗资 180 亿港元从其余股东手里回购阿里 B2B 的 13.28 亿股，占总股本的比例为 26.55%。2012 年 6 月 20 日，阿里 B2B 正式从香港股票交易所退市。2012 年 9 月和 2013 年 1 月，阿里集团先后两次调整业务架构，整个集团包括商家业务事业部、B2B 中国事业部和数据平台事业部等 25 个事业部，并基

①浙江阿里巴巴电子商务有限公司于 2000 年 10 月成立。根据企查查资料显示，该公司一直由马云和同为阿里巴巴 18 位创始人之一的谢世煌两个人直接控制。2013 年，马云引入杭州君澳股权投资合伙企业，杭州君澳入驻后的股权结构如下：君澳持股 42.14%，谢世煌持股 11.57%，马云持股 46.29%。2014 年 6 月，马云和谢世煌将股份全部赠予杭州君瀚股权投资合伙企业，公司股权结构再次变更为杭州君澳和杭州君瀚分别持股 42.14%和 57.86%。

②当然，如果监管一直不放开外资持有金融支付公司的管制，阿里集团有权选择“小微金服上市时估值的 37.5%作为补偿”和“上市后依然获得 37.5%的税前利润分成”两种方案中的一种。

于 25 个事业部的共性进行组合，由 9 个集团管理执行委员会成员分别负责，IPO 上市前阿里巴巴集团的业务框架如图 9-2 所示。业务架构调整后，淘宝网也不再单独以事业部的形式存在，而是成为一个基础层。

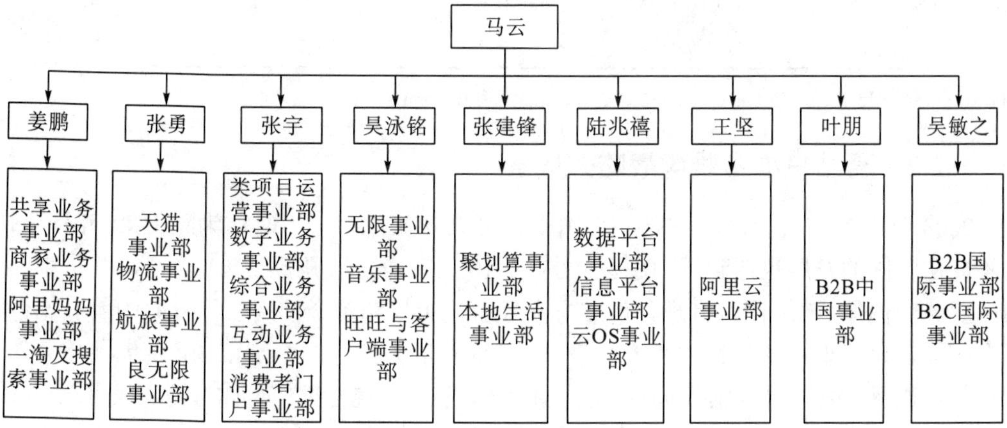

图 9-2　IPO 上市前阿里巴巴集团的业务框架

在分拆剥离金融业务和调整业务与组织架构的同时，阿里临近上市前又先后于 2014 年 1 月和 2014 年 2 月分别获得老虎环球基金投资的 2 亿美元和软银中国再次投资的 2500 万美元，以及鲲行资本管理公司、李嘉诚基金会有限公司、尚高资本投资等的资金支持，这为阿里上市做好了充足的保障。

2014 年 9 月 19 日，几经对上市地点的慎重选择，8 名不同身份的“阿里生态代表”最终在美国纽约证券交易所敲响了 IPO 钟声，开曼群岛注册的阿里集团整体上市，发行价格为 68 美元/股，发行股票 320106100 股，募集资金 21767214800 美元[①]。IPO 完成后，阿里集团发行在外的股份总数为 2457339231 股[②]，按照 68 美元/股的价格，阿里市场估值达 1676 亿美元。IPO 前后阿里巴巴集团的股权结构具体见表 9-1。

表 9-1　IPO 前后阿里巴巴集团的股权结构

股东名称	IPO 前		IPO 后	
	股份数	股权比例 (%)	股份数	股权比例 (%)
软银	797742980	34.1	797742980	32.4
雅虎	523565416	22.4	401826286	16.3
马云	206100673	8.8	193350673	7.8

①a. 阿里以每股 67.184 美元的价格公开发行 123076931 股，募集资金净额为 8268800532 美元；b. 包括马云、雅虎等在内的老股东，以每股 67.184 美元的价格出售 197029169 股，套现 13237207690 美元；③承销商的折扣及佣金为每股 0.816 美元，发行费用为 261206578 美元。

②该股份数假设承销商未执行其认购期权。如果 IPO 后承销商执行认购期权，则其将有权利从两个渠道获得最多 48015900 股。其中，a. 阿里额外向承销商发行 26143903 股；b. 承销商从雅虎、马云和蔡崇信处分别认购 18260870 股、2708345 股和 902782 股。

续表

股东名称	IPO 前		IPO 后	
	股份数	股权比例(%)	股份数	股权比例(%)
蔡崇信	83499896	3.6	79249896	3.2
其他	731020070	31.1	985169396	40.3
合计	2341929035①	100.0	2457339231	100.0

资料来源：阿里巴巴于 2014 年 5 月 6 日公开披露的 IPO 招股说明书(Form F-1)。

9.2.2 喜结良缘：雅虎战略入股

2003 年左右，淘宝网和 eBay 在中国 C2C 市场厮杀时，当时作为欧美第一门户网站的雅虎在中国的发展也遇到了问题。2003 年 10 月，雅虎收购原 3721 公司，并将雅虎中国的业务交由原 3721 团队打理，但双方在经营决策权和资金使用权等方面的矛盾使得雅虎在中国远落后于百度与谷歌两大竞争对手。面对潜力巨大的中国市场，雅虎亟须寻找新的增长点，而此时阿里也亟须拥有自己的搜索引擎进行宣传推广。你有情、我有意，阿里与雅虎一拍即合，于 2005 年 8 月宣布双方签署合作协议。根据 2005 年 8 月 16 日雅虎向美国证券交易委员会提交的 8-K 文件和 10 月 27 日修订协议 8-K/A 文件，本次战略入股可以拆解为以下三个步骤。

(1) 受让软银的淘宝网股权：雅虎支付 3.6 亿美元，以 80 美元/股的价格，购入软银及全资子公司 SB TB Holding Limited 持有的全部 450 万股的淘宝网股票(面值 0.01 美元/股)，淘宝网的股东由原来的软银和阿里集团变成了雅虎和阿里集团②。

(2) 置换阿里股权：雅虎以 0.7 亿美元现金、3.6 亿美元淘宝网股权和包括门户网站与搜索引擎、通信与广告业务等雅虎中国的全部资产，置换阿里集团增发的 173914547 股股票③，至此淘宝网由阿里集团 100%控股。

(3) 受让前期投资者的阿里股权：雅虎继续动用 5.7 亿美元现金，以 6.4974 美元/股的价格，从阿里集团的前几轮投资者手中购买 87726807 股普通股④，加上(2)中置换来的 173914547 股，雅虎持有阿里集团的总股数为 261641354 股，占当时阿里在外发行总股份的 40%，成为第一大股东，创业团队和软银的持股比例依次分别为 31%和 29%。按照 6.4974 美元/股的价格，此时阿里集团估值约为 654103386 股×6.4974 美元/股＝42.5 亿美元，较之 2000 年软银首次入股时的 1 亿美元估值，增值 42.5 倍。

---

①该股份数截至 2014 年 8 月 31 日，其中包括：a. 伴随此次发行将自动转换为普通股的 91243312 股可转换优先股；b. Alternate Solutions Management Limited 持有的优先股、PCIP I Limited 和 PCIP II Limited 持有的可转换优先股，折算为普通股 33000000 股；c. 6300573 股限制性股票。

②该笔交易使得软银从淘宝网全身而退，相对于 2004 年 2 月的 5000 万美元投资，退出倍数高达 7.2 倍。利用 3.6 亿美元套现所得中的 1.8 亿美元，软银随即同样以 6.4974 美元/股的价格从阿里前期投资者手中受让 27703203 普通股，并在修订协议 8-K/A 文件中又将其置换为可转换债券。

③此条款来自修订后的 8-K/A 文件。在修订前的 8-K 文件中，该条款使雅虎以“2.5 亿美元现金+TBSPA 下购买的淘宝股权+雅虎中国全部业务”从阿里巴巴公司换取 201617750 股阿里巴巴股票。

④在 8-K 文件(二级股票收购协议，简称 SSPA)中显示，雅虎出资 3.9 亿美元向阿里巴巴的特定投资者收购 60023604 股普通股，同时软银也出资 1.8 亿美元向阿里巴巴的特定投资者收购 27703203 股普通股。但在修订的 8-K/A 文件的 SSPA 中变为“雅虎以 5.7 亿美元从阿里巴巴的特定投资者购买 87726807 股阿里巴巴的普通股”。

此次联姻对雅虎、阿里和早期风险投资机构都意义非凡。雅虎方面，此次交易使其控制了阿里这个全球最大的 B2B 市场，并在中国的 C2C 市场站稳了脚跟。阿里方面则不仅确保了淘宝网的生存，更是在雅虎技术的加持下开始打造完整的电子商务链。与此同时，阿里的早期投资者也得益于此次联姻而纷纷退出，收益颇丰，(部分) 早期投资机构的入股与退出情况见表 9-2。

表 9-2　(部分) 早期投资机构的入股与退出情况

机构名称	入股时间	投资金额(百万美元)	退出金额(百万美元)	回报倍数
高盛集团	1999 年 10 月	1.67	12	7.2
汇亚基金管理有限公司	1999 年 10 月	1.67	12	7.2
富达国际风险投资(香港)有限公司	1999 年 10 月、2002 年 2 月、2004 年 2 月	14	27	1.93
银瑞达创业投资(亚洲)有限公司	1999 年 10 月	1	18	18
日本亚洲投资株式会社	2002 年 2 月	5	15	3
纪源资本	2004 年 2 月	7.33	18	2.45
华盈创业投资基金管理有限公司	2004 年 2 月	7.33	18	2.45

资料来源：作者根据清科私募通 PEdata 数据库的资料整理。

9.2.3　风险投资的合约治理：关键协议条款与分析

1. 现金流权与控制权的分离设计

现金流权与控制权分离是风险投资合约的关键特征，现金流权指投资者可以按其股权比例分享现金流的权利，控制权则体现为股东大会投票权、董事会席位配置等(Kaplan and Strömberg，2003，2004)。

2005 年融资完成后，雅虎和软银分别持有阿里巴巴集团 40%和 29%的股份，两者持股比例之和达 69%，超过 2/3。即便 2012 年阿里巴巴集团回购部分雅虎股权后，雅虎和软银的持股比例之和为 60.67%，依然超过 50%。通常而言，股份公司的重大决策往往需要过半甚至 2/3 的股东投票通过方可执行。然而，在企业发展势头良好的情况下给予创业团队必要的控制权、自由度，有助于激励其付出努力。雅虎、软银在对阿里巴巴集团进行投资的同时，双方正是通过同股不同权的股权设计实现了现金流权与控制权的分离，具体表现为以下方面。

(1) 2005 年注资入股时的股东协议规定：在 2010 年 10 月之前，雅虎在股东大会中只有 35%的投票权，超过 35%的部分由管理层代为行使。按此协定，雅虎和软银在股东大会的投票权之和为 35%+29%=64%，未达到股份公司重大决策通常所需的 2/3。

(2) 2012 年 10 月阿里巴巴集团回购雅虎股权后修订的股东协议再次协定：直至 IPO 前，雅虎和软银将各自投票权超过 35%的部分或者两者投票权相加超过 49.9%的部分，由阿里巴巴管理层代为行使。与 2005 年相比，阿里巴巴发展势头一直良好，雅虎和软银的投票权也由 64%降低为不超过 49.9%，进一步赋予了创业团队更大的控制权。当然，在利用控制权激励创业团队的同时，此次修订的股东协议也包含了保护雅虎和软银的条款：阿里巴巴集团发展顺利并 IPO 上市，两者的投票权之和不会低于 35%，依然超过 1/3，对集团仍有一定的话语权。

(3)在三方董事会席位的分配方面，2005 年注资完成直至 2014 年集团 IPO 上市，雅虎、软银和阿里巴巴的董事会席位为 1∶1∶2，这显然与三方 40%∶29%∶31%的股权以及现金流权分配比例有着很大的不同，马云及创业团队在董事会有着最大的话语权。50%的投票权某种意义上赋予了阿里否决某些董事会提案的权力。当然，雅虎和软银合计 50%的董事会投票权也意味着，股东大会的一些重大决定、审计委员会人员的任命、大额资产处置等需要三方当中的至少两方同意才可通过董事会决议，甚至有些决议需三方都同意才能通过。

2. 或有控制权的配置

风险投资合约本质上是不完全性质的合约，合约双方很难就未来不确定且难以证实的状况提前进行约定，这使得依未来状况而或有配置控制权至关重要。通常而言，如果代表企业业绩表现的可观测“信号”差(如财务业绩，新产品、新技术或专利等非财务业绩，以及创业者的行动等)，VC 将拥有更多的投票权和董事会权；随着企业业绩的提升，VC 将逐步向创业者转移一部分控制权，甚至 VC 会在企业业绩非常好的情况下放弃大部分的控制权，仅保留其现金流权(Dewatripont and Tirole，1994)。

具体到雅虎/软银和阿里的控制权配置而言，三方设计的股东大会投票权、董事会席位分配、减持行为限制三个方面的合约安排具有典型的“或有”特征，其中既包括依阿里发展表现而逐步让渡创业团队控制权的激励条款，也包括限制合约双方的行为进而保护各方利益的限制性条款。无论是股东大会投票权还是董事会席位，2005 年注资入股之时第一大股东雅虎给了阿里巴巴管理层 5 年的控制权激励期限：从协议签订起直至 2010 年 10 月前的 5 年内，阿里巴巴管理层在股东大会中拥有 36%的投票权(超过 1/3)，并在董事会拥有最多的席位(2 个席位)。

(1)股东大会投票权的或有安排。根据 2005 年的股东协议，2010 年 10 月之前，雅虎在股东大会中的投票权超过 35%的部分将由管理层代为行使。这意味着，一旦雅虎注资完成后的 5 年中阿里巴巴集团表现不佳，雅虎可以选择收回管理层代为行使的投票权，并按照 40%的股权比例享有超过管理团队的投票权，成为真正能够控制阿里巴巴集团的第一大股东。

(2)董事会席位与提名权的或有安排。董事会席位分配方面，自 2010 年 10 月起，雅虎可以委任的董事总数将为“该日期可委任的董事人数”和“阿里巴巴管理层股东于该日期可委任的董事人数”两者之间较高者之数目，即雅虎、软银和阿里巴巴管理层的董事会席位将由 1∶1∶2 变为 2∶1∶2。换言之，5 年之后，如果阿里巴巴表现不佳，雅虎可以行使其提名第二名董事的权利，进而作为第一大股东加强对阿里巴巴集团的控制。此外，如果软银减持比例超过其所持阿里巴巴集团股份的 50%，那么从减持交易完成日起，软银将丧失在董事会中任命 1 名董事的权利，届时由雅虎增加 1 名董事顶替空缺。

总体而言，在股东大会和董事会中设置或有条款的目的在于：通过或有控制权的配置，激励创业团队在有限的期限内付出努力，而一旦规定期限内未能取得成功，雅虎和软银将可能收回控制权。最后的实际情况是，由于阿里巴巴集团自雅虎投资后的 7 年中经营业绩良好，总营业收入由 2005 财年的 7.38 亿美元增加到了 2011 财年的 32.07 亿美元，而净利润也从 2005 财年的 0.7 亿美元增加到了 2011 财年的 7.44 亿美元，而且两项数据依然有快速增长的趋势。与此业绩表现相匹配，2012 年阿里巴巴管理层回购雅虎部分股权，且在修订股权协议时，雅虎放弃了提名第二名董事的权利，从而董事会席位依然维持 4 个，其中管理团队拥有 2 个席位，即便雅虎和软银联手也很难控制董事会。与此同时，在股东大会投票权方面，雅虎和软银共同持有的 60.67%的股权的投票权之和下降至 49.9%。由于管理层的投票权超过 50%，公司普通的决议不需要雅虎和软银之中任何一方的支持便可通过。

3. 对马云个人的激励与锁定

Hart 和 Moore(1994)认为，双方订立合约后，人力资本对企业发展特别重要的创业者可能以威胁离开而对企业进行“敲竹杠”。对于阿里巴巴集团而言，马云的重要性毋庸置疑。针对马云个人，2005 年的股东协议主要通过如下三个条款进行激励与锁定。

(1)没有马云的书面同意，在阿里巴巴 IPO 两周年、本协议签订五周年、马云不再担任 CEO、马云持有股份不足 1%的四个事件中任意一个事件发生之前，任何协议方及其附属机构总共持有阿里巴巴股份不能超过 50%。

(2)只要马云持有 1 股，就有权在董事会指派 1 名董事。

(3)如果阿里巴巴上市和马云辞任、退休、身故或不再胜任 CEO(以最早者为准)这两个事件均未发生，则在 2010 年 10 月之前，雅虎、软银及阿里巴巴管理层都不会提出让马云离开阿里巴巴集团 CEO 岗位。

可以看出，无论是“绝对控股股权比例 50%”需要马云书面同意、马云的“黄金一股”，还是“五年内马云担任 CEO”的条款设置，都赋予了马云个人很大的权利，试图锁定马云本人和激励创业团队，因为关键创业者的人力资本对企业的成功至关重要。然而，本书也注意到，股东协议同时也明确了管理层董事会席位配置的或有条件——“只有当阿里巴巴管理层总共持有股份 25% 以上时才能保持 2 名董事”，以及五年后董事会依然可以按公司章程辞退马云的可能。

设置此条款的目的在于：通过对关键创业者马云的锁定与限制，激励创业团队在有限的期限内付出努力，而一旦规定期限内未能取得成功或者马云离队，雅虎和软银将可能收回控制权。

4. 对于创业者和股东的限制性条款

(1)重大经营管理决策的控制权条款。对于雅虎和软银而言，因为它们的股东大会投票权和董事会权远小于现金流权，所以他们两方还通过一些限制性或保护性条款来确保自己对企业发展的强有力的控制。根据股东协议规定，股东大会的一些重大决定需要雅虎、软银及创业团队三方当中的至少两方同意才可通过董事会决议，甚至有些决议需三方都同意才能通过，这大大限制了控制权最大的阿里巴巴创业团队可能的道德风险行为。例如，公司战略计划、年度预算和预算外开支中单笔1000万美元、一年累计5000万美元的资产处置、资产购买和贷款担保交易等大额资产处置需得到董事会的批准。此外，审计委员会人员的任命也要经过董事会的批准；阿里巴巴、软银和雅虎每个季度都要进行三方会议，届时阿里巴巴需向股东汇报经营业绩。

(2) 对软银及管理团队减持的限制性条款。2005年的股东协议还通过或有的董事提名权对软银和管理团队可能的减持行为做出限制：如果软银减持比例超过其所持阿里巴巴集团股份的50%，那么从减持交易完成日起将没有权利在董事会中任命董事，由雅虎增加1名董事顶替空缺。而对于管理团队而言，正如之前提到的，只有当阿里巴巴管理层总共持有股份达25%以上时才能保持2名董事，尽管因为对于马云的锁定条款，管理团队几乎肯定将在董事会中有一个名额，但是其也不能在大量减持过后，做出对集团不利的决定。

(3) 对雅虎战略投资的保护性条款。不同于以资金回报为主要目的的风险投资机构，作为当时欧美第一门户网站，雅虎拥有很强的搜索引擎和专利技术，其入股阿里也有自己的战略安排。针对此次战略入股，协议设计了针对雅虎的保护性条款：其一，雅虎在修改公司章程大纲及章程细则，增加或减少董事会董事的数量等方面拥有单方面的否决权；其二，在特定债务或股权发行、阿里进入中国内地以外市场两个项目上，雅虎具有单方批准权；其三，除非有雅虎的书面同意，否则任何协议方不得将股份转让给雅虎的竞争者。雅虎将提供竞争者的名单，IPO之前名单上有15个竞争者，IPO之后减少为8个，名单雅虎每隔6个月更新一次。

除一次性收到阿里支付的5.5亿美元的许可费外，此次双方关于技术与知识产权许可的协议规定：从2006年1月1日至2012年12月31日，阿里每年向雅虎支付其合并收入(扣除必要成本)2%的许可费。2012年9月，双方修订协议，从2013年1月1日直至IPO上市期间，阿里每年向雅虎支付其合并收入(扣除必要成本)1.5%的许可费①。

5. 可转换/可赎回证券的设计

与或有控制权配置的合约特征相适应，可转换和可赎回证券在风险投资中被大量用到。Kaplan 和 Strömberg(2003)的研究证据表明，213轮风险投资样本中多达170轮的融资中风险投资者持有可转换优先股。理论上来讲，转换和赎回正是风险投资合约分别赋予VC和创业者的一种选择权，选择权的执行取决于合约双方约定的或有状况或条件是否发生。在软银和雅虎参与阿里巴巴的过程中，2005年软银入股阿里巴巴集团时采用了可转债，2012年阿里巴巴回购雅虎股权时也采用了可转换优先股与可赎回优先股，这也是双方顺利合作并退出的关键。

(1) 2005年软银的可转债。Gompers(1993)的研究表明，可转换债券不仅可以起到激励创业者努力工作的作用，同时因为不合格的创业者往往不愿意发行可转债，所以还能够有效甄别出不合格的创业者。

2005年8月，软银将全部淘宝股权出售给雅虎(3.6亿美元)，而后随即以其中1.8亿

①根据阿里官网披露的系列20-F文件，2013年、2014年、2015年三个财务年度期间，阿里向雅虎支付的许可费分别为5.92亿元人民币、7.48亿元人民币和4.48亿元人民币。同时，2014年和2015年两个财务年度中，阿里还分别耗资7000万美元和2350万美元收购雅虎的部分专利。

美元从特定投资者手中购买了阿里巴巴集团的股份，但在最终公布的股东协议修订版本中，软银将该部分阿里巴巴股份置换为可转债。之所以将原计划持有的普通股置换为可转债，可能的考虑包括如下几点。

首先，对于软银增资阿里巴巴集团的 1.8 亿美元现金，软银如果以现金的形式再向阿里巴巴的其他股东购股，需要纳税，如果直接变成可转换债券，则可避免针对现金收入的税收。

其次，软银采用可转债是给自己日后增加了一种选择，如果阿里巴巴在 2006 年 4 月之前表现不佳，每股价值下跌，则软银不进行转换，阿里巴巴集团需连本带息偿还该笔债务，软银的投资不会受到损失；反之，如果阿里巴巴表现良好，股价上升，则软银可将债券转换为普通股，享受股价上升所带来的好处。因此，使用具有看涨期权特征的可转换债券，对于软银可谓是一种相对保险的投资。

最后，可转换债券不同于股权，在转换为普通股之前，阿里巴巴管理团队的股权及投票权不会因软银注资而被稀释，有助于激励管理团队努力。

(2) 2012 年的可转换优先股与可赎回优先股。2012 年，在斥资 70.82 亿美元回购雅虎股权的过程中，阿里巴巴集团曾发行 13.38 亿美元的可转换优先股用以筹集回购所需资金，且 70.82 亿美元中有 8 亿美元是以可强制赎回优先股的形式支付给雅虎。

之所以选择可转换优先股，而非举债或增发普通股筹集 13.38 亿美元的资金，体现了不同金融工具各自的特点。风险投资机构和阿里巴巴集团可以根据自身的需求选择有利于自己的金融工具。对于认购此部分优先股的投资者，如果阿里巴巴业绩不理想，则他们将享受优先股的固定股息和优先清偿权；如果阿里巴巴业绩较好，则他们又可将其转换为普通股，分享更大的企业发展的好处。对于正值发展态势良好的阿里巴巴集团而言，发行优先股一方面可以降低其融资成本，同时，由于优先股通常没有投票权，控制权可以更多地掌握在管理团队手中。

在回购支付方式的选择上，8 亿美元的可赎回优先股一方面可以直接缓解阿里巴巴的资金压力，另一方面此部分股权同样没有投票权，管理团队的控制权并不会被稀释，而且强制赎回的条款还赋予阿里巴巴集团择机回购股权的自由权。与此同时，在雅虎方面，持有 8 亿美元的优先股还将为其持续带来固定的股息收入，而且一旦阿里巴巴集团发生破产清算的极端情况，该部分股权将得到优先清偿。

(3) 软银与阿里巴巴不同金融工具的选择。在 2005 年融资时，软银采取购买阿里巴巴集团可转换债券的方法，而在 2012 年股权回购时，阿里巴巴集团使用可转换优先股筹集资金，使用两种不同工具的原因在于两者出资的目的与当时阿里巴巴集团的发展情况有关。

2005 年，软银作为风险投资机构，其投资的主要目的是使得自己的投资获得回报，同时尽量避免风险，而可转换债券是一种更有利于投资者控制投资风险的金融工具，并且可与企业的自身利益相结合，产生极强的激励作用。通过可转换债券或利用可转换优先股的好处是，既可以在企业经营状况良好时，通过执行期权获得其增长收益，又可以在企业经营不佳时，通过执行控制权（如清算权）进行干预，保证其收益权（Marx，1998）。

在成立以后的几年间，阿里巴巴集团发展良好，到了 2005 年已成为全球最大的 B2B

企业。但是在国内的 C2C 领域，尽管拿到了雅虎的 10 亿元投资，阿里巴巴仍然面临着与 eBay 的激烈竞争，集团的发展依然有很多不确定性，而且当时为了淘宝网的发展而采取的"烧钱模式"使得集团的债务压力较大。因此，软银作为投资机构更愿意通过可转换债券来避免不确定性带来的损失，同时又有机会获得集团发展带来的收益。

到了 2012 年，阿里巴巴集团发展形势明朗，增长很好，并且可以预见，将在几年内整体上市。对于阿里巴巴集团来讲，使用可转换优先股使得企业可以在风险投资机构退出时，再次获得大多数的控制权，并做出最优的退出决策；对于风险投资机构来讲，由于优先股的清偿级别优于普通股，更有利于在将来退出时转换变现。

6. 员工股权激励计划

布莱尔(1999)经过研究后认为，企业的员工与股东一样，都对企业进行了专门的投入，并且也都承担了企业所具有的相应风险。因此，该理论认为，企业员工及其他各利益相关者都应成为企业的股东，参与公司治理。实施员工持股计划有利于建立完善劳动者与所有者的利益共享机制，对提高企业的治理水平与激活内部员工潜力具有重要作用。为了留住员工，并且激励他们更努力地工作，为了使企业更好地发展，阿里巴巴集团在公司发展的不同阶段曾实施过 5 次激励计划，阿里巴巴集团激励计划实施情况详见表 9-3。

表 9-3　阿里巴巴集团激励计划实施情况

年份	授予对象	激励所用标的	数量
1999	集团员工	股票期权、股票增值权、非限定股票期权	保留 138000000 股普通股
	咨询师及主管	非限定股票期权	
2004	员工	股票期权、非限定股票期权及股票购买权	发行普通股，发行的最大数量为 97200000 股
	咨询师及主管	非限定股票期权、股票购买权	
2005	员工	股票期权、非限定股票期权及股票购买权	发行股票不超过 129922272 股，外加未被授予的股票期权或股票购买权，未行使或已过期将不行使权利的股票
	咨询师及主管	非限定股票期权、股票购买权	
2007	集团员工、咨询师及主管	期权、限制性股票、受限股票单位(restricted stock units，RSU)、股息等价认购权、股票增值权或股票	发行股票不超过 56800000 股，外加①在公司之前的所有计划中授权发行，但还未行权的期权或股票购买权的股票；②根据公司以前的计划，获得在期权或股票购买权，但未行使或已过期将不行使权利的股票
2011	集团员工、咨询师及主管	期权、限制性股票、受限股票单位(RSU)、股息等价认购权、股票增值权或股票	发行股票不超过 190000000 股，外加①在公司之前的所有计划中授权发行，但还未行权的期权或股票购买权的股票；②根据公司以前的计划，获得在期权或股票购买权，但未行使或已过期将不行使权利的股票

从表 9-3 可以看出，激励计划的授予对象不仅包括集团雇员、咨询师和主管，还包括相关企业和附属企业的员工，不过，也只有集团雇员、集团子公司、相关企业和附属企业才能获得激励股票期权。激励的形式包括期权和有限股的授予、股息等价认股权、股票增值权、股息收益权等其他权利。

在阿里巴巴集团 2013 年 12 月 31 日公布的招股说明书中显示，在实施 5 次激励计划之后，集团共有在未行权期权基础上可发行的普通股 4279500 股，已发行但未投资的有限股 12077421 股，与限制性股票相关的普通股 47670100 股，以及在 2011 计划下发行的普通股 77861552 股。

9.2.4　“爱恨情仇”：控制权之痛

2005 年之初，马云与时任雅虎 CEO 的杨致远私交不错，此笔重磅交易很大程度上也是由杨致远促成的。阿里经营业绩和发展势头良好，总营业收入由 2005 年的 7.38 亿美元增加到 2011 年的 32.07 亿美元，净利润也从 2005 财年的 0.7 亿美元增加到 2011 财年的 7.44 亿美元，而且两项数据依然有快速增长的趋势。与阿里巴巴如日中天相比，雅虎在全球互联网中的地位却日渐衰落，到了 2009 年，杨致远由于业绩不佳被迫辞职，而新任 CEO 巴茨希望雅虎对阿里有更多的掌控。从 2010 年开始，阿里管理团队曾多次向雅虎提出回购雅虎在阿里巴巴集团的股权，但却均遭到拒绝，双方的冲突开始显现。

2010 年 9 月起，中国人民银行开始实施《非金融机构支付服务管理办法》，该办法规定，第三方支付牌照的申请人应当为在中华人民共和国境内依法设立的有限责任公司或股份有限公司。在对马云“背着大股东将支付宝饱入私囊”的讨伐与争议中，华尔街也一片哗然，雅虎管理层更是震怒。经过多次磋商，2011 年 7 月，阿里与雅虎、软银正式达成协议，阿里将旗下支付宝 100%的股权转移到了当时由马云和谢世煌分别持股 80%和 20%的浙江阿里巴巴电子商务有限公司。作为补偿，支付宝相关业务未来一旦转让、变卖或公开发行，阿里集团将获得届时权益价值 37.5%的补偿。

尽管支付宝事件得到解决，但是阿里和雅虎的关系已不如以往，双方的控制权之争仍在持续。2007 年 10 月和 2012 年 9 月，雅虎、阿里、软银三方先后两次修订股权协议，由于阿里经营表现强劲，创业团队逐步获得了更多的控制权，包括：雅虎和软银在股东大会的联合投票权降低到 50%以下[①]；雅虎放弃了派遣第二名董事的权利，董事会席位设置保持原样；雅虎放弃一系列对阿里管理和经营决策相关的否决权和单方面批准权等。

与阿里增长迅猛的势头相反，2005～2012 年期间，雅虎在与谷歌等对手的竞争中处于下风，深受业绩下滑、裁员、系统漏洞等问题困扰，更是五年间更换了四任 CEO，基本无暇继续像以前一样参与阿里的事务，开始更加关注阿里的财务收入，寻思逐步退出。

9.2.5　曲终人散：雅虎分阶段退出

1. 第一阶段：股权回购

2012 年 5 月 20 日，阿里和雅虎就分阶段股权回购达成最终协议[②]。此次回购中，除自有资金外，阿里还从由巴克莱银行(Barclays)、花旗集团(Citigroup)、瑞信(Credit Suisse)、德意志银行(Deutsche Bank)等 8 家国际银行组成的财团及中国国家开发银行获

①在软银持股权比例不低于 15%的情况下，雅虎同意将最多 1.215 亿股普通股的投票权授予马云和蔡崇信代为行使，软银也同意将超过其所持股份 30%的普通股投票权授予马云和蔡崇信代为行使。

②2012 年 8 月 27 日，阿里巴巴集团增发 167741936 股普通股，加上之前用于偿还贷款、合并子公司等而增发的股份，此时阿里巴巴集团的普通股股份数达到 2698220739 股。

得10亿美元贷款，并以1000美元的价格发行133.8万股可转换优先股融资13.38亿美元①。

2012年9月18日，阿里利用62.82亿美元现金和可强制赎回的800000股优先股(每股价格1000美元，简称“雅虎优先股”)，共计70.82亿美元，按照13.5414美元/股的价格，从雅虎回购523000000股普通股，占雅虎当时持股总数的49.97%。按此回购价格，雅虎2005年投资的10亿美元价值已增值至70.82÷523000000×1046565416=141.72亿元，回报倍数高达14.17倍。

随后的半年内，阿里注销了回购来的523000000股。一年之后，阿里利用贷款资金也赎回了雅虎持有的全部优先股，同时根据双方的技术和知识产权许可协议，阿里还需在四年后或上市两者孰早的时间点，向雅虎一次性支付5.5亿美元现金，作为使用其搜索引擎知识产权的补偿。至此，阿里集团发行在外的股份数量为2175220739股，其中雅虎持有523565416股，占24%，第一大股东易主为持股36.67%的软银；马云及管理层与中投、博裕资本、中信资本和国家开发银行等私募基金合计持股39.33%。

2. 第二阶段：IPO减持

阿里和雅虎于2012年9月签订的回购协议还约定：IPO之时，雅虎可以通过向社会公众出售261500000股普通股，或者同意阿里利用发行收入回购同等数量的股份。2013年10月，双方再次修订协议，将雅虎可出售的股份数由261500000股降低为208000000股。IPO前夕，双方形成最终协议，雅虎在IPO时和IPO之后可出售的股份数为140000000股。

2014年9月，阿里IPO上市之时，雅虎以67.184美元/股的价格，减持卖出121739130股，套现8268800532美元。上市后的6个月内，按照IPO之时与承销商的约定，雅虎向承销商出售18260870股，完成了共计140000000股的减持，两次减持合计套现约94亿美元。此外，2016年6月，软银也与阿里签订回购协议：阿里将以74美元/股的价格，从软银手中回购32432432股，软银因此套现24亿美元，持股比例降为29.17%。根据阿里官网披露的2015～2019财务年度报告(20-F文件)，表9-4给出了IPO之后几年里阿里集团股权结构的变化。

表9-4　2015～2019年阿里集团的股权结构

财务年度		所有董事及高管	马云	软银	雅虎/Altaba	其他	合计
2015	数量	328513072	190670976	797742980	383565416	1062036018	2512427504
	比例(%)	13.08	7.59	31.75	15.27	42.27	100.00
2016	数量	311196212	193744241	797742980	383565416	1040198009	2495276682
	比例(%)	12.47	7.76	31.97	15.37	41.69	100.00
2017	数量	270369948	178272449	746998571	383565416	1187172962	2561154020
	比例(%)	10.56	6.96	29.17	14.98	46.35	100.00
2018	数量	247552556	167159739	746998571	383565416	1235143646	2592184258
	比例(%)	9.55	6.45	28.82	14.80	47.65	100.00

①2012年10月15日，阿里巴巴集团再次以1000美元的价格发行了35万股可转换优先股用于其他目的，与此笔可转换优先股的初始转换价格同为18.50美元。按此转换价格，(133.8+35)×1000万美元可转换为91243243股普通股。

续表

财务年度		所有董事及高管	马云	软银	雅虎/Altaba	其他	合计
2019	数量	241259070	161861406	673758371	244790000	1443724252	2603531693
	比例(%)	9.27	6.22	25.88	9.40	55.45	100.00

资料来源：阿里巴巴集团官网公布的年报 Form 20-F (https://www.alibabagroup.com/cn/ir/secfilings)，其中 2018 年和 2019 年年报中雅虎被 Altaba 代替。

3. 第三阶段：抛售清仓

2017 年 6 月，阿里市值高达 3600 亿美元，雅虎则迫不得已以 44.8 亿美元身价卖身美国电信巨头 Verizon，资产被分拆为两部分：核心资产置于一家名为 Yahoo！的新子公司之下，雅虎 CEO 梅耶尔与公司联合创始人大卫·费罗退出董事会；剩余资产包括 383565416 股阿里普通股(占阿里股份的 14.96%)和雅虎日本 36%的股份[①]，以及少量现金与可转换票据等，被归入一家名叫 Altaba 的上市基金公司。至此，CEO 梅耶尔与公司联合创始人大卫·费罗退出董事会，雅虎作为独立品牌正式退出历史舞台，而 Altaba 只是一家不从事实质业务的投资基金管理公司(简称“Altaba 基金”)，且很大部分资产都是阿里的股票，被网友戏称为“阿里他爸”。

2018 年 8 月，为了要约回购公司发行在外的流通股，换身后的 Altaba 通过抛售近 9650 万股阿里股份，套现约 173 亿美元。截至 2018 年 12 月底，Altaba 基金持有阿里普通股 283315416 股，持股比例降至 10.96%，但仍为阿里的第三大股东。2019 年 5 月开始，Altaba 宣布公开清算和解散计划，并计划出售其所持有的全部阿里股份。截至 2019 年 6 月 3 日，Altaba 持有阿里普通股 244790000 股，持股比例为 9.40%(表 9-4)。2020 年 1 月，Altaba 在递交 SEC 的文件中披露，从 1 月 13 日周一开始，抛售所有剩余的所持阿里巴巴集团股份，周一当天已经以 229 美元的均价抛售了 100 万股，交易所得为 2.29 亿美元，并宣称将在未来几天完成清仓。

9.2.6　小结

从 1999 年创立到 2014 年 IPO 上市，与多数创业企业一样，在经历 B2B、C2C、综合电商、整合上市的每个发展阶段，阿里曾获得多轮次的风险投资，其中软银“雪中送炭”和雅虎“锦上添花”的资金支持、管理服务、监督治理等对阿里的腾飞功不可没。尤其是针对 2005 年雅虎 10 亿美元加雅虎中国全部资产的战略入股，包括现金流权与控制权的分离设计、股东大会投票权和董事会席位的或有控制权配置、对雅虎战略投资的保护性条款、对马云的激励锁定条款、可转换/赎回证券的使用，以及包括上市前股权回购、IPO 减持、抛售清仓在内的分阶段退出等一系列风险投资合约治理机制的极致使用，既是雅虎和阿里长达 15 年之久合作的根本保证，也是其他风险投资和创业企业实现共赢和价值共创的借鉴典范。

①2018 年 9 月，Altaba 以第二大股东的身份全部抛售雅虎日本的股权。

第 10 章　国有风险投资机构的运营模式

世界上各个国家都有国有资本支持风险投资产业的先例。例如，1958 年由美国中小企业署(Small Business Administration，SBA)实施的小企业投资公司(Small Business Investment Company，SBIC)是美国风险投资产业发展的开端，迄今为止仍然是美国风险投资产业重要的参与力量。国有资本也是我国风险资本的主要来源之一，由政府出资成立的国有风险投资公司在我国风险投资产业的发展中发挥了重要作用，然而学术上对这些公司的经营理念、投资和运作方式等缺乏深入的分析和研究。

本章首先选取较具代表性的国投高科技投资有限公司(简称国投高科)作为研究对象，在与国投高科 5 位项目经理进行深度访谈的基础上，综合国投高科投资经营方面的信息，从项目选择与项目评估、投资与监控和资本退出三个方面，对国投高科的运营模式进行了较为深入的分析(杨建东，2011)。其次，本章还介绍了另一家国有风险投资机构——盈富泰克创业投资有限公司(简称盈富泰克)大力支持中星微电子有限公司进行高科技创业的案例(侯建仁，2009)。

10.1　国投高科的运营模式

国投高科是国家开发投资公司的全资子公司，成立于 1999 年，注册资本为 6.4 亿元。国投高科是国家创业投资资金的受托管理机构，公司战略定位为负责国投集团除煤、电、港外的新兴产业及境外项目的控股投资和财务性投资；目前已经形成了以控股投资为主、受托管理和财务性投资为辅、国内国外投资兼顾的综合性投资业务架构。国投高科的运营模式在我国国有风险投资公司(尤其是国有独资风险投资公司)中较具代表性，对其深入研究有助于更好地了解我国国有风险投资公司的发展情况。

风险投资公司在项目的投资管理中普遍遵循如图 10-1 所示的风险投资项目的管理程序，完整的项目管理程序包括投资评估、投资监控与项目后期管理三个阶段。其中，投资

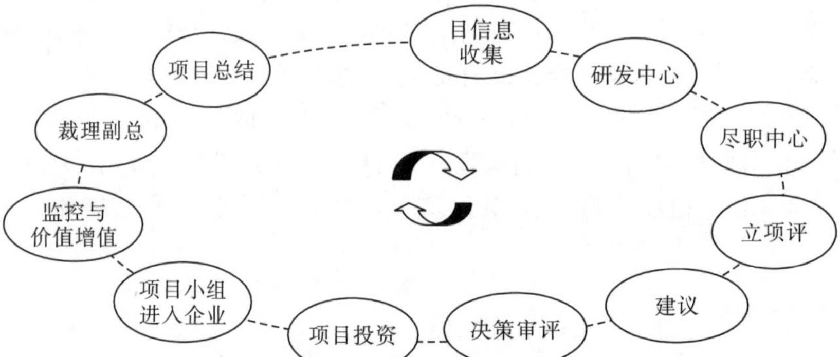

图 10-1　风险投资项目的管理程序

评估包括项目信息收集、立项建议、立项评审、尽职调查、投资建议和决策评审六个环节；投资监控包括成立项目小组、项目投资、监控与价值增值等环节；项目的后期管理则包括考虑是否退出项目与项目总结两个环节。

10.1.1　项目选择与评估

1. 项目的信息收集

国投高科主要有三个方面的项目来源。①国家项目，主要是国家发展改革委、财政部“国家高技术产业专项资本金”等确定的项目，以及国家发展改革委、财政部“国家高技术产业研究与开发资金试行创业风险投资”等推荐的项目[①]。我国于 20 世纪 80 年代后期陆续成立了一些产业基金，用于支持中小高科技企业的研发活动，主要通过无偿资助、提供贴息贷款等方式支持企业。基金支持的项目一般由地方政府推荐，由发展改革委、财政部、科技部及工业和信息化部等部门组织项目的申报、组织专家评审和验收，而由财政部编列预算、审批和拨付经费等。产业基金也对一些较为成熟的项目采取资本投资的方式，持有企业的这部分权益就委托风险投资机构进行管理，国投高科是这些基金重要的受托管理机构[②]。产业基金常常会推荐一些前期资助的较为成功的项目给国投高科。②自选项目。包括 VC(下文也称国投高科的项目经理为 VC)自己发掘的项目，中介机构、证券机构、银行、行业协会、私人和朋友介绍给 VC 的项目，以及 VC 追加投资的项目。③国债项目。国家将发行国债所募得的资金用于支持“国家高技术产业专项”的高科技企业，每个项目投资额度在 300 万元到 1 亿元不等。由国家先确定项目承担单位，委托国投高科等作为国债资金转国家资本金的出资人代表，进行项目的后续管理。实际执行过程中，根据国投高科与企业的相互协商，这部分资金在法律层面上明确为股权或债权(被称为确权)，也有相当部分的项目无法确权(表现为非股非债的状态)。以下是国投高科 1999～2008 年所投资的项目以来源划分的简单描述性统计。

从表 10-1 可以看出，经过地方政府推荐、专家评审、产业基金行政审批这一流程确定再交由国投高科管理的项目，与国投高科自我选择的项目平均收益率相近，且项目成功率大致一致。

表 10-1　国投高科 1999～2008 年所投资的项目的简要统计

项目	项目个数	总投资(万元)	平均投资额度(万元)	平均收益率(%)
国家项目	51	178500	3500	7.92
自选项目	27	130977	4851	8.01
国债项目	218	187625	861	7.89

国家决策项目的时间较长、参与的人员较多，时间成本、人工成本要远大于国投高科

①例如，“产业技术研发资金”2006 年由“科技三项费”分离出来，之前一直由国家发展改革委归口管理，专项用于支持产业技术的研究与开发，无偿资助具有开发能力的科研机构、高等院校和企业。“产业技术研发资金”现在改称为“国家高技术产业研究与开发资金试行创业风险投资”，新基金采用风险投资的方式投资企业，并委托国投高科进行管理。

②由工信部管理的“电子产业发展基金”主要的受托管理机构是原信产部投资成立的“盈富泰克创业投资有限公司”。

自选的项目。一般而言，国家决策的项目对行业影响、自主知识产权等指标要求较高，在一定的经济效益假设的基础上，强调项目的社会效益。国投高科则在国家支持的产业领域内，更注重项目自身的经济效益。

国投高科内部自选项目规定了项目前期的投资筛选标准，项目应属于国家支持和鼓励的产业发展方向，内部收益率不低于12%。实际执行过程中，国投高科一般投资处于成长期和上市前景较好的项目，不成文的规定要求所投资的企业净资产不少于3000万元，且以实物资产为主，年净利润不低于500万元，企业的复合增长率应该大于20%；在行业中具有一定的影响力，位列细分市场的领先位置等。国投高科自选项目基本上不投资处于初创阶段的项目。

国家各个时期对国投高科注入了资本，各个部委多年来委托国投高科管理所投资的项目形成的资本积累(对这些项目而言，国投高科并没有投资，但却获得投资的回报)，以及国投高科的逐步经营积累，形成了国投高科雄厚的资金实力。国投高科单笔投资企业的力度一般为1000万元到2亿元，能够很容易地满足处于成长期企业的资本需求。

2. 立项建议和立项评审

VC初步筛选国家各个部委推荐的项目或自选的项目，在这个过程中，VC通过财务指标对项目做出基本的判断，根据项目已有的经营业绩和行业地位确定初步的投资意愿。如果项目基本上达到了国投高科的投资门槛，则VC将与项目团队进行初步的接触，可能会实地考察项目，重点是考察项目的核心人员与经营团队、行业市场前景、企业的行业地位和企业的经营实绩等。初步接触时，VC不一定要看企业的商业计划书，这是因为很多企业未能提供较全面的商业计划书，而仅仅是某一具体产品的项目报告。

如果VC认为项目值得投资，与企业也达成了一定的投资意向，则VC将向国投高科的投资决策委员会(一般由公司领导组成)报送项目的立项建议书和被投资企业的商业计划书，由后者做出投资决策。立项建议书主要包括企业基本情况、行业和市场情况、经营团队情况、项目投资价值评估、风险和对策分析等内容。

3. 尽职调查

如果国投高科的投资审查委员会通过了立项建议，则VC将对项目展开尽职调查，并聘请财务、法律、评估中介机构帮助调查，履行国有投资的一些政府规定和流程。这个阶段要花一定量的经费，一般为(20～50)万元，主要费用花在聘请会计师事务所、律师事务所和资产评估公司等中介机构，以及相应的实地考察项目的差旅费，一般来说这些费用和投资额大小成正比。

与国外的风险投资实践基本一样，国投高科的VC也非常看重项目经营团队的完整性。要求项目一定要拥有自己的核心技术，要求管理团队的核心人物最好是既懂技术也懂管理，最好来自研发团队。如果核心人员仅是单方面的专才，则要求核心人物和其他管理团队人员建立良好的信任关系，如亲人、同学、长期共事的同事等。

在进行尽职调查的同时，VC与创业团队也会考虑如何构筑双方的投资合约，因而会计师、律师事务所、资产评估公司将会介入进来。一般而言，VC和创业团队往往对企业拥有的无形资产的价值争执不下，实际上，通常 VC 根据自身以往的投资经验和意向企业的股东商议一个定价原则和大致的价格区间，在参照股东各方共同认可的中介机构对企业的价值评估的基础上，双方进一步协商和谈判，确定国投高科入股的价格[①]。

国投高科的 VC 们一般都不愿意投资软件等无形资产密集的产业，这是因为，即使双方就资产的价格达成一致，也很难说服国投高科的投资决策委员会接受这一价格。对于确有发展前途、得到国投高科上级领导基本同意投资的软件企业，资产定价一般以软件上市公司的市盈率作为协商价格的基准[②]。

尽职调查的最后一个环节是 VC 请专家对项目再次进行评估。国投高科有自己的专家库，如认为有必要，将请专家到企业实地评估[③]。VC 非常看重行业专家的意见，即对整个产业的发展有全面深入了解的专家。VC 将专家的意见作为是否投资的重要参考，但不替代投资决策。专家和 VC 对项目的看法一般大体一致，很少有分歧特别大的项目，如果分歧较大，则 VC 会慎重考虑是否投资该项目。

4. 投资审查

VC 将尽职调查所得到的意见编制成投资可行性报告(尽职调查报告)。如果 VC 确定该项目值得投资，则将向投资委员会汇报初期商讨的合约架构，如进入项目的股权价格、董事会席位等。一般而言，如果 VC 前期对项目的准备充分、材料翔实，投资审查委员会基本上不会否定 VC 的投资意见。但国投高科的投资决策委员会委员的个人偏好对项目的选择会产生重要影响。例如，如果国投高科的领导认为软件企业的资产定价虚高，就不会倾向投资软件产业，VC 也不会呈报软件项目。国投高科的高层领导变动频繁，大部分都呈现出较强的风险规避特征，能够不投资就不投资，只要不出现大的投资损失就好，这实则是国有资产管理“保值增值”的理念对领导的偏好产生的影响。下面对国投高科在项目选择与评估方面的工作模式进行简要分析和评价。

在项目的选择过程中，国投高科投资管理所遵照的程序、项目评估的侧重点与美国的风险投资机构基本一致。事实上，自 1985 年第一家风险投资机构——中国高科技创业公司成立以来，我国的风险投资机构一直在引进和吸收美国等先进国家的经验，国投高科的母公司先后重金聘请了国内外多家管理咨询公司(如国际著名的科尔尼咨询公司、德勤咨询公司等)来帮助其完善投资管理程序。尽管投资管理程序与国外的风险投资机构基本接轨，但由于国有企业特有的委托代理关系和管理体制，使得国投高科在项目选择方面与国

①例如，国投高科投资某光电子器件公司的《投资协议书》中有关价格条款摘录：“股东各方初步议定投资资金增资的价格为 1.80 元/股注册资本，国投高科增资 3600 万元共认购 2000 万元注册资本，股东各方同意最终增资价格在本协议签订后，由国投高科委托中介机构进行审计、评估后，由股东各方协商确定。”该项目在通过财务法律和资产评估后的最终《增资合同》有关价格条款摘录：“股东各方同意增资的价格为 1.44 元/股。国投高科投资 3600 万元，其中 2500 万元作为新增注册资本，余额 1100 万元计入资本公积。”

②例如，投资某软件公司的有关定价依据：“经测算，于 2009 年 5 月 31 日，国内 A 股市场软件类上市公司的动态平均市盈率为 40 倍，本项目按 10 倍计算，根据该软件公司 2008 年的净利润 2637 万元，该公司价值为 2.64 亿元人民币，按实收股本 5800 万计算，每股价值 4.55 元。”

③这不同于各产业基金集中专家走马灯似的评估。各产业基金通过专家评分来筛项目，专家一般由技术、管理和财务等领域的专家组成，专家在相对短的时间内要评审大量的项目，因而工作负荷较大。为了保持公平性，专家不能事前与申请单位接触，他们仅通过看申报材料，倾听项目单位 15 分钟的陈述后再询问相关情况，以此决定是否支持。

外的风险投资机构(以美国的有限合伙基金为例)存在显著的差异。

有限合伙基金在制度设计上有两个方面的显著特点，一是给予了 VC 高强度的激励，二是授予了 VC 高度的投资决策自主权。有限合伙协议是有限合伙基金的纲领性文件，它有两类关键性的合约条款：激励条款和限制性条款。激励条款一般规定，VC 除要收取基金资产或净资产的 1.5%～3%的年管理费外，还可获得实际利润一定百分比的提成，通常在 20%～21%之间[①]。激励机制的建立对于风险投资取得成功非常关键，Gompers 和 Lerner(1999)实证研究发现，激励报酬与基金的业绩正相关。有限合伙基金没有权力极大的董事会，VC 负责管理企业，一旦有限合伙人(投资者)控制基金而参与企业的日常管理，则他们就丧失了有限合伙人的地位而成为一般合伙人。为防止 VC 的道德风险，有限合伙人主要通过限制性条款对 VC 在基金的管理、个人的行为和允许投资的类型等方面做出一定的限制(Gompers and Lerner，1996)。

选择和评估项目一般都是国投高科一线 VC 的重要工作，但是因为国投高科没有建立完善的激励机制，项目选择的好坏和 VC 的收入报酬关系不大，因此，VC 主动去发掘具有高增长潜力项目的积极性并不高，也不愿投资处于创业阶段的项目。

国投高科并不愿意投资处于初创阶段的企业，这也是我国国有风险投资机构的通病，风险投资机构对那些经过一两轮融资就能够上市的企业最感兴趣。高科技初创企业虽然有很大的增长潜力，给投资者带来的回报也大，但其失败的可能性也大，国投高科没有提供给 VC 足够的激励使得其愿意承担风险去从事初创企业的投资。而且，国投高科公司制的架构给予 VC 的投资决策自主权较小，领导的意志和投资审查委员会的倾向性认识都可能否决 VC 先前尽职调查的结论。下面用相关理论解释为什么国投高科这种公司制投资基金不利于投资高科技初创企业。

一方面，VC 掌握的关于创业技术和商业模式是否先进、管理团队是否优良和完整等信息被经济学家称为软信息(soft information)，软信息难以被具体化或证实(substantiate)，由此信息的确实性(validity)很难被评估。例如，当投资经理认为值得投资某个项目，创业者拥有一项好技术，又是一个诚实的、努力工作的、既懂技术又懂管理的人才时，这些信息却未必能够说服其上级接受该项目。另一方面，硬信息(hard information)指那些可被证实的信息，如成熟公司的财务报表基本总结了企业的经营现状和业绩，容易被投资者了解和掌握。Stein(2002)指出，分散化的组织有助于激励投资经理对创业企业展开研究，如果投资经理就是企业的 CEO，那么他乐意将资金分配到他认为合适的项目中去。而在集权化的组织内，投资经理面临着这样的风险，即他辛苦研究得出的投资建议未必能够被上级所接受，因为创业企业的软信息难以被证实，他的上级可能将资本配置到别的投资机会上去。如果投资经理辛苦研究得来的信息存在不被利用的风险，则其就没有积极性对项目进行仔细研究。这解释了为什么国投高科的 VC 不愿投资处于初创阶段的企业，不愿投资无形资产占较大比重的企业(如软件企业)。与此相对照，美国的风险投资基金并没有投资审查这个环节，即基金的投资者不会对 VC 所选择的项目发表意见，只要这些项目没有违背限制性条款即可。当然，出于判断所获得的软信息是否得当或为

---

①基金将存续期内先前成功投资的收益支付给投资者后，VC 才能获得这部分可变报酬。

了慎重起见，美国的VC一般也会聘请专家对项目发表意见，如上文国投高科“尽职调查”的最后一个环节一样。

国投高科的高层领导也没有足够的动力投资处于初创阶段的企业。风险投资本属于中长期投资，国外的风险投资基金经营期限一般为10～12年，这个期限充分考虑了风险投资的长期性。国投高科的领导都有一特定的任期，扶持一个初创企业往往要经历漫长的等待，花费大量的精力而不一定见到成效，由此他们并不乐意在其任期结束时还看不到企业经营的成果。

事实上，我国国有企业对企业领导的经营目标通常设定为资产的保值增值，这个目标针对风险投资公司会导致如下问题。第一，若保值增值的考核指标针对单个项目，则保值就是选择项目的底线，成长或成熟期的项目就是最佳选择，因为领导承担的风险并不大。第二，即使考核整个企业的投资收益，但如果指标针对企业领导人的较短任期而设计，同样也会导致企业选择保值为主的经营目标。第三，绝大多数国有风险投资企业的业绩考核体系以定性为主(国内外中介设计的体系的可操作性也不强)，几乎没有准确反映风险投资产业特征的全面考核体系，难以判定高层领导和处于中层的VC自身的业务素质，难以判定企业经营的真实情况。此外，考核人的主观印象起决定性的作用，常常因几个失败的投资项目(通常为早期项目)而影响了对公司整体经营成绩的正确判断。

10.1.2　项目投资与监控

1. 项目投资

在与创业企业订立投资合约后，国投高科的资本金注入企业。然而，国投高科与创业者(技术投资方)订立的投资合约与美国的风险投资合约存在较大的差别。首先，国投高科持有企业的普通股，而并非像通常的风险投资那样持有可转换优先股。在2006年新《公司法》出台后，国投高科与创业企业订立的合约中才新增加了赎回条款。例如，投资某光电子器件公司的投资协议书中有关退出条款的摘录：“股东各方承诺：在国投高科增资后，至2011年12月31日，如公司仍未完成IPO(无论该工作是否在筹备或实施过程中)，经国投高科要求，其余股东方或其控股的企业必须收购国投高科所持有的该光电子公司的全部股权。收购价格：以不低于国投高科增资价格再加上同期银行贷款利息。收购时间：收到国投高科书面通知后一个月内。”赎回条款给予了国投高科一个卖出期权，近似于要求企业在债权的到期日支付本金。尽管普通股加赎回条款不同于可转换优先股[①]，但保护了国投高科的权益。

双方约定的股份比例从建立公司的那一刻就已明确，之后不再变化(除非国投高科向企业追加投资)，即不存在创业者的股权以业绩和分期授予创业者的模式。国投高科和技术投资方按照各自的出资比例组建董事会，国投高科虽然向企业投入的是现金，而企业往往以一定量的无形资产加有形资产入股，但国投高科持有的股权并不具有优势的董事会席

①当企业经营状况无法令VC满意时，可转换优先股要求企业支付优先股的本金加上其未曾支付的累计的优先股股息，即可转换优先股的清偿权益更大。此外，Kaplan和Strömberg(2003)发现，VC的可转换优先股同样也有赎回条款的保护，如要求企业以可转换优先股的清偿权益赎回股份。

位和投票权，而只是同股同权。

追加投资是国投高科投资企业的另一种方式。当企业经营前景较好，但缺乏资本时，国投高科会利用雄厚的资金优势，继续向企业注入资本金。注入资本金有两种方式：①国投高科继续投资从而拥有企业更多的股权比例，与企业重新订立合约，按股份比例重新分配董事会席位；②引入第三方投资者投资，一般引入对现有的企业在经营和市场拓展方面有所帮助的企业或投资公司。而在这个过程中，国投高科基本上在前后轮融资中的股份比例保持不变，即技术投资方稀释了股份。国投高科的追加投资类似于美国风险投资中的阶段融资，但又有所不同，美国的风险投资即使在同一轮次的融资中，资金也可能分多次拨付，视项目的经营状况而定。

正如前文所述，国投高科主要投资处于发展中后期阶段的企业，即很愿意加大效益较好、公司 IPO 前景较好的企业的投资力度，在这些公司更愿意成为大股东。一旦国投高科成为企业的大股东后，其往往愿意为该企业直接提供短期借款，或向企业提供融资担保以帮助企业获得银行贷款。即使国投高科是企业的小股东，也会根据企业的经营状况和财务业绩向企业提供融资担保，但一般要求公司大股东用股权反担保。

2. 项目小组进入企业

在国投高科确定投资某企业之前，即开始着手成立项目小组。一旦国投高科成为企业的大股东，则向企业派出专职董事长和经营团队(主要包括总经理和财务管理人员)，从而掌握企业经营的主动权。董事长一般由负责投资该项目的 VC 兼任，经营团队的人员主要来自两个方面：一是直接派出国投高科自己的经营团队，国投高科在长期的投资活动中已经培养了多个行业的职业经理人员；二是从市场上聘用职业经理人，这些人才大都参与过国投高科先前的项目，并担任过高级管理职位，国投高科对他们比较了解。例如，国投高科投资过的深圳某电子股份公司、江苏某汽车零部件公司的不少高管均在国投高科旗下的其他公司担任过高级管理人员。

如果国投高科在投资企业是第二大股东，则一般会继续留用企业现有的管理团队，但会通过董事会等就企业的高管人员、绩效考核、投资、战略发展方向等发表意见。有可能根据与创业企业的协商而派出职业经理人员，很多企业有此意愿以提高企业的管理水平。

若国投高科是企业的小股东地位，则原则上不派职业经理人，主要通过董事会等发表意见，行使赞成、不同意和弃权等权利。

3. 监控和价值增值

国投高科主要通过董事会监控企业。因双方组建的董事会严格地按照同股同权的规则运作，国投高科在拥有控股权的企业里的监控力度比处于少数股权地位的企业要大得多。

国投高科在控股的企业中派出经营团队后，要对经营团队进行业绩考评，业绩考评的结果直接与经理人员的收入挂钩。经理人员的收入分为基本工资和绩效工资，主要的考评指标为财务业绩指标和产量指标，如企业的销售收入、利润率等，每年度进行考评。国投高科仅会对那些高科技的企业考虑实施股票赠与和股票期权计划，但采取了变通的方法，以符合国有资产的有关规定。

股东各方视情况，如有必要也会聘请独立董事，一般在股东各方认可的基础上，由行业内的专家担任，这些专家均能发表较为独立和中肯的技术和管理方面的意见。

在国投高科对企业投资后，VC 对企业开展监控和价值增值活动，主要包括帮助企业制定战略发展规划，完善企业的法人治理结构；帮助企业招聘关键岗位的人员，开拓产品市场；帮助企业申报国家资助项目等。

一般情况下，VC 均有十年以上的投资管理经验，且都担任过企业高级管理人员。当 VC 监控企业时，VC 所表现的优秀管理者素质非常重要，其监控和价值增值活动的实际成效取决于在实际的工作中能否得到企业的认可，即仅仅靠股东的身份来管理是不够的。企业比较欢迎有经验、有能力、有丰富人脉关系的 VC 监控和向企业提供各类价值增值的服务。因而各 VC 在投资企业里的威信有较大的区别，特别是在与民间资本合作时，VC 的“品牌效应”表现得尤其明显。

由于国投高科内部的组织机构经常变动，客观上形成了 VC 轮换管理项目的制度，即很少有 VC 能够经历同一个项目的完整投资、管理、退出过程。一般情况下 VC 都经历过不同项目的投资、管理、退出过程。

双方也会聘请独立董事，一般由国投推荐行业内的专家担任，这些专家均能发表较为独立和中肯的技术和管理方面的意见。

新的公司法出台后，一个重要的积极现象是，合约中增加了赎回条款。普通股加上赎回条款使得权益同时具有债权和股权的性质，当企业经营不善时，国投高科可以凭借赎回条款借机掌控整个企业，以利于控制企业的风险，或回收资本以实现资本的保值。

“创业者的股权依业绩和依服务于企业的时间而分期授予”的合约虽然受到了《中华人民共和国公司法》方面的限制，但国投高科的 VC 完全通过变通的方法构造。我国的新公司法确立的基本原则是，企业以出资比例共享收益和共担风险，且采用登记和备案制度，因此股权的分期和依业绩授予在《中华人民共和国公司法》层面上比较难以操作。但双方可以在建立公司时订立一个合约，规定在依据企业的业绩和在未来的某个时间点上授予创业者股权，同时重新变更公司章程。但是国投高科的 VC 们并不愿意使用这一定约技术，原因是如果 VC 认为有必要，大可通过雄厚的资金实力成为创业企业的控股股东，而不愿通过复杂的合约技术实现对企业的风险控制。

在国投高科投资的企业中，严格依照一股一权管理企业，控制权与现金流权并不分离。国投高科很愿意掌握那些在行业中拥有重要地位的企业的控制权，因而进入价格较高，资金量较大，相应的投资成本也比较大。而那些愿意让渡控制权的企业的重要特点如下：第一，在国投高科没有进入之前，他们大都属于国有性质的企业，据调查，在国投高科拥有控制权的企业中，大多数企业原本属于国有企业；第二，这些企业在投资之前，大部分面临着比较严重的资金约束，企业希望从事较大规模的投资；第三，这些企业一般均看重国投高科投资后给予的多方面帮助，正如前文所述，国投高科非常愿意在拥有控制权的企业中投入更多的人力和物力资源，以扶持企业发展。此外，企业头顶国投高科这块国字号招牌也比较容易实现 IPO 上市，特别是与民营资本结合时，民营企业家常戏称变成了红顶商人。

新公司法允许现金流权与控制权分离，指出表决权可以不按出资比例订立，但为什么国投高科没有应用这一新规定呢？或者，为什么国投高科并没有在企业通过合约实施“控制权与现金流权的分离”，且更进一步依据业绩转移控制权而实现最优的资源配置呢？原因恐怕在于我国还欠缺实施这一合约管理技术必备的社会和经济环境。中国处于市场经济的初期阶段，契约精神尚未深入个人和企业活动的精神深处与行为习惯，我国的企业与个人均不适应详细烦琐、复杂的合同条款。如果事先条款没有说清楚，则后面会有很多争执和背弃初始合约的情况，将导致巨大的再谈判和效率损失。即使在合约中说清楚了双方的权利和义务，又因为合约的不完全性，即条款所适应的条件难以为第三方(如法院)所证实，加之合约双方的事后机会主义行为在中国更为突出，这样的高度依赖或有事件的合约在中国很难得以执行。Lerner 和 Schoar(2005)发现在大陆法系国家和发展中国家中，VC 很少使用“可转换优先股”和“所有权和控制权分离”等合约技术，并且相应的风险投资基金的收益也小于美英等普通法系国家的同行，他们认为原因之一是大陆法系国家的法律执行力差。

在 Kaplan 和 Strömberg(2003)分析的美国企业中，无论 VC 是否具有控股地位，当企业经营得好时，VC 都会在保留现金流权的同时向创业者让渡控制权，并且在企业上市后彻底退出，完全放弃控制权。Black 和 Gilson(1998)从理论上分析了这一现象，认为 VC 上市后即退出的这种隐含的合约安排为创业者提供了更好的激励，有助于事前双方达成控制权的交易。然而，国投高科在企业上市后不会退出掌握了控制权的企业，这些企业大部分是行业中有影响力的重点企业，而仅会退出那些在行业中影响力不大且国投高科持有少数股权的企业。换言之，国投高科仍然抱有在各个行业中彰显国有资本存在的指导思想，而这一指导思想是国投高科没有实施“控制权和现金流权分离”的关键原因，如此一来，那些具有良好的科技创新的私有企业就不会寻求国投高科的资本融资。

尽管在国投高科支持的企业中，给予企业几轮融资是常态，但是国投高科并没有在每轮融资中使用分期注资的技术。国投高科单笔的投资额度一般都在 1000 万以上，如投资山西某民营半导体电子器件公司，资金采取一次注入的方式，但该项目是失败的。如果国投高科视市场和企业经营情况，使用分期注资的技术，将会减少部分损失。

国投高科对经营团队的业绩考核，实施经营团队的工资收入、岗位等与业绩挂钩等措施，说明国投高科对企业的监控措施逐步与西方发达国家接轨。对于那些无形资产占较大比重的企业，国投高科一般会引导企业制定股权激励计划，这清楚地表明国投高科逐渐意识到了股权激励对留住企业关键技术人员的重要性及高科技创业企业投资的独特性。

国投高科给予 VC 的激励较少，主要由其母公司决定。VC 的工作报酬分为基本报酬和绩效两部分，并请了国内外著名的咨询机构协助做了方案，理论上似乎合理。实际上，如何定量化地测度 VC 的业绩，可操作性并不强。基本的情况是，对 VC 的业绩考核尚处于初级阶段，公平性和实际的激励效果都有待提高。VC 仅根据自己的职业道德和操守对企业进行监控和提供价值增值服务。从国投高科创立到现在，已经有多位具有较强能力的 VC 离开公司而转入其他企业直接担任高管或自主创业。

10.1.3　项目的退出

国外风险投资的主要退出方式是 IPO 上市、股权转让、破产与清算，国投高科基本与此相同，但准备破产与清算的项目主要通过自己的国投资产管理公司来接手，这个公司的性质类似于我国的四大资产处理公司。

如表 10-2 所示，“股本权益法增值”和“分红”两个栏目统计的是国投高科仍在经营企业所获得的利润，这些企业还未上市或未通过其他的方式退出。“股本权益法增值”统计的是企业主要通过留存利润的方式分配给国投高科的利润，而“分红”统计的是企业以现金股利回报给国投高科的利润。

从表 10-2 可以看出，企业 IPO 上市以其拥有企业的股权的市场价值计算而得到利润数据，每个项目的平均利润和平均投资成本之比为 19.49，约占全部样本的 5.4%，企业 IPO 上市给予国投高科的利润回报最大，也是其主要的利润来源。从国投高科成立至 2008 年共有 15 家企业 IPO 上市，但还有 6 家企业没有退出，国投高科是未退出企业的大股东。股权转让带给国投高科的回报为初始投资额的 2.12 倍，这一数据和 Sahlman(1990)的统计相同。“内部资产划拨与清算”所占的企业数量最多(为 223 家)，占全部样本的 79.9%，但归属于资产管理公司管理的这些项目并非全是失败的项目(见下文的解释)，相当多的项目仍然持续盈利，但是盈利的项目的利润并未统计在国投高科的利润来源中。

表 10-2　国投高科截至 2008 年末主要利润来源统计(样本总数为 279 个)

利润实现方式	项目个数	利润总额(万元)	每个项目平均利润(万元)	每个项目平均投资(万元)	利润与投资额之比
IPO 上市	15	155000	10333	530	19.49
股权转让	9	47700	5300	2500	2.12
股本权益法增值	17	127500	7500	4205	1.78
分红	15	58500	3900	4217	0.92
内部资产划拨与清算	223			580	—

1. IPO 上市

从国投高科 1999 年成立至 2008 年末，所投资的企业成功在主板市场上市的共有 15 家，如国投中鲁、浙江医药、徐工机械、大唐高鸿等企业。上市之前这些企业的平均创立年限在 8 年左右，参与后的平均年限为 3～4 年。当企业准备上市时，国投高科有相应的金融部门提供帮助，与创投有较长时间合作的承销商也会进入。由国家创投支持的企业一般而言会计资料真实和完整，证券监管部门和承销商比较信任。企业的上市过程一般比较顺利，在 2006 年之前上市企业中没有跌破发行价的情况产生。

在面临企业的上市决策时，国投高科并不会根据企业的经营状况和资本市场的冷暖刻意选择上市时机。只要企业达到了上市的条件，董事会表决通过了上市决策，即可启动上市程序。在这些上市公司中，如果国投高科是这些企业的控股股东或者大股东，则其将会继续持有企业的股票(目前为 6 家)，一般而言，这些企业在行业具有较大影响力。如果国投高科卖掉企业的股权，基本的情形是，国投高科是这些企业的小股东，企业在行业中的影响也不大。

企业 IPO 上市会使各个投资主体从中获得较大的收益，但国投高科对实际负责这一项目的 VC 并无多少激励，物质奖励微乎其微。由于国投高科对 VC 实行轮换制度，这使得 VC 不会自始至终负责一个项目，这样对 VC 的业绩也没有事后的评估，对其贡献也没有一个较为准确的度量和考核体系。

2. 股权转让

股权转让是国投高科退出企业的方式之一，占有一定的比例。国投高科投资这些企业平均也就一轮，持有这些企业的股份 4 年左右。国投高科选择股权转让的企业的主要特点如下：业绩比较好，但是离公开上市还有较长的路要走，且国投高科基本是这些企业的小股东。

国投高科是国有企业，其持有的股份必须按照国家的规定进行转让和交易。2006 年之后，国投高科的资产首先要经过资产评估机构的评估，在拥有财政部的批文后，主要在北京产权交易所挂牌交易。而在 2006 年之前，主要依据公司章程将股份卖给资产性质属国有的内部股东，股价只要达到了资产保值增值的目的即可，即卖出去的股份价格要高于事前的投资成本，一般股价为投资成本的 2 倍。但是，国投高科不能将股份卖给私有性质的股东，仅有一例将资产卖给管理层，该笔交易资金量不大，资产也经过了评估，企业属于集成电路设计企业。

3. 内部资产划拨与清算

国投高科将经营规模较小、发展前景不明朗、经营业绩目前不够好的企业的资产通过资产划拨的方式由其母公司旗下的子公司——国投资产经营管理公司进行处理。被资产划拨管理的企业，中小企业的比重较大，其中国家项目和国债项目占绝大多数，国投高科将资产规模在 5000 万以下，年销售额在 1 亿元以下，净利润在 1000 万以下的企业称之为小企业。由于股权转让持续的时间很长和手续烦琐，国投高科 2006 年把许多上市前景不明朗的企业也划归资产管理公司管理，这是这部分企业数量较多的重要原因。

通过清算方式退出的企业有数十家，这些企业基本上属于资不抵债的情形，国投高科没有给出这部分投资损失的数据。

从国投高科退出方式的整体情况来看，实现最高收益的方式是企业 IPO 上市，这与美国的风险投资实践一致。在 IPO 上市的过程中，国投高科的确会给创业企业带来许多帮助，表明其在资本市场、产品市场、职业经理队伍建设上建立了良好的声誉，这也是很多国有企业、民营中小型企业选择国投高科作为融资对象的重要原因。但是，国投高科并不会充分考虑IPO上市的时机，并且由于国投高科的VC的收入并没有和项目的业绩挂钩，VC 也没有选择最佳时机上市的行为动机。从调研情况来看，VC 和总公司对整个企业的退出方式的选择都缺少明确的认识，并且总公司并没有意识到，正是因为 IPO 上市后国投高科的资本不退出，造成了许多真正有潜力的私有高科技企业不愿意选择国投高科作为投资对象。

10.1.4　小结

国投高科在项目的评估和技术，对经营团队的监控，以及在向企业提供 IPO 上市帮助等方面都已经和国际经验接轨，但国有企业的经营理念、代理问题及我国对国有资产管理的相关规定，使得国投高科在投资和行为模式上与美国的风险投资实践存在相当大的差异。据此，本章提出如下政策建议。

(1)应当限定国有风险投资公司只能支持处于中前期的高科技创业企业，促使国有风险投资公司在风险投资市场上发挥基础性和示范性的作用，否则高科技初创企业融资难的问题始终得不到解决。国家应该依据风险投资的规律性，在提高资产定价透明度的同时，出台针对国有风险投资公司专门的资产管理方法，鼓励企业承担风险和追求更大的利益。

(2)国有风险投资公司应遵循事前控制企业而上市后退出企业这一风险投资市场的规律，放弃国有资本在所有领域都彰显存在的理念，如此才能更好地引进发达国家先进的合约管理技术，并提高投资业绩。

(3)应当探索激励国有风险投资公司一线 VC 和提高其决策自主权的方法。我国很多国有风险投资公司(如深圳创新投、上海创投等公司)通过与民间或海外资本共同组建风险投资子基金，在引入对 VC 的激励机制方面解决国有性质企业的代理问题迈出了一大步。此外，美国小企业署(U.S.Small Business Administration，SBA)下属的小企业投资公司(Small Business Investment Company，SBIC)的成熟经验也值得借鉴。SBIC 成立于 1956 年，从公开市场发行国债获得的资金与民间资本共同组成子基金 SBICs(Small Business Investment Corporations)，并且 SBICs 被规定只能投资于高科技小企业，即处于早期阶段的创业企业。SBICs 获取的利润在支付了 SBIC 债权和利息及管理费后，利润归民间资本的投资方，如此吸引了大量的民间资本申请加入。由于 SBICs 主要由民间资本经营和管理，因而建立了良好的对 VC 的激励机制，并且投资决策上也具有相当的自主性。

10.2　国投高科的投资案例：HDJT 公司

10.2.1　案例背景

HDJT 公司是一家创立仅一年多的高科技 EDA(electronic design automation，电子设计自动化)软件企业，是国投高科投资的为数不多的初创企业。EDA 产业是整个集成电路设计、制造产业的关键链条，它为集成电路设计提供高效的设计软件工具，所有的集成电路设计过程都依赖于 EDA 软件工具。

HDJT 电子公司是由 HD 电子公司、国投高科公司和以 L 先生为代表的创业者团队所组建的专业 EDA 工具供应商，成立于 2009 年 6 月 6 日。HDJT 电子公司追求在 EDA 及 IC 设计服务领域成为国内领先、世界一流的国际化企业，降低国内 IC 产业的进入门槛，提升国内 IC 产业的发展速度，成为促进国内 IC 产业发展的强大助力。其经营方向是以 EDA 软件业务为核心、以 IC 设计服务为支撑，成为提供 EDA 软件及设计服务的 IC 产业重要伙伴。公司提供模拟集成电路和全定制集成电路设计的全流程 EDA 工具解决方案，主要产品包括原理图编辑工具、电路仿真工具、版图编辑工具、大版图显示工具、版图验证工具和寄生参数提取工具。HDJT 公司股权结构和董事会构成见表 10-3。

表 10-3　HDJT 公司股权结构和董事会构成

成员	资本(万元)	股份份额(%)	董事会构成	出资方式
HD 电子	4500	52.94	2 名董事，1 名独董(委派)	现金和无形资产
国投高科公司	3000	35.29	2 名董事	现金
L 先生等	1000	11.77	1 名董事	现金
总计	8500	100	6 名	

HDJT 是在原 HD 电子公司 EDA 事业部的基础上发展而来的，因此，在由 HD 电子所提供的总计 4500 万元资本中，3000 万元是 HD 电子公司 EDA 事业部所拥有的无形资产和一些有形资产，而另外 1500 万元是其新增加的货币资本。国投高科公司所投资的 3000 万元则是"受托管理"的资本，即在国投高科的提议和帮助下，HD 电子公司以建设并发展 EDA 软件产业项目，向财政部、国家发展和改革委员会申请创业风险投资资金 3000 万元，该资金作为国投高科公司对 HDJT 公司投入的资本。以 L 先生为主的创业者团队总共向项目投入了 1000 万元货币资本。

1. 企业的创立及其历史沿革

HD 电子公司的 EDA 业务始于 1986 年，当时是在国家的组织下，聚集了全国上百名专家、教授、科技工作者和工程技术人员，经过 5 年多时间，研究和开发出我国自主创新、具有自主知识产权的"Panda-EDA 系统"，并获得了国家科技进步一等奖、电子工业部科技进步一等奖等多个重大科技成果奖。国家启动的这一研究计划被称为"908 工程"和"909 工程"，两个重大工程的目标是在国内实现集成电路的自主设计开发与制造。"Panda-EDA 系统"的开发成功，打破了国外对我国 EDA 工具的封锁和垄断，实现了我国 EDA 产业从无到有的跨越，促进了我国集成电路设计业的飞速发展，也培养出了我国第一批优秀的 EDA 软件开发人员，奠定了中国 EDA 产业的基础和发展平台。1992 年，国家计划委员会和电子工业部以"Panda-EDA 系统"为基础组织成立了"国家某工程研究中心"，促进了 EDA 软件的产业化开发和应用，为我国 EDA 产业的发展乃至 IC 设计产业的发展建立了很好的平台。

1986 年，HD 电子公司开始研发 Panda-ICCAD 系统；1992 年，发布 Panda 系统；1997 年，发布 Panda-2000；2001 年，发布 JT-Zeni 系统，并进入海外市场；2004 年，发布 Zeni4 系统；2006 年，发布 Zeni5 系统；发布数字电路工具 ClockExplorer，并成功推向市场；2008 年，发布 TimingExplorer。2009 年，HD 电子公司 EDA 事业部组建新公司——HDJT，并且成立设计服务公司——GC 科技公司，专业从事高端 SoC 设计生产服务 ClockExplorer 和 TimingExplorer，获得多家全球领先设计公司的评测与购买。

"908 工程"建设完全靠国内自主的科技力量，前后历经了八年；"909 工程"国家投资 5 亿美元，并且与日本 NEC 公司进行合作，但由于投资和建设周期等原因，错过了一些产品的最佳时期。上述两个工程均受技术、设备、投资体制、经营管理和人才等方面的影响，其实际效果与预期设计目标存在较大的差距。因此，国家发展改革委要求“国家某工程研究中心”在新的创业过程中必须以独立法人、财务独立核算模式进行体制创新，应用“国家创业风险投资资金”来组建以该工程研究中心为技术研发基础的 EDA 公司。

国家“十一五”重大专项“核心基础元器件、高端通用芯片和基础软件”已经把支持 EDA 业务的长期发展作为重要目标列入。HD 电子公司 EDA 业务作为该专项课题的责任承担单位，为了更好地实施重大专项，通过引进国家创业风险资金和重大专项的支持，设立了独立的 EDA 公司。

一方面，HDJT 可以称之为我国在 EDA 领域进行的体制方面的创新，它集合了国家在政策和金融方面的支持。另一方面，以 L 先生为核心的技术队伍以自有的货币资本入股，稳定高效的高科技人才队伍是该项目必须具备的技术基础。

2. 创业者的创业经历

担任 HDJT 公司董事、总经理的 L 先生是研究员级高工、享受政府特殊津贴，是国家信息产业科技“十一五”规划集成电路组专家。L 先生 16 岁时考入复旦大学化学专业，“幻想着日后在大油田一类的企业待着应该很酷。”但进入大学后，一位老乡在复旦大学当老师，是他强烈建议 L 先生转换到微电子系，因为他当时认为半导体行业很有前景，于是 L 先生就踏入了这个领域。当时的 IC 产业其实连起步都谈不上，准确地说才是一种刚刚萌芽的状态。全国大概只有十几、二十几家做 IC 设计的公司。一直到 1998 年和 1999 年，才有 100 家左右。还在复旦大学微电子专业读研究生时，L 先生就参与了当时 HD 公司“Panda 系统”的科技攻关项目，他的研究方向是 IC-CAD，等到 1989 年硕士毕业后，由于不仅有经验，而且专业特别地对口，所以就顺理成章地留在 HD 公司继续参与这个项目。

2002 年 6 月，HD 电子公司从中国 HD 集团公司正式独立出来，主营业务是 IC 卡。一些政府的项目，如二代身份证、社保卡、金融卡及实现青藏铁路的铁路线数据传输、语音通话和高原冻土监测等重要功能的 SIM 卡等都采用了 HD 电子公司的产品。其中，二代身份证芯片采用的是非接触式 IC 智能芯片，由射频天线、存储芯片、加密模块和控制芯片四部分组成。第二代身份证芯片设计厂商有四家：上海华虹、大唐微电子、清华同方和 HD 电子，生产厂商则是华虹 NEC、中芯国际等。HD 电子于 1997 年 3 月成功开发出了中国第一块具有全自主版权的接触式智能(CPU)卡芯片，形成了以自主开发的 8 位 CPU 核为基础的两个系列的智能卡芯片产品 CIU91 和 CIU92，包括不同 EEPROM 数据存储容量的产品，并能够依据客户的需求进行定制设计。

HD 电子进入 IC 卡这个行业已经有十几年的历史，IC 卡市场容量特别大，尤其是一些新技术的注入给这个市场增加了越来越大的活力，如 RF 卡的通信速度越来越快、对安全算法的需求越来越高、32 位 CPU 的使用、可靠性的提高等。一些新兴领域(如金融行业)对 IC 卡提出了更高的要求。鉴于此，HD 电子曾专门并购了一个 20 多人的团队做安全算法，研究开发了用 IP 核实现国家指定算法的智能卡芯片系列，该芯片同时支持 RSA、DES 算法，适用于数字签名用 IC 卡、USB KEY、SIM 卡等。毫无疑问，这个领域未来还会有更多的应用方向以及技术需求。

IC 卡所面临的市场很大部分是政府型市场和商务型市场，这个市场的可控性差，不太好把握。所以 HD 打算进入一个更加市场化的领域，而这方面最热门的无非就是通信和消费电子，这个看起来和 IC 卡没什么关系，但其实一些技术方面的积累还是有所帮助，能够复用。在公司成长这方面，其实 HD 也看到了一些国外半导体公司相似的发展历程，如 Marvell，这个公司最早只做硬盘控制芯片，后来陆续进入通信行业，现在也想做语音视频，甚至买了英特尔的 Xscale。所以说，一个公司在成长的初期，其第一步是必须在一个领域站稳脚跟，但站稳后就要居安思危，开始选择 1～2 个其他的方向发展。L 先生在公司成长的初期，得到了 HD 前总裁以及公司同事们的支持，所以才有了 HD 电子今天在 IC 卡领域的成绩。HD 电子公司率先成功开发出了我国第二代居民身份证专用集成电路，为我国在 2004 年顺利开展第二代居民身份证换发工作发挥了重要作用。

在国家项目的重点支持下，L 先生带领设计团队参加了国家重点科技项目 CCAD-Panda 系统的开发和市场推广工作，此项成果使我国成为有能力开发同类软件系统的少数几个国家之一，有力地支持了我国集成电路产业的规模化发展。L 先生是国内集成电路设计行业的知名专家，曾被聘为全国 CCAD(集成电路计算机辅助设计)专家委员会委员、国家军用微电子专家组成员，是“十五”国家“863 集成电路设计重大专项”专家组成员，成功地带领 HD 的 EDA 团队开发出了 Panda-2000 系统 JT-EDA 工具系列，并获国家科技进步一等奖、三等奖各一次。

HD 在 EDA 方面所取得的科研进展使得 L 先生和其团队成员萌生了创立 EDA 公司的想法，自 2007 年以来，HD 就与一些 VC 接触，希望获得支持。但 EDA 项目具有相当高的市场风险，VC 普遍认为国内的产业环境还不够成熟，如果没有政府的支持很难有把握，就像树木没有土壤就无法成活。必须要有政府的支持，这样投资者和企业的信心才会饱满。HD 把创立 EDA 公司的主要合作对象锁定为国有风险投资公司国投高科。国投高科公司本来就是 HD 的投资者，因此对 L 先生及其团队成员有比较深入的了解。

国投高科对企业也有一些要求，他们希望未来的 EDA 公司和 IC 设计公司分离，认为 EDA 应该具备中立性。举个例子，如果在没有分离时(EDA 项目作为 HD 电子公司的事业部)把 EDA 工具卖给竞争对手，对方肯定不敢要，因为做服务时会使他们的设计思路泄漏，所以 EDA 公司如果包含在设计公司中是无法保证中立性的。另外，如果 EDA 公司不独立出来，则 VC 无法明确投入的资金是否完全用于 EDA 方面的研发。再加上国家要求“国家某工程研究中心”需要引入市场运作体制而进行创新。基于这两个因素，VC 希望 HD 的 EDA 业务能够分离出去，由一个独立的公司来运作。

3. HDJT 成立时的规划和取得的绩效

HDJT 在成立时对自己未来的发展有一个基本的定位，主要为如下三个方面。

(1)定位于主流 EDA 工具的替代产品，为客户提供功能与国际顶尖 EDA 公司产品类似，但价格仅相当于其 1/5 的 EDA 工具产品；对于众多具有大量 EDA 软件需求的设计企业和初创公司，Panda 集成电路 EDA 系统将成为他们的最佳选择。

(2)在细分的数模混合集成电路 EDA 市场上通过技术和产品创新获得竞争优势，针对主流 EDA 厂商尚未满足的细分市场需求，公司将开发创新工具，在这一领域取得良好的市场收益。主要包括模拟电路设计调试平台工具、纳米器件分析优化工具和渐进式版图设计与版图验证工具。

(3)利用本土优势，针对国内 IC 设计企业做定制化的产品和服务，通过技术支持和服务的优势，占领国内市场。

HDJT 自成立起，在产品研发、经营和团队建设方面都取得了可喜的成绩。公司现有产品包括模拟 EDA 工具、数字 EDA 工具及设计服务，其中模拟 EDA 工具包括 Aether 版图编辑工具、Skipper 海量图编辑工具、Aeolus 高精度仿真工具、Argus 物理验证工具；数字 EDA 工具包括 Explorer 纳米级 IC 物理设计分析和优化平台工具。公司 2010 年计划实现销售收入 3000 万元，实现利润 300 万元。截至 2010 年 7 月 30 日，公司员工总数由成立之初的 41 人增加至 122 人，其中技术研发人员共 78 人，拥有博士和硕士学位的有 86 人。

10.2.2　案例分析

1. VC 关于项目技术和商业前景方面的评估

HDJT 是国投高科公司投资的为数不多的、处于发展前期的软件项目。国投高科从如下三个方面对项目的技术和商业发展前景进行了评估。

第一，目前的 HDJT 项目代表了我国在 EDA 技术开发方面的最高水平，它是国家重点支持的项目。国家从 20 世纪 80 年代中后期集中了我国电子系统内的人力和物力进行基础性集成电路的开发和设计，尽管后来这一政府性的行为被证明不适合高度商业化的 IC 产业。但是国家的支持仍然成就了我国该领域内的一些重要技术成果，EDA 项目就是其中之一。EDA 系统是拥有自主知识产权的大型软件产品，于 1993 年荣获国家科技进步一等奖。尽管之后相当多的技术人员离开了该项目，但其关键的技术核心骨干仍然留在了 HD 电子公司。

EDA 产业是整个集成电路设计、制造的产业关键链条，它为集成电路设计提供高效的设计软件工具，所有的集成电路设计过程都依赖于 EDA 软件工具，因而具有重要的战略意义。《国家中长期科学和技术发展纲要》把集成电路产业作为重点支持的产业，其中把 EDA 软件作为国家 16 个重大专项中的“核心基础元器件、高端通用芯片和基础软件”专项重点支持的领域之一。事实上，通过“‘核高基’科技重大专项”，国家每年都要支持该 EDA 项目至少(3000～4000)万元。

第二，国投高科公司和该 EDA 项目具有很深的渊源，较少的信息非对称使得国投高科能够了解项目的技术现状。承担该 EDA 项目技术开发的 HD 公司成立于 2003 年，是由国投高科和某电子专业集团公司联合组建的。虽然前文提到国投高科并不愿意支持软件产业，但是国投高科非常清楚该 EDA 项目的技术发展轨迹和技术专业团队。由于大大降低了对项目技术和人力资本等方面的信息非对称性，HDJT 是国投高科所支持的为数不多且处于发展中前期的高科技项目。

第三，国投高科认为该 EDA 项目具有广阔的商业前景。并非国家支持的项目就是盈利的项目，国投高科对项目进行了独立的技术和商业前景评估，其评估结果总结在 VC 的

“尽职调查”报告中。表 10-4 和表 10-5 反映了 VC 对于该公司商业前景的认识。

表 10-4　拟成立的 HDJT 公司竞争对手对比

竞争对手	功能/特点	市场状况	竞争优势	竞争劣势
美国 Cadence 公司	模拟电路全流程工具，功能较全	市场占有率领先	功能全面，性能较好	价格昂贵
日本 JEDAT 公司	覆盖电路全流程工具，针对特殊电路处理能力强	主要面向日本客户	日本本土化的支持和服务	与主流工具不兼容，功能不够强大
台湾 SpringSoft 公司	专注于版图设计，自动化程度高	在台湾地区和台资企业中有较高的占有率	在版图设计工具中功能较强，性能较好	产品覆盖领域不全
拟成立项目公司	模拟电路全流程工具	占领国内主要市场及部分国际市场	高性价比，操作上更为方便，本土化 IC 设计企业定制化产品和服务，同主流工具有更好的兼容性	功能还不够强大，海外市场开拓能力较弱

表 10-5　拟成立的 HDJT 公司所面临的优势和劣势

优势	劣势
1. 20 多年的发展历史，在全流程工具方面积累了丰富的经验； 2. 工具可以覆盖整个流程，在功能性能相当的情况下起到替代作用； 3. 国内市场上积极的技术支持，能够快速对客户的要求做出反应；多年来的推广，在国内市场和国际市场上都找到了一些合作的伙伴，在美国、日本这些海外地区已经有代理销售我们的产品，并有一定的知名度； 4. 与学校、研究机构、同行业公司建立了一定的合作关系；作为民族企业，得到了政府的支持	1. 多年来资金投入不足； 2. 采取跟随策略、低价策略，在具有长远影响的关键技术上重视不够； 3. 现有机制不适应市场需要； 4. 人才吸引力不足
机会	**威胁**
1. 亚太地区 IC 市场增长迅速，利用地域和文化优势有利于项目公司产品拓展； 2. EDA 产业门槛高，由少数公司垄断，公司市场机会较大； 3. 国家已出台保护集成电路自主知识产权的相关条例，有利于国产 EDA 工具的推广； 4. 国家重大专项的支持； 5. 技术更新，设计规模增大，使原有工具面临瓶颈，更新换代已成为必然； 6. 全球金融危机导致 EDA 国际公司业绩出现下滑，如 Cadence 公司宣布裁员 12%，Magma 裁员 10%，为我们引进高端人才提供机会； 7. 设计公司压缩开支和成本，考虑采购性价比更好的 EDA 工具	1. 国外先进 EDA 企业的竞争； 2. 同处亚太地区的日本、中国台湾 EDA 公司的地域优势； 3. 国内 EDA 市场盗版较严重

总结 VC 对该公司的技术和商业前景评估方面的基本结论：①所处行业属于国家高新技术重点支持领域，项目公司的产品能够明显提高集成电路产业的自主创新能力，对集成电路产业的发展有重要的拉动作用；②所处行业市场增长速度较快，具有较大的市场发展空间；③项目公司产品具有一定的市场基础，在美国、日本等地也已经发展多家客户，但由于国内市场盗版较多，海外市场有待开拓，目前市场销售能力还有待提高；④产品在技术上具有国际水平和较高的性价比，与主流工具有良好的兼容性。经过客户使用，产品成熟度较高，在未来几年可能成为市场主导产品。

VC 进一步对企业的盈利性的评估是，由于 EDA 软件工具的特殊性，产品销售具有很高的毛利率和垄断性。如果在政府支持下，积极打击盗版，引进高水平人才，积极改进盈利模式，在未来三年可实现盈利。

2. VC 对项目管理团队方面的评估、监控和治理

在国投高科公司的 VC 看来①，L 先生具有如下优点：①具有很强的综合管理能力；②L 先生是一个诚实的人，做事稳妥，为人正直，这句话意味着 VC 认为 L 先生不会过多地追求个人私利，其道德风险低；③L 先生在同行业内有良好的声誉，建立了良好的社会网络，可以很好地开拓客户。

HDJT 公司成立时有员工 40 多人，2/3 以上的员工具有硕士及以上学历，骨干队伍工作经验超过 5 年，平均年龄在 30 岁左右。团队所拥有的 EDA 技术主要包括原理图设计技术、版图设计技术、版图验证技术、寄生参数提取技术、信号完整性分析的设计技术、电路仿真技术等，其中有许多技术处于国际同类同一水平、国内领先水平。公司成立前拟定的管理团队成员见表 10-6。

表 10-6　拟成立的 HDJT 公司的管理团队成员

姓名	毕业学校专业学位	工作单位职位	特长和优势	取得成绩
L 先生	复旦大学微电子硕士	HD 电子公司总经理	EDA 公司运作及管理	国家科技进步一等奖，海外 EDA 公司发起人
Y 先生	美国密歇根大学计算机硕士	曾任 Magma 亚太区总裁	国际化 EDA 公司市场及销售	Magma 亚太区总裁，多个 EDA 公司销售总监
H 先生	清华大学计算机博士	HD 电子公司 EDA 事业部技术总监	EDA 软件算法设计及产品规划	申请多项发明专利，提出多项核心算法
W 先生	清华大学计算机硕士	HD 电子公司 EDA 事业部项目经理	EDA 工具的核心算法实现及优化	成功开发多个产品
Li 先生	南开大学计算机硕士	HD 电子公司 EDA 事业部项目经理	软件架构与算法设计	开发成功具有竞争力的产品
Sh 先生	清华大学计算机硕士	HD 电子公司 EDA 事业部项目经理	算法创新和基础理论研究	提出并实现创新算法
S 先生	加拿大滑特卢大学计算机博士	美国华盛顿大学教授	VHDL-AMS 国家标准主要起草人	创办美国某 EDA 公司
KC 先生	美国伊利诺大学计算机科学博士	曾任美国某公司的 CEO	在 EDA 产业有超过二十年的经验	创办的公司被某公司收购

负责该项目的 VC 认为该项目团队成员之间具有很强的凝聚力，同时做事很有劲头，但 VC 认为该团队美中不足的是缺乏国际顶尖的技术、市场、管理人才。因此在尽职调查报告中有如下的评语："公司管理团队总体素质较高、分工明确，具有多年的企业管理经验，在产品开发、市场拓展等方面均具备一定的实践经验，但缺少国际顶尖级的技术、市场人才。"

VC 对高科技初创项目的评估主要基于项目的发展前景和管理团队的质量。例如，Tyebjee 和 Bruno（1984）、Macmillan 等（1985，1987）的研究均指出，VC 非常看重创业者团队的经验和素质，以及项目的市场前景。Hellmann 和 Puri（2002）实证发现，VC 特别注重帮助企业完善管理团队，协助企业招聘关键职位的人员，而国投高科的 VC 也向企

①关于 L 先生的评估并没有见诸尽职调查报告，而是来自负责该项目的 VC 的评价。

业提供了这方面的帮助。VC 认为 HDJT 的负责人具有较为全面的综合管理能力，但又认为该公司缺乏国际顶尖的技术和市场人员。因此，自公司成立到现在，VC 一直在建议和帮助该企业物色管理团队。公司现有员工总数由成立之初的 41 人增加至 122 人。此外，在 VC 的帮助下，HDJT 用 100 万元收购了一家 EDA 公司，该公司主要由清华大学的海归老师所创办，而 HDJT 主要看中的就是该公司的技术负责人。

首先，VC 还会对企业进行强有力的监控，包括对企业 CEO 等高层的人事任免有否决权。尽管原则上 VC 并不会过多地干涉企业中层管理干部的人事任免，但会向企业推荐相关管理和研究人员。其次，VC 也会通过董事会指导企业的经营管理，HDJT 规定每年召开两次董事会。除此之外，VC 还会不定期地检查企业。2009 年 6 月至 2010 年 6 月，VC 已经 5 次到企业检查工作(包括召开董事会)，要求每个 HDJT 的中层干部都要汇报工作。

3. 投资合约

在国投高科与 HDJT 订立的投资合约中有两个鲜明的特点。一是管理团队参股，管理团队总计向企业投入了 1000 万元的资本，占 11.77%的股份份额，见表 10-3。与风险投资通行做法不同的是，管理团队并非通过技术等无形资产持股，而是向企业进行了直接的货币投资。国有资产的管理规定不允许向企业的管理团队无偿转让股份或者授予股票期权。而管理团队之所以愿意向企业投资有一个很重要的原因，那就是国家每年均通过“‘核高基’重大专项基金”向企业至少无偿资助支持(3000～4000)万元，这实际上向管理团队成员给予了每年至少一倍于其投资成本的无偿援助。当然，更重要的是管理团队成员对该项目的未来前景抱有充分的信心，而对项目带来的直接好处是，增强了对项目管理团队的激励效能。二是国投高科与 HDJT 订立了回购协议，规定如果 HDJT 5 年内不能在创业板成功上市，那么 HDJT 的大股东 HD 电子公司和管理团队必须以银行 5 年期同期利率回购国投高科所持有的股份。这一条款意味着，尽管国投高科没有持有企业的可转换优先股，但通过回购协议而加强了清算权。

在 VC 的主导下，HDJT 和企业的管理层也签订了合约。总经理的收入为年薪 100 万元，但平时仅发放 60 万元，其余 40 万元作为绩效工资，在考核企业业绩的基础上发放。企业的副总和技术负责人的收入为(40～50)万元，而企业中层以下员工的收入由企业自行确定。总体而言，HDJT 员工的平均工资性收入为 25 万元。

表 10-7 是 2009 年 6 月成立时 VC 与管理团队对企业销售业绩和财务业绩的预测，而管理团队的绩效工资将在此预测的基础上订立，每年会有所调整。表 10-8 是要求企业应在国外市场达到的销售增长态势。

表 10-7　国内市场容量及 HDJT 国内销售额增长表　(单位：万元)

项目	2008 年	2009 年	2010 年	2011 年	2012 年
自主产品国内销售额	365	1200	2300	3200	5500
本地化服务收入	0	200	500	1000	1500
合计	365	1400	2800	4200	7000

表 10-8　HDJT 国外销售额增长表　（单位：万元）

国家和地区	2008 年	2009 年	2010 年	2011 年	2012 年
美国市场	100	200	450	700	1200
日本市场	150	300	600	900	1500
其他	40	100	150	200	300
总计	290	600	1200	1800	3000

从上述分析可以看到，VC 与企业和管理团队所订立的投资合约体现了基本的激励原则和对“套牢(hold-up)问题”的处理(Holmström and Milgrom，1987)。但在我国特定的法律和社会环境下，投资合约并不精细，表现如下：①尽管员工的收入分为固定工资和绩效工资，VC 也通过回购协议加强了清算权，但并没有通过股份的授予等方式来增强激励；②国投高科与 HD 电子公司和管理团队订立的合约中并没有体现“管理权和控制权的分离”；③合约明显地遗漏了企业阶段性融资的应对性措施。例如，企业达到了什么阶段业绩时，应该继续增加投资，企业各个投资方的权益应该如何变更等。

10.3　国家资本支持高科技创业的典型案例：中星微电子公司

10.3.1　案例背景

1. 产业背景

集成电路(integrated circuit，IC)产业已成为当代高新技术产业群的核心和维护国家利益、保障国家安全的战略性产业。自 1974 年贝尔实验室发明电子晶体管以来，由于技术迅速的发展与突破，使集成电路成为所有电子设备的核心。数十年来，各式各样的电子设备不断推陈出新，大幅改善人类的生活，半导体产业成为电子产业中相当重要的一环。最早的半导体公司几乎全部为整合元件制造商(integrated device manufacturer，IDM)，设计、制造、封测均一手包办。1980 年之后，产业分工的概念逐渐兴起，经过几十年的发展，专业分工的模式已发展得相当成熟，并已逐渐演化成为设计、制造、封装和测试四业协调发展的产业结构。1990 年代以来，集成电路产业进入了以知识产权为创新核心的新时期，标志着集成电路产业的竞争已经由技术竞争和资本竞争进入智力与知识产权竞争的高级阶段，从而把集成电路产业的龙头——设计业推到了重要的位置。

集成电路设计公司又称 Fabless 公司，它们只需专注产品的研发与销售，而无须负担芯片加工厂所负担的庞大设备及其折旧费用。1982 年，世界上第一家专业化的集成电路设计公司——美国 LSILOGIC 公司成立，此后集成电路设计公司便以其模式灵活、注重创新设计与应用市场的紧密结合而实现了高速发展。截至 1999 年，美国已经有 100 多家上市的专业设计公司，未上市者亦有 500 家以上。据全球半导体贸易统计组织(World Semiconductor Trade Statistics，WSTS)统计，2000 年世界 IC 设计公司收益与 1999 年相比增长率高达 41%，远高于整个半导体行业 20%的增长，占半导体产业总收益的 15%。从世界 Fabless 公司的发展历程来看，由 Fabless 公司起家而成为世界级公司的例子不胜枚举。例如，SUN 公司是 1984 年成立的一个白手起家的公司，1999 年已发展成为全球主要 RISC 芯片和 Sparc CPU 主板的供应商，占据全球工作站服务器 39.7%的市场份额，成为拥有 100 亿美元资产的商用计算机系统的超级大公司。

在我国，自“八五”计划以来，通过国家的扶持，集成电路设计业得到了很大的发展。1999 年，全国有集成电路设计企业 100 余家，主要分布在北方地区(约占 42%)、华东地区(约占 32%)和东南沿海地区(约占 11%)。从企业形式来看，包括：①专业性的集成电路设计公司，如中国华大集成电路中心等；②存在于集成电路生产企业内部、无独立法人资格的集成电路设计部门，如首钢 NEC；③大型电子整机企业(如计算机、通信、消费类电子整机等)依靠自身资金建立的集成电路设计公司，如海尔集成电路设计公司等；④高校及科研院所为了独立地开发和研制集成电路新工艺、新产品，完成国家下达的科研试制和小批量重点工程配套任务而建立的集成电路设计部门，如清华大学微电子所、北京大学微电子所、中科院微电子中心和上海冶金所等。

中星微电子公司(以下简称中星微)是 1999 年 10 月成立的集成电路设计公司，其成立的时机很好，刚好是集成电路设计产业迅猛发展的时候，也是我国政府有意扶持该产业发展的时候。2000 年，科技部依次批准了上海市、西安市、无锡市、北京市、成都市、杭州市、深圳市共 7 个国家级 IC 设计产业化基地。国内具备集成电路产业发展基础的主要地区纷纷制订优惠政策和相关措施重点发展 IC 设计产业。例如，上海市每年投入 1 亿元，启动建设的国家级集成电路设计产业化基地已由科技部正式命名，并吸引了一批国内外设计人才、设计企业以及风险投资机构进驻园区。2006 年，中国集成电路设计单位数量已经达到近 500 家①，并形成了四大集聚区，分别是以上海市、无锡市、杭州市和苏州市为龙头的长江三角洲地区、以深圳和珠海为中心的珠江三角洲、以北京—天津为轴线的环渤海湾地区、以西安—成都—武汉为中心的中西部地区。在一批新兴设计公司快速成长的带动下，国内集成电路设计业规模继续快速扩大。国内 IC 设计业的迅猛增长主要得益于中国电子信息产品市场的巨大需求，我国政府优先发展 IC 设计的政策方针，以及产业各方对 IC 设计业龙头地位的认识程度的不断加深。同时，集成电路制造水平的不断提升也为 IC 设计业的迅速发展提供了坚实的基础。

2. 中星微的创立

1999 年 10 月，在信息产业部②的提议和直接支持下，多位硅谷留美博士企业家在北京中关村创建了中星微电子公司。1998 年还在硅谷工作的邓中翰，带着微机摄像芯片技术联系了北京风险投资公司等风险投资机构，表达了其在国内创办图像处理芯片设计企业的创业念头，并希望获得支持，但并未获得响应。他并未放弃创业，他进一步联系了中关村管委会，并通过管委会向信息产业部领导汇报了其创业计划。信息产业部部长吴基传非常看重邓中翰的创业思路和创业计划。1999 年初，部长到美国硅谷进行招商与延揽人才，

①数据和资料来源：2006 年中国集成产业研究报告。

②中华人民共和国信息产业部，曾是主管全国电子信息产品制造业、通信业和软件业，推进国民经济和社会服务信息化的国务院原有组成部门。2008 年 3 月 15 日，十一届全国人大一次会议通过关于国务院机构改革方案的决定。该方案包括组建中华人民共和国工业和信息化部，信息产业部的职责整合划入工业和信息化部。

相遇邓中翰之后，即邀请他回国创业。随后不久，他便回国从事图像处理的芯片设计方面的创业活动。吴基传部长也进一步邀请联想集团的柳传志和杨元庆等领导与创业团队接触，但联想未向该企业投资。部长指示信息产业部相关部门进一步考察该项目，初步的决定是，以电子发展基金重大项目的名义向该项目无偿资助 1000 万元。

获知电子发展基金愿意资助的决定后，邓中翰做出了很特别的举动，他要求信息产业部按照硅谷模式作为投资者以股权形式投资企业①，并且要求创业团队 35%②的股权在后续融资中不能被稀释。为此，信息产业部利用财政部拨付的特别资金建立了盈富泰克投资发展有限公司，作为投资者向中星微投资了 1000 万元。

电子发展基金进行创业投资试点是有一定历史背景的。长期以来，我国电子信息产业一直为“技术水平低、自主开发能力弱”所困扰。虽然国家投入也不少，如“八五”和“九五”期间国家以项目资助的形式花巨资兴建了“908 工程”和“909 工程”。两个重大工程的目标是在国内实现重大芯片技术的设计与开发，然而，由于投资体制和管理等问题，“908 工程”建设用了八年，“909 工程”国家投资 5 亿美元，但投产之时国外技术又进步了好几代，所以其投资效果并不好。在这样的宏观背景下，信息产业部和财政部考虑进行风险投资的有益尝试，拟以电子发展基金进行创业投资试点，恰好有了中星微这样的投资机会，便成立了盈富泰克投资发展有限公司。

事后证明，邓中翰要求国家以投资者身份参与中星微是一项非常高明的举措，这为企业与国家相关部门建立了紧密的合作关系，为后续融资以及为国家各个部委陆续支持该企业建立了桥梁。

公司初创时期主要有四位核心成员：担任公司董事长兼总裁的邓中翰是美国伯克利加州大学(UC Berkeley)电子工程学博士、经济管理学硕士、物理学硕士；曾任国际商业机械公司(IBM)高级研究员，中国旅美科技协会理事、硅谷分会会长，在硅谷成功创立市值达 1.5 亿美元的芯片公司 PIXIM。杨晓东任公司的首席技术官；副总裁张辉负责市场开发方面的工作；副总裁金兆玮负责销售方面的工作③。

张辉是邓中翰的师弟，1998 年毕业后在贝尔实验室从事无线通信、低功耗芯片的研究。从 1998 年年底开始，邓中翰频频回国，也有意识地一点点向张辉透露，自己正在和信息产业部酝酿以新模式发展中国芯片产业的想法与计划，等张辉有了足够的了解、心理准备和思考后，邓中翰随即拉他入伙。之后，邓中翰又想到了在多次硅谷学术交流会议上认识的杨晓东。作为斯坦福大学的电子工程学博士，杨晓东长期从事 CMOS 大规模集成电路系统的研究，并有在英特尔和惠普工作的经历，杨晓东在惠普公司期间主要从事无线通信芯片和图像技术的开发工作，这在当时是非常领先的技术。当邓中翰提到要在中国做一个技术上绝对领先的公司时，杨晓东爽快地答应了。后来，邓中翰又找到了南京师大附中的同学金兆玮，电子科技大学毕业的金兆玮曾在中国电子科技集团公司第十四研究所参与过一些国家项目，个人专长是从事电子产品的销售，尽管金兆玮后来移民加拿大，但和

①此外，邓中翰也要求：除非必要，盈富泰克投资发展有限公司在企业具体经营管理上不要干涉太多。

②国家当时规定无形资产出资的上限为 35%。

③此后，陆续另有几名公司重要核心骨干加入企业，他们是张韵东、朱军和俞青等，公司核心成员扩至 12 人；而且，中星微公司从成立伊始，除张辉于 2004 年 6 月离开该公司后创办 Innofidei(创毅视讯)外，其核心团队的成员基本没有大的变化。

邓中翰一直保持着密切的联系。

1999 年的国庆节，作为海外华人代表的邓中翰等四人应邀回国，在天安门广场观看了盛大的国庆五十周年庆典，这次中国之行再次坚定了他们回国创业的决心。1999 年 10 月 14 日，四人正式创立了中星微电子公司，其中张辉和金兆玮两位在国内负责新公司的组织与运营，杨晓东负责技术开发，邓中翰则在美国和中国两边跑，为公司寻找投资资金和投资机会。

3. 中星微的阶段融资过程

表 10-9 给出了截至 2004 年底中星微的股权结构表。该表很好地反映了中星微电子公司从成立到上市的融资过程。

表 10-9　截至 2004 年底中星微的股权结构表

序号	股东名称（前五位）	出资额	股权比例（%）	入股时间
1	邓中翰	技术入股	20	1999-10-14
2	北京盈富泰克投资发展有限公司	1000 万元人民币	14.22	1999-10-14
3	鲍尔太平（毛里求斯）有限公司	320 万美元	14.22	2000-08-25
4	杨晓东	技术入股	15	1999-10-14
5	富士康精密组件（深圳）有限公司	4138.5 万元人民币	9.13	2001-10-15

在包括盈富泰克创业投资公司的前三轮融资中，创业团队一直持有企业 35%的股权，这部分股权分别记在邓中翰和杨晓东的名下，但实际上为 12 位核心成员共同拥有。

从 1999 年公司成立至 2000 年年初，盈富泰克投资的 1000 万元资金很快用完。2000 年上半年，四位创始人以自己 35%的股权为抵押，通过北京中关村科技担保有限公司提供担保，以个人名义向银行贷款 1500 万元，用于公司持续的研发活动。这是中星微第一次，也是唯一的一次通过担保向银行贷款。需要指出的是，按照当时银行的规定，银行提供的贷款不超过股权价值的 50%，四人所拥有的股权价值仅为 600 万元左右，那么公司何以能够获得该笔银行贷款呢？这一方面得益于信息产业部的支持与帮助，另一方面邓中翰等所进行的研发活动“星光中国芯工程”被列为国家重点支持项目。

“星光中国芯工程”是 1999 年在信息产业部的提议和领导下，在国家发展改革委、科技部、商务部、中国科协、北京市政府的支持下，中星微承担的五个阶段的数字多媒体芯片设计项目。1999 年底至 2005 年，“星光中国芯工程”被分别纳入电子发展基金重大专项、国家高技术产业发展项目计划、国家 863 计划、国家重点技术创新计划、国家高技术产业发展项目计划、国家移动通信专项、北京市重大科技成果转化项目、北京市科技计划、中关村科技园区“中国芯”等项目而予以资助。例如，“星光数字多媒体芯片研发、设计及产业化”项目作为电子发展基金的重大专项而得到支持，支持强度为 1000 万元以上。又如，中星微几乎每年都会获得电子发展基金一般项目资金的支持，平均支持强度为 300 万元。再如，2000 年国家以国债项目的形式向中星微提供了一笔 600 万元的无息贷款。除直接的资金支持外，在中星微成立后的 3 年内，国家全部免去了其所得税。

加拿大鲍尔太平创投的投资是中星微的第二轮融资。鲍尔太平有限公司是加拿大鲍尔公司在中国和亚太地区的附属机构。鲍尔公司位于魁北克省蒙特利尔市，是一家较为著名的多元化投资管理和控股公司，位列《财富》五百强之一，其在中国的投资领域集中于包括互联网业在内的高成长性行业。2000 年上半年，鲍尔太平创投想了解中国政府对待芯片设计产业等高新产业的发展政策，便与信息产业部建立了联系。在盈富泰克董事长李志明的引荐下，鲍尔太平和中星微就投资事宜展开了谈判。中星微引进鲍尔太平的目的是想通过该公司能够进一步拓宽其海外融资的渠道。2000 年 8 月 25 日，鲍尔太平以每股 0.3 美元的价格向中星微投资 320 万美元，占股 32.5%，由此中星微的股本金增加到 4400 多万元。需要特别说明的是，在与鲍尔太平的谈判过程中，中星微同样要求后续融资过程中创业者的股权不被稀释。

第二轮融资结束后，中星微的发展势头已经相当不错，很多投资者和公司看好中星微，要求与之进行合作。2001 年 3 月，中星微的芯片开发取得了突破，“星光一号”正式诞生，由此希望引进战略投资者以利用其销售渠道和营销网络打开芯片销售市场。2001 年 10 月，中星微选中富士康公司。富士康精密组件(深圳)有限公司向中星微投资 800 万美元，以当时的汇率折合人民币 4138.5 万元，每股股价约为 1.7 美元，占股 9.13%。

在中星微的股权结构中，公司预留了 20%的股份用作引进风险投资者以达到在纳斯达克上市的目的，其余 4.43%的股份为个人投资者拥有。2004 年 3 月，美国风险投资合伙企业 General Atlantic Partners 与中星微签订投资合约，以每股 6 美元的价格向中星微投资 2500 万美元，持有企业 20%的股份。然而，General Atlantic Partners 持有的中星微股份并非普通股，而是按照美国风险投资惯例持有的可转换优先股，规定该部分股票在中星微上市前自动转换为普通股。与此同时，盈富泰克的注册地改为开曼群岛。至此，中星微成为一个全外资的企业，这为其在纳斯达克上市铺平了道路。2005 年 11 月 5 日，中星微正式在纳斯达克上市，融资资金高达 9000 多万美元。

4. 中星微的发展阶段

Sahlman(1990)依据创业企业的财务业绩和非财务业绩，将创业企业划分为不同的发展阶段。表 10-10 给出了中星微 2000 年 12 月、2002 年 5 月和 2004 年 12 月财务报表中的主要项目，再结合中星微在各个不同发展阶段的非财务业绩，本小节阐述了中星微公司各个发展阶段的特点。

表 10-10　中星微电子公司财务报表主要项目摘要　(单位：元)

报表科目		2000 年 12 月	2002 年 5 月	2004 年 12 月
资产	总资产	141753624	139990052	214472609
	流动资产	115736887	71568971	183330526
	固定资产原价	2243211	10671243	23918284
	无形资产	17417579	19840363	9776624
	递延资产	3485836	31975651	0

续表

报表科目			2000 年 12 月	2002 年 5 月	2004 年 12 月
负债及所有者权益		短期借款	6000000	0	19193
		流动负债总计	84128406	9881080	91467704
		长期负债总计	0	0	0
		实收资本	38756812	65717950	82147440
		所有者权益	57625218	130108972	214472609
收益		主营业务收入	5504273	10688512	417218420
		利润总额	1767266	−9851968	68620099
		减：所得税	0	0	911579
		当年可供分配利润	1767266	−9851968	−78731078
现金流量	经营活动	现金流入	17817527	14682034	437778410
		现金流出	22146078	24761151	373233661
	投资活动	现金流入	26884	69883	373659
		现金流出	16601699	8725903	15858338
	筹资活动	现金流入	121759814	32000000	0
		现金流出	16631530	49392900	15071729
现金及现金等价物净增加额			72705638	−36.128872	33988340

1）第一阶段：种子期和初创期（1999 年 10 月 ~ 2000 年 12 月）

1999 年 10 月至 2000 年 12 月可视作中星微发展的种子期和初创期。创业企业在该时期已进行了一些试生产和技术咨询活动，2000 年底已经有了 550 万元的微薄盈利。公司大量投资于无形资产①，表 10-11 给出了 2000 年公司的资产构成。2000 年公司的固定资产仅有 200 万元多一点，但其无形资产却有 1700 万元之巨，这正是软件设计产业的典型特点。该年的现金流量表反映，公司吸收的 4000 多万元股权投资资金投资在固定资产上的仅为 171 万元，而支付职工工资就用了 270 万元，投资在无形资产上的高达 1600 万元。初创阶段是中星微发展的关键时期，公司领导人做了很多重要的基础性工作，这为公司的快速成长和蓬勃发展奠定了基础，具体体现为如下几个方面。

表 10-11　2000 年中星微电子公司资产构成一览表

资产类型及所属部门		资产名称	单位及数量
无形资产	IC 部	VCS（Synopsys 公司）	1 个 license
		Design Analysis	1 个 license
		HDL Complier Verilog	1 个 license
		DC Expert	1 个 license
	软件部	Softice	1 个 license
		MSDN	1 个 license

①在公司成立之时，中星微正式启动了大规模的研究计划“星光中国芯工程”，该工程持续 5 年，于 2005 年 10 月底结束。

续表

资产类型及所属部门		资产名称	单位及数量
无形资产		Direct X SDK	1 个 license
		VC	1 个 license
		DDK	1 个 license
	产品部	MSDN	1 个 license
		Borland C++	1 个 license
		Direct X SDK	1 个 license
有形资产	IC 部	SUN Ultra 60	2 台
		SUN Ultra 10	2 台
		逻辑分析仪	1 台
		示波器	1 台
		编程器	1 台
		万用表	1 台
		磁带机	1 台
		微机	25 台
		笔记本电脑	1 台
	软件部	PC 服务器	1 台
		微机	25 台
	产品部	示波器　TDS220	1 台
		扫描仪	1 台
		电路板焊接设备	2 套
		微机	11 台
		笔记本电脑	2 台

(1) 建立基础性的管理制度和员工激励计划。首先，公司拟定企业发展计划，规定未来每五年的发展目标，并经股东大会讨论通过了企业股份扩展计划。由于邓中翰之前一直在美国硅谷工作，且拥有管理学的学位，深知高科技企业的发展规律，公司的股权扩张计划一直由其进行决策。其次，2000 年 7 月之后，邓中翰开始并逐步实施中星微电子公司职工持股的计划，其方案是以邓中翰和杨晓光持有的 35%的股份为基础，通过股权分配和股票期权制度分配给后续进入公司的骨干人员。由于该 35%的股份在最后一轮融资前未被稀释，这是相当大的一部分股权份额，对于吸引创业人员、稳定创业团队、扩张企业研发队伍和保持公司持续发展发挥了关键性的作用。再者，由邓中翰负责，公司建立了健全的财务管理制度，设立了独立董事制度，且由独立董事审定公司财务报表，考核和审定员工的激励计划等。公司实施了两套财务报表：以我国财务制度为基础的财务报表和以美国财务制度为基础的对外报表，后一套报表主要是为了便于与现在的和未来的国外投资者进行沟通，希望通过透明的财务制度吸引更多的投资者。为了保持财务的独立性和透明性，由独立董事负责财务报表的初步审定，再将报表送交会计师事务所进行审计。独立董事还负

责制定职工股权有偿持有计划和股票期权计划，独立董事对员工的业绩进行评定，并代表所有股东(并非仅邓中翰等创始人)利益实施这些计划。事后实践表明，在中星微，几乎没有人因为股权分配不公和激励不到位而离开公司。

(2)构建公司组织体系和生产销售体系。图 10-2 给出了截至 2000 年底的公司组织架构图。该组织架构基本上稳定运行至今。董事长一职由邓中翰出任，技术总监由杨晓东担任，张辉任总经理。需要说明的是，尽管总经理一职排在技术总监等其他职能部门之上，但实际上技术总监杨晓东从公司创立到现在一直都是中星微的第二号人物，在公司的主要领导人排名中也位列第二，这也可以由以杨晓东的名义持有的 15%股权看出端倪。

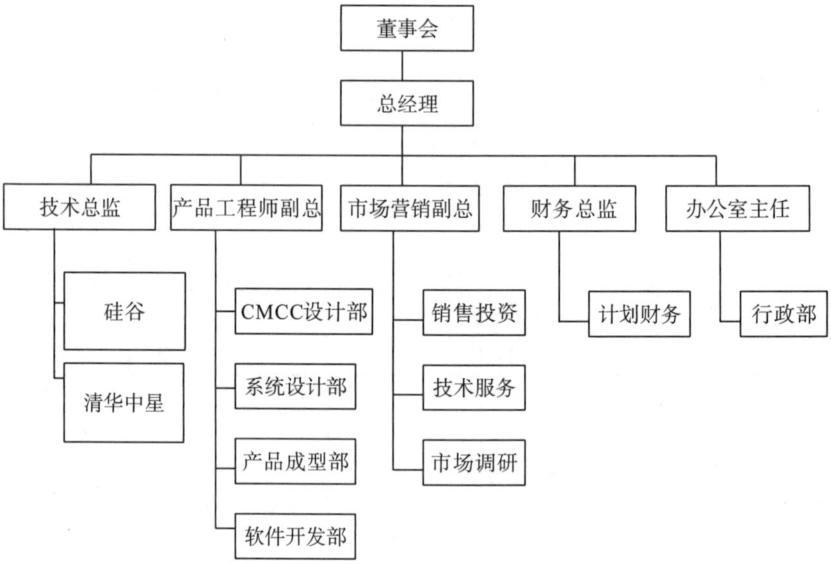

图 10-2　中星微电子公司组织架构图

(3)建立公司研发体系。在此阶段，中星微遇到的最大困难就是人才匮乏。因为当时国内基本没有成熟的 IC 设计公司，人才流动也没有什么来源，国内半导体市场基本找不到有经验的 IC 设计人才。刚创业时，创业团队的几个人什么都干，这一过程很艰苦。截至 2000 年底，中星微电子公司拥有员工 60 人，其中设计人员有 46 人(博士和硕士分别为 6 人和 17 人)，归国博士仅邓中翰、杨晓光、张辉三人。后来，严重的人才匮乏压力使得中星微不得已采取了类似项目研发小组的方式，公司在国内招聘了部分基础扎实、头脑清楚但经验不足的“可培养”人才，由海外归来的有经验的人来带他们，中星微招收的清华、北大和北航等学校的毕业生，现在已经有一大批都成长为中星微的中坚力量。因此，中星微建立的项目研发小组模式一方面保证了研发工作的顺利开展，另一方面也对人才培养起到了积极的作用。

为了保持公司技术和产品的先进性，不断提高国际竞争力，中星微还专门在美国硅谷投资设立了子公司 Viewtel Corporation。公司设立硅谷子公司的目的在于：希望从硅谷聘请一批微电子技术领域的设计专家，进而直接从世界高科技产业中心地带吸取技术资源和人才资源。根据国内外的市场需求，利用硅谷完整的产业链进行新技术的成龙配套，迅速将技术转化为产品。同时利用硅谷成熟的 IC 产业资源，建立策略伙伴关系，共同研发更新的技术。此外，中星微还与世界著名的美国伯克利加州大学无线通信研究中心合作，从伯克利加州大学电子工程系和无线通信研究中心聘请了一批在微电子技术领域颇有造诣的高级顾问，这极大地提高了公司在决策和掌握微电子技术发展趋势方面的前瞻性。

在国内，中星微电子与清华大学联合组建了“清华中星集成电路设计研发中心”，中星微和清华大学微电子学研究所联合向该研发中心投入了一批科研力量，研究开发直接推动国内微电子产业化的项目。

2）第二阶段：发展早期和扩张阶段（2001 年 1 月～2002 年 12 月）

将这段时间称为发展早期，是因为 2002 年 5 月的销售收入虽然比 2000 年增加了近 1 倍，达到 1068 万元，但净利润为负值（表 10-11）。中星微在技术研发和市场销售方面进行持续的投入，2002 年 5 月，公司的总资产为 1.4 亿元人民币，但无形资产为 1984 万元，并且对比 2001 年底的财务记录，公司在无形资产方面的投入增加了 240 万元，递延资产项也增加了近 300 万元。这个时期也是公司现金流比较缺乏的时期，表现为负的净现金流入（-3613 万元）。此时公司的研发已经取得了重要的成果，两个标志性的事件是“星光一号”芯片成功实现产业化和产品打入国际市场。以下总结了中星微在该阶段的非财务业绩。

（1）形成了稳定的人才队伍。最能体现中星微发展和扩张特征的是公司在成立后的几年内迅速聚集了一批重要的科研人才。在该阶段，公司已经拥有员工 112 人，其中大学本科及以上占比高达 98%；公司拥有高级技术开发设计人员 80 人（其中博士 10 人、硕士 30 人）、高级市场营销人员 15 人、高级管理人员 10 人。截至 2002 年 5 月，除初创的邓中翰、杨晓东、张辉、金兆玮 4 位人员外，公司又增加了其他多名技术骨干。

首席图像科学家俞青：美国 University of Rochester 电子工程学博士，曾任 Kodak、Xerox 高级工程师，长期从事数码拍摄系统的开发研究，拥有多项发明专利；在公司领导层中排名第三，列邓中翰和杨晓东之后。

首席网络安全设计师宋项军：美国伯克利加州大学（UC Berkeley）数学博士；曾任 HP 网络技术专家；在公司领导层中排名第四，列张辉和金兆玮之前。

副总裁薛天雄：美国伯克利加州大学（UC Berkeley）电子工程学博士；曾任 AVANT 高级工程师、Montary Design Systems 高级主管、D-Chain 副总裁；在公司领导层中排名第七，列张辉和金兆玮之后。

副总裁张韵东[①]：T-Square（被 Acer 收购）创始人，曾在 Realtek Avance Logic 公司从事 ASIC 研发工作，多年从事 CPU 及 ASIC 产品的工程管理工作。

芯片设计总监朱军：曾任 Intel 及 Chip&Technology 高级设计主管，具有十多年的超大规模集成电路芯片产品设计经验，曾负责 Pentium（奔腾）芯片组的开发设计。

软件设计总监叶风仪：曾任美国 Transworld Mortgage 公司软件设计总监及中国台湾

①从此开始的人员在公司领导层中的排名次序依次为其出现顺序。

Nu Skin 公司的网络部总监，精通各种计算机网络环境，尤其是网络软件设计应用。

电路设计总监 Laurent：曾任美国意法半导体公司(ST)高级资深模拟电路设计工程师，熟悉模拟集成电路设计、混合信号布板和从设计分析到制造的项目管理。

系统设计总监吴朝真：曾在 Broadlogic/Adapte 担任软硬件开发主管，有二十多年的软硬件开发经验，曾在 Toshiba America Electronic Component 担任多媒体软件开发部高级经理。

至此，中星微的人才队伍基本稳定，形成了包括 12 人的核心研发和管理团队，而且团队成员大都拥有国外名牌大学的学历和在一些著名公司工作的经历。

(2)研发和市场开拓取得了阶段性的成果。公司研发和市场开拓的两个标志性事件如下：其一，2001 年 3 月，公司开发出具有国际一流水准的百万门级超大规模 CMOS 数码图像处理芯片“星光一号”，成功实现了核心技术成果的产品化；其二，2001 年 5 月，公司的“星光一号”芯片成功实现产业化并打入国际市场，为三星、飞利浦等国际知名品牌视频摄像头所采用，赢得“中关村十大 IT 创新产品”的荣誉。吴邦国副总理对此亲笔批示给予肯定，受到周光召副委员长、信息产业部张玉台书记和曲维枝副部长的高度赞扬。

此外，该阶段在其他方面也取得了稳步的发展，重要的事件如下：①2001 年 10 月，中星微电子公司的数码相机芯片项目被原国家计委纳入 2001 年国家高技术产业发展计划，公司正式成为实现国家高技术产业规划及发展计划的核心队伍；②2001 年 11 月，中星微电子公司开发出具有国际先进水平的 VXP 多媒体宽带互动通信应用系统，并成功地通过了微软 Windows XP 认证，迅速在全国几个城市的宽带网上试用；③2002 年 1 月，中星微电子公司与国际 IT 业界巨头微软公司签署了合作备忘录，双方结成战略伙伴关系，共同推动全球多媒体技术和市场的发展；④2002 年 3 月，中星微电子公司新一代可用于手机和 PDA 图像处理的超小型 CMOS 数字图像 SOC 芯片开发成功。

3)第三阶段：迅速成熟直至上市(2003 年 1 月 ~ 2005 年 11 月)

2003 年底，公司实现了企业的现金流为正，表示公司已趋于成熟。2004 年的财务报表显示(参看表 10-10)，从 2002 年 5 月到 2004 年底近两年半的时间里，公司的销售收入增加了 4 倍，利润也增加到近 7000 万元，显示出高的增长性。此时公司的固定资产增长迅速，递延资产全部摊销完毕。事实上，从 2002 年始至 2005 年底上市期间，中星微每年的销售收入以高达 2.5 倍的速度持续递增，并在如下方面取得了长足进步。

(1)人才队伍建设更上层楼。经过几年的发展，中星微已经拥有技术水平高和开发设计经验丰富的技术带头人，拥有足够数量和较高水平的技术研发设计人员。2005 年，公司已有员工 300 人，其中大学本科及以上占比达 90%；高级技术开发设计人员有 180 人(博士和硕士分别为 18 人和 80 人)、高级市场营销人员 30 人、高级管理人员 15 人。更为重要的是，在该阶段，公司的迅速发展吸引了十多位留学归国的博士，聚集了二十多位来自美国 Intel、SUN、IBM、HP 和日本 Kodak 等世界知名大公司的资深软硬件、多媒体和网络技术专家，从而建立了一支近 200 人的专业研发队伍。

(2)组织结构日趋完善。经过多年的积累与发展，中星微已经成为一家跨国、跨地域经营的，具有一定国际影响力的现代化集成电路设计企业。中星微电子公司的总部设在北京，此后在上海、深圳、香港和硅谷等地设立了分支机构，共同完成公司的技术研发、生产组织和产品销售。同时，公司还建立了跨 16 个国家和地区的全球销售代理网络。此外，公司还在美国硅谷设立了“高端技术研发中心”，在北京设立了“北京数字图像集成电路与系统工程技术研究中心”，与清华大学合作联合设立了产学研结合的“清华中星集成电路设计研发中心”，与微软公司合作设立了“微软-中星微多媒体技术中心”，由国家人事部批准设立了“博士后工作站”，并组建了“国家数字多媒体工程技术研究中心”，组织结构的日趋完善极大地增强了公司的技术研发实力。

(3)研发成果硕果累累。从成立至上市前，短短 5 年的时间中星微电子公司成功实施了“星光中国芯工程”，实现了七大核心技术的突破，拥有该领域几十项国际及国内专有技术，申请专利 400 余项(80 多项已获得专利授权)，获得 6 项集成电路著作权保护登记、5 项软件著作权登记，公司整体技术实力和水平处于国际领先地位。

(4)产业化及市场应用形势大好。至上市前，公司相继研制成功的“星光”系列数字多媒体芯片已经很好地实现了产品化和产业化。其中，“星光一号”是中国首枚百万门级超大规模 PC 图像输入芯片；“星光二号”从 PC 延伸至通信领域，是全球领先的视频音频同体同步的双模式多媒体芯片；“星光三号”从 PC 延伸至智能监控领域，是应用于世界最尖端的手机控制机器人的人工智能视觉芯片；“星光四号”从 PC 延伸至移动通信领域，是应用于彩信手机的多媒体处理芯片；“星光五号”是新一代 PC 多媒体输入标准芯片，是一颗集大成于一身的功能强大的应用于计算机和手机的多媒体芯片。

第一，“星光一号”数字多媒体芯片。2001 年 3 月，“星光一号”作为第一枚具有中国自主知识产权的百万门级超大规模数字多媒体芯片成功实现产业化并打入国际市场，为三星、飞利浦等国际知名品牌视频摄像头所采用。截至 2002 年底，“星光一号”在国内外市场的销售量突破百万片，成为第一枚走向世界的“中国芯”。2002 年 11 月，人民日报登载文章将“神舟”四号飞船、基因水稻和“星光一号”芯片等并称为 20 世纪 90 年代以来中国重大科技成果。

第二，“星光二号”数字多媒体芯片。“星光二号”集声音和图像处理于一体，实现了声音和图像完全同步，从 PC 领域进入了可视通信应用领域。2002 年 4 月“星光二号”问世后，很快为国际厂商所定购，成功打入惠普、创新科技等更多的国际知名品牌，占领了韩国电脑可视通 70%以上的市场份额。

第三，“星光三号”数字多媒体芯片。“星光三号”集拍摄、二维及三维图形、智能图像处理于一体，从 PC 领域进入智能监控应用领域，2002 年 5 月开发成功。2002 年 10 月，与微软 Windows CE 结合，被日本富士通用于全球第一个手机控制机器人 Maron-1 的眼睛图像采集处理。在此基础上，中星微与微软进一步将双方在 PC 台式机的多媒体数码影像解决方案方面的战略合作延伸至嵌入式系统，为又一基于中国自主知识产权的高新技术走向国际市场奠定了基础。

第四，“星光四号”数字多媒体芯片。“星光四号”功耗低、内嵌高速 CPU、高画质、支持多种手机接口，2002 年 12 月研发成功并实现产业化，从 PC 领域进入了移动通信应用领域。在国外，“星光四号”支持全美第一大 CDMA 运营商 Sprint PCS MMS 系统，被三星手机大量采用。在国内，“星光四号”支持波导推出我国第一款自主设计的具有核心芯片技术的彩信手机，被波导、联想等国产品牌手机大量采用。2003 年，“星光四号”被信息产业部列入国家移动通信专项，为进一步带动我国具有自主知识产权的彩信手机产业链的形成和发展发挥核心作用。

第五，“星光五号”数字多媒体芯片。“星光五号”数字多媒体芯片自 2005 年 6 月成功实现产业化后，被国际知名品牌罗技、创新科技、惠普、三星、富士通、联想等大量采用，并成为中国电信指定的唯一标准芯片方案。随着国际知名品牌大规模采用，“星光”系列数字多媒体芯片在国内外市场的销售量截至目前已突破 3000 万片，成功占领了计算机图像输入芯片世界第一的市场份额(达 60%以上)，覆盖了中、欧、美、日、韩、台等 16 个国家和地区。

10.3.2　对中星微融资过程的分析

1. 首笔创业基金难以获取的原因

如上节案例背景介绍的那样，邓中翰初次尝试在国内创业时，曾经联系过北京创业投资总公司等多家风险投资公司，但未获支持，在吴基传部长邀请联想集团考察该项目后，也未获得投资资助。为何一个事后证明如此成功的高科技企业在创业之初未能获得任何一家国内风险投资机构的支持呢？这与当时 IC 设计产业整体落后，国有风险投资公司不愿投资初创企业，以及国有风险投资公司评估项目的能力不够等因素有关。

首先，邓中翰创业之初的 1999 年前后，国内 IC 设计产业因缺乏投资而面临艰难的生存局面，急需高强度的投资。我国集成电路 CAD 产业始于 20 世纪 70 年代末期，90 年代以来，我国集成电路设计业得到了长足发展，中国电子信息产业发展研究院(CCID)统计，全国集成电路设计企业 1999 年超过 60 家，42%集中在以京津为中心的北方地区。从表现形态来看，国内 IC 设计业包括了独立运作的设计中心(公司)、整机集团公司内的设计中心(室)、半导体制造公司内的设计中心(室)、研究所及大专院校内的设计中心(室)、独资或合资的设计中心(公司)并存和同步发展阶段。然而，从整个产业格局来看，当时的集成电路设计业与上游的整机业和下游的制造业仍有相当程度的脱节，设计业有一种上下不及的感觉，在整机与制造业之间难以充分发挥应有的桥梁作用，表现为市场上缺乏真正的系统产品设计，产品不能及时设计并准时切入市场。导致这一格局的原因在于：受投资强度不足、周边环境不够完善及电路应用水平不高等因素的影响，国内设计中心的开发环境尚未建立，大多数单位缺乏测试验证的条件，缺少通畅的工艺加工渠道和稳定的工艺支持技术。我国已有的 2～3μm 的生产线上均未建立开发新品种的设计单元库，而国外各厂家除对自己的生产线有设计单元库外，还有一些标准的设计单元库为社会服务，这一点与国外具有明显的差距。这些问题严重制约了设计技术的发展，导致了设计技术的单一和设计方法的落后，大部分产品的设计规则还停留在 3～5μm 阶段，80%的产品不能满足自上而下的正向设计需求。当然，当时国外一些有实力的整机和半导体制造企业已开始进入中国，利用国内设计力量建立了自己的设计队伍，如 Motorola 公司在天津独资建立了整机和半导体生产工厂，在北京成立了开发中心；北方电讯在上海与国内集成电路设计中心合资设立了 ASIC 设计中心；首钢 NEC-CAD 中心和北京现代集成电子工程公司联合成立了高技术设计中心。

其次，我国风险投资产业在 1999 年前后处于发展水平较低的时期，这个时期国内风险投资产业的资本主要来自国有资本和外资。邓中翰主要寻求了国有风险投资公司的帮助，但未获支持，主要原因是国有风险投资机构由于受到资金供给的限制、国有管理体制的困扰以及面临“保值增值”的压力，而不愿投资高科技初创企业。时至今日，国有风险投资公司扎堆投资处于成熟期的企业的状况依然没有大的改观。

最后，当时国有风险投资公司考察和研究创业项目的能力相当有限，无法应对芯片设计产业巨大的风险。对于高投入、高风险的创业项目而言，事前进行非常周密、审慎的评估至关重要。Tyebjee 和 Bruno(1984)、Macmillan 等(1985，1987)调查研究指出，风险投资家在进行项目投资前，对项目的评估非常审慎，它们既看重项目的盈利前景，也关注项目的风险，尤其重视创业者团队的经验和素质。1999 年前后，我国国有风险投资公司还很难接受投资对象不是有形产品，而是创业者个人及其掌握的无形资产的投资理念，很难对芯片设计这类人力资本为主要资产的项目进行评估，掌握和控制其风险。

2. 为何选择电子发展基金

很自然的问题是，既然获得国内风险投资支持这么难，为何以邓中翰为首的几位“海归”不直接在风险投资高度发达的美国创业，或者在国内创业但从已在国内开设了分支机构的外国风险投资公司寻求投资资金呢？为何邓中翰最后将求助之手伸向中央财政资金信息产业部所管理的电子发展基金？这需要更进一步分析国内当时的芯片设计创业环境。

2005 年，中星微的创始人之一、首席技术官杨晓东在接受记者采访时说过这样一段话，“对于电子工程毕业生，我的建议是，还没出国的别出国，已经出国的快回国。目前国内的情况对于做半导体的人来讲是有史以来最好的机遇，不管是国家重视的力度、市场环境，还是发展的空间都是最好的时候……美国就像一片已经成熟的森林，你也可以生长，但你长到一定时候举目一望，周围的空间和各种机会都差不多，大家的机会几乎是均等的，没有什么特别的优势，你能有的资源别人也有，没有什么有破坏性的力量让它产生改变。在中国，集成电路这片森林是崭新的，有很多的机会存在，但有一定的风险，一个闪失可能就夭折了。我们在美国的那片森林里曾经锻炼过，知道如何规避风险，所以有一定的优势。”杨晓光的一番话很好地说明了政策环境对于创业活动的重要性，也很好地反映了创业团队对当时国内高科技产业背景、电子产业政策和 IC 设计产业现状的熟悉和把握。

从某种意义上讲，邓中翰等的创业活动的特点是，从事了国外大公司不会投资的产业，因为 CPU 芯片和存储器芯片等市场几乎为 Intel、LSILogic 和 SUN 等公司所垄断，相对于这些前端市场，数字多媒体芯片设计市场的容量十分有限，很难得到国外风险投资公司的支持。

一直以来，电子发展基金的主要目的和任务是支持电子产业创新技术的产业化，更为重要的是，发展基金已经意识到芯片产业对于国家电子产业举足轻重的基础地位。自 1986 年成立以来，电子发展基金在大多数年份都把芯片设计产业作为支持的重点，并将其发布到每年的基金指南中，予以重点扶持。

3. 国有风险投资的角色及其作用

有了电子发展基金1000万元的资金支持，邓中翰的创业梦想得以实现，中星微也步入其茁壮成长和快速发展之路。然而，为何当初邓中翰要求电子发展基金以股东的身份参与，而不是接受1000万元的无偿资助，这显然不符合公司财务理论融资成本的观点，对于这一问题的回答需考察政府和盈富泰克给予中星微的诸多帮助。

1000万元的无偿资助固然可以增加邓中翰等创始人的财富，但他们也意识到，获得1000万元的无偿项目资助后，中星微恐怕以后很难再次获得更多的来自国家的支持。然而，如果作为国家投资的重点企业，中星微以后一定会得到国家强有力的支持，前文所述公司陆续获得了十多项国家重大专项资金的支持很好地证实了这一点。除直接的资金支持外，国家资本对中星微的后续融资活动也发挥了非常积极和重要的作用。

Admati和Pfleiderer(1994)的理论指出，在向市场融资时，高科技创业企业的高风险特征使得稳定的信号传递均衡很难形成，意味着这些企业很难获得银行或资本市场的金融支持。然而，风险投资的参与可以帮助高科技企业获得后续融资，尤其是风险投资家主导创业企业的后续融资过程时，其有助于向外部投资者传达企业盈利前景的有利信息。尽管本案例中，中星微是典型的创业者主导融资过程，而不是国有风险投资公司盈富泰克主导融资，但是国家资本的参与和支持无疑向外部投资者传递了国家有意支持该企业的积极信号。例如，加拿大鲍尔太平是盈富泰克直接介绍的投资者，鲍尔太平在入股时仔细分析了中星微的情况，尤其对其中政府资金以创投方式运作的情况非常感兴趣，也了解到了国家对于中星微的支持。此后的富士康以及美国风险投资者General Atlantic Partners的参与也都与盈富泰克的直接参与有着紧密的联系。此外，盈富泰克为了帮助中星微在纳斯达克上市，2004年将公司总部注册到开曼群岛，这使得中星微成为一个完全的外资企业，避开了当时美国资本市场对中国国有资本的种种限制，并最终使中星微顺利在纳斯达克上市。

国家对中星微不仅给予了及时的资金扶持，而且在合约安排和对公司的管理与控制方面，政府也给予了公司创始人相当大的自主性。根据Kaplan和Strömberg(2003，2004)的实证研究，风险投资家一般要掌握初创企业优势的控制权，即掌握的投票权和董事会席位超过其占有的企业股份比例，通过这种方式控制风险、保护投资。Hellmann和Puri(2000，2002)也指出，通过掌握企业的控制权，风险投资家可以向企业提供很多管理协助，包括帮助企业制定发展战略、给企业提供管理咨询意见、帮助企业招聘职业经理人、在企业运营出问题时更换CEO等。然而，就本案例中星微与盈富泰克的合作关系而言，创业者更像是一个拥有控制权的风险投资家，盈富泰克创业投资公司几乎完全放手让创业者从事创业活动，甚至允许创业者不断地稀释自己的股份。导致这一特殊情况的原因包括如下三个方面。其一，邓中翰等长期在美国硅谷学习与生活，非常熟悉硅谷创业的过程和风险投资的运作规律；同时，邓中翰还获得了管理学硕士学位，因此中星微的创业活动不同于一般的技术专才创业，它在一定程度上不需要投资者的管理协助。其二，以邓中翰为首的创业团队放弃了国外优厚的物质生活条件回国创业，立志成就一番事业。这样的雄心壮志和脚踏实地的苦干是其很好地处理与投资者关系和自我管理公司的基础，使其能够获得投资者的信赖，从而赢得了大大有利于创业者的合约条款。受20世纪90年代末美国新技术革命的冲击，1999 年有一波归国人员的创业潮，这些人员大都出生在 20 世纪 60 年代后期与 70 年代中前期，其中虽不乏有投机者，但大部分人都抱有产业报国的理想。其三，盈富泰克在处理与创业者的投资关系上不同于一般的风险投资公司，这是由其资金的性质而决定的。盈富泰克脱胎于电子发展基金，虽然设计为以风险投资的形式支持电子产业的重点企业，但因发展基金一直都是无偿资助企业科技成果转化的基金，使得盈富泰克在主张自己的权益方面更多地考虑了国家的长远利益和整个电子产业的发展方向，而不至于与创业者斤斤计较。尽管盈富泰克放弃了作为创始大股东的身份，其股权在此后的融资阶段不断被稀释，但在中星微上市后，这笔投资获得了高于初始投资 20 倍的收益。

4. 阶段融资特征分析

Sahlman(1990)对高科技创业企业进行了阶段划分，由于各个阶段企业面临的市场环境、所具有的风险特征及业绩表现有所不同，因此其对资本的需求和对其他方面的需求也会有所不同。表 10-12 给出了 Sahlman(1990)对创业企业发展阶段及其阶段融资特点的简要总结。

表 10-12　创业企业发展阶段及其阶段融资特点

阶段	主要特征及阶段融资特点
种子阶段	该阶段，创业者拥有一种开创性的思维、商业模式或者技术，急需各类投资资金的支持，同时，创业者也需对其创新思想、商业模式和技术进行更进一步的分析和考察
初创阶段	该阶段涉及更进一步的市场潜力领域定位、管理团队整合和精细化商业计划。风险投资通常会提供期限少于 1 年的投资，主要用于企业的产品开发、原型测试和市场开发①
发展阶段之一：早期发展	发展阶段早期企业不必一定盈利，企业需就是否建立一个适度的生产线并生产一定数量的产品进行充分的市场研究。如果产品原型看起来不错而远期的技术风险相对较小，则风险投资将会继续投资
发展阶段之二：扩张阶段	处于该阶段的企业可能仍然没有盈利，但是企业必须向足够多的客户提供足够多的产品，从而获得真实的市场回报；同时，企业也可能并不确切地知道以后市场渗透的速度和情况，但是企业可以知道决定市场渗透速度或限制性条件的因素。从融资的角度来看，企业可能还需要更多的资本来购买设备和处理存货等
发展阶段之三：盈利但缺乏现金	该阶段，企业的销售可能迅速增长，正的利润开始填补已沉没的投资，但是迅速扩张所需的运营资本会超过企业从内部产生的现金流。同时，企业可能需要增加投资来进行更大规模的扩张，如改进产品、扩大生产规模、购置新设备和加强市场销售等。在该阶段，如果能够利用固定资产或者应收账款进行担保，则某些银行可能会愿意提供部分信贷资金
发展阶段之四：迅速增长而达到清算点	处于该发展阶段的公司迅速增长，并渐近清算，不过 IPO 和收购的时间仍未确定。在融资方面，企业可能仍需要大量外部资金支持其持续增长，所幸的是，企业持续成长展示的成功使得外部投资者投资的风险大幅度降低。然而，为了防止股权的稀释，公司愿意进行更多的债务融资，从而商业银行信贷资金扮演着重要的角色
桥梁阶段(麦哲恩阶段)	在桥梁阶段，公司可能有以某种形式退出的想法②，甚至知道近似的时间，但是，处于该阶段的企业仍然需要很多的资金以维持其快速增长。就清算状况而言，依赖于股票市场和可比股票的行情，企业的 IPO 机会可能以不可预测的方式存在或消失；同样地，利率水平和商业贷款的可获得性可能影响兼并或杠杆收购的时间与可行性
清算阶段(变现或退出阶段)	该阶段，投资者能够将其手中持有的绝大部分股份卖掉获得清算收益。具体而言，如果是 IPO 并取得成功，则投资者手中所持有的股份受到限制还不能马上卖掉；如果企业被收购，则投资者可能获得现金形式的清算收益。此外，企业也可以以股权交换或杠杆收购的方式进行变现或退出

①例如，选择一些客户进行试验性的销售。

②此处退出指早期投资者的有限退出，或者管理层与投资者席位的重组。

结合前文总结的中星微在各个阶段财务业绩的变化、人力资本变化、研发进展和企业业绩的情况，可以看出其发展历程与表 10-12 中的总结非常吻合。阶段融资对投资者和创业者都是一种很好的投资方式。对于投资者而言，如果中星微在阶段融资中被证明是一个差的项目，则投资者就不会进行此后的三轮融资。Gompers (1996) 实证研究发现，风险投资家可以通过阶段融资收集企业经营方面的信息，掌控企业的进程，对于好的项目继续予以支持，而对于差的项目则放弃。对于创业者而言，如果一开始投资者就投入企业发展所需的全部资金，则势必严重稀释创业者的股份；相反，伴随着企业成长，创业者股份价值增加，阶段融资可以节约创业者的融资成本。中星微的股份价值从初始的每股 1 元人民币上涨到最后的每股 6 美元很好地说明了创业者对风险投资规律和特点的深刻理解与把握。

本案例有其特殊性。其一，在风险投资的实务中，如果牵头风险投资家停止注资，股份不断被稀释，则后续投资者一般会认为这是一个差的项目，牵头风险投资家传达了关于项目不利前景的信号。但本案例中，国家资本在中星微的再融资过程中并没有停止注资，不过没有以股权的方式参与，而是通过电子发展基金等国家支持计划以无偿资助的方式资助企业。国家资本（包括盈富泰克的股权投资）并不寻求高额的投资回报，自然不涉及在再融资进程中压低股价的问题，而仅有股价被高估的可能。但后续融资轮次的股价是否被高估，本书无法做出结论，只能说鲍尔太平、富士康和 General Atlantic Partners 投资参与的股价是与企业讨价还价的结果。事实上，中星微是创业者主导融资，以企业的业绩向外部投资者传达了积极的信号，中星微的销售收入以每年 2.5 倍的速度增加，不断地引进“海归”和取得研发突破等都是积极的信号。

其二，Kaplan 和 Strömberg (2003) 的实证研究表明，平均而言，创业企业初始的股权比例为风险投资家和整个创业团队各占 1/2，创业团队可能还略多一点。在后续的融资过程中，风险投资家通过持续地注入资本而保持股份份额基本不变，但创业团队的股份则不可避免地要减少。1999 年，我国的公司法规定以无形资产出资的投资者持股比例的上限是 35%，即创业团队持有的股份份额受到了法律的限制，所以，邓中翰要求在后续的融资过程中这 35%的股份份额保持不变有其合理性。这 35%的股份份额对于中星微吸引人才和稳定研发队伍发挥了关键性的作用。芯片设计产业是一个人力资本昂贵的产业，中星微的研发团队大都来自国外著名大学的毕业生和大公司的熟练技术人员。作为创业企业的中星微，向这些研发人员提供高工资和高福利显然不现实，让这些人员放弃以前优厚的物质生活条件而选择创业，唯一的办法就是给予创业团队股票和股票期权激励，使其利益与公司长远利益紧密联系起来①。

纵观中星微的融资过程，投资者中属于真正意义的风险投资公司并严格按照风险投资规律运作的只有 General Atlantic Partners，该合伙企业持有中星微的可转换优先股，并在企业上市前将其转化为普通股。

此外，中星微吸收鲍尔太平投资的目的是希望通过其获得更多的外国资本，吸收富士

---

①Kaplan 和 Strömberg (2003，2004) 实证发现，美国的风险投资家往往会在投资合约中要求企业必须给予包括创业者在内的管理团队足够的股权激励或股票期权激励。具体而言，依据其业绩表现和服务于企业的时间长短，企业会授予创业者部分普通股。对于创立过企业或经营过企业的创业者，创业者的股份主要依赖于其服务于企业的时间；对于没有创业经验的创业者，其报酬对于企业的业绩更为敏感度。

康参与的目的是希望借助其销售渠道帮助企业打开市场，而吸收General Atlantic Partners的目的是打开美国资本市场的大门。然而，在笔者的采访中，中星微高层人员对此评论指出，“合作的这些目的统统没有达到，资本的目的就是追逐利益……”中星微高管的一番话从另一个层面再次表明其创业团队在技术、研发和市场等各个方面都具有足够的经验，该团队实际上不需要来自风险投资家的管理支持。

10.3.3 对中星微创业团队的分析

如前所述，中星微的创业者并非仅是纯粹的技术专才，而是有着丰富投融资经验的风险投资家，也是有着丰富高科技创业企业管理经验的企业家。下面从创业学的角度剖析中星微创业者和创业团队的成功经验。

管理学、组织行为和战略管理等多门学科都涉及了对创业学的研究，这些研究共同的认识是，创业者群体并不是同质的，创业者个人特质会影响创业成功的概率。新创立企业及创业者的创业活动也不是逐个分离、独立的。例如，某个初创企业可能是创业者的企业组合中的一个，或者是创业者职业生涯中创立的一系列企业中的一个。Gartner(1985)提出了一个关于新企业创立过程的概念框架，并认为新企业的创立需要考察创业者个人特质、组织特点、外部环境和新企业的创造过程四个主要层面。Low 和 MacMillan(1988)、Shane 和 Venkataraman(2000)更进一步指出，创业现象需要考察创业者对机会的识别与把握、创业者的个人能力、企业的竞争能力与知识水平、创业者获取资源和协调各种稀缺资源的能力等多个方面。

在影响创业成功概率的众多因素中，创业者的创业经验备受学术研究的关注。该类研究将创业者区分为无企业经营经验的初次创业者和有经验的创业者，进一步，有经验的创业者则可细分为熟练的创业者(有经营企业经验的创业者)、系列创业者(即创业者将以前拥有的企业卖出，重新创立新的企业)，以及组合创业者(即仍然拥有原来的企业，但此后又创立了新的企业)。Alsos 和 Kolvereid(1998)发现，熟练创业者创业比没有企业经营经验的初次创业者创业的成功概率更高，而组合创业者的成功概率比熟练创业者和系列创业者更高。Dyer(1994)和Gimeno等(1997)则认为，创业者只会在第一次创业失败后再尝试经营另一新企业，但退出原有企业(如卖出原有的企业)的决策可能依赖于创业者为自己设定的业绩门槛值。McGrath(1999)运用实物期权分析方法研究认为，创业者可以从其先前企业的停止运作或失败的经验中学习，从而避免其在随后创立的新企业中重复犯错。Westhead 和 Wright(1998，1999)通过识别初次创业者和有经验创业者的个人特质和其创业动机发现，有(事前)经验的和无经验的创业者的企业业绩并无显著差异，但有经验的创业者的企业增长速度更快。

相对于对创业者影响作用的研究，创业学关于创业团队的研究不太多。Kamm 和 Shaman(1990)在总结相关实证研究的基础上发现，这些研究中50%的企业之所以成功是由于创业团队整体而非创业者个人发挥了重要的作用。他们指出，由创业团队拥有的企业有更为多样化的技能与竞争能力，有更加丰富的社会与商业网络，这些能力和网络有助于企业获得更多的创业资源。Fiet等(1997)认为，创业团队可以增加企业的合理性，尤其是在企业需要通过担保获得金融支持时，团队担保比个人担保更有效。就本案例中中星微而言，其创业团队具有如下几个鲜明的特点。

(1) 创业之初，经创业团队精心准备的、明晰的创业计划和企业发展思路是中星微及时抓住创业机会的关键。Busenitz 和 Barney (1997)、Stevenson 和 Gumpert (1985) 研究认为，创业企业的创业者较成熟公司的经理们面临着更多的不确定性，因为成熟公司的经理毕竟可以根据企业过去的业绩和未来的发展趋势进行一些决策，而创业者往往需要在一个全新的环境下决策，如企业没有经营历史、无可参照的业绩(包括同行业的企业)，同时，产品或服务市场也很难提供足够的决策信息。创业环境的高度不确定性要求创业者必须利用其独特的启发性思维来观察新企业所面临的环境，并从新环境提供的信息中获得深刻见解和决策参考。Carter 等 (1996) 通过实证研究更是明确指出，成功创立企业的创业者事前都做了很多细致的准备工作，包括聚集必备的资源、确保商业理念更为明晰等。1999 年以前，国家曾在 908 和 909 两项工程中尝试过资助重大集成电路开发项目，但最终以失败告终，其关键的原因之一在于①，两项工程并未在众多微电子技术产品的市场中找到一个既适合中国科技水平和生产能力，又具有市场潜力的新领域，并以此作为突破口抢占该领域的世界领先地位。与当时整体形势和产业格局形成鲜明对比的是，中星微的发展战略一开始就定位明确：相对于通用 CPU 芯片和存储器芯片这些已有了国际垄断厂商的产品，全世界的数字多媒体芯片领域还处于群雄混战的局面，这正是我国芯片产业打入国际市场的绝佳突破口。此后，中星微的发展历程，尤其是其“星光数字多媒体芯片”成为第一个打入国际市场的“中国芯”并成功占领计算机图像输入芯片世界第一的市场份额(高达 40%)很好地证明了中星微战略定位和发展思路的正确性。

(2) 创业团队具有高学历结构，且团队成员的人力资本相互互补。如案例背景中介绍的那样，四位创始人本科、硕士和博士都毕业于名牌大学，且都成长于硅谷，并在创业过程中充分利用了各自的各种资源。首先，作为走在微电子学科领域前沿且具有实际工作经验的海归博士，技术总监杨晓东本人直接从事企业研发工作，并负责从国内大学毕业的优秀人才中培养研发梯队。其次，邓中翰等几位创业者充分利用其在硅谷的师生关系和校友关系联系前沿技术，并在国内利用清华大学等院校和研究机构的技术平台开展研发工作，这些事实都表明中星微的创业团队非常擅长获取和整合技术资源。再次，中星微很好地利用与投资者盈富泰克的关系，陆续多次获得国家资本的支持。最后，中星微几位创业者的知识结构相互互补：邓中翰非常懂得高技术企业的管理，杨晓东则精通并愿意在技术研发上投入巨大精力，张辉和金兆玮则擅长利用市场进行产品销售。这些互补的知识结构不仅有利于弥补高科技初创企业缺乏管理经验的缺陷，也有利于企业获取多方面的必备资源。

(3) 中星微的创业团队是一支有积极进取精神、丰富创业经验和企业管理经验的团队。除邓中翰和他的 PIXIM 公司外，杨晓东在美国也创立过企业，杨晓东在接受记者采访时有这样一段话：“1992、1993 年的时候就和一个朋友利用互联网卖书，那时候互联网还远不是现在这个样子，刚开始的时候是用邮件系统在做。当时因为是在探索一个全新的领域，我很有兴趣，还自己动手写程序。后来做得相当不错，斯坦福讲我们的案例时那些 MBA 都专门跑来听。杨致远开始做雅虎的时候我们已经走得相当远，做得很好了。可是干了一

---

①当然，这也与当时资助基金未依据风险投资的规律从事高科技产业投资有关。

段时间后，我觉得自己更喜欢做半导体方面的事情，做半导体更能刺激我、激发我的斗志。我这个人有个特点，就是喜欢做有挑战性的事，喜欢钻研一些东西，我很享受那个过程。”

10.3.4　对盈富泰克的分析

风险投资产业的发展过程是高科技企业和风险投资公司共同发展和演进的过程。20 世纪 50～70 年代，美国 SBIC 在组织结构和风险投资人才培育方面的发展为后来美国民间风险投资基金的蓬勃兴起奠定了基础。以色列 90 年代实施的 Yozma 计划在引进美国等国大量的风险投资基金的同时，也为本国厚积了大批的风险投资专才。本案例正是创业企业和国有风险投资公司共同演进和发展的一个很好例证。

盈富泰克因从事电子发展基金试点创业投资而成立，中星微是其投资的第一个项目，从事这个项目投资后，盈富泰克也在各个方面取得了长足的进步。截至 2004 年底，盈富泰克有投资项目共计 15 个，投资金额达 16400 万元，平均每个项目的投资规模达到 1100 万元。该公司的已投资项目分布在集成电路(3 项，3000 万元)、元器件材料(3 项，4300 万元)、软件(4 项，3800 万元)、计算机(4 项，4500 万元)和通信(1 项，800 万元)方面，项目分布的区域主要集中在京津沪地区。

除投资规模和领域迅速扩大外，盈富泰克更大的发展和成功体现为其作为一家风险投资公司而具有的经营理念和运作思路，而这些经营理念是在与中星微的合作过程中逐步形成的。盈富泰克在总结自身发展经验时指出：“创业投资公司必须拥有熟悉法律、财务、资本运作和经营管理等方面的专业人才，同时懂得如何与创业者进行沟通，使之由技术专家转变为企业家”。“创业投资需要通过专业服务，不断提升创业团队的经营管理能力，使之适应企业快速发展的需要。因此，创业投资业务需要一支诚信、敬业、专业并积累丰富行业经验和网络的团队”。“电子发展基金投资从一开始就坚持市场化方向，明确管理人的权利、责任和利益，形成管理人与投资业绩紧密相连的机制，并形成了一支团结稳定的队伍”。作为国有风险投资公司，盈富泰克不仅认识到了而且也做到了既向创业企业提供资本，又向其提供管理咨询等各方面的支持。盈富泰克向中星微提供帮助的同时，其自身也从中星微的发展中学到和积累了很多宝贵的经验，可以说，盈富泰克和中星微之间是一种相互帮助和共同发展的合作关系。

当然，盈富泰克的发展和成功也离不开电子发展基金的资本支持，以及信息产业部在产业政策、信息渠道和项目来源等方面的诸多扶持和帮助。与此同时，尽管作为一家风险投资企业，盈富泰克仍然保持了电子发展基金的一些重要理念，即将发展国家信息产业、引导民间风险投资参与作为其主要目的，这由盈富泰克一般不寻求占有投资企业控股地位，而只占有其百分之十几的股权可见一斑。

10.3.5　小结

本节以国家资本支持的高科技企业——中星微电子公司为背景，在详细介绍其创立背景与过程和梳理其以阶段融资为特点的发展历程的基础上，对该高科技创业企业的阶段融资过程、创业者与创业团队特征，以及对由政府资本成立的中星微的投资者盈富泰克在整个创业过程中的收益等关键问题进行了深入剖析。研究结果表明，国家资本除以直接的资金支持和政策倾斜的行政手段等多种方式扶持创业企业外，还能通过信号揭示并因此引导民间风险资本的积极参与，对于促进创业企业的快速成长起到积极的作用。此外，创业团队的创业计划与战略思路、素质与能力结构，以及创业经验与管理经验也是创业能否成功和能否获得国家或民间风险投资支持的重要因素。

参考文献

安实, 王建, 何琳, 2004. 风险企业控制权分配模型研究[J]. 系统工程学报, 19(1): 38-44.

陈闯, 张岩, 吴晓晖, 2017. 风险投资、创始人与高管薪酬——多边代理视角[J]. 管理科学学报, 20(6): 78-88.

陈工孟, 俞欣, 寇祥河, 2011. 风险投资参与对中资企业首次公开发行折价的影响——不同证券市场的比较[J]. 经济研究, 46(5): 74-85.

陈思, 何文龙, 张然, 2017. 风险投资与企业创新: 影响和潜在机制[J]. 管理世界, 1: 158-169.

陈永庆, 王浣尘, 2003. 风险企业规避套牢问题的融资策略研究[J]. 系统工程学报, 18(2): 153-158.

陈玉罡, 王苏生, 2007. 创业投资IPO偏低定价与退出绩效实证研究[J]. 证券市场导报(10): 60-64.

董静, 汪江平, 翟海燕, 等, 2017. 服务还是监控: 风险投资机构对创业企业的管理——行业专长与不确定性的视角[J]. 管理世界, 6: 82-103.

房四海, 2010. 风险投资与创业板[M]. 北京: 机械工业出版社.

高彭冲, 2008. 大股东减持解禁股与公司控制权结构关系实证研究[D]. 杭州: 浙江大学.

郭文新, 曾勇, 2007. 有限责任、单调性与最优财务合约[J]. 金融学季刊, 3(1): 1-18.

郭文新, 曾勇, 2009. 双边道德风险与风险投资的资本结构[J]. 管理科学学报, 12(3): 119-131.

郭文新, 曾勇, 2010. 风险投资中的证券设计: 自动转换权与再谈判[J]. 管理工程学报, 24(1): 101-109.

郭文新, 苏云, 曾勇, 2010. 风险规避、双边道德风险与风险投资的融资结构[J]. 系统工程理论与实践, 30(3): 408-418.

侯建仁, 2009. 高科技创业企业融资问题研究: 政策设计与现实发展[D]. 成都: 电子科技大学.

侯建仁, 李强, 曾勇, 2009. 风险投资、股权结构与创业绩效[J]. 研究与发展管理, 21(4): 10-19.

贾明琪, 朱建华, 2010. 创业板市场股票估值方法研究[J]. 财会月刊(21): 49-51.

金永红, 蒋宇思, 奚玉芹, 2016. 风险投资参与、创新投入与企业价值增值[J]. 科研管理, 37(9): 59 67.

靳楠, 2015. 风险投资减持退出行为及其影响因素的实证研究[D]. 成都: 电子科技大学.

李波, 梁樑, 2017. 联合投资中领投者与跟投者的绩效对比——基于中国风险投资辛迪加网络的实证研究[J]. 管理世界, 1: 178-179.

李乾文, 2004. 创业绩效四种理论视角及其评述[J]. 经济界(6): 93-96.

李强, 凌骁, 2020. 退出预期影响风险投资进入决策的实物期权模型[J]. 电子科技大学学报(社科版)(1): 61-69.

李强, 汪逸潇, 曾勇, [2020-6-30]. 阿里与雅虎的缘起缘落: 风险投资合约治理[R]. 中国工商管理国际案例库, GC-19-041-CC.

李善民, 杨继彬, 钟君煜, 2019. 风险投资具有咨询功能吗？——异地风投在异地并购中的功能研究[J]. 管理世界, 12: 164-216.

李姚矿, 陈德棉, 2004. 参与型可转换优先股与最优风险投资退出模式[J]. 系统工程学报, 19(5): 445-450.

李永平, 苟成娟, 2017. 风险投资对上市企业IPO后绩效的影响——基于创业板的经验证据[J]. 会计之友(5): 73-77.

凌骁, 2014. 基于实物期权的风险投资进入与退出决策研究[D]. 成都: 电子科技大学硕士学位论文.

刘湘琴, 吴勇, 2009. 基于企业生命周期的科技型中小企业创业风险研究[J]. 现代管理科学, 35(6): 93-94.

楼瑛, 姚铮, 2008. 财务绩效与上市公司大股东减持关系实证研究[J]. 经济工作(12): 115-117.

陆瑶, 张叶青, 贾睿, 等, 2017. "辛迪加"风险投资与企业创新[J]. 金融研究(6): 159-175.

玛格丽特·M·布莱尔, 1999. 所有权与控制：面向 21 世纪的公司治理探索[M]. 张荣刚译. 北京：中国社会科学出版社.
乔西·勒纳, 安·利蒙, 费尔达·哈迪蒙, 2015. 风险投资、私募股权与创业融资[M]. 北京：清华大学出版社.
乔希·勒纳, 费尔达·哈迪蒙, 2002. 风险投资和私人权益资本案例[M]. 北京：经济科学出版社.
沈超红, 罗亮, 2006. 创业成功关键因素与创业绩效指标研究[J]. 中南大学学报(社会科学版), 12(2): 231-235.
盛立军, 1999. 风险投资：操作, 机制与策略[M]. 上海：上海远东出版社.
汪逸潇, 2018. 风险投资合约治理与参与特征对企业表现的影响研究[D]. 成都：电子科技大学.
王春峰, 李吉栋, 2003. 可转换证券与风险投资-可转换债券的信号传递机制[J]. 系统工程理论方法应用, 12(4): 289-292.
王声凑, 曾勇, 2008. 风险投资企业控制权和现金流权配置的研究[J]. 金融学季刊, 4(2): 38-56.
王声凑, 曾勇, 2010a. 现金流权不一致、利益冲突与控制权的阶段转移[J]. 管理科学学报, 13(9): 76-86.
王声凑, 曾勇, 2010b. 风险企业中的控制权与可转换证券研究[J]. 系统工程学报, 25(2): 209-215.
王声凑, 曾勇, 2011. 阶段融资、再谈判与风险投资合约控制权的配置[J]. 系统工程学报, 26(3): 291-297.
王声凑, 曾勇, 2012. 阶段融资框架下的风险投资企业控制权配置研究[J]. 管理评论, 24(1): 139-145.
王茵田, 黄张凯, 陈梦, 2017. "不平等条约?"：我国对赌协议的风险因素分析[J]. 金融研究, 444(6): 159-179.
吴超鹏, 吴世农, 程静雅, 等, 2012. 风险投资对上市公司投融资行为影响的实证研究[J]. 经济研究, 47(1): 105-119.
谢媛, 2012. 风险投资和增长期权对创业企业市场估值的影响研究[D]. 成都：电子科技大学.
徐琼, 何瑛, 孙伯灿, 2003. 民营高科技企业吸收风险投资的障碍因素实证分析[J]. 数量经济技术经济研究(2): 145-148.
燕志雄, 张敬卫, 费方域, 2016. 代理问题、风险基金性质与中小高科技企业融资[J]. 经济研究, 51(9): 132-146.
杨建东, 2011. 风险投资公司投资行为研究：公司制度与创业者的影响[D]. 成都：电子科技大学.
姚佐文, 陈晓剑, 崔浩, 2003. 可转换优先股与风险资本的有效退出[J]. 管理科学学报, 6(1): 92-96.
袁渊, 2010. 大股东减持影响因素的理论和实证分析[J]. 中国会计评论, 8(4): 463-484.
曾庆生, 陈信元, 洪亮, 2016. 风险投资入股、首次过会概率与 IPO 耗时——来自我国中小板和创业板的经验证据[J]. 管理科学学报, 19(9): 18-33.
张炜, 谢吉华, 邢潇, 2007. 中小科技企业创业价值与成长绩效关系实证研究[J]. 科学学与科学技术管理, 28(11): 171-174.
张小成, 孟卫东, 周孝华, 2011. 机构投资者异质预期对 IPO 抑价影响研究[J]. 系统工程学报, 26(2): 196-202.
张孝德, 2002. 国外风险投资机构在中国投资的特点及发展趋势[J]. 东南大学学报(哲学社会科学版)(06): 64-66.
张学勇, 廖理, 2011. 风险投资背景与公司 IPO：市场表现与内在机理[J]. 经济研究, 46(6): 118-132.
张学勇, 张叶青, 2016. 风险投资、创新能力与公司 IPO 的市场表现[J]. 经济研究, 51(10): 112-125.
赵炎, 陈晓剑, 2004. 风险投资中的创业团队[J]. 中国管理科学, 12(1): 122-130.
中国风险投资研究院(香港), 2010. 2010 中国风险投资年鉴. 北京：民主与建设出版社.
周孝华, 李纯亮, 梅德祥, 2008. 投资者情绪及波动与 IPOs 抑价[J]. 统计与决策(4): 120-122.
朱滔, 2006. 上市公司并购的短期和长期股价表现[J]. 当代经济科学, 28(3): 31-39.
Admati A R, Perry M, 1991. Joint projects without commitment[J]. Review of Economic Studies, 58(2): 259-276.
Admati A R, Pfleidere P, 1994. Robust financial contracting and the role of venture capitalists[J]. Journal of Finance, 49(2): 371-402.
Aghion P, Bolton P, 1992. An incomplete contracts approach to financial contracting[J]. Review of Economic Studies, 59(3): 473-494.
Aghion P, Tirole J, 1994. On the management of innovation[J]. Quarterly Journal of Economics, 109(4): 1185-1209.
Aghion P, Tirole J, 1997. Formal and real authority in organizations[J]. Journal of Political Economy, 105(1): 1-29.
Aghion P, Dewatripont M, Rey P, 1994. Renegotiation design with unverifiable information[J]. Econometrica, 62(2): 257-282.

Akerlof G A, 1970. The market for "lemons": Quality uncertainty and the market mechanism[J]. Quarterly Journal of Economics, 84(3): 488-500.

Alchian A A, Demsetz H, 1972. Production, information costs, and economic organization[J]. American Economic Review, 62(5): 777-795.

Alsos G A, Kolvereid L, 1998. The gestation process of novice, serial and parallel business founders[J]. Entrepreneurship Theory and Practice, 22: 101-114.

Amihud Y, Mendelson H, 1986. Asset pricing and the bid-ask spread[J]. Journal of financial Economics, 17(2): 223-249.

Amit R, Glosten L, Muller E, 1990. Entrepreneurial ability, venture investments and risk sharing[J]. Management Science, 36(10): 1232-1245.

Aumann R J, 1987. Correlated equilibrium as an expression Bayesian rationality[J]. Econometrica, 55(1): 1-18.

Avnimelech G, Schwartz D, 2009. Structural changes in mature venture capital industry: Evidence from Israel[J]. Innovation: Management, Policy & Practice, 11(1): 60-73.

Avnimelech G, Teubal M, 2008. From direct support of business sector R&D/innovation to targeting venture capital: A catching-up innovation and technology policy life cycle perspective[J]. Economics of Innovation and New Technology, 17(1): 153-172.

Bascha A, Walz U, 2001. Convertible securities and optimal exit decisions in venture capital finance[J]. Journal of Corporate Finance, 7(3): 285-306.

Batjargal B, Liu M, 2004. Entrepreneurs' access to private equity in China: The role of social capital[J]. Organization Science, 15(2): 159-172.

Beatty R P, Ritter J R, 1986. Investment banking, reputation and the underpricing of initial public offerings[J]. Journal of Financial Economics, 15(1/2): 213-232.

Bengtsson O, 2011. Covenants in venture capital contracts[J]. Management Science, 57(11): 1926-1943.

Bergemann D, Hege U, 1998. Venture capital financing, moral hazard, and learning[J]. Journal of Banking and Finance, 22(2): 703-735.

Berglöf E, 1994. A control theory of venture capital finance[J]. Journal of Law, Economics and Organization, 10(2): 247-267.

Berk J B, Green R C, 2004. Mutual fund flows and performance in rational markets[J]. Journal of Political Economy, 112(6): 1269-1295.

Bernstein S, Giroud X, Townsend R, 2016. The impact of venture capital monitoring[J]. Journal of Financ, 71(4): 1591-1622.

Bienz C, Hirsch J, 2012. The dynamics of venture capital contracts[J]. Lse Research Online Documents on Economics, 16(1): 157-195.

Black B S, Gilson R J, 1998. Venture capital and the structure of capital markets: Bank versus stock markets[J]. Journal of Financial Economics, 47(3): 243-277.

Bondt D, Thaler R, 1987. Further evidence on investor overreaction and stock market seasonality[J]. Journal of Finance, 42: 557-581.

Booth J R, Chua L, 1996. Ownership dispersion, costly information and IPO underpricing[J]. Journal of Financial Economics, 41(2): 291-310.

Bosworth D, Rogers M, 2001. Market value R& D and intellectual property: An empirical analysis of large Australian firms[J]. The Economic Record(12): 323-337.

Bottazzi L, Rin M D, Hellmann T, 2008. Who are the active investors? Evidence from venture capital[J]. Journal of Financial Economics, 89(3): 488-512.

Bouvard M, 2014. Real option financing under asymmetric information[J]. Review of Financial Studies, 27(1): 180-210.

Brav A, Gompers P A, 1997. Myth or reality? The long-run underperformance of initial public offerings: Evidence from venture and non-venture capital backed companies[J]. Journal of Finance, 52(5): 1791-1821.

Brockman P, Chung D, Yan X, 2009. Block ownership, trading activity, and market liquidity[J]. Journal of Finance and Quantitative Analysis, 44(6): 1403-1426.

Broughman B, Fried J, 2010. Renegotiation of cash flow rights in the sale of VC-backed firms[J]. Journal of Financial Economics, 95(3): 384-399.

Bruton G D, Ahlstrom D, 2003. An institutional view of China’s venture capital industry explaining the differences between China and the west[J]. Journal of Business Venturing, 18(2): 233–259.

Busenitz L W. Barney J B, 1997. Differences between entrepreneurs and managers in large organizations: Biases and heuristics in strategic decision-making[J]. Journal of Business Venturing, 12(1): 9-30.

Bygrave W D, 1987. Syndicated investments by venture capital firm: A networking perspective[J]. Journal of Business Venturing, 2: 139-154.

Bygrave W D, Timmons J A, 1992. Venture capital at the crossroads[M]. Massachusetts: Harvard Business School Press.

Carhart M M, Kaniel R, Musto D K, et al., 2002. Leaning for the tape: Evidence of gaming behavior in equity mutual funds[J]. Journal of Finance, 57(2): 661-693.

Carter N M, Gartner W B, Reynolds P D, 1996. Exploring start-up event sequences[J]. Journal of Business Venturing, 11(3): 151-166.

Carter R, Manaster S, 1990. Initial public offerings and underwriter reputation[J]. Journal of Finance, 45(4): 1045-1067.

Casamatta C, 2003. Financing and advising: Optimal financial contracts with venture capitalists[J]. Journal of Finance, 58(5): 2059-2086.

Chandler G N, Jansen E, 1992. The founder’s self-assessed competence and venture performance[J]. Journal of Business Venturing, 7(3): 223-236.

Chemmanur T J, Krishnan K, Nandy D K, 2011. How does venture capital financing improve efficiency in private firms? A look beneath the surface[J]. Review of Financial Studies, 24(12): 4037-4090.

Chemmanur T J, Loutskina E, Tian X, 2014. Corporate venture capital, value creation and innovation[J]. Review of Financial Studies, 27(8): 2434-2473.

Chevalier J A, Ellison G D, 1997. Risk taking by mutual funds as a response to incentives[J]. Journal ofPolitical Economy, 105(6): 1168-1200.

Cochrane J H, 2005. The risk and return of venture capital[J]. Journal of Financial Economics, 75(1): 3-52.

Cornelli F, Kominek Z, Ljungqvist A, 2013. Monitoring managers: Does it matter? [J]. Journal of Finance, 68(2): 431-481.

Cornelli F, Yosha O, 2003. Staged financing and the role of convertible securities[J]. Review of Economic Studies, 70(1), 1-32.

Cumming D, MacIntoch J G, 2003. A cross-country comparison of full and partial venture capital exits[J]. Journal of Banking & Finance, 27: 511-548.

Cuny J, Talmor E, 2006. The staging of venture capital financing: Milestone vs rounds[R]. Working Paper, Washington University in St. Louis, London Business School and University of California.

Davila A, Foster G, Gupta M, 2003. Venture capital financing and the growth of start-up firms[J]. Journal of business venturing, 18(4): 689-708.

Davis J L, Fama E F, French K R, 2000. Characteristics, covariances, and average returns: 1929 to 1997[J]. Journal of Finance, 55(1): 389-406.

De Bondt W F M, Thaler R H, 1987. Further evidence on investor overreaction and stock market seasonality[J]. Journal of Finance, 42(3): 557-581.

DeMarzo P, Duffie D, 1999. A liquidity - based model of security design[J]. Econometrica, 67(1): 65-99.

Demski J S, Sappington D E M, 1991. Resolving double moral hazard problems with buyout agreements[J]. RAND Journal of Economics, 22(2): 232-240.

Dessein W, 2005. Information and control in alliances and ventures[J]. Journal of Finance, 60(5): 2513-2549.

Dewatripont M, Tirole J, 1994. A theory of debt and equity: Diversity of securities and manager-shareholder congruence[J]. Quarterly Journal of Economics, 109(4): 1027-1054.

Dewatripont M, Legros P, Matthews S, 2003. Moral hazard and capital structure dynamics[J]. Journal of the European Economic Association, 1(4): 890-930.

Durand R, Coeurderoy R, 2001. Age, Order of entry, strategic orientation, and organizational performance[J]. Journal of Business Venturing, 16(5): 471-494.

Dyer W G Jr, 1994. Toward a theory of entrepreneurial careers[J]. Entrepreneurship Theory and Practice, 19(2): 7-21.

Engel D, Keilbach M, 2007. Firm-level implications of early stage venture capital investment: An empirical investigation[J]. Journal of Empirical Finance, 14(2): 150-167.

Ewens, M, Rhodes-Kropf M, 2015. Is a VC partnership greater than the sum of its partners? [J]. Journal of Finance, 70(3): 1081-1113.

Ewens M, Jones C M, Rhodes-Kropf M, 2013. The price of diversifiable risk in venture capital and private equity[J]. Review of Financial Studies, 26(8): 1853-1889.

Fama E F, French K R, 1995. Size and book-to-market factors in earnings and returns[J]. Journal of Finance, 50(1): 131-155.

Field L C, Hanka G, 2001. The expiration of IPO share lockups[J]. Journal of Finance, 56(2): 471-500.

Fiet J O, Busenitz L W, Moese D D, et al., 1997. Complementary theoretical perspectives on the dismissal of new venture team members[J]. Journal of Business Venturing, 12(5): 347-366.

Fluck Z, Garrison K, Myers S, 2005. Venture capital contracting and syndication: an experiment in computational corporate finance[R]. National Bureau of Economic Research.

Franzke A S, 2003. Underpricing of venture-backed and non venture-backed IPOs: Germany neuer market[J]. Advances in Financial Economics, 10(1): 201-230.

Gale D, Hellwig M, 1985. Incentive-compatible debt contracts: the one-period problem[J]. Review of Economic Studies, 52(4): 647-663.

Gartner W B, 1985. A conceptual framework for describing the phenomenon of view venture creation[J]. Academy of Management Review, 10(3): 696-706.

Gebhardt G, Schmidt K, 2006. Conditional allocation of control rights in venture capital finance[R]. Discussion Papers, University of Munich, CEPR and CESifo.

Gimeno J, Folta T B, Cooper A C, et al., 1997. Survival of the fittest? Entrepreneurial human capital and the persistence of underperforming firms[J]. Administrative Science Quarterly, 42(4): 750-783.

Gompers P A, 1993. The theory, structure, and performance of venture capital[D]. Dissertation for PHD Degree, Harvard University.

Gompers P A, 1995. Optimal investment, monitoring, and the staging of venture capital[J]. Journal of Finance, 50(5): 1461-1490.

Gompers P A, 1996. Grandstanding in the venture capital industry[J]. Journal of Financial Economics, 42(1): 133-156.

Gompers P A, 1998. Venture capital growing pains: Should the market diet[J]. Journal of Banking & Finance, 22(6-8): 1089-1104.

Gompers P A, Lerner J, 1996. The use of covenants: An analysis of venture partnership agreements[J]. Journal of Law and Economics, 38(10): 463-498.

Gompers P A, Lerner J, 1999a. The venture capital cycle[M]. Cambridge, MA: MIT Press.

Gompers P A, Lerner J, 1999b. An analysis of compensation in the U. S. venture capital partnership[J]. Journal of Financial Economics, 519(1): 3-44.

Gompers P A, Lerner J, 2004. The Venture Capital Revolution (Second Edition) [M]. Cambridge, MA: MIT Press.

Gompers P A, Gornall W, Kaplan S N, et al., 2020. How do venture capitalists make decisions[J]. Journal of Financial Economics, 135(1): 169-190.

González-Uribe J, 2020. Exchanges of innovation resources inside venture capital portfolios[J]. Journal of Financial Economics, 135(1): 144-168.

Gorman M, Sahlman W A, 1989. What do venture capitalists do?[J]. Journal of Business Venturing, 4(4): 231-248.

Grossman S, Hart O, 1983. An analysis of the principal-agent problem[J]. Econometrica, 51(1): 7-15.

Grossman S, Hart O, 1986. The costs and benefits of ownership: A theory of vertical and lateral integration[J]. Journal of Political Economy, 94(4): 691-719.

Guo D, Jiang K, Mai X, 2016. Venture capital investment and the post-IPO performance of entrepreneurial firms: Evidence from the People' s Republic of China[J]. Social Science Electronic Publishing, 22(1): 375-395.

Hall R E, Woodward S E, 2010. The burden of the nondiversifiable risk of entrepreneurship[J]. American Economic Review, 100(6): 1163-1194.

Harris M, Raviv A, 1988. Corporate governance: Voting rights and majority rules[J]. Journal of Financial Economics, 20: 203-235.

Harris M, Raviv A, 1991. The theory of capital structure[J]. Journal of Finance, 46(1): 297-355.

Hart O, 1995. Firms, Contacts, and Financial Structure[M]. Oxford: Clarendon Press.

Hart O, 2001. Financial contracting[J]. Journal of Economic Literature, 39(4): 1079-1100.

Hart O, Moore J, 1990. Property rights and the nature of the firm[J]. Journal of Political Economy, 98(6): 1119-1177.

Hart O, Moore J, 1994. A theory of debt based on the inalienability of human capital[J]. Quarterly Journal of Economics, 109(4): 841-879.

Hart O, Moore J, 1995. Firms, contracts and financial structure[M]. New York: Oxford University Press.

Hart O, Moore J, 1998. Default and renegotiation: A dynamic model of debt[J]. Quarterly Journal of Economics, 113(1): 1-41.

Heath C, 1995. Escalation and de-escalation of commitment in response to sunk costs: The role of budgeting in mental accounting[J]. Organizational behavior and human decision processes, 62(1): 38-54.

Heckman J J, 1979. Sample selection bias as a specification error[J]. Econometrica, 47(1): 153-161.

Hellmann T, 1994. Financial structure and control in venture capital[D]. PHD dissertation, Stanford University.

Hellmann T, 2006. IPOs, acquisitions, and the use of convertible securities in venture capital[J]. Journal of Financial Economics, 81(3): 649-679.

Hellmann T, Puri M, 2000. The interaction between product market and financial strategy: The role of venture capital[J]. Review of Financial studies, 13(4): 959-984.

Hellmann T, Puri M, 2002. Venture capital and the professionalization of start-up firms: Empirical evidence[J]. Journal of Finance, 57(1): 169-197.

Hellmann T, Thiele V, 2015. Friends or foes? The interrelationship between angel and venture capital markets[J]. Journal of Financial Economics, 115(3): 639-653.

Hellwig M F, Schmidt K M, 2002. Discrete-time approximations of the Holmstrŏm-Milgrom Brownian-motion model of intertemporal incentive provision[J]. Econometrica, 70(6): 2225-2264.

Hermalin B E, Weisbach M S, 1998. Endogenously chosen boards of directors and their monitoring of the CEO[J], American Economic Review, 88(1): 96-118.

Hochberg Y V, Ljungqist L A, Lu Y, 2010. Networking as a barrier to entry and the competitive supply of venture capital[J]. Journal of Finance, 65(3): 829-859.

Hochberg Y V, Ljungqist L A, Vissing-Jørgensen A, 2014. Informational holdup and performance persistence in venture capital[J]. Review of Financial Studies, 27(1): 102-152.

Hochberg Y V, Lindsey L A, Westerfield M M, 2015. Resource accumulation through economic ties: Evidence from venture capital[J]. Journal of Financial Economics, 118(1): 245-267.

Holmström B, 1979. Moral hazard and observability[J]. Bell Journal of Economics, 10(1): 73-91.

Holmström B, 1982. Moral hazard in teams[J]. Bell Journal of Economics, 13(2): 324-340.

Holmström B, Milgrom P, 1987. Aggregation and linearity in the provision of intertemporal incentives[J]. Econometrica, 55(2): 303-328.

Holmström B, Milgrom P, 1991. Multi-task principal-agent analysis: incentive contracts, asset ownership and job design[J]. Journal of Law, Economics and Organization, 7(2): 24-52.

Holmström B, Milgrom P, 1994. The Firm as an incentive system[J]. American Economic Review, 84(4): 972-991.

Hughes J, Thakor V, 1992. Litigation risk, intermediation and the underpricing of initial public offerings[J]. Review of Financial Studies, 5(4): 709-742.

Inderst R, Müller H M, 2004. The effect of capital market characteristics on the value of start-up firms[J]. Journal of Financial Economics, 72(2): 319-356.

Innes R D, 1990. Limited liability and incentive contracting with ex-ante action choices[J]. Journal of Economic Theory, 52(1): 45-67.

Isaksson A, 2000. Venture Capital Exit Behaviour in Sweden[M]. Mimeo, Umea School of Business and Economics.

Jensen M C, 1986. Agency costs of free cash flow, corporate finance, and takeovers[J]. American Economic Review, 76(2): 323-329.

Jensen M C, Meckling W, 1976. Theory of the firm: managerial behavior, agency costs and capital structure[J]. Journalof Financial Economics, 3(4): 305-306.

Kamm J B, Shuman J C, 1990. Entrepreneurial teams in new venture creation[J]. Entrepreneurship Theory and Practice, 14(4): 7-17.

Kaplan S N, Strömberg P, 2001. Venture capitalists as principals: Contracting, screening, and monitoring[J]. American Economic Review, 91(2): 426-430.

Kaplan S N, Strömberg P, 2003. Financial contracting theory meets the real world: Evidence from venture capital contracts[J]. Review of Economic Studies, 70(2): 281-315.

Kaplan S N, Strömberg P, 2004. Characteristics, contracts and actions: Evidence from venture capitalist analysis. Journal of Finance, 59(5): 2177-2211.

Kaplan S N, Schoar A, 2005. Private equity performance: Returns, persistence, and capital flows[J]. Journal of Finance, 60(4): 1791-1823.

Kaplan S N, Minton B A, 2012. How has CEO turnover changed? [J]. International Review of Finance, 12(1): 57-87.

Kaplan S N, Sensoy B A, Stromberg P, 2009. Should investors bet on the jockey or the horse? Evidence from the evolution of firms from early business plans to public companies[J]. Journal of Finance, 64(1): 75-115.

Kirilenko A A, 2001. Valuation and control in venture finance[J]. Journal of Finance, 56(2): 565-587.

Korteweg A, Sorensen M, 2010. Risk and return characteristics of venture capital-backed entrepreneurial companies[J]. Review of Financial Studies, 23(10): 3738-3772.

Kortum S, Lerner J, 2000. Assessing the contribution of venture capital to innovation[J]. RAND Journal of Economics, 4(4): 674-692.

Lambrecht B M, 2004. The timing and terms of mergers motivated by economies of scale[J]. Journal of Financial Economics , 72(1): 41-62.

Lee P M, Wahal S, 2004. Grandstanding, certification and the underpricing of venture capital backed IPOs[J]. Journal of Financial Economics, 73(2): 375-407.

Legros P, Matthews S A, 1993. Efficient and nearly-efficient partnerships[J]. Review of Economic Studies, 60(204): 599-611.

Leland H E, Pyle D, 1977. Information asymmetry, financial structure, and financial intermediation[J]. Journal of Finance, 32(2): 371-381.

Lerner J, 1994a. Venture capital and the decision to go public[J]. Journal of Finance, 35(2): 293-316.

Lerner J, 1994b. The syndication of venture capital investments[J]. Financial Management, 23: 16-27.

Lerner J, 1995. Venture capitalists and the oversight of private firms[J]. Journal of Finance, 50(1): 301-318.

Lerner J, 1999. The government as venture capitalist: The long-run impact of the SBIR program[J]. Journal of Business, 72(3): 285-318.

Lerner J, Schoar A, 2005. Does legal enforcement affect financial transactions? The contractual channel in private equity[J]. Quarterly Journal of Economics, 120(1): 223-246.

Lerner J, Schoar A, Wongsunwai W, 2007. Smart institutions, foolish choices: The limited partner performance puzzle[J]. Journal of Finance, 62(2): 731-764.

Lerner M, Brush C, Hisrich R, 1992. Israeli women entrepreneurs: An examination of factors affecting performance[J]. Journal of Business Venturing, 12(4): 315-339.

Lindsey L, 2008. Blurring firm boundaries: The role of venture capital in strategic alliances[J]. Journal of Finance, 63(3): 1137-1168.

Liu Z, Chen Z, 2014. Venture capital networks and investment performance in China[J]. Australian Economic Papers, 53(1-2): 97-111.

Loughran T, Ritter J R, 2004. Why has IPO underpricing changed over time[J]. Financial Management, 33(3): 5-37.

Low M B. Macmillan I C, 1988. Entrepreneurship: Past research and future challenges[J]. Journal of Management, 14(2): 139-161.

Luo W, 2005. The exits of venture capital and financial disclosure in newly-public firms[R]. Working paper, University of Pittsburgh.

Ma S, 2020. The life cycle of corporate venture capital[J]. Review of Financial Studies, 33(1): 358-394.

Macmillan I C, Kulow D M, 1989. Venture capitalists' involvement in their investments: Extent and performance[J]. Journal of Business Venturing, 4(1): 27-47.

Macmillan I C, Siegal R, SubbaNarasimha P N S, 1985. Criteria used by venture capitalists to evaluate new proposals[J]. Journal of

Business Venturing, 1(1): 119-128.

Macmillan I C, Zemann L, SubbaNarasimha P N, 1987. Criteria used for distinguishing successful from unsuccessful ventures in the venture screening process[J]. Journal of Business Venturing, 2(2): 123-137.

Manigart S, Baeyens K, Hyfte W V, 2002. The survival of venture capital backed companies[J]. Venture Capital, 4(2): 103-124.

Manigart S, Waele D, Wright M, et al., 2002. Determinants of required returns in venture capital investments: A five country study[J]. Journal of Business Venturing, 17: 291-312.

Manso G, 2011. Motivating innovation[J]. Journal of Finance, 66(1): 1823-1860.

Marx L, 1998. Efficient venture capital financing combining debt and equity[J]. Review of Economic Design, 3(4): 371-387.

Matthews S A, 2001. Renegotiating moral hazard contracts under limited liabilityand monotonicity[J]. Journal of Economic Theory, 97(1): 1-29.

McGrath R G, 1999. Falling forward: Real options reasoning and entrepreneurial failure[J]. Academy of Management Review, 24(1): 13-30.

Megginson W, Weiss K, 1991. Venture capitalist certification in initial public offerings[J]. Journal of Finance, 46(3): 879-903.

Mirrlees J A, 1971. An exploration in the theory of optimum income taxation[J]. Review of Economic Studies, 38(114): 175-209.

Mirrlees J A, 1974. Notes on welfare economics, information and uncertainty[J]. In M. Balch, D, McFadden, and S. Wu(eds). Essays in Equilibrium Behavior under Uncertainty, Amaterdam: North-Holland.

Mirrlees J, 1999. The theory of moral hazard and unobservable behavior: Part I[J]. Review of Economic Studies, 66(226): 3-21.

Modigliani F, Miller M H, 1958. The cost of capital, corporation finance, and the theory of investment[J]. American Economic Review, 48(3): 261-297.

Murphy G B, Trailer J W, Hill R C, 1996. Measuring performance in entrepreneurship research[J]. Journal of Business Research, 36(1): 15-23.

Myers S, Majluf N, 1984. Corporate financing and investment decisions when firms have information that investors do not have[J]. Journal of Financial Economics, 13(2): 187-221.

Nanda R, Samila S, Sorenson O, 2020. The persistent effect of initial success: Evidence from venture capital[J]. Journal of Financial Economics, 137(1): 231-248.

Neher D, 1999. Staged financing: An agency perspective[J]. Review of Economic Studies, 66(2): 255-274.

Paeglis I, Veeren P, 2013. Speed and consequences of venture capitalist post-IPO exit[J]. Journal of Corporate Finance, 22: 104-123.

Pandey I M, 1995. Venture capital investment criteria used by venture capitalists in India[C]. Seventh Annual International Symposium on Small Business Finance, 24 -25.

Pandey I M, 1996. Venture capital for financing technology in Taiwan[J]. Technovation, 16(9): 499-514.

Puri M, Zarutskie R, 2012. On the life cycle dynamics of venture-capital and non-venture-capital-financed firms[J]. Journal of Finance, 67(6): 2247-2293.

Rah J, Jung K, Lee J, 1994. Validation of the venture evaluation model in Korea[J]. Journal of Business Venturing, 9(6): 509-524.

Rajan R, Servaes H, 1997. Analyst following of initial public offerings[J]. Journal of Finance, 52(2): 507-529.

Rajan R, Zingales L, 2001. The firm as a dedicated hierarchy: A theory of the origins and growth of firms[J]. Quarterly Journal of Economics, 116(3): 805-850.

Rajan R, Servaes H, Zingales L, 2000. The cost of diversity: The diversification discount and inefficient investment[J]. Journal of Finance, 55(1): 35-80.

Ray D M, Turpin D V, 1993. Venture capital in Japan[J]. International Small Business Journal, 11 (4) : 39-56.

Repullo R, Suarez J, 2004. Venture capital finance: A security design approach[J]. Review of Finance, 8 (1) : 75-108.

Ritter J R, 1984. The hot issue market of 1980[J]. Journal of Business, 57 (2) : 215-240.

Ritter J R, 1991. The long-run performance of initial public offerings[J]. Social Science Electronic Publishing, 46 (1) : 3-27.

Ritter S, Zhao Q S, 1996. The costs of raising capital[J]. Journal of Finance Research, 1 (19) : 59-74.

Robe M A, 1999. Optimal vs. traditional securities under moral hazard[J]. Journal of Financial and Quantitative Analysis, 34 (2) : 161-189.

Rogerson W, 1985. The first-order approach to principal-agent problems[J]. Econometrica, 53 (6) : 1357-1368.

Sahlman W A, 1990. The structure and governance of venture capital organizations[J]. Journal of Financial Economics, 27 (2) : 473-521.

Scharfstein D S, Stein J C, 2000. The dark side of internal capital markets: Divisional rent-seeking and inefficient investment[J]. Journal of Finance, 55 (6) : 2537-2564.

Schmidt K, 2003. Convertible securities and venture capital finance[J]. Journal of Finance, 58 (3) : 1139-1167.

Shane S, Venkataraman S, 2000. The promise of entrepreneurship as a field of research[J]. Academy of Management Review, 25 (1) : 217-226.

Simonson I, Barry M S, 1992. Deescalation strategies: A comparison of techniques for reducing commitment to losing courses of action[J]. Journal of Applied Psychology, 77 (4) : 419-426.

Sirri E R, Tufano P, 1992. Competition and change in the mutual fund industry[D]. Division of Research, Graduate School of Business Administration, Harvard University.

Sirri E R, Tufano P, 1998. Costly search and mutual fund flows[J]. Journal of Finance, 53 (5) : 1589-1622.

Sørensen M, 2007. How smart is smart money? A two-sided matching model of venture capital[J]. Journal of Financ, 62 (6) : 2725-2762.

Spence A M, 1973. Job market signaling[J]. Quarterly Journal of Economics, 87 (3) : 355-429.

Staw B W, Muscarella C J, Peavy J W, et al., 1990. The role of venture capital in the creation of public companies[J]. Journal of Financial Economics, 27 (2) : 447-471.

Stevenson H H, Gumpert D E, 1985. The heart of entrepreneurship[J]. Harvard Business Review, 63 (2) : 85-94.

Stiglitz J E, Weiss A, 1981. Credit rationing in markets with imperfect information[J]. American Economic Review, 71 (3) : 393-410.

Streletzki J G, Schulte R, 2013. Which venture capital selection criteria distinguish high-flyer investments?[J]. Venture Capital, 15 (1) : 29-52.

Susheng Wang, Hailan Zhou, 2004. Staged financing in venture capital: Moral hazard and risk[J]. Journal of Corporate Finance, 10: 131-155.

Tian X, 2011. The causes and consequences of venture capital stage financing[J]. Journal of Financial Economics, 11 (1) : 132-159.

Tian X, Wang T Y, 2014. Tolerance for failure and corporate innovation[J], Review of Financial Studies, 27 (1) : 211-255.

Townsend R, 1979. Optimal contracts and competitive markets with costly state verification[J]. Journal of Economic Theory, 21 (2) : 265-293.

Tyebjee T T, Bruno A V, 1984. A model of venture capitalist investment activity[J]. Management Science, 30 (9) : 1051-1066.

Ueda M, 2004. Banks versus venture capital: Project evaluation, screening, and expropriation[J]. Journal of Finance, 59 (2) : 601-621.

Wang C K, Wang K, Lu Q, 2003. Effects of venture capitalists' participation in listed companies[J]. Journal of Banking & Finance,

27(10): 2015-2034.

Wang H S, Zhou H L, 2004. Staged financing in venture capital: Moral hazard and risk[J]. Journal of Corporate Finance, 10: 131-155.

Welch I, 1989. Seasoned offerings, imitation costs and the underpricing of initial public offerings[J]. Journal of Finance, 44: 421-449.

Westhead P, Wright M, 1998. Novice, portfolio, and serial founders: Are they different? [J]. Journal of Business Venturing, 13(3): 173-204.

Westhead P, Wright M, 1999. Contributions of novice, portfolio, and serial founders located in rural and urban areas[J]. Regional Studies, 33: 157-173.

White S, Gao J, Zhang W, 2002. China' s venture capital industry: Institutional trajectories and system structure[M]. USA: Insead.

Whitt W, 1980. Uniform conditional stochastic order[J]. Journal of Applied Probability, 17(1): 112-123.

Widding L O, 2005. Building entrepreneurial knowledge reservoirs[J]. Journal of Small Business and Enterprise Development, 12: 595-612.

Williamson O E, 1985. The economic institutions of capitalism[J], New York: Free Press.

Wright M, Lockett A, 2003. The structure and management of alliances: Syndication in the venture capital industry[J]. Journal of Management Studies, 40(8): 2073-2102.

Yerramilli V, 2006. Staging of Investments: Flexibility versus Incentives[J]. Social Ence Electronic Publishing, 42(4): 705-728.

Zacharakis A L, Meyer G D, 1998. A lack of insight: do venture capitalists really understand their own decision process[J]. Journal of Business Venturing, 13(1): 57-84.

Zutshi R K, Tan W L, Allampalli D G, et al., 1999. Singapore venture capitalists(VCs) investment evaluation criteria: A re-examination[J]. Small Business Economics, 13(1): 9-26.